हिन्दी उपन्यास : एक अन्तर्यात्रा

[आलोचना]

हिन्दी उपन्यास

एक अन्तर्यात्रा

रामदरश मिश्र

राजकमल प्रकाशन

ISBN : 978-81-267-1495-7

मूल्य : ₹795

पहला संस्करण : 1968
तीसरा परिवर्द्धित संस्करण : 2001
सातवाँ परिवर्द्धित संस्करण : 2022

प्रकाशक : राजकमल प्रकाशन प्रा. लि.
1-बी, नेताजी सुभाष मार्ग, दरियागंज
नई दिल्ली-110 002
शाखाएँ : अशोक राजपथ, साइंस कॉलेज के सामने, पटना-800 006
पहली मंजिल, दरबारी बिल्डिंग, महात्मा गांधी मार्ग, प्रयागराज-211 001
1, अनमोल सोराबजी संतुक लेन, धोबी तलाव, मरीन लाइंस, मुम्बई-400 002
वेबसाइट : www.rajkamalprakashan.com
ई.मेल : info@rajkamalprakashan.com

मुद्रक : बी.के. ऑफसेट
नवीन शाहदरा, दिल्ली-110 032

HINDI UPANYAS : EK ANTARYATRA
Criticism by Dr. Ram Darash Mishra

श्री उमाशंकर जोशी

को

गुजरात-निवास की मधुर स्मृति में

क्रम

प्रेमचन्द-पूर्व युग

प्रेमचन्द-युग

प्रेमचन्दोत्तर-युग

प्रेमचन्द-पूर्व युग

घटना-प्रधान उपन्यास

शुद्ध मनोरंजन-प्रधान उपन्यास

उपदेश-प्रधान सामाजिक उपन्यास

ऐतिहासिक उपन्यास

उपन्यास आज के साहित्य की सबसे अधिक प्रिय और सशक्त विधा है। कारण यह है कि उपन्यास में मनोरंजन का तत्त्व तो अधिक रहता ही है, साथ-ही-साथ जीवन को उसकी बहुमुखी छवि के साथ व्यक्त करने की शक्ति और अवकाश होता है। साहित्य की समस्त सर्जनात्मक विधाओं में उपर्युक्त दोनों गुण विद्यमान रहते हैं, किन्तु अन्य विधाएँ अपने-अपने विशिष्ट स्वरूप के कारण इन दोनों तत्त्वों का प्रस्फुटन उतना नहीं कर पातीं जितना उपन्यास कर पाता है। नाटक, कहानी और प्रबन्ध-काव्य भी कथाश्रित होने के कारण मनोरंजन करते हैं किन्तु नाटक और कहानी में जीवन की संश्लिष्टता और वैविध्य के उभरने का अवकाश नहीं रहता। दोनों का स्वरूप ही कुछ इस प्रकार का है। नाटक की वास्तविक छवि तो अभिनय के साथ ही उभर पाती है, इसलिए वह रंगमंच की सीमाओं में बँधा होता है। साथ-ही-साथ अपने विशिष्ट स्वरूप के कारण उसे जीवन के विभिन्न पार्श्वों को समेटने और उनकी व्याख्या करने का अवकाश नहीं होता। नाटककार को बोलने और विवेचन करने की छूट नहीं होती। उसकी एक दिशागामी तीव्र गति होती है जैसे कहानी की होती है। लक्ष्य की ओर तीव्रता से धावित होने की दृष्टि से नाटक और कहानी समान होते हैं। इसलिए नाटक और कहानी का प्रभाव पाठक के मन पर एक तेज चोट की तरह पड़ता है। कहानी अपनी आकार-लघुता में किसी एक सत्य या सत्यखंड की प्रतीति कराती है। वह देखने में उपन्यास की जाति की ही लगती है, परन्तु स्वरूप-संगठन और लक्ष्य की दृष्टि से वह उपन्यास से स्वतंत्र एक विधा है जिसमें उपन्यास के समान ही कथा का सूत्र होता है किन्तु वह सूत्र अधिक इकहरा, तीव्र, गतिशील और सांकेतिक होता है। काव्य से मनोरंजन भी होता है और जीवन की व्याख्या भी, किन्तु काव्य का स्तर अधिक ऊँचा होता है यानी वह प्रयोजनों की दुनिया से उठकर भावलोक में पहुँचा होता है। उसका माध्यम गद्य नहीं, पद्य होता है और पद्य की अपनी सीमाएँ होती हैं। पद्य कविता में लय भरता है यानी उसमें संगीत-तत्त्व का समावेश करता है। इसलिए कविता में संगीत की-सी लय (और कहीं-कहीं झंकार भी) होती है किन्तु पद्य जीवन के दैनिक व्यापारों, भौतिक यथार्थ की विविध भंगिमाओं को व्यक्त नहीं कर सकता। कहा जा सकता है कि उद्देश्य और स्वरूप दोनों दृष्टियों से काव्य आज के जटिल जीवन-व्यापारों और चरित्रों की बहुमुखी बाहरी-भीतरी गतियों को व्यक्त कर पाने में उतना सफल नहीं हो सकता जितना उपन्यास। काव्य (भले ही उसमें कथा का सूत्र

भी हो) मूलत: हृदय की भाव-सत्ता, अनुभूति और सौन्दर्य-चेतना को अभिव्यक्त करनेवाली विधा है। वह बाह्य तथ्यों, व्यापारों, दृश्यों को भी उतनी ही मात्रा में लेता है जितनी मात्रा में वे भाव, सौन्दर्य-चेतना या संवेदना को जगाने में समर्थ होते हैं। पद्य के माध्यम से जीवन के विविध सामान्य मोड़ों से गुजरा भी नहीं जा सकता। कहा जा सकता है कि काव्य अन्य विधाओं की अपेक्षा अधिक उदात्त और असामान्य है। यह आकस्मिक नहीं है कि जीवन के सामान्य-से-सामान्य व्यापार, अनुभूति के छोटे-से-छोटे क्षण और उलझी हुई संवेदना को व्यक्त करने के लिए आज की कविता भी पद्य या छन्द का आश्रय छोड़कर गद्योन्मुखी हो गई है, बौद्धिक हो गई है और आज के जीवन की खंडित बिखरी लय को व्यक्त करने के लिए छोटी-बड़ी पंक्तियों, अवकाशों, बिन्दुओं आदि का प्रयोग कर रही है। और यह भी आकस्मिक नहीं है कि आज प्रबन्ध-काव्यों का (पुरानी परिपाटी पर लिखे जानेवाले युग के बोध और शिल्प से हीन सामान्य कोटि के प्रबन्धों को जाने दीजिए) प्रणयन नहीं हो रहा है। ऐसा नहीं है कि प्रबन्ध-काव्य द्वारा सिद्ध कार्य की अनिवार्यता ही चुक गई है। समाज आज भी है, आज भी कथा-कहानियों का शौक है लोगों को। आज भी व्यक्ति बृहत्तर समुदाय का अंग होकर समाज के प्रवाह में जीवन जीता है, दूसरों से टकराता हुआ दूसरों को टक्कर मारता हुआ चलता रहता है। आज भी जीवन के मूल्यों को समझने, स्वीकारने और बदलने की समस्या हमारे सामने प्रस्तुत है। कहा जा सकता है कि प्रबन्धों द्वारा सिद्ध कार्यों की अनिवार्यता आज और भी सघन हो गई है, किन्तु लगता है यह कार्य अब प्रबन्धों से सिद्ध न होकर उपन्यासों से हो रहा है। कविता में उदात्तता होती है—पात्रों के चुनाव में, शैली में, भावों और व्यापारों के चयन में।

कविता का जन्म एक अनिवार्य आदर्शवादिता को लेकर हुआ था, किन्तु उपन्यास का जन्म आधुनिक काल के यथार्थवादी परिवेश में हुआ है। उपन्यास पूँजीवादी सभ्यता की देन है। पूँजीवादी सभ्यता के विविध जीवन-सत्यों को कथा के माध्यम से व्यक्त करने के लिए ही इसकी उत्पत्ति हुई है। यह मात्र कहानी नहीं है। कहानी यानी कथा तो इसका माध्यम मात्र है, मूल वस्तु है वर्तमान जीवन की जटिल यथार्थवादिता। जीवन-मूल्यों का संक्रमण, समाज के नए सम्बन्धों की निर्मिति, उसके बीच उठते हुए अनेक प्रश्नों को भौतिक या वैज्ञानिक दृष्टिकोण से समझने की आकुलता, नवीन भौतिक सत्यों के बीच बनती हुई मानव-चरित्र की नई दिशाएँ, ये सारी बातें मानो उपन्यास नामक विधा के माध्यम से फूट पड़ने के लिए आकुल थीं।

'पूँजीवादी सभ्यता ने संसार की कल्पनाप्रधान संस्कृति को जो भेंटें दी हैं उनमें सर्वाधिक महत्त्वपूर्ण है उपन्यास।'[1] 'नाटक, संगीत, चित्रकला, मूर्तिकला ये सभी आधुनिक काल में विकसित हुए हैं किन्तु इन सारी कलाओं का इतिहास बड़ा प्राचीन

1. Novel is the most important gift of bourgeois or capitalist civilization to the world's imaginative culture.

—Ralph Fox : The Novel and the People, pp. 53

है—इतना प्राचीन जितना कि स्वयं सभ्यता का। अत: इनका विकास काल बहुत ही लम्बा है और इनकी मुख्य समस्याएँ हल हो चुकी हैं किन्तु उपन्यास की सारी समस्याओं में से केवल एक सरलतम समस्या—कथा कहने की समस्या भूतकाल में हल हो चुकी है। शेष नई है।'[1]

इस विवेचन का उद्देश्य यह दिखाना है कि उपन्यास पूँजीवादी समाज की अनिवार्य उपज है यानी पूँजीवादी सभ्यता में यथार्थ के जो नए स्तर, नए आयाम और भौतिकवादी चिन्तन, मूल्य, प्रश्न उभरे, उन्हें व्यक्त करने में परम्परा से चली आती हुई अन्य कलाएँ पूर्णरूपेण समर्थ नहीं थीं यद्यपि उन पर भी पूँजीवादी समाज का प्रभाव पड़ा। अत: कहा जा सकता है कि उपन्यास अपने मूल में यथार्थवादी है। जब हम कहते हैं कि उपन्यास आधुनिक युग का महाकाव्य है तो इसका अर्थ यह होता है कि जैसे महाकाव्य में जगत-जीवन की विराटता अपने समस्त वैविध्य, गहरे भाव-बोध, विशिष्ट दर्शन, मानव-मूल्य और प्रश्नों के साथ अंकित होती है उसी प्रकार उपन्यास में भी। लेकिन महाकाव्य का माध्यम पद्य है और उपन्यास का गद्य। आज के जीवन की समस्त जटिलता, यथार्थ के विविध सूक्ष्म आयाम, दैनिक जीवन के सामान्य-से-सामान्य दिखनेवाले महत्त्वपूर्ण व्यापार, चरित्रों के विविध पार्श्व, संवादों की अनन्त भंगिमाएँ, नए परिवेश, महाकाव्यों में उतने जीवन्त रूप में नहीं व्यक्त हो सकते। उपन्यास का माध्यम गद्य है और उसका स्वरूप विस्तृत है। अन्य विधाओं की अपेक्षा उसका स्वरूप 'लूज' है। इसलिए उसमें अपने भीतर सब कुछ समाविष्ट कर लेने की क्षमता होती है। महाकाव्य अपने विशिष्ट औदात्य के कारण विशिष्ट पाठकों के ही काम का होता है किन्तु उपन्यास सामान्य पाठकों के लिए भी होता है। उपन्यास जीवन के हर गली-कूचे में घूम सकता है, आवश्यकतानुसार हर छोटी-बड़ी चीज का चित्र अंकित कर सकता है अर्थात् उसका मूल उद्देश्य होता है यथार्थ का विश्वास दिलाते हुए आगे चलना। इसीलिए कहीं आचार्य हजारीप्रसाद द्विवेदी ने लिखा है कि यथार्थवाद एक कौशल है। कौशल इस अर्थ में कि यथार्थ को ही चित्रित करना साहित्य का उद्देश्य नहीं, उसका उद्देश्य तो उन वृहत्तर सत्यों की प्रतिष्ठा करना है जो मानव को ऊँचे उठाते हैं, किन्तु वह इस सत्य की प्रतिष्ठा बाहरी यथार्थ का चित्र अंकित करते हुए करता है यानी इस बाहरी यथार्थ अंकन से वह पाठकों को विश्वास दिलाता है कि वह जो कुछ कह रहा है, उनके संसार की ही बात कह रहा है। यथार्थवाद को केवल कौशल के रूप में स्वीकार किया जाए या नहीं वह एक अलग बात है। बात जो हमें यहाँ कहनी है वह यह है कि उपन्यास यथार्थ पर अधिक अवलम्बित रहता है। यह यथार्थ के सहारे यथार्थ का ही चित्रण

---

1. The drama, music, painting and sculpture have all been developed by modern society, either for better or for worse, but all these arts had already gone through a long period of growth as long almost as civilization itself, and their main problems were solved. With the novel, only one problem, the simplest one of all, that of telling a story, had been solved by the past.

—Ralph Fox : The Novel and the People, pp. 53

करता है। कहा जा सकता है कि वह यथार्थ के उपकरणों से, यथार्थवादी दृष्टि से यथार्थ को प्रस्तुत करता है। यथार्थ के स्वरूप की व्याख्याएँ अलग-अलग हो सकती हैं। 'कामायनी' और 'गोदान' को लेकर आज के महाकाव्य और औपन्यासिक महाकाव्य का अन्तर समझा जा सकता है। 'कामायनी' में आनवाले दृश्य और व्यापार विशिष्ट हैं। कामायनीकार भाव और सौन्दर्य के गहरे स्तरों को खोलता है किन्तु ये भी विशिष्ट हैं—वे भाव और सौन्दर्य जीवन के विशिष्ट स्थलों से ही चुने गए हैं किन्तु गोदान जन-जीवन के बीच फैला हुआ है। उसमें जन-जीवन के अनेक दृश्य, व्यापार और दशाएँ हैं। भाव और सौन्दर्य के स्तर भी जन-जीवन के भीतर से उभरते हैं। लगता है 'गोदान' ने हमारे समस्त सुख-दुखों को, हमारे सामान्य जीवन के प्रश्नों को, समस्याओं को अपने में समेट लिया है और 'कामायनी' ने हमारी विशिष्ट चेतनाओं को जगाकर, हमारे कुछ विशिष्ट प्रश्नों को उभारकर, एक उदात्त धरातल पर प्रतिष्ठित कर दिया है।

उपन्यास का स्वरूप इतना शक्तिशाली इसलिए है कि उसमें साहित्य की सारी विधाओं की छवियों को सन्निहित कर लेने की शक्ति है। उपन्यास में कथा तो है ही, साथ-ही-साथ अवसर-अवसर पर वह काव्य की-सी भावुकता और संवेदना जगाकर पाठकों को अपने में तल्लीन करता है, प्रकृति और प्रकृत्येतर दृश्यों और रूपों की योजना का सौन्दर्य जगाता है। इसमें निबन्ध की-सी चिन्तन-मूलकता भी है। लेखक स्वयं निबन्धकार की तरह प्रश्नों से ऊपर विचार करता चल सकता है। चरित्रों का विश्लेषण कर सकता है यानी वह स्वयं उपन्यास से सम्पृक्त और असम्पृक्त दोनों रह सकता है। इसमें नाटक की-सी संवाद-योजना होती है और चरित्र अधिकांश रूप से अपना या औरों का विश्लेषण अपने कार्य-व्यापारों तथा पारस्परिक संवादों या स्वगत चिन्तनों से करते रहते हैं। इसमें नाटक के रंगमंच-विधान की तरह परिवेश-विधान यानी देशकाल-विधान होता है। इसीलिए आलोचकों ने उपन्यास को जेबी थिएटर भी कहा है। नाटक, काव्य, कहानी या निबन्ध की तरह उपन्यास के विस्तार की कोई सीमा नहीं बाँधी गई है। वह जितना चाहे फैल सकता है और संगठित रूप से जीवन की जितनी भी व्यापकता चाहे समेट सकता है। अतः उपन्यास निश्चय ही आधुनिक काल की एक बहुत ही शक्तिशाली और जनप्रिय विधा है।

इतना कुछ कहने का अभिप्राय यह दिखाना रहा है कि उपन्यास की उत्पत्ति एक विशेष प्रकार की आवश्यकता की अभिव्यक्ति है और इसीलिए कथा के माध्यम से कुछ भी कह चलना उपन्यास की मूल प्रकृति के प्रति नासमझी व्यक्त करना है। उपन्यास एक हल्की-फुल्की विधा नहीं है जो सम्भव-असम्भव घटनाओं और चटकीले-भड़कीले प्रसंगों की अवतारणा करती चलनेवाली कथा के माध्यम से पाठकों का मनोरंजन करे। उपन्यास की वास्तविक शक्ति महान है, उसका उद्देश्य बड़ा है। उपन्यासकार के पास जीवन-दृष्टि होनी चाहिए। जीवन के यथार्थ का गहरा अनुभव होना चाहिए, सर्जनात्मक कल्पना की अपार शक्ति होनी चाहिए, विचार की

गहनता होनी चाहिए और जीवन का विवेचन होना चाहिए।[1] उपन्यास को जो लोग मनोरंजन का साधन मानते हैं वे मानो उपन्यास की मूल शक्ति और अनिवार्यता से परिचित नहीं हैं।

'हिन्दी साहित्य के उपन्यास का वास्तविक स्वरूप पहले-पहल प्रेमचन्द के उपन्यासों में ही दिखाई पड़ता है या हिन्दी उपन्यासों का वास्तविक विकास प्रेमचन्द से ही मानना चाहिए', जब कुछ लोगों द्वारा यह बात कही जाती है तो उसके पीछे यही सत्य निहित होता है कि हिन्दी में उपन्यास की वास्तविक शक्ति और स्वरूप को सही रूप में पहले-पहल प्रेमचन्द ने ही पहचाना। प्रेमचन्द के पूर्व के हिन्दी उपन्यासों में विषय और उद्देश्य की दृष्टि से कुछ वैविध्य भले रहा हो लेकिन वे कहीं-न-कहीं एक हैं और वे सब-के-सब उपन्यास की वास्तविक गरिमा प्राप्त करने में असमर्थ हैं। प्रेमचन्द के आगमन तक इसी प्रकार के उपन्यासों का स्वरूप हिन्दी में दिखाई पड़ता है। प्रेमचन्द ने उपन्यास-साहित्य को एक नई दिशा दी। दिशा ही नहीं दी, उसे उत्कर्ष पर पहुँचा दिया। पश्चिम में तो उपन्यास साहित्य काफी समृद्ध और विकसित हो गया था क्योंकि वहाँ उपन्यास का विकास 17वीं शताब्दी से ही आरम्भ हो गया था। हिन्दी में उन पश्चिमी उपन्यासों की-सी शक्ति और स्वरूप अभी नहीं आया था। सच बात तो यह कि यद्यपि 19वीं शताब्दी के उत्तरार्ध से ही हिन्दी में पश्चिमी उपन्यासों का अध्ययन प्रारम्भ हो गया था, मगर प्रेमचन्द के पहले के उपन्यासकार पश्चिमी उपन्यासों की मूल छवियों से परिचित नहीं हो सके थे, वे भारत में प्रचलित कथा-कहानियों के प्रभाव से भी नहीं उबर सके थे और वे उपन्यास को या तो मनोरंजन का या सुधार का साधन मान बैठे थे।

प्रेमचन्द ने उपन्यास के क्षेत्र में मानो एक युग स्थापित किया और इस युग के कथा-साहित्य को काफी प्रभावित भी किया। अतः प्रेमचन्द के पूर्व के उपन्यासों को प्रेमचन्द-पूर्व उपन्यास कहना केवल काल का नहीं, बल्कि विकास के सोपान का और उस सोपान की कुछ विशिष्ट प्रवृत्तियों का परिचायक है। इसी प्रकार प्रेमचन्द-युग या प्रेमचन्दोत्तर-युग कहना भी उपन्यास की दो विशिष्ट धाराओं का द्योतन करता है अर्थात् प्रेमचन्द बीच में स्थित होकर अपने पूर्ववर्ती और परवर्ती उपन्यास-साहित्य के मानदंड बने से दीखते हैं।

प्रेमचन्द-पूर्व युग के उपन्यास-साहित्य में उद्देश्य की दृष्टि से दो प्रवृत्तियाँ लक्षित होती हैं—(1) कोरा मनोरंजन और (2) मनोरंजन के साथ सुधारवादी भावना।

---

1. It is true that novel writing is a philosophical occupation. The great novels of the world Don Qixote, Gargantua and Pantagruel, Robinson Crusoe, Jonathan Wild, Jaques Le Fataliste Le Rouge et Le Noir, War and Peace, L'Education, Sentimentae, Wuthering Heights, The way of All Flesh, are great precisely because they have this quality of thought behind them because they are highly imaginative, inspired, if you like, commentaries on life.—Ralph Fox : The Novel and the People, pp. 54

वास्तव में इन दोनों वृत्तियों का सम्बन्ध अपने यहाँ की परम्परागत कहानियों से है। भारतवर्ष में कथा-साहित्य की धारा अनादिकाल से बहती हुई आ रही है। वेदों, ब्राह्मणों, रामायण, महाभारत, पुराणों, जैन गाथाओं, जातक गाथाओं, वीरतागर्भित रोमानी कविताओं, हितोपदेश, पंचतंत्र, वैताल पंचविंशति, सिंहासन द्वात्रिंशिका, शुक सप्तति आदि में कथा का अनन्त भंडार भरा हुआ है। कुछ आलोचक इन्हीं कथाओं को आधुनिक उपन्यासों का मूल स्रोत मानते हैं। कुछ तो यहाँ तक मानते हैं कि पश्चिम के उपन्यासों ने यहीं के कथा-साहित्य से प्रेरणा ग्रहण की। यह एक तो अवान्तर-सी बात है, दूसरे इसमें आत्मतोष का ही भाव अधिक झलकता है। प्रश्न कथा का नहीं है, कथा तो प्रबन्ध-काव्य में भी होती है, नाटक में भी होती है और हितोपदेश पंचतंत्र जैसी उपदेशात्मक कहानियों में भी होती है। परन्तु कथा होने से ही प्रबन्ध और नाटक की अपनी विशिष्टताएँ नष्ट तो नहीं हो जातीं। कथा के सूत्र का अस्तित्व होने से ही आज का उपन्यास प्राचीन भारतीय, पाश्चात्य या अरबी-फारसी के कथाश्रित साहित्य की उपज तो नहीं मान लिया जाएगा। उपन्यास में जो कथा का प्रश्न है वह मुख्य प्रश्न नहीं है और प्राचीन कथाश्रित साहित्य में यही प्रश्न हल हुआ है[1]—अर्थात् उपन्यास एक अलग विधा है जो पंचतंत्र, हितोपदेश, कादम्बरी, रामायण, महाभारत, जातक कथाओं, वीरगाथाओं और प्रेमगाथाओं से अपनी प्रकृति में नितान्त भिन्न है। वास्तव में भारतीय साहित्य का अधिकांश कथा-साहित्य काव्य है। रामायण, महाभारत, कादम्बरी आदि तो काव्य हैं ही, अपने यहाँ के नाटक भी काव्य के ही अन्तर्गत आते हैं। हाँ, सिंहासन द्वात्रिंशिका, वैताल पंचविंशति, हितोपदेश, पंचतंत्र आदि को शुद्ध कथा-साहित्य कह सकते हैं। किन्तु आधुनिक कथा-साहित्य अपनी प्रकृति में इस कथा-साहित्य का विकास नहीं लगता। हाँ, प्रेमचन्द-पूर्व उपन्यासों पर इस प्राचीन कथा-परम्परा का प्रभाव खूब लक्षित होता है। कहा जा सकता है कि प्रेमचन्द-पूर्व के उपन्यासों ने उपन्यास का स्वरूप पश्चिम से तो अवश्य लिया लेकिन उसमें परम्परागत कथा-साहित्य की प्रतिष्ठा अधिक थी। वैसे तत्कालीन सामाजिक जागृति के कारण प्राचीन कथा-प्रणाली के माध्यम से नवीन आवश्यकताओं को भी व्यक्त किया गया।

प्रेमचन्द-पूर्व उपन्यासों की सबसे प्रमुख और सामान्य विशेषता है उनका घटनाप्रधान होना। यानी ये उपन्यास घटना-चमत्कार का प्रदर्शन कर या तो मात्र मनोरंजन करना चाहते हैं या कोई उपदेश देना चाहते हैं। हम देखें तो पाएँगे कि प्रेमचन्द के पूर्व जासूसी, तिलस्मी, ऐयारी, ऐतिहासिक, सामाजिक सभी तरह के उपन्यास लिखे गए किन्तु ये सभी घटना-चमत्कार पर आधारित हैं। घटना-चमत्कार पर आधारित रहनेवाला उपन्यास (उसका उद्देश्य चाहे शुद्ध मनोरंजन हो, चाहे मनोरंजन मिश्रित उपदेश देना) जीवन-यथार्थ की चिन्ता कम करता है। इसमें पात्रों की योजना चारित्रिक विशिष्टताओं, मानसिक सत्यों की निगूढ़ताओं, सामाजिक

---

1. With the novel only one problem, the simplest of all, that of telling a story had been solved by past.

—Ralph Fox

परिवेश के साथ उनके विभिन्न सम्बन्धों के चित्रण के लिए नहीं होती, घटनाएँ भी गहन जीवन सन्दर्भों और पात्रों की पारस्परिक क्रिया-प्रतिक्रियाओं से प्रभावित नहीं होतीं, वे जीवन के विभिन्न प्रश्नों, समस्याओं और आकांक्षाओं की जटिलताओं से उलझी नहीं होतीं। सनसनी पैदा करनेवाली, कौतूहलवर्धन करनेवाली या किसी विशेष सुधारवादी अन्त तक पाठक को पहुँचानेवाली घटनाओं को लेखक अपने ढंग से सजाता चलता है। स्पष्ट है कि इस प्रकार के घटना-नियोजन में कथानक का स्वाभाविक प्रवाह तथा पात्रों का सहज विकास सुरक्षित नहीं रह पाता। घटनाओं की सम्भाव्यता-असम्भाव्यता पर भी लेखक का बहुत कम ध्यान रहता है। प्रेमचन्द के पूर्व के उपन्यासों की घटनाएँ इसी तरह देशकाल और पात्र के जटिल यथार्थ को समझे बिना, उन्हें चित्रित किए बिना नियोजित होती चली जाती हैं। घटना प्रधानता प्राचीन कथाओं की एक खास विशेषता रही है—चाहे वे कथाएँ दादी-नानी के मुँह से सुनी गई कहानियाँ हों, चाहे वैताल पंचविंशति, सिंहासन द्वाविंशति, हितोपदेश और पंचतंत्र की कहानियाँ हों। घटना का एक अबाध प्रवाह होता है इनमें। और ये घटनाएँ मानव और मानवेतर जगत् सभी को अपना क्षेत्र और पात्र बनाती हैं। इन कथाओं में देशकाल की यथार्थता की रक्षा नहीं होती है। एक था राजा, उसके सात बेटे थे, सात रानियाँ थीं। पाठक या श्रोता इन पात्रों का नाम-धाम जाने बिना—उनके परिवेश को समझे बिना कहानी सुनता चला जाएगा, घटनाएँ उसे अबाध गति से बहाती जाएँगी। कहानी में परियाँ भी आएँगी, देवता भी आएँगे, राक्षस भी आएँगे, चिड़िया, हिरण, कछुआ, नेवला, सियार आदि सभी मानव-पात्रों की तरह व्यवहार करते आएँगे और पाठक या श्रोता इन पर अविश्वास किए बिना इन्हें पढ़ता या सुनता जाएगा। वह नहीं पूछेगा कि उस परी का नाम क्या था? या राजा का नाम क्या था? वह नहीं प्रश्न करेगा कि राजा का देशकाल क्या था? वह शंका नहीं प्रस्तुत करेगा कि चिड़िया या हिरण या पेड़ नहीं बोल सकते। वह यह सन्देह नहीं करेगा कि यह घटना संसार में घटित नहीं हो सकती है। उसे कहानी सुनने से प्रयोजन है—देशकाल की वास्तविकता से विच्छिन्न कहानी। इसलिए मनोरंजनप्रधान कहानियों की कोई विशिष्ट लम्बाई हो, कोई अपरिहार्य समाप्ति हो—ऐसा नहीं दीखता। कहानी में से कहानी फूटती चली जाएगी, उसे चाहे जितना खींचा जा सकता है। वैताल पंचविंशति इसका स्पष्ट उदाहरण है। दूसरी ओर जो उपदेश-प्रधान कहानियाँ हैं उनका एक निश्चित अन्त होता है और उसी अन्त तक कथा आकर रुक जाती है, उसी अन्त के लिए सारी कथा नियोजित होती है। उपदेश बड़ा स्पष्ट होता है, लेखक अपनी ओर से टिप्पणियाँ भी जड़ता है। इस प्रकार उपदेशप्रधान कथाओं की सारी घटनाएँ मनोरंजनात्मक होती हैं, किन्तु उनका नियोजन किसी उपदेश के लिए होता है।

इन घटना-प्रधान कथाओं में पात्रों की कोई निजी विशेषता नहीं होती, वे टाइप होते हैं। अर्थात् नाम, ग्राम और विशिष्ट व्यक्तित्व से विहीन वे अमुक प्रकार के कार्य-व्यापार करने के लिए, अमुक प्रकार की सिद्धियाँ प्राप्त करने के लिए लेखक की ओर से स्थापित किए गए प्रतीक पात्र होते हैं। मानवेतर प्राणी भी पात्र के रूप में

आते हैं। अतः इन पात्रों में मानव की गहरी संवेदना, जटिल भाव-बोध और चिन्तन-शक्ति को प्रभावित करने की क्षमता नहीं होती। वे हमारे राग-विराग के ऊपरी स्तर को छूते हुए विस्मय, कौतूहल पैदा करते हुए चलते रहते हैं। कहानी के अन्त में सारी घटनाओं की एक सुखद परिणति दिखाई पड़ती है। पाठक या श्रोता के सामने यह मंगल वाक्य होता है कि जैसे इस कथानायक का राजपाट लौटा वैसे सबका लौटे।

प्रेमचन्द से पूर्व के हिन्दी उपन्यासों पर भारतीय कथा-साहित्य के उपर्युक्त रूपों का बड़ा प्रभाव लक्षित होता है। यह नहीं कि पश्चिमी उपन्यासों का प्रभाव उन पर नहीं है। पश्चिमी उपन्यासों का सबसे बड़ा प्रभाव तो यही है कि इन हिन्दी उपन्यासों का ढाँचा उपन्यास का है जो स्पष्ट ही पश्चिमी साहित्य-प्रकार है, दूसरे यह कि इन उपन्यासकारों ने पश्चिम के उपन्यासों से विशेषतया बंगला उपन्यासों के माध्यम से प्रेरणा ग्रहण की और उनके अनुसार मौलिक उपन्यास लिखे, किन्तु यहाँ एक बात नहीं भूलने की है कि इन हिन्दी के उपन्यासकारों ने पश्चिम के उन्हीं उपन्यासों से विशेष प्रेरणा ली जो घटना-प्रधान थे यानी जिनका उद्देश्य घटना-वैचित्र्य की सृष्टि कर मनोरंजन करना था। जासूसी, तिलस्मी, ऐयारी उपन्यास शुद्ध मनोरंजनात्मक श्रेणी में आते हैं। पश्चिम में ऐसे उपन्यासों की बड़ी धूम थी। एडगर वैलेस, ओपेनहम जैसे लेखक इस प्रकार के सनसनीखेज उपन्यास पर्याप्त मात्रा में लिख चुके थे। प्रेमचन्द से पहले कोई महत्त्वपूर्ण उपन्यास लक्षित नहीं होता। कहा जा चुका है कि हिन्दी के आरम्भिक उपन्यासों में शुद्ध मनोरंजनात्मक उपन्यासों के अतिरिक्त उपदेश-प्रधान उपन्यास भी लिखे गए और कुछ ऐतिहासिक पृष्ठभूमि पर आधारित उपन्यासों की भी रचना हुई। इसका मूल कारण अपना युग था। भारतेन्दु युग के लेखक अपने देश और काल की चेतना से स्पन्दित थे। उन्होंने अपनी विभिन्न प्रकार की कृतियों में स्वदेशी जागरण का स्वर मुखर करना चाहा है। देशाभिमान के कारण उन्होंने एक ओर राजनीतिक, सामाजिक, धार्मिक विकृतियों को चित्रित कर उनका समाधान खोजना चाहा, दूसरी ओर अपने गौरवशाली अतीत की याद कर अपनी उच्चता के भाव से अभिभूत भी होना चाहा और हीनता से पीड़ित भारतीय जनता में गौरव और सम्मान का भाव भरने का प्रयत्न किया। इसीलिए तत्कालीन यथार्थ और गौरवमय इतिहास के आदर्श दोनों को व्यक्त करनेवाली कृतियाँ इस काल में दिखाई पड़ती हैं। उपदेश-प्रधान और ऐतिहासिक उपन्यास इन्हीं दो प्रकार की प्रवृत्तियों से परिचालित होकर लिखे गए उपन्यास हैं। किन्तु जहाँ तक शिल्प का प्रश्न है, इस काल के सभी उपन्यासों में घटनावैचित्र्य का बोलबाला है, असहज विकास से ग्रस्त पात्रों और कथाओं का चमत्कारपूर्ण आयोजन है। इस तरह प्रेमचन्द-पूर्व युग में तीन प्रकार के उपन्यास दिखाई पड़ते हैं :

शुद्ध मनोरंजनप्रधान उपन्यास : तिलस्मी ऐयारी (लेखक—देवकीनन्दन खत्री, किशोरीलाल गोस्वामी, देवीप्रसाद शर्मा, जगन्नाथ प्रसाद चतुर्वेदी, हरेकृष्ण जौहर आदि।)

जासूसी (लेखक—गोपालराम गहमरी, शिवनारायण द्विवेदी, शेरसिंह, रुद्रदत्त

शर्मा, जयरामदास गुप्त आदि।)

उपदेशप्रधान सामाजिक उपन्यास : (लेखक—श्रीनिवासदास, बालकृष्ण भट्ट, राधाकृष्ण, राधाचरण गोस्वामी, देवीप्रसाद शर्मा, किशोरीलाल गोस्वामी, लज्जाराम मेहता आदि।)

ऐतिहासिक उपन्यास : (लेखक—किशोरीलाल गोस्वामी, बलदेवप्रसाद मिश्र, कृष्णप्रकाश सिंह, अखौरी व्रजनन्दन सहाय, मिश्रबन्धु आदि।)

शुद्ध मनोरंजनप्रधान उपन्यास

शुद्ध मनोरंजनप्रधान उपन्यासों में विस्मयकारी घटनाओं का जाल-सा बिछा हुआ है। तिलस्म और ऐयारी के बड़े विचित्र-विचित्र करिश्मे दिखाई पड़ते हैं। घटनाओं के कार्य-कारण सम्बन्धों की परवाह किए बगैर लेखक जहाँ जैसे चाहता है, घटनाओं की सृष्टि करता है और पाठक इन विचित्र घटनाओं के मायाजाल से चमत्कृत होता हुआ, कथा-प्रवाह के साथ तेजी से बहता चलता है। इन उपन्यासों में पाठक की कौतूहल वृत्ति को रमाने और बहाने की अपार क्षमता है और यही इनका उद्‌देश्य भी है। जासूसी उपन्यासों में भी अनेक पेचीदगियों से भरी हुई घटनाएँ बहती रहती हैं और पाठक इस घटना-जाल में उलझा हुआ असली बात को जानने के लिए तड़पता रहता है। चोरी-डकैती या अन्य प्रकार के अपराधियों की खोज जासूसी उपन्यासों में होती है। इसमें घटनाएँ इस तरह उलझी होती हैं कि असली अपराधी का पता लगा पाना बड़ा मुश्किल होता है। जासूस अनेक प्रकार के कौशल द्वारा अपराधी को पकड़ने का प्रयास करता है। अपराधी घटनाओं को ऐसा उलझाता रहता है कि सत्य का पता लगाना कठिन हो जाता है। अन्त तक यह दाँव-पेच चलता रहता है। अपराधी जासूस के या कह लीजिए पाठक के साथ-ही-साथ चलता रहता है, परन्तु पाठक उसे भला समझता है या कम-से-कम उसे अपराधी नहीं समझता। और जब अन्त में वही व्यक्ति अपराधी सिद्ध होता है तो पाठक के विस्मय की सीमा नहीं रहती। विस्मयजन्य आनन्द की सृष्टि करना ही तो इन उपन्यासों का लक्ष्य होता है। किन्तु जासूसी उपन्यास तिलस्मी, ऐयारी उपन्यासों की अपेक्षा अधिक विश्वसनीय होते हैं। जहाँ तिलस्मी, ऐयारी में जादुई तत्त्वों का प्रयोग होता है वहाँ जासूसी उपन्यासों में बुद्धि-कौशल और वैज्ञानिक साधनों का प्रयोग होता है। यानी कि जासूसी उपन्यासों में कार्यकारण की शृंखला होती है और वे अविश्वसनीय नहीं होते।

देवकीनन्दन खत्री की 'चन्द्रकान्ता' (1891) और 'चन्द्रकान्ता सन्तति' प्रेमचन्द-पूर्व उपन्यासों में अपनी लोकप्रियता के कारण सबसे अधिक महत्त्वपूर्ण कृतियाँ हैं। कहा जाता है कि इन उपन्यासों को पढ़ने के लिए बहुत से लोगों ने हिन्दी सीखी। मनोरंजन के दृष्टिकोण से ये दोनों उपन्यास बड़े ही सशक्त हैं। पात्रों के विचित्र-विचित्र अलौकिक कारनामे पाठकों को चकित करते हैं। कहा जा चुका है कि इस प्रकार के उपन्यासों का उद्‌देश्य पात्रों की अन्तर्वृत्ति का निरूपण, सामाजिक यथार्थ का अंकन

और रस-संचार करना नहीं होता। यहाँ पात्र अपना वैशिष्ट्य खोकर लेखक द्वारा कल्पित कार्य करने के लिए सरकस के जीवों की तरह रंगमंच पर आते रहते हैं और पानी पर दौड़ लगाकर, ऊँची-से-ऊँची जगहों से कूदकर, भूगर्भों में छिपकर, वहाँ से रहस्यमय ढंग से निकलकर या इसी तरह अन्य प्रकार के मायावी कार्य कर एक ऐसी दुनिया में पाठकों को ले जाते हैं जो वास्तविक दुनिया से एकदम भिन्न होती है। चन्द्रकान्ता की कथा मूलतः प्रेमकथा है। विजयगढ़ की राजकुमारी चन्द्रकान्ता को वीरेन्द्रसिंह और क्रूरसिंह दोनों चाहते हैं। चन्द्रकान्ता वीरेन्द्र को चाहती है। प्रेम का संघर्ष ही अनेक प्रकार की वैचित्र्यपूर्ण घटनाओं की सृष्टि करता है। यह प्रेमकथा है परन्तु प्रेम की मार्मिक अनुभूतियों का चित्रण नहीं है।

'चन्द्रकान्ता सन्तति' (चौबीस भाग, 1896) 'चन्द्रकान्ता' से भिन्न नहीं है। तिलस्म और ऐयारी पर आधारित ये प्रेमकथाएँ फारसी के 'तिलस्म होशरुबा', 'बोस्तान-इ-ख्याल' और 'दास्ताने अमीर हम्जा' नामक लोकप्रिय रचनाओं से कुछ प्रभावित जान पड़ती हैं। खत्री जी ने 'नरेन्द्र मोहिनी' (1893), 'वीरेन्द्र वीर' (1895), 'कुसुम कुमारी' (1899), 'काजर की कोठरी' (1902), 'अनूठी बेगम' (1905), 'गुप्त गोदना' (1906), 'भूतनाथ' –प्रथम छह भाग (1976) उपन्यास भी लिखे हैं। इन्हीं की परम्परा में हरेकृष्ण जौहर-कृत 'कुसुम लता', 'मयंक मोहिनी या माया महल' (1901), 'कमल कुमारी' (1902), 'निराला नकाबपोश' (1902), 'भयानक खून' (1903), किशोरीलाल गोस्वामी-कृत 'तिलस्मी शीशमहल' (1905), रामलाल वर्मा-कृत 'पुतली महल' (1908)—उपन्यास आते हैं। देवकीनन्दन खत्री के पुत्र दुर्गाप्रसाद खत्री ने अपने पिता-कृत 'भूतनाथ' के शेष भाग पूरे किए।

जासूसी उपन्यासकारों में श्री गोपालराम गहमरी का नाम अग्रगण्य है। इन्होंने 'जासूस' नाम का एक अखबार निकाला, जिसमें जासूसी उपन्यास और कहानियाँ प्रकाशित होती रहीं। 'अद्‌भुत लाश', 'बेकसूर की फाँसी', 'सरकती लाश', 'खूनी कौन', 'बेगुनाह का खून', 'जासूस की भूल', 'अद्‌भुत खून', 'खूनी का भेद', 'गुप्तभेद' इनके उपन्यास हैं।

उपदेशप्रधान सामाजिक उपन्यास

यह युग सांस्कृतिक पुनर्जागरण का था। राष्ट्रीय और सामाजिक जागृति की चेतना धीरे-धीरे विकसित होने लगी थी। उस काल के चिन्तकों और कलाकारों को सामाजिक-धार्मिक रूढ़ियाँ और पाश्चात्य सभ्यता की अन्धी अनुकृतियाँ दोनों बुरी तरह सालने लगी थीं। इनको राष्ट्रीय अभिमान तो था परन्तु वह अधिक मुखर होने का अवसर नहीं पा सका। किन्तु सामाजिक, धार्मिक पक्ष की विकृतियों को चित्रित करने में कोई विशेष बाधा नहीं थी। अत: भारतेन्दु-काल की समस्त साहित्यिक विधाओं में राष्ट्रीय जागरण के स्वर के साथ-साथ सामाजिक जागरण का स्वर बड़ी सघनता से सुनाई पड़ता है। सामाजिक जागरण का स्वर राजनीतिक जागरण के स्वर से कहीं अधिक

स्पष्ट और उग्र था। भारतेन्दु बाबू भी उपन्यास लेखन की ओर प्रवृत्त हुए, किन्तु बहुत बाद में। 'पूर्ण प्रकाश और चन्द्रप्रभा'[1] इनका सामाजिक उपन्यास है। इस काल के अन्य सामाजिक उपन्यासों में 'भाग्यवती' (श्रद्धानन्द फिल्लौरी, 1877), 'परीक्षा गुरु' (श्रीनिवासदास), 'नूतन ब्रह्मचारी', 'सौ अजान : एक सुजान' (बालकृष्ण भट्ट), 'निस्सहाय हिन्दू' (राधाकृष्णदास), 'विधवा विपत्ति' (राधाचरण गोस्वामी और देवकीप्रसाद शर्मा) 'श्यामा स्वप्न' (ठाकुर जगमोहन सिंह), 'जया' (कार्तिकप्रसाद खत्री), 'लवंग लतिका', 'कुसुम कुमारी', 'लीलावती वा आदर्शसती', 'पुनर्जन्म वा सौतिया डाह', 'अँगूठी का नगीना' (किशोरीलाल गोस्वामी), 'सास पतोहू', 'बड़ा भाई', 'नए बाबू' (गोपालराम गहमरी), 'धूर्त रसिकलाल', 'स्वतंत्र रमा और परतंत्र लक्ष्मी' (लज्जाराम मेहता), 'अधखिला फूल', 'ठेठ हिन्दी का ठाठ' (अयोध्यासिंह उपाध्याय 'हरिऔध'), 'सौन्दर्योपासक', 'राधाकान्त' (व्रजनन्दन सहाय), 'रामलाल' (मन्नन द्विवेदी), 'वन जीवन वा प्रेम लहरी' (राधिकारमण प्रसाद सिंह) आदि के नाम अग्रगण्य हैं। वास्तव में इन सामाजिक उपन्यासों में समाज के बुनियादी सत्यों की पकड़ नहीं है। समाज की सतह पर बहती हुई घटनाओं को पकड़ा गया है, उनका निरूपण किया गया है, उन घटनाओं और परिस्थितियों में किसी पात्र को डालकर उसकी उन्नति-अवनति की दिशाएँ अंकित की गई हैं तथा उसके पाप-पुण्य और अन्यान्य क्रिया-कलापों का स्थूल चित्रण किया गया है। इस बात को बहुत ही स्पष्ट ढंग से दिखाने का प्रयास किया गया है कि अमुक परिस्थितियों में पड़कर मनुष्य भला या बुरा कर्म करने लगता है। वह अपने अमुक संस्कारवश उन परिस्थितियों की ओर स्वयं झुकता है और स्वयं झुककर स्वयं कष्ट उठाता है। उन परिस्थितियों से निष्कृति ही समस्या का हल है। इस काल के सारे सामाजिक उपन्यास सोद्देश्य हैं या यों कहिए कि उपदेश और समाधान-प्रधान हैं। हर उपन्यास में समस्या का समाधान दिया गया है, वह समाधान मानो पाठकों के लिए उपदेश है—बुरे से बचने और भले में प्रवृत्त होने का उपदेश। लेखक इसी उद्देश्य से परिचालित होकर जगह-जगह अपने पाठकों को सम्बोधित कर उनका ध्यान भले और बुरे की ओर आकृष्ट करता चलता है। इन सारे सामाजिक उपन्यासों के विषयों की परीक्षा करें तो हम पाएँगे कि इनके सामने सबसे बड़ा विषय था नारी। 'वह हिन्दी-समाज की चिरलांछिता, चिरवंचिता, चिरवन्दिनी, नई दीप्ति के साथ हमारे समाने आई। उसकी समस्याएँ ही सारे देश की समस्याएँ थीं। बाल-विवाह, कलह-प्रियता, पुरुष से हीनता, विधवा-विवाह, दोहाजू, आभूषणप्रियता आदि ये सब विषय सामाजिक उपन्यासकारों के मुख्य विषय रहे हैं। इन सब विषयों में नारी अत्यन्त निकट से लिपटी हुई थी। ये ही नए विषय थे। नई शिक्षा ने नए बाबू और पुराने चाल की सहधर्मिणी की एक समस्या उपस्थित कर दी थी।'[2] किन्तु नारी के अतिरिक्त शराबखोरी, चाटुकारिताप्रियता और उसके दुष्परिणाम, सदाचार और सद्वृति, हिन्दुओं की असहायता, गोवध आदि विषय भी इन उपन्यासों

1. इस विषय में मतभेद है कि यह उपन्यास भारतेन्दु बाबू की मौलिक कृति है या अनुवाद।
2. हिन्दी साहित्य का संक्षिप्त इतिहास : डॉ. रामरतन भटनागर।

में स्वीकारे गए हैं। विषय चाहे जो भी हो किन्तु इतना सत्य है कि उपन्यासकारों ने सतह पर के सत्य को ही अधिक लिया है, उसी सत्य को व्यक्त करने के लिए घटनाओं और पात्रों की सृष्टि की है। अतः इन उपन्यासों में यथार्थ की संश्लिष्टता और चरित्रों की मनोवैज्ञानिक गहनता का सर्वथा अभाव है। इसीलिए इन उपन्यासों में से कोई भी उपन्यास हिन्दी साहित्य की स्थायी निधि नहीं बन सका। हाँ, 'परीक्षा गुरु' पहला उपन्यास होकर भी कई दृष्टियों से महत्त्वपूर्ण है।

ऐतिहासिक उपन्यास

इस काल में ऐतिहासिक उपन्यासों का भी प्रणयन पर्याप्त मात्रा में हुआ। किशोरीलाल गोस्वामी-कृत 'हृदयहारिणी' वा 'आदर्श रमणी' (1890), 'लवंगलता' वा 'आदर्श बाला' (1890), 'तारा' (1902), 'राजकुमारी' (1902), 'कनक कुसुम' वा 'मस्तानी' (1903), 'लखनऊ की कब्र' वा 'शाही महलसरा' (1906), 'रजिया बेगम' आदि; गंगाप्रसाद गुप्त-कृत 'पृथ्वीराज चौहान' (1902), 'कुमारसिंह सेनापति' (1903), 'हम्मीर' (1904); श्यामसुन्दर वैद्य-कृत 'पंजाब पतन'; कृष्णप्रसाद सिंह अखौरी-कृत 'वीर चूड़ामणि'; मथुराप्रसाद शर्मा-कृत 'नूरजहाँ', व्रजनन्दनसहाय-कृत 'लाल चीन' (1916); मिश्र-बन्धु-कृत 'वीरमणि' (1917) आदि उपन्यास इस काल के ऐतिहासिक कहे जानेवाले उपन्यास हैं। इस काल में गौरवमय अतीत की ओर दृष्टि जाना भी स्वाभाविक था। मध्यकाल में हम मानो अपना सब खो चुके थे, जीवन के बाह्य विधानों में ही उलझे रह गए थे। हमारा वर्तमान दयनीय था, हम विदेशी सत्ता से पराभूत तो थे ही, अपनी सामाजिक और धार्मिक रूढ़ियों और अन्धविश्वासों में भी जकड़े रह गए थे। विदेशी सत्ता ने हमें पराभूत तो किया, किन्तु जीवन को यथार्थवादी दृष्टि से देखने के लिए प्रेरित भी किया और तब अपना मार्ग खोए हुए कुछ लोग विदेशी संस्कृति और सभ्यता की ऊपरी चकाचौंध में ही जा उलझे। ऐसे अवसर पर अपने इतिहास के गौरव की याद आना और उसे पुनर्जीवित करने का प्रयास करना स्वाभाविक था। ऐतिहासिक उपन्यास लिखकर लेखकों ने मानो अपनी सांस्कृतिक विरासत को पुनः जागृत करना चाहा। ऐतिहासिक उपन्यासों में दो बातें विशेष ध्यान देने की होती हैं—एक तो अभिप्रेत काल के जीवन-यथार्थ से घनिष्ठ रूप से परिचित होना, दूसरे इतिहास के तथ्यों के साथ कल्पना का सुन्दर समन्वय कर साहित्यिक कृति का निर्माण करना। कहा जा सकता है कि उपर्युक्त उपन्यासों ने इस दायित्व का निर्वाह नहीं किया है। इन उपन्यासों में अभिप्रेत काल के समाज का यथार्थ-बोध नहीं प्राप्त होता। इनमें उस काल की जटिल सामाजिक स्थितियों, मानव-मन की आकांक्षाओं, प्रश्नों, व्यक्तियों के पारस्परिक सम्बन्धों का तो सूक्ष्म निरीक्षण नहीं ही प्राप्त होता, सामान्य ऐतिहासिक तथ्यों का निर्वाह भी नहीं लक्षित होता। कल्पना और इतिहास का समन्वय भी दृष्टिगत नहीं होता। अर्थात् ये उपन्यास न तो इतिहास का जीता-जागता चित्र ही उपस्थित कर पाते हैं और न तो ये सफल साहित्यिक कृति ही

बन पाते। ले-देकर व्रजनन्दन सहाय के 'लाल चीन' और मिश्रबन्धुओं के 'वीरमणि' में ऐतिहासिकता और काल्पनिकता का कुछ सम्यक् संयोग दिखाई पड़ता है। इन सारे ऐतिहासिक उपन्यासों में रोमांचकारी घटनाओं की सृष्टि कर इन्हें मनोरंजक बनाया गया है और साथ-ही-साथ उपदेश का स्वर भी बुलन्द किया गया है। यानी लेखक पात्रों और कथानक से ध्वनित होनेवाले स्वर पर विश्वास नहीं करता। वह स्वयं अन्त में उपदेश का स्वर मुखर करता है या किसी पात्र से कराता है। जैसे किशोरीलाल गोस्वामी के 'तारा' उपन्यास में रानी चन्द्रावली अपने भाई से कहती है—'भारतवर्ष के भाग्य विपर्यय का प्रत्यक्ष इतिहास आँखों के आगे नाच रहा है, तो भी स्वार्थ से अन्धे होकर तुमने यवनों पर अन्धविश्वास कर लिया है। भाई, जागो और मोह-निद्रा को छोड़ सनातन धर्म और क्षत्रिय कुल की गौरवता पर दृष्टि डालो।'

प्रेमचन्द के पूर्व के उपन्यासों की चर्चा के सम्बन्ध में एक बात और शेष रह जाती है वह यह कि हिन्दी का पहला उपन्यास कौन है और किस क्रम से उपन्यासों का विकास हुआ? हिन्दी के आलोचकों ने लाला श्रीनिवासदास के 'परीक्षा गुरु' (1882) को ही अंग्रेजी के ढंग का हिन्दी का पहला मौलिक उपन्यास माना है। वैसे तो लोग इंशा अल्ला खाँ की 'रानी केतकी की कहानी'; सदल मिश्र के 'नासिकेतोपाख्यान' और लल्लूलाल जी के 'प्रेमसागर' को भी आधुनिक काल का प्रारम्भिक कथा-साहित्य मान सकते हैं, किन्तु उन्हें आधुनिक अर्थ में उपन्यास हम नहीं कह सकते। 'परीक्षा गुरु' हिन्दी का पहला महत्त्वपूर्ण उपन्यास है—हालाँकि इससे पूर्व श्रद्धानन्द फिल्लौरी का उपन्यास 'भाग्यवती' आ चुका था।

'परीक्षा गुरु' हिन्दी का पहला उपन्यास माना गया है इसका तात्पर्य यह है कि हिन्दी उपन्यास का प्रारम्भ सामाजिक यथार्थ की पहचान से हुआ और सामाजिक यथार्थ की पहचान की यह यात्रा प्रेमचन्द, प्रसाद, यशपाल आदि से होती हुई आज तक पहुँची है तथा विविध आयाम धारण करने में समर्थ हुई है। यथार्थ की पहचान की एक दूसरी धारा भी है जो व्यक्ति-मन को केन्द्रित करके चली है और जो मूलत: जैनेन्द्र, अज्ञेय आदि से होती हुई आज के यौन चेतना-केन्द्रित उपन्यासों तक आई है। किन्तु इसमें सन्देह नहीं कि भारतीय जीवन की सही पहचान इन सामाजिक यथार्थवाले उपन्यासों में ही होती है, इनमें भारतीय जीवन के तमाम सुख-दुखों, सम्बन्धों और मूल्यों, शक्तियों और सीमाओं, छवियों और अछवियों, मिट्टी और पानी की गन्ध की परतें बिछी होती हैं। वे मनोवैज्ञानिक उपन्यास भी भारतीय जीवन की गन्ध उभारते हैं जो व्यक्ति-मन के सत्य को केन्द्रित करने के बावजूद भारतीय परिवेश को उभारते हैं। 'त्यागपत्र' और 'शेखर : एक जीवनी' इसीलिए भारतीय उपन्यास लगते हैं।

'जो बात सौ बार समझाने से समझ में नहीं आती वह एक बार की परीक्षा से भली-भाँति मन में बैठ जाती है और इसी वास्ते लोग परीक्षा (को) गुरु मानते हैं।' इस उदाहरण से स्पष्ट है कि लेखक ने परीक्षा को गुरु सिद्ध करने के लिए यह उपन्यास लिखा है। यह एक सनातन सिद्धान्त है किन्तु इस सिद्धान्त की सनातना

सिद्ध करना लेखक का उद्देश्य नहीं रहा है, वह तो वास्तव में अपने समय में कुछ अंग्रेजों के प्रभाव से और कुछ अपनी ही विकृत मध्यकालीनता के प्रभाव से देश और समाज में उत्पन्न होनेवाली कुछ सामाजिक और चरित्रगत विसंगतियों और विकृतियों का उद्घाटन कर तथा उनका समाधान प्रस्तुत कर कुछ शिक्षा देना चाहता है। इस प्रकार समकालीन परिवेश के यथार्थ को मूर्त कर भारतीय जीवन में उत्पन्न होनेवाली कुरूपताओं की पहचान उभारना और एक विशिष्ट प्रभावशाली घटना की चोट से एक प्रकाश पैदा करना ही इस उपन्यास का उद्देश्य है।

लेखक ने समकालीन यथार्थ को तत्कालीन परिवेश में चित्रित किया है। इस परिवेश में कुछ विदेशी व्यापारी, स्वदेशी व्यापारी, भिन्न-भिन्न पेशों के लोग तथा इन सबके आपसी सम्बन्ध और रंग-ढंग, कचहरी, हवालात, रईसी दरबार, इनसे सम्बन्धित घटनाएँ और प्रसंग आए हैं। यह समूचे परिवेश-चित्रण में लेखक की दृष्टि आलोचनात्मक रही है। वह यथार्थ के सद्-असद् रूप की पहचान भी उभारता चला है। उसके सामने यथार्थ का जो चरित्रगत या परिस्थितिगत रूप रहा है वह संश्लिष्ट और गहरा न होकर इकहरा तथा स्फीत है। दूसरे, जो यथार्थ है वह उपदेशमूलक यानी नैतिकतावादी आलोचनात्मक स्वर से सम्पन्न होने के कारण और भी स्फीत हो उठता है। नैतिकतामूलक उपदेशवादिता उपन्यास की औपन्यासिक संरचना से तो उभरती ही है, हर अध्याय के शीर्षक से, उसके आरम्भ में दिए गए दोहों या कविताओं से, हर प्रसंग के साथ संवाद के माध्यम से आनेवाले देश-विदेश की कहानियों और घटनाओं के उदाहरणों से और सद् पात्रों द्वारा जगह-जगह की गई सामाजिक आलोचनाओं से भी व्यक्त होती है। इसलिए यथार्थ के घटित होने की अपेक्षा नैतिकतामूलक उपदेश के कथित होने की मात्रा अनुपात में ज्यादा हो उठी है और इसीलिए उपन्यास अपनी संरचना में काफी शिथिल और प्रभाव में कमजोर पड़ गया है। उसकी पठनीयता भी आहत हो उठी है। पात्रों के संवादों में दृष्टान्त रूप में बार-बार कविता और कथाओं का उभरना पुरानी उपदेशप्रधान कहानियों का स्मरण दिलाता है। इसमें हमारे समाज को बरबाद करनेवाले अनेक दोषों—जुआ, शराब, वेश्या-नृत्य, झूठा प्रदर्शन, चाटुकारिता-प्रेम आदि का पर्दाफाश करते हुए सच्ची राह पर चलने की शिक्षा दी गई है। परिवेश-चित्रण के क्रम में लेखक ने देशी-विदेशी पात्रों की जागरूकता का अन्तर भी स्पष्ट किया है। उसने पं. पुरुषोत्तमदास की मूर्खता के माध्यम से पुराने पांडित्य का मजाक भी उड़ाया है और चरित्र के आधार पर देश की उन्नति-अवनति का भी स्वरूप स्पष्ट किया है। ब्रजकिशोर आधुनिक चेतनासम्पन्न पात्र है। उसके पास विवेक-दृष्टि है। वह देखता है कि पढ़ाई-लिखाई के विकास के बावजूद चरित्र के अभाव के कारण अपने देश में सही उन्नति नहीं हो रही है। पढ़-लिखकर लोग देश और समाज के सही विकास पर ध्यान नहीं देते हैं। 'जो लोग पढ़ते हैं वे अपने बाप-दादों का रोजगार छोड़कर केवल नौकरी के लिए पढ़ते हैं और जो देशोन्नति के हेतु चर्चा करते हैं उनका लक्ष्य अच्छा नहीं है। वे थोथी बातों पर बहुत हल्ला मचाते हैं परन्तु विद्या की उन्नति, कला के प्रचार, पृथ्वी की

पैदावार बढ़ाने की नई-नई युक्ति और लाभदायक व्यापारादि आवश्यक बातों पर जैसा चाहिए, ध्यान नहीं देते जिससे यहाँ का घाटा पूरा हो।' लेखक देश की अवनति के मूल में हीन चरित्र और हीन वृत्ति को मानता है। ब्रजकिशोर के माध्यम से लेखक ने मनोविज्ञान की कुछ गहराई में जाकर मन की वृत्तियों और चरित्रों का विश्लेषण करने का प्रयत्न किया है। मनोवैज्ञानिक विश्लेषण का इसे एक सूत्र कहा जा सकता है।

'परीक्षा गुरु' उस समय का उपन्यास है जब खड़ी बोली का गद्य साहित्यिक रूप लेने का प्रयत्न कर रहा था इसलिए इसकी भाषा का स्वरूप बहुत कुछ अनगढ़ है। इसमें विविध संवेदनाओं और प्रसंगों से उत्पन्न होनेवाले विविध कोण और रंग नहीं हैं, एक सपाट एकरसता है। इसमें आए हुए अनेक शब्द आज की दृष्टि से अशुद्ध कहे जा सकते हैं किन्तु ये उस समय की भाषा और शब्दों का परिचय देते हैं। सच पूछिए तो ये शब्द उच्चारण की दृष्टि से शुद्ध ही कहे जाएँगे। आज भी इन शब्दों का उच्चारण उसी रूप में होता है जिस रूप में ये शब्द लिखे गए हैं। उपन्यास में इस तरह के प्रयुक्त शब्दों में से कुछ ये हैं—सक्ता है, उस्समय की, जानता हूँ, इस्से, उस्ने, इस्की आदि।

'परीक्षा गुरु' के बाद के उल्लेख्य उपन्यासों का क्रम इस प्रकार है :

रत्नचन्द प्लीडर-कृत 'नूतन चरित्र' (1883); बालकृष्ण भट्ट-कृत 'नूतन ब्रह्मचारी' (1886); राधाचरण गोस्वामी तथा देवीप्रसाद शर्मा-कृत 'विधवा विपत्ति' (1888); ठाकुर जगमोहन सिंह-कृत 'श्यामा स्वप्न' (1888); किशोरीलाल गोस्वामी-कृत 'त्रिवेणी' वा 'सौभाग्य श्रेणी' (1888); 'हृदयहारिणी' वा 'आदर्श रमणी' (1890); राधाकृष्ण दास-कृत 'निस्सहाय हिन्दू' (1890); देवकीनन्दन खत्री-कृत 'चन्द्रकान्ता' और 'चन्द्रकान्ता सन्तति' (1891); बालकृष्ण भट्ट-कृत 'सौ अजान एक सुजान' (1892); गोपालराम गहमरी-कृत 'नए बाबू' (1894); कार्तिकप्रसाद खत्री-कृत 'जया' (1896); गोपालराम गहमरी-कृत 'सास पतोहू', 'बड़ा भाई' (1898); लज्जाराम मेहता-कृत 'धूर्त रसिकलाल' (1899); 'स्वतंत्र रमा और परतंत्र लक्ष्मी' (1899), 'हिन्दू गृहस्थ', 'आदर्श दम्पति' (1904); 'बिगड़े का सुधार' (1907); अयोध्यासिंह उपाध्याय-कृत 'अधखिला फूल' (1907); व्रजनन्दनसहाय-कृत 'सौन्दर्योपासक' (1911); लज्जाराम मेहता-कृत 'आदर्श हिन्दू' (1915); व्रजनन्दनसहाय-कृत 'लाल चीन' (1916); मन्नन द्विवेदी-कृत 'रामलाल' (1917) तथा मिश्रबन्धुओं-कृत 'वीरमणि' (1917)।

प्रेमचन्द-युग

यथार्थवादी उपन्यास

सोद्‌देश्यता

सामाजिकता

मनोवैज्ञानिकता

राष्ट्रीयता

प्रेमचन्द के आगमन से हिन्दी-उपन्यास में नया युग प्रारम्भ होता है बल्कि यों कहा जाए कि वास्तविक अर्थों में उपन्यास-युग आरम्भ होता है। उपन्यास-साहित्य की सृष्टि जिस उद्देश्य को लेकर हुई थी उस उद्देश्य की पूर्ति प्रेमचन्द से पूर्व के उपन्यासों द्वारा नहीं हुई। पश्चिम में उपन्यासों का जो विकास हो गया था उससे भी प्रेमचन्द से पहले के उपन्यासकार लाभान्वित नहीं हो सके थे। प्रेमचन्द ने पहली बार उपन्यास के मौलिक क्षेत्र, स्वरूप और उद्देश्य को पहचाना। पहचाना ही नहीं उसे भव्य समृद्धि प्रदान की, काफी ऊँचाई तक ले गए।

अक्सर कहा जाता है कि प्रेमचन्द ने पहली बार इस सत्य को पहचाना कि उपन्यास सोद्देश्य होने चाहिए अर्थात् उपन्यास या कोई भी साहित्यिक विधा मनोरंजन के लिए नहीं होती वरन् वह मानव-जीवन को शक्ति और सुन्दरता प्रदान करनेवाली सोद्देश्य रचना होती है। सोद्देश्यता हिन्दी-उपन्यास-क्षेत्र में पहले-पहल प्रेमचन्द में ही व्यक्त हुई और सोद्देश्यता ही प्रेमचन्द के उपन्यासों की सफलता का रहस्य है, यह कहना गलत है। सोद्देश्यता (सोद्देश्यता का प्रयोग मैं किसी नैतिकता की स्थापना या समाधान की प्रतिष्ठा या उपदेश के नियोजन के स्थूल अर्थ में कर रहा हूँ) तो भारतेन्दुकालीन और द्विवेदीकालीन साहित्य की खास चीज थी। 'परीक्षा गुरु', 'सौ अजान एक सुजान', 'नूतन ब्रह्मचारी' और तत्कालीन सामाजिक और ऐतिहासिक उपन्यासों में उपदेशमूलक उद्देश्यपरकता बहुत नंगी होकर उभरी है और यह उद्देश्यपरकता भी इन उपन्यासों को शक्ति नहीं दे सकी बल्कि उन्हें कला के स्तर से गिराने में सहायक ही हुई। फिर प्रेमचन्द की क्या विशेषता है जो उनके उपन्यासों को पूर्व के उपन्यासों से अलग कर उपन्यास-साहित्य की स्थायी निधि बनाने में समर्थ हुई। मैं मानता हूँ वह विशेषता है उनकी यथार्थ की पकड़। यथार्थ सतह पर फैली हुई गन्दगी नहीं है बल्कि मानव-जीवन के बुनियादी प्रश्न, उसके अनेकानेक बाहरी-भीतरी स्वरूपों को बनानेवाली, बदलनेवाली परिस्थितियाँ, समस्याएँ, आपसी सम्बन्ध और मानव-मन के भीतर के अनेक गहन रहस्यमय सत्य यथार्थ हैं। कहने का अर्थ यह है कि यथार्थ एक व्यापक और संश्लिष्ट वस्तु है जिसमें मानव-समाज के सामूहिक और व्यक्तिगत, बाहरी और भीतरी, परिस्थितिगत और मानसिक अन्धकारमय और प्रकाशमय सभी प्रकार के सत्य एक-दूसरे से मिले-जुले होते हैं। जिनकी दृष्टि सतही या एकांगी होती है वे यथार्थ को धरातल पर लक्षित होनेवाली घटनाओं और व्यापारों का पर्याय मान लेते हैं या अपनी दृष्टि की एकांगिता के अनुसार जीवन के गलित या कि तथाकथित सुन्दर पक्ष को चुनकर प्रतिष्ठित करते हैं। यथार्थवाद के सम्बन्ध में ये

धारणाएँ भ्रामक हैं। यथार्थ का स्वरूप बड़ा ही संश्लिष्ट, जटिल और परिवर्तनशील होता है। उसे देखने के लिए जीवन का गहरा अध्ययन और अनुभव अपेक्षित होता है। जब यह कहा जा रहा है कि यथार्थ के उद्‌घाटन में प्रेमचन्द के उपन्यासों की मूल शक्ति निहित है तो सत्य ही कहा जा रहा है। स्वयं प्रेमचन्द ने स्वीकार किया है, "मैं उपन्यास को मानव-चरित्र का चित्र-मात्र समझता हूँ। मानव-चरित्र पर प्रकाश डालना और उसके रहस्यों को खोलना ही उपन्यास का मूल तत्त्व है।" मानव-चरित्र ही पूरी सृष्टि के केन्द्र में है। वही परिस्थितियों से प्रभावित होता है, प्रभावित करता है, वह सामाजिक सम्बन्धों तथा परिस्थितियों के अनुसार एक विशेष प्रकार का रूप धारण करता है, एक विशेष प्रकार की जिन्दगी भोगता है। उसके अन्तर्जगत् में बाहरी जगत् अपनी तरह-तरह की छायाएँ छोड़ता है और उसका अन्तर्जगत् इस बाहरी जगत् को प्रभावित करने के लिए अनेक संकल्प-विकल्प करता है—कभी सक्रिय रूप से, कभी निष्क्रिय रूप से। इसलिए संकल्प-विकल्प, पाप-पुण्य, हार-जीत, व्यक्ति-समाज, आशा-निराशा, बहिर्जगत्-मनोजगत्—सभी आपस में संपृक्त होकर यथार्थ के क्षेत्र में आते हैं। यथार्थ केवल अन्धकार नहीं है वह अन्धकार में से फूटनेवाले प्रकाश और प्रकाश पर घिरते हुए अन्धकार दोनों का बोध है। प्रेमचन्द ने ठीक ही लिखा है, "यथार्थवाद का यह आशय नहीं है कि अपनी दृष्टि को अन्धकार की ओर ही केन्द्रित कर दें। अन्धकार में मनुष्य को अन्धकार के सिवा और सूझ ही क्या सकता है? बेशक चुटकियाँ लेना, यहाँ तक कि नश्तर लगाना भी कभी-कभी आवश्यक होता है, लेकिन दैहिक व्यथा चाहे नश्तर से दूर हो जाए, मानसिक व्यथा सहानुभूति और उदारता से ही शान्त हो सकती है, किसी को नीच समझकर हम उसे ऊँचा नहीं बना सकते, बल्कि उसे और नीचे गिरा देंगे। कायर यह कहने से बहादुर न हो जाएगा कि तुम कायर हो। हमें यह दिखाना पड़ेगा कि इसमें साहस, बल और धैर्य—सब कुछ है, केवल उसे जगाने की जरूरत है। साहित्य का सम्बन्ध सत्य और सुन्दर से है यह हमें न भूलना चाहिए।[1]

इन उद्धरणों का प्रयोजन यह दिखाना है कि प्रेमचन्द के उपन्यासों की यथार्थ चेतना ही उनकी मूल शक्ति है। उनके पूर्ववर्ती उपन्यासकार यथार्थ को गहराई से नहीं पकड़ सके और शिल्प भी नहीं सँवार सके। प्रेमचन्द ने यथार्थ को पहचाना और मुख्यत: उसे ही अभिव्यक्ति देना अपने उपन्यास का लक्ष्य समझा। यथार्थ क्या है? यथार्थ व्यक्ति का भी होता है, समाज का भी। अर्थात् एक पूरा-का-पूरा समाज एक विशेष ऐतिहासिक परिधि में एक विशेष प्रकार की बनावट में जीता है, उसकी कुछ सामान्य विशेषताएँ होती हैं, कुछ सामान्य प्रश्न होते हैं, सामान्य संघर्ष होते हैं, सामान्य जीवन-मूल्य होते हैं, सामान्य सांस्कृतिक धरातल होता है, सामान्य विश्वास, सामान्य महत्ताएँ और हीनताएँ होती हैं। व्यक्ति इस समाज का या अखिल सृष्टि का एक सदस्य है, अत: उसमें बहुत सी सामान्यताएँ यानी कि एकरूपताएँ प्राप्त

1. कुछ विचार, 72-73

होती हैं, किन्तु व्यक्ति-व्यक्ति के अपने भी कुछ सत्य होते हैं जिन्हें वही जीता है। सामाजिक जीवन को, इन व्यक्ति-सत्यों की विशेष परवाह नहीं होती, किन्तु व्यक्ति का जीवन इन सत्यों के आधार पर बहुत कुछ बनता-बिगड़ता है, अर्थात् व्यक्ति के जीवन-निर्माण में उसके निजी सत्यों का बड़ा हाथ होता है। इसलिए व्यक्ति को हम मात्र सामाजिक जीवन की यांत्रिक इकाई के रूप में नहीं देख सकते, उसे समाज-विशेष का प्रतिनिधि मानते हैं, उसके अन्तर्मन में अन्तर्निहित उसकी विशिष्टताओं को, उसके बाहरी व्यक्तित्व के भीतर निहित उसके भीतरी व्यक्तित्व को देखना भी हमारे लिए (विशेषतया साहित्यकार के लिए) अनिवार्य होता है। तभी यथार्थ का व्यापक और सच्चा स्वरूप प्रस्तुत किया जा सकता है। इसी को प्रेमचन्द ने एकता में अनेकता और अनेकता में एकता कहा है। इन दो प्रकार की यथार्थ-चेतनाओं को अलग-अलग ढंग से आधुनिक काल के दो मनीषियों (मार्क्स और फ्रायड) ने आत्यन्तिक मुखरता प्रदान की। साहित्य में मार्क्स के अनुयायियों ने सामाजिक यथार्थ को विशेष महत्ता प्रदान कर व्यक्ति के अन्तर्मन के एकान्त सत्यों को उपेक्षित-सा कर दिया, दूसरी ओर फ्रायड के अनुयायियों ने व्यक्ति के एकान्त सत्य को ही चरम सत्य मानकर उसी के एकान्त विश्लेषण में अपने को प्रवृत्त किया और व्यक्ति को विराट जीवन-प्रवाह से काटकर जैसे अलग कर दिया। प्रेमचन्द ने हिन्दी के सबसे पहले यथार्थवादी उपन्यासकार होकर भी यथार्थ को बहुत ही सही रूप में परखा। उनका यथार्थबोध न तो प्रकृतिवादियों की तरह मनुष्य को पाशव वृत्तियों का शिकार मात्र मानकर अश्लीलता और विकृत नग्नता के उद्घाटन में कृतकृत्यता अनुभव करता है, न वह मनोविश्लेषणशास्त्रियों की तरह व्यक्ति के एकान्त सत्य को चरम सत्य मानकर जनजीवन-निरपेक्ष साहित्य की रचना में प्रवृत्त होता है, और न उग्र समाजवादियों की तरह व्यक्ति को सामाजिक जीवन की एक यांत्रिक इकाई मानकर सामाजिक जीवन को एक विशेष प्रकार की समाजवादी दृष्टि से प्रस्तुत करता है। प्रेमचन्द किसी भी वाद की एकांगिता से पीड़ित न होकर अपने पूरे युग और समाज को उसकी समस्त जटिल वास्तविकता के साथ पकड़ लेना चाहते थे। इसीलिए एक ओर वे सामाजिक यथार्थ को उसके विविध स्वरूपों में प्रस्तुत कर रहे थे, दूसरी ओर विभिन्न प्रकार की परिस्थितियों और संस्कारों में पले व्यक्तियों की मानसिक गहराइयों में पैठकर मन:सत्यों का उद्घाटन कर रहे थे। अर्थात् प्रेमचन्द ने यथार्थ के दोनों आयामों—सामाजिक और व्यक्तिगत—को उभारा और उभारा ही नहीं, उत्कर्ष दिया। इसलिए यथार्थ-निरूपण के क्षेत्र में प्रेमचन्द का महत्त्व केवल ऐतिहासिक दृष्टि से नहीं है, स्थायी साहित्यिक मूल्यों की दृष्टि से भी है।

जब हम कहते हैं कि प्रेमचन्द ने अपने युग और समाज को सचाई से देखा-परखा है तो हमें उस युग और समाज के बुनियादी सत्यों की ओर दृष्टिपात कर लेना चाहिए जो जीवन की बनावट के मूल में निहित थे। प्रेमचन्द का उपन्यास-लेखन काल वैसे तो उर्दू में सन् 1905 से ही शुरू होता है किन्तु हिन्दी में सन् 1918 में 'सेवासदन' के प्रकाशन-काल से प्रारम्भ होता है। अन्त होता है, 1936 में—उनकी मौत के साथ।

यह युग राष्ट्रीय और सामाजिक उथल-पुथल का युग था। यह संक्रान्ति-काल था दो प्रकार की संस्कृतियों का, दो प्रकार के मूल्यों का। साथ-ही-साथ संघर्ष-काल था साम्राज्यवाद से राष्ट्रवाद का, सामन्ती सभ्यता से महाजनी सभ्यता का, सामन्ती और महाजनी दोनों सभ्यताओं से शोषित किसानों और मजदूरों की शक्तियों का। राजनीतिक क्षेत्र में उथल-पुथल मची थी। पराधीन भारत साम्राज्यवादी ब्रिटिश राज्य से मुक्त होने के लिए तड़प रहा था। कांग्रेस उसकी तड़प, आकांक्षा और प्रयत्नों का सक्रिय रूप थी। कांग्रेस का नेतृत्व गांधी जी के हाथ में था जो सत्य, अहिंसा और सत्याग्रह के शस्त्र लेकर राजनीति में आए थे। गांधी जी के इन शस्त्रों का मूल्य राजनीति के लिए ही नहीं था, पूरे जीवन के लिए था, अतः जीवन का हर क्षेत्र गांधी जी से प्रभावित हुआ। सत्य, अहिंसा का स्वाभाविक परिणाम यह था कि सशस्त्र क्रान्ति या हिंसात्मक क्रान्ति के बदले राजनीति में सत्याग्रह, समझौता, निवेदन, सहयोग आदि को प्रमुखता मिली हुई थी, लेकिन कांग्रेस के भीतर उग्रवादियों का भी एक दल था जो रह-रहकर जोर मारता था और सन् 1930 के बाद तो कांग्रेस के भीतर से ही विद्रोही तत्त्व उभरने लगे थे जो समाजवाद की ओर उन्मुख होने लगे थे। कहने का अर्थ यह है कि ब्रिटिश शासन के अत्याचार, दमन, दुर्व्यवस्था, भेदभावमूलक नीति के कारण देश तबाह हो रहा था। अकाल था, बीमारियाँ थीं, आपसी कलह था, टैक्सों की वृद्धि थी, जनता में भय और त्रास व्याप्त था। अंग्रेजी शासन के मन में भारतीय जनता के हित और विकास के लिए तनिक भी चिन्ता नहीं थी। शिक्षा-दीक्षा का प्रयोजन उन क्लर्कों और कर्मचारियों को पैदा करना था जो उनकी ओर से भारतीय जनता में काम कर सकें। अंग्रेजी शिक्षा-दीक्षा का प्रभाव था चन्द भारतीय लोगों में शेष जनता के प्रति रुआब का भाव भरना। इन विषम परिस्थितियों के बीच कांग्रेस के नेतृत्व में भारतीय जनता स्वाधीनता के लिए संग्राम कर रही थी। अंग्रेजों ने एक काम किया कि उन्होंने पहली बार राजनीतिक दृष्टि से समूचे भारत को एक किया। स्वाधीनता-आन्दोलन ने इस एकता का लाभ उठाया और समूचे भारत की जनता में राष्ट्रीय स्वाधीनता की चेतना जगा दी। यह एक अद्‌भुत एकता और जन-क्रान्ति थी।

सामाजिक क्षेत्र में कई वर्गों की आपस में टकराहट हो रही थी। सामन्तवादी समाज और महाजनी समाज की आपस में टकराहट तो थी ही, साथ ही सामन्तों यानी जमींदारों और किसानों, पूँजीपतियों और मिल-मालिकों की आपस में टकराहट हो रही थी। पूँजीवादी यानी महाजनी सभ्यता उदित हो रही थी, जमींदारी प्रथा भी देश में थी ही। महाजनी सभ्यता सामन्ती सभ्यता के मूल्यों को निस्सार सिद्ध कर रही थी। जमींदारी प्रथा वास्तव में सामन्ती सभ्यता का ही एक अंग है। महाजनी सभ्यता के नाते शहरों में कल-कारखाने कायम हो रहे थे और सामन्ती रूढ़ियाँ चरमराकर टूटने को हो रही थीं। छुआछूत, जाति-पाँति आदि का भेदभाव धीरे-धीरे समाप्त हो रहा था। सामन्तकालीन अभिजात-भावना खोखली सिद्ध हो रही थी। धर्म की महत्ता और देशी रियासतों के राजे-महाराजाओं की महत्ता नई सभ्यता और नए साम्राज्यवाद को आने से रोक नहीं सकी, उसकी निस्सारता प्रमाणित हो गई। अब तक देश की

जो सम्पत्ति राजों, सामन्तों और जमींदारों के हाथों में केन्द्रित थी वह अब शहरों के उद्योगपतियों के हाथों में आने लगी। इस प्रकार इन दोनों के बीच एक टकराहट दिखाई पड़ती है, किन्तु हमारे देश में स्वदेशी पूँजीवाद का विकास नहीं हो सका। पराधीन देश में जो पूँजीवाद विकसित हुआ वह मुख्यत: विदेशी था, इसलिए हमारे देश में महाजनी सभ्यता के परिणामस्वरूप वह उत्साह और मुक्ति का आनन्द लक्षित नहीं हुआ जो इंग्लैंड आदि पश्चिमी देशों में पूँजीवाद के आने पर लक्षित हुआ था। विदेशी पूँजीवाद को विदेशी साम्राज्य की शक्ति प्राप्त थी और यह साम्राज्य सामन्तों, जमींदारों से उनकी भूमि की मालगुजारी लेकर अपने को और विदेशी पूँजीवाद को अधिक मजबूत बना रहा था। जमींदार मध्यस्थ था यानी वह किसानों से भूमिकर लेता था और सरकार को भूमिकर देता था। इस प्रकार किसानों से इतना लगान लेता था कि वह स्वयं भी मौज कर सके और सरकार को भी दे सके। प्रकारान्तर से किसान अपने खून से जमींदारों और साम्राज्यवादी सरकार तथा सरकार की गोद में पलते हुए पूँजीवाद इन सबको सींच रहे थे। किसानों का सीधा सम्बन्ध जमींदारों से था, किन्तु सरकारी अहलकार भी प्राय: किसानों के पास आया ही करते थे और तरह-तरह से इन्हें परेशान करते थे। इनकी हड्डियों से पैसे निचोड़ते थे। किसानों का शोषण करने के लिए और भी अपशक्तियाँ विद्यमान थीं। महाजनी सभ्यता का वृहद् रूप शहरों में था, मगर छोटे-छोटे साहूकारों और ऋणदाताओं के रूप में देहातों में भी वह कुछ छटा दिखा रहा था। ये छोटे-छोटे बनिए और सूदखोर महाजन किसानों को ऋण के जाल में उलझाते थे, उनके घर-द्वार नीलाम कराते थे, उनके अनाज खलिहान से तौलवा लेते थे। इसके अलावा धर्म भी उनका शोषण कर रहा था। किसान अपनी अज्ञता और अशिक्षा के कारण सबका जुल्म सहते हुए भी खामोश थे। उनके मन में असन्तोष था लेकिन उसे उभार नहीं पाते थे क्योंकि धर्म का एक रूढ़ डरावना रूप उनके सामने था। वे धर्मभीरु थे और धर्म अपनी मानवीय महत्ता खोकर गरीब इनसान को शिकंजे में जकड़नेवाला अन्धविश्वास और रूढ़ि-मात्र रह गया था। इसी धर्म ने किसान को इतना सहिष्णु और कुंठित बना दिया था कि वे हर जुल्म को अपने पाप का फल मान लेते थे और जमींदार को, पंडित को, पुरोहित को, शोषक प्रथाओं को धर्म के नाम पर सिर-माथे ओढ़े हुए थे। पंडितों का धर्म किसानों का खून चूसने का धर्म था, इसीलिए 'गोदान' में पं. दातादीन जीवन-भर तो होरी का खून चूसता ही है, मरने पर भी गोदान कराकर धनिया की रही-सही कमाई चूस लेता है और वह भी धर्म के नाम पर। किसान अपनी पीड़ाओं से परेशान होकर 'मजूर' होते जा रहे थे। गोदान का गोबर इसी दिशा की ओर संकेत करता है। 'पूस की रात' कहानी का हलकू भी मजूरी के जीवन को किसान जीवन से अच्छा कहकर मानो इसी सत्य को व्यक्त कर रहा है।

पूँजीपति और मजदूर भारत में ये दो नए वर्ग बनने लगे थे। महाजनी सभ्यता के परिणामस्वरूप यह नया वर्ग-विभाजन अस्तित्व में आया था। मजदूर वर्ग किसानों के समान ही शोषित था। शहरों के गन्दे वातावरण में उनका जीवन कीड़ों की तरह

बिलबिला रहा था। इस वातावरण में इनकी अपनी समस्याएँ थीं, मगर ये किसानों की अपेक्षा अधिक जागरूक थे, इनके संगठन थे, इनके संगठनों का नेतृत्व करनेवाले पढ़े-लिखे नेता थे। ये किसानों के समान अपने मालिकों के निकट सम्पर्क में नहीं थे, किसानों के मन में अपने शोषक मालिकों के प्रति सम्पर्क-जन्य मुरौवत का भाव विद्यमान था, या रूढ़ धर्म ने उन्हें यह सिखाया था कि उनके मालिक ईश्वर के प्रतिनिधि और अन्नदाता हैं। मजदूरों के मन में अपने मालिकों के प्रति यह मुरौवत का भाव नहीं आ सकता था। स्वयं महाजनी सभ्यता ने धर्म के रूढ़-स्वरूप को तोड़कर प्रत्येक व्यक्ति के विकास और महत्ता का स्वर मुखर किया था। महाजनी सभ्यता में बाजार का मुख्य स्थान था। बाजार का अर्थ है लेन-देन, यानी चीजों की महत्ता का आकलन उनके बाजार-मूल्य द्वारा होने लगता है। मिल-मालिकों और मजदूरों के सम्बन्धों में धर्म का स्थान नहीं था, एक स्पर्द्धा का भाव था—स्पर्द्धा यानी बाजार की स्पर्द्धा। पूँजीपति बाजार में मजदूरों के श्रम को क्रय कर उससे अधिक-से-अधिक मुनाफा पाने का प्रयत्न कर रहा था, दूसरी ओर मजदूर अपना श्रम बेचकर उससे जीवन जीने की पर्याप्त सुविधा पाना चाहते थे। तनाव यहीं पैदा होता था, हड़तालें होती थीं, तोड़-फोड़ होता था, मगर गांधी जी के सत्याग्रह के सिद्धान्त के नाते हड़तालें प्राय: शान्तिपूर्ण ढंग से ही होती थीं। सभाएँ होती थीं, साम्राज्यवादी सरकार मजदूरों पर गोलियाँ दागती थीं। जमींदार और पूँजीपति जैसे अभिजात-वर्ग या उच्च-वर्ग तथा किसान और मजदूर जैसे निम्नवर्ग के अतिरिक्त एक वर्ग और था—वह था मध्यवर्ग। मध्यवर्ग की अपनी समस्याएँ थीं। वह उच्चवर्ग के स्तर पर आने का स्वप्न-कल्पी था, परन्तु उसका आर्थिक धरातल निम्नवर्ग से बहुत ऊँचा नहीं था। उच्चवर्ग के पास अपनी इच्छाएँ पूरी करने के पर्याप्त साधन थे, उसके पास शक्ति थी, प्रभुता थी, उसका जीवन स्तर बहुत ऊँचा था। निम्नवर्ग की आमदनी मध्यवर्ग की अपेक्षा कम थी, किन्तु एक तो निम्नवर्गीय परिवार के सारे सदस्य (औरत हो या मर्द) अर्थ-उपार्जन में भाग लेते हैं, दूसरे उनकी आकांक्षाएँ और आवश्यकताएँ सीमित होती हैं। अतएव वे अपनी गरीबी की स्थिति में भी अधिक असन्तुष्ट और मनसा रुग्ण नहीं दिखाई पड़ते। किन्तु मध्यवर्गीय परिवारों में कमानेवाले पुरुष होते हैं, पुरुषों में भी सभी नहीं कमाते। जिसे नौकरी मिल पाती है वही कमाता है, शेष लम्बा परिवार उसकी आमदनी पर निर्भर रहता है। औरतें तो एक प्रकार से निष्क्रिय ही रहती हैं। कितनी भी औरतें परिवार में हों, बस घर भीतर का सीमित कार्य वे देखती रहती हैं। उच्चवर्गों की भोंडी नकल करनेवाले मध्यवर्गीय परिवारों की स्त्रियों को तो घर के भीतर आमोद-प्रमोद करना, सस्ती विलासिता में ग्रस्त रहना ही जीवन का उद्देश्य प्रतीत होता है। चूँकि मध्यवर्गीय परिवारों की आर्थिक स्थिति खोखली होती है और उनकी इच्छाएँ उच्चवर्गीय लोगों की तरह उच्च होती हैं, एक मिथ्या मान-सम्मान और बड़प्पन का बोध उन्हें ग्रस्त किए रहता है, अत: इन परिवारों में प्रदर्शन और खोखले दिखावे का बड़ा स्थान होता है। आर्थिक अभाव, ऊँचे अरमान, बड़प्पन की मिथ्या-भावना, मिथ्या-प्रदर्शन इन सारे चक्रों में पिसते हुए मध्यवर्ग की अपनी

अनेक जटिल समस्याएँ हैं। मध्यवर्गीय व्यक्ति ऊँचे वर्गों के व्यक्तियों के मानसिक धरातल से अपने मानसिक धरातल को कम नहीं समझता। यह सत्य भी है—मध्यवर्ग का बौद्धिक और मानसिक स्तर उच्चवर्ग के स्तर से नीचे नहीं होता। मध्यवर्ग का बुद्धिजीवी संवेदनशील व्यक्ति जब देखता है कि उससे कम बुद्धिशाली तथाकथित उच्चवर्गीय लोग सुख-सुविधाओं में डूबे हुए हैं, अच्छे स्तर की जिन्दगी जी रहे हैं, तो उनके मन में असन्तोष पैदा होता है, निरन्तर एक अशान्ति और अतृप्ति का भाव उसे भीतर से झकझोरता रहता है परन्तु वह कुछ कर नहीं पाता। वह न तो मजदूरों की तरह अपने संगठन बनाकर कोई क्रान्ति कर पाता है और न उच्चवर्गीय सुख-सुविधा के स्तर तक पहुँच पाता है। अतएव वह कुंठा का शिकार होता है, मानसिक रोगों से ग्रस्त होता है। वह न ऊपर को उठ पाता है, न नीचे आकर संगठित मजदूरों के साथ मिलकर क्रान्ति ही कर पाता है। वह अपेक्षाकृत अन्य वर्गों के, पुराने जीवन-मूल्यों से अधिक चिपका रहता है। वह चाहे या न चाहे अपनी सामाजिक मर्यादा सुरक्षित रखने के लिए प्रचलित सड़ी-गली सामाजिक, धार्मिक मान्यताओं को उसे ओढ़ना ही पड़ता है। इसीलिए हम पाते हैं कि धर्म, परम्परा और नारी-पुरुष के सम्बन्धों से सम्बन्धित जीवन-मूल्यों के क्षेत्र में जितनी घुटन मध्यवर्ग में है उतनी कहीं नहीं। दहेज-समस्या, विधवा-समस्या, विवाह-समस्या (बाल-विवाह, वृद्ध-विवाह समस्या) परिवार में नारी की दयनीय स्थिति की समस्या, शान-शौकत की समस्या आदि अनेक समस्याएँ मध्यवर्ग को विशेष रूप से पीड़ित कर रही हैं। वेश्या-जीवन की समस्या को भी मध्यवर्ग की ही एक समस्या मान सकते हैं। इन समस्याओं को हम प्रेमचन्द के 'सेवासदन', 'निर्मला' और 'गबन' में बड़ी तीव्रता से उद्घाटित होते हुए पाते हैं।

प्रेमचन्द के समय के भारत का यह राजनीतिक, सामाजिक और धार्मिक चित्र प्रस्तुत करने का उद्देश्य उस काल के समूचे यथार्थ की एक संक्षिप्त रूपरेखा प्रस्तुत करना था। कहा गया है कि प्रेमचन्द यथार्थवादी कथाकार थे। यथार्थ को उन्होंने बड़े व्यापक सामाजिक परिवेश में स्वीकार किया था। अतः हम देखेंगे कि प्रेमचन्द के कथा-साहित्य में तत्कालीन भारत की यथार्थ चेतना के प्रायः समस्त आयाम उद्घाटित हुए हैं। यदि हम सूक्ष्मता से विश्लेषण करें तो पाएँगे कि वर्तमान काल का सारा जीवन-मूल्य अर्थ पर ठहरा हुआ है। प्राचीन काल का भारतीय जीवन-मूल्य धर्म पर आधारित था अर्थात् जीवन-मूल्यों का निर्णय धर्म करता था—भले ही मध्यकाल में उसका रूप विकृत हो गया था और धर्म के नाम पर पापाचार होने लगे थे फिर भी धर्म भले या बुरे रूप में जीवन-मूल्यों के तौर पर स्वीकृत था। आधुनिक काल में वैज्ञानिक भौतिकवादी चेतना के जागने पर तथा महाजनी सभ्यता के अस्तित्व में आने पर धर्म जीवन-मूल्यों का निर्णायक नहीं रहा। वह क्रमशः विकृत तो हो ही गया था, मध्यकाल से ही यह अपने आन्तरिक मूल्य को छोड़कर कर्मकांड, बाह्याचार, अन्धविश्वास, रूढ़ि और निर्जीव मान्यता के रूप में शेष रह गया था। उसके पीछे जो मानव को स्थूल प्रयोजनों से ऊपर उठाकर उदात्त भाव-भूमिका पर प्रतिष्ठित करने की शक्ति थी, वह चुक गई थी। आधुनिक काल की भौतिकवादी दृष्टि ने

धर्म के इस जर्जर रूढ़ और बाह्य विधानबद्ध रूप को चुनौती दी। आधुनिककाल के प्रारम्भ में दोनों का संघर्ष बड़े तीव्र रूप में सामने आता है। भौतिकवादी दृष्टि में जीवन-मूल्यों का निर्माता अर्थ है। आर्थिक सम्बन्ध ही हमारे समाज में तरह-तरह के निर्णय कर रहे हैं। उत्पादन के साधनों के आधार पर समाज के सम्बन्ध बन रहे हैं और इन सम्बन्धों के आधार पर ही हमारी सभ्यता, संस्कृति विकसित हो रही है। धर्म का अंकुश हट गया है, अर्थ का अंकुश प्रधान हो गया है। 'धर्म, दान, शील, सत्य, निष्ठा, संयुक्त पारिवारिक जीवन की नि:स्वार्थ एकता आदि के स्थान पर महाजनी सभ्यता का पंजा मजबूत होता जा रहा था जिसमें प्रेम, न्याय, भ्रातृ-प्रेम, पारिवारिक स्नेह आदि सभी कुछ धन की तुला पर तुलने लगा था। धोखाधड़ी, झूठ, खुशामद और बाह्याडम्बर ही जिसमें सांसारिक उन्नति के साधन बन गए थे। पारिवारिक जीवन, शिक्षालय, अदालत, कचहरी और दफ्तर कोई भी इस महाजनी सभ्यता के संक्रमण से अछूते न बचे थे।"[1]

प्रेमचन्द ने इस संक्रमण को भली-भाँति पहचाना था। वे निश्चय ही विचारों और संस्कारों से मूल भारतीय आदर्शों के पोषक थे परन्तु एक यथार्थवादी कलाकार की हैसियत से समाज में व्याप्त पुराने-नए मूल्यों के संघर्षों, पुराने जर्जर मूल्यों के विघटन और नए भौतिकवादी मूल्यों की उत्तरोत्तर प्रतिष्ठा को आँख से ओझल नहीं कर सकते थे। प्रश्न कलाकार की रुचि-अरुचि का नहीं था प्रश्न उसकी ईमानदारी का था। प्रेमचन्द जी ने बड़े ही स्पष्ट रूप से धर्माधारित मूल्यों को विघटित और अर्थवादी मूल्यों को प्रतिष्ठित होते हुए देखा। उनकी 'कफ़न' कहानी में इस यथार्थ का बड़ा तीखा स्वरूप दिखाई पड़ता है—जहाँ बाप-बेटे अपने घर की बहू के कफ़न के पैसे से मिठाइयाँ खाते हैं और शराब पीते हैं। प्रेमचन्द के उपन्यासों में समस्याएँ तरह-तरह की हैं, तरह-तरह के वर्ग और समाज चित्रित हैं किन्तु सबके मूल में मानो आर्थिक समस्या ही अन्त:सलिला की भाँति बहती रहती है।

प्रेमचन्द ने यथार्थवादी कलाकार की धर्मिता तो निबाही ही है साथ-ही-साथ वे अपनी रुचि-अरुचि से भी निस्संग नहीं हो सके हैं। यथार्थ को ज्यों-का-त्यों स्वीकारना यथार्थवादी कलाकार के लिए पहली शर्त है, किन्तु वह अपने निर्णयों से, मूल्यों के सापेक्षिक विश्लेषणों और उनकी महत्ताओं के निर्धारणों से सदैव अपने को मुक्त नहीं कर पाता। मुक्त करना भी चाहिए या नहीं यह एक चर्चास्पद विषय है किन्तु यह सत्य है कि बहुत से कलाकार मुक्त नहीं हो पाते। टी.एस. इलियट तो आत्म की अभिव्यक्ति को नहीं वरन् आत्म से मुक्ति को ही कला मानता है। खैर, प्रेमचन्द ने समस्याओं को उनके सही रूप में देखा है, यथार्थ के जटिल स्वरूप को पूरी सचाई के साथ पहचाना और चित्रित किया है किन्तु वे इस अर्थवादी संस्कृति के हिमायती नहीं थे। मूलत: वे उस भारतीय संस्कार के थे जो सेवा, त्याग, परोपकार, सन्तोष, सत्याचरण आदि विशेषताओं का पुंजीभूत रूप है। प्रेमचन्द देख रहे थे कि भारतीय समाज अपनी ये विशेषताएँ खो चुका है जो कुछ बचा है इनका विकृत रूप है। नए

1. हिन्दी साहित्य के अस्सी वर्ष, श्री शिवदानसिंह चौहान, पृ. 149

काल में इनका विघटन हो रहा है। पश्चिम से आई हुई भौतिकवादी अर्थमूला संस्कृति ने इन प्राचीन मूल्यों के अवशेषों को छिन्न-भिन्न कर दिया है किन्तु यह संस्कृति वास्तव में कोई नया उदात्त मानवीय मूल्य स्थापित करने के स्थान पर अर्थोत्पादन की अदम्य लालसा, भौतिक सुख-समृद्धि की अपार तृष्णा, दान, त्याग-सेवा के स्थान पर असीम धन-संचय की जघन्य भूख और इन उद्‌देश्यों की पूर्ति के लिए लूट-खसोट, घूसखोरी, बेईमानी, असत्याचरण, ढोंग, फरेब आदि साधनों की स्वीकृति देती हुई दिखाई पड़ी। परिणाम यह हुआ कि मनुष्य (और सच पूछिए तो मनुष्यों का एक वर्ग) ऊपर-ऊपर से समृद्ध होता गया, भीतर-भीतर से रिक्त, दरिद्र और हीन। प्रेमचन्द ने संक्रान्तिकालीन मूल्यों के संघर्षों को पहचाना ही नहीं, निर्णय के अधिकार को भी अपने पास सुरक्षित रखा। इसलिए उन्होंने विघटित होते हुए तत्कालीन जर्जर भारतीय मूल्यों को ठोकर मारी और स्थापित होते हुए भौतिकवादी मूल्यों के भी खोखलेपन को चीरकर रख दिया किन्तु साथ-ही-साथ उन्होंने मानव की उन मूल भावनाओं के प्रकाश को भी इस अन्धकार और बिखराव के भीतर से उजागर किया जो भारतीय मनीषा के चिन्तन-मनन और आचरण का सुन्दर परिणाम रही हैं। सेवा, त्याग, सहानुभूति, प्रेम, सत्याचरण आदि भारतीय विशेषताओं को प्रेमचन्द बार-बार अपनी कृतियों में ध्वनित करते हैं। इन विशेषताओं के अभाव में मानव की समस्त भौतिक जय-यात्रा ही निष्फल सिद्ध हो जाएगी। प्रेमचन्द ने इस सत्य को बड़ी बारीकी से पकड़ा था ये मानवीय विशेषताएँ आज के तथाकथित बड़े लोगों में अवशिष्ट नहीं रह सकी हैं। तथाकथित बड़े लोग तो पद, यश, धन की लिप्सा में बुरी तरह पीड़ित होकर दुहरा जीवन जी रहे हैं। बाहर महानता का स्वाँग करते हैं, भीतर से वे अत्यन्त स्वार्थी, गन्दे और घृणित लोग हैं। प्रेमचन्द जी हर समय इन तथाकथित बड़े लोगों का ऊपरी चोंगा भरी सभा में उतारकर उन्हें नंगा कर देते हैं और तथाकथित छोटे लोगों (जो जड़-भौतिकवादी सभ्यता के सोने-चाँदी के ईंट-पत्थर के बीच घिरकर जड़ नहीं हो गए हैं, जो ऊपर से अभी भी गरीब और अपेक्षित हैं) के हृदय के भीतर बहती सेवा-त्याग, प्रेम और सत्य की ज्योति को उनकी बाहरी गन्दगी, अज्ञानता और लघुता के बीच से प्रकाशित कर देते हैं। मानवता की वास्तविक ज्योति इन हृदयों में बची है, ऐसा प्रेमचन्द कहना चाहते हैं। प्रेमचन्द की यह कला यथार्थ पात्र-निरूपण और मानव-मूल्य स्थापन दोनों दृष्टियों से बड़े महत्त्व की है। इन पात्रों के माध्यम से जो मानव-मूल्य स्थापित होते हैं वे बड़े ही कलात्मक और यथार्थवादी होते हैं किन्तु प्रेमचन्द इन मानव-मूल्यों की स्थापना के लिए एक और उपाय अख्तियार करते हैं—उपन्यासों के अन्त में कल्पित आदर्शवादी समाधानों की स्थापना। ये उपन्यासों के अन्त में जो समस्याओं का सुखद समाधान उपस्थित करते हैं वह पीड़ित मानवता के प्रति उनके मन की पीड़ा तथा उसका समाधान खोजने की आकुलता का परिचायक हो सकता है किन्तु यथार्थ की दृष्टि से हल्का लगता है। यथार्थ का इतना गहन चित्र उपस्थित करने के पश्चात् जब उपन्यासकार पात्रों के हृदयों को बदलकर सारी समस्याओं को एक कल्पित समाधान के आश्रय में बिठा देता है तो लगता है कि कुछ

अवास्तविक हो गया है, उपन्यास का यथार्थ सौम्य सन्त बन गया है। यथार्थवादी कलाकार कभी अनैतिहासिक सत्यों को कला पर नहीं लादता। ऐसा करने से कला अपना प्रभाव खो देती है। प्रेमचन्द के प्रायः सभी उपन्यासों में ('गोदान' को छोड़कर) अन्त में दुष्ट क्रूर पात्रों को सहृदय बनाया गया है और सबके सहयोग से एक ऐसे वातावरण की सृष्टि की गई है जहाँ सभी लोग हिल-मिलकर प्रेम से, सहानुभूति से रह सकें। इतिहास ने यह सिद्ध किया है कि प्रेमचन्द का समाधान बहुत यथार्थ नहीं था क्योंकि उन्होंने भविष्य की कल्पना की थी, उसे देखा नहीं था।

सेवासदन (1918) : यह प्रेमचन्द का पहला उपन्यास है, यद्यपि इसके पहले वे 'प्रेमा' नामक उपन्यास लिख चुके थे। वह इनके उपन्यास 'हमखुरमा व हमसवाब' का अनुवाद है जिसमें हिन्दू समाज की एक बहुत बड़ी समस्या—विधवा समस्या—को चित्रित किया गया है। उपन्यास-कला की दृष्टि से यह बहुत महत्त्व का उपन्यास नहीं है, दूसरे, यह इनके उर्दू उपन्यास का अनुवाद है इसीलिए 'सेवासदन' को ही इनका पहला महत्त्वपूर्ण उपन्यास मानना ठीक है। 'प्रेमा' कला की दृष्टि से न सही, प्रेमचन्द की प्रवृत्ति स्पष्ट करने की दृष्टि से महत्त्वपूर्ण है। यानी यह ज्ञात होता है कि प्रेमचन्द शुरू से ही सामाजिक समस्याओं को लेकर चले थे। 'सेवासदन' उपन्यास कला और समस्या की पकड़ तथा चित्रण दोनों दृष्टियों से पहला परिपक्व उपन्यास है।

प्रेमचन्द ने अपने उपन्यासों में तत्कालीन भारत के प्रायः सभी वर्गों की सभी प्रकार की समस्याएँ उठाई हैं। मध्यवर्ग और निम्नवर्ग तो अपने समस्त परिवेश के साथ अंकित हैं ही, उच्चवर्ग भी काफी मात्रा में आया है। प्रेमचन्द ने समाज की विभीषिकाओं को स्वयं भोगा था, अभाव के कटुतम रूपों में जिया था, जीने के लिए स्वयं जीवन-भर संघर्ष किया था। अतः वे जानते थे कि गरीबी क्या होती है, दुःख क्या होता है, संघर्ष क्या होता है। अनुभव की आँच ने इनके कथा-साहित्य को सचाई और प्रखरता प्रदान की है। साथ-ही-साथ प्रेमचन्द ने संसार को देखा भी था यानी वे सामाजिक संघर्ष के योद्धा भी थे इसलिए मध्यवर्ग और निम्नवर्ग की समस्त पीड़ाओं और पीड़ाओं में उभरती उनकी मानवीय ज्योति और अन्धकार दोनों को देखा था। तीसरी बात यह थी कि उनके पास युग-दर्शन था। अपनी यथार्थवादी दृष्टि से वे समस्याओं के असली स्वरूप को पहचान लेते थे। उनके समाधान में वे आदर्शवादी हो उठते थे, यह दूसरी बात है। युगीन यथार्थवादी दृष्टिकोण के कारण ही वे हर वर्ग के असली स्वरूप और उसकी समस्याओं का सही विश्लेषण कर लेते थे। यह आकस्मिक नहीं है प्रेमचन्द ने अपने साहित्य में पीड़ित नारी के दर्द को सबसे अधिक उभारा है। यह लेखक की मानवतावादी दृष्टि तो है ही साथ-ही-साथ यह घोर सत्यवादी दृष्टि भी है। जो पीड़ित वर्ग हैं वे तो पीड़ित हैं ही, उन पीड़ित वर्गों की नारी स्वयं उनसे भी पीड़ित है। इस प्रकार वह दुहरे रूप में पीड़ित है।

'सेवासदन' की समस्या मध्यवर्ग से सम्बन्धित है। कहा जा चुका है कि आज की बहुत सी सामाजिक समस्याओं के मूल में अर्थवादी मूल्य काम कर रहा है। अतः

देखा जा सकता है कि इन सामाजिक, धार्मिक, राजनीतिक प्रश्नों के मूल में आर्थिक समस्या ही है। 'सेवासदन' में वेश्या-जीवन को एक सामाजिक सन्दर्भ में देखा गया है। वेश्या-जीवन पुरुष के लिए एक लुभावनी चीज रहा है परन्तु यथार्थवादी कलाकार ने इस लुभावनी चीज के नीचे छिपी नारी-जीवन की गहनतम प्रतारणा, अवमानना को उद्घाटित कर उन मूल कारणों पर प्रकाश डाला जो हमारे मध्यवर्गीय स्त्री-समाज को वेश्या बनने के लिए विवश कर देते हैं और लेखक ने हमारे पुरुष-समाज के रंग-बिरंगी नकाब पहने हुए तमाम धार्मिक, राजनीतिक, सामाजिक पुण्य पुरुषों से भरी सड़क पर नंगा कर दिया और उन सामाजिक कुरीतियों पर तेज रोशनी डाली जो हमें ऊपर से शरीफ और नीचे से जानवर बनाए हुए हैं। आर्थिक विषमता समाज का सबसे बड़ा अभिशाप है। वही अन्य समस्या-सूत्रों को बुनती हुई दीखती है। 'सेवासदन' में 'सुमन' का दारोगा पिता ईमानदार नहीं रहने पाता क्योंकि उसे 'सुमन' की शादी में दहेज देना है। सुमन-जैसी सुन्दरी शीलवान कन्या की भी शादी नहीं हो सकती सुपात्र के साथ, क्योंकि पिता के पास पैसे नहीं हैं। पैसे क्यों नहीं हैं क्योंकि पिता ईमानदार है। दहेज देने के लिए पैसे चाहिए। सुमन के पिता कृष्णचन्द्र घूस लेते हुए पकड़े जाते हैं और उनको जेल जाना पड़ता है। उनका कोई भी उच्च मानवीय मूल्य उनका सहायक नहीं होता। उनकी सारी अर्जित श्री ध्वस्त हो जाती है। सुमन एक दरिद्र अपात्र के साथ ब्याही जाती है। अपात्र पति की ताड़ना, संशय के दंश और कुछ सुमन की मानसिक प्रतिक्रियाओं ने उसे वेश्या बनने को मजबूर किया। पति गजाधर द्वारा निकाल दिए जाने पर वह निराश्रित हो गई और समाज-सुधारक पं. पद्मसिंह के यहाँ आश्रय खोजने गई। पंडित जी उसे आश्रय देने का साहस न कर सके। आश्रय मिला उसे भोलू वेश्या के यहाँ। समाज का मजाक देखिए कि नारी को निराश्रित कर देनेवाले, उसे ताड़ित करनेवाले लोग भद्र हैं, कुलीन हैं और उसे आश्रय देनेवाली वेश्या अभद्र है, गई-गुजरी है। विडम्बना का रूप यहीं समाप्त नहीं होता और भी उलझता है। पुरुष अपनी इन नारियों को ताड़ित करते हैं और जब ये नारियाँ वेश्याएँ बन जाती हैं तो छिपकर उनका पाँव पखारने को तैयार रहते हैं। सामाजिक दृष्टि से जिन वेश्याओं को ये हीन समझते हैं उन्हीं को अकेले में अपने ऊपर ओढ़ने को तैयार रहते हैं। ऐसा लगता है जैसे नारी एक प्रतारणा से दूसरी में, दूसरी से तीसरी में और फिर चौथी, पाँचवीं में चलती रहती है। एक प्रतारणा से छूटती है तो मुक्ति नहीं पाती, दूसरी में फँस जाती है। प्रेमचन्द ने नारी जीवन के इस तीखे सत्य को प्रस्तुत किया है। 'सेवासदन' में पद्मसिंह के रूप में मानो स्वयं प्रेमचन्द जी कहते हैं—'हमें उनसे (वेश्याओं से) घृणा करने का कोई अधिकार नहीं है। यह उनके साथ घोर अन्याय होगा। ये हमारी ही कुवासनाएँ, हमारे ही सामाजिक अत्याचार, हमारी ही कुप्रथाएँ हैं, जिन्होंने वेश्याओं का रूप धारण किया है। यह दालमंडी, हमारे ही कलुषित जीवन का प्रतिबिम्ब, हमारे ही पैशाचिक अधर्म का साक्षात् स्वरूप है। हम किस मुँह से उनसे घृणा करें। उनकी अवस्था बहुत शोचनीय है। हमारा कर्तव्य है कि हम उन्हें सन्मार्ग पर लावें, उनके जीवन को सुधारें।'

'सेवासदन' में नारी जीवन की प्रतारणा का रूप तब और भयंकर हो उठता है जब वह अपनी समस्त पवित्रता, सुन्दरता और गुणधर्मिता के बावजूद अपने परिवारवालों के दोषों के कारण ठुकरा दी जाती है। सुमन की बहन शान्ता का विवाह हो रहा है मगर दरवाजे पर से बारात लौट जाती है जब यह मालूम पड़ता है कि वह सुमन की छोटी बहन तथा घूसखोरी के अपराध में जेल काटनेवाले कृष्णचन्द्र की बेटी है। व्यक्तित्व की इतनी बड़ी अवमानना कितनी भयंकर है, घातक है। समाज की नैतिक शक्ति और चिन्तनक्षमता कितनी गई-गुजरी है कि एक ओर तो कृष्णचन्द्र को घूस लेने को, सुमन को वेश्या होने को मजबूर करती है, दूसरी ओर अपने व्यक्तित्व में अत्यन्त सुन्दर और पवित्र शान्ता को बहन और पिता के सम्बन्धों के नाते त्याज्य और उपेक्षणीय समझती है। असंगतियों, अशक्तियों और जर्जर जीवन-मूल्यों से ग्रस्त समाज 'सेवासदन' में मूर्तिमान हो उठा है, सबके मूल में आर्थिक विषमता है।

'सेवासदन' के पश्चात् 'प्रेमाश्रम' (1921) आया। यद्यपि इन दोनों के बीच 'वरदान' नामक छोटा सा उपन्यास लिखा गया किन्तु वह विशेष महत्त्व का नहीं है। 'प्रेमाश्रम' तत्कालीन समाज के दूसरे सत्य को लेकर चला है—वह सत्य है किसानों का जीवन। किसानों और जमींदारों के आपसी सम्बन्धों ने किसानों के जीवन में अनेक प्रकार की समस्याएँ पैदा कर दी थीं। सच पूछिए तो इन समस्याओं के मूल में भी आर्थिक विषमता ही थी। जमींदारी प्रथा ने भूमि का ऐसा असन्तुलित विभाजन कर दिया कि किसी के पास हजारों बीघे खेत हैं और कोई खेत-हीन। इस विषमता का परिणाम था जमींदारों और किसानों के बीच आर्थिक असन्तुलन। एक ओर सुख-सुविधाओं का अम्बार, दूसरी ओर दुखों और असुविधाओं का भयंकर चीत्कार। विडम्बना तो तब भयंकर हो उठती है जब इस विषमता को धार्मिकता का, न्याय का, अधिकार का जामा पहनाया जाता है और गरीब किसान अपनी नादानी और धर्मभीरुता के कारण इस अत्याचार को बर्दाश्त कर लेते हैं। प्रेमचन्द ने इस उपन्यास में आर्थिक विषमता के ऊपर आरोपित न्याय, अधिकार और धर्म के चोंगे को उतार फेंका और सच्ची वस्तुस्थिति का विश्लेषण करते हुए मानवीय न्याय और अधिकार की बात उठाई। प्रेमचन्द की यह मानवतावादी दृष्टि सामाजिक यथार्थ पर आधारित है और सामाजिक यथार्थ यह है कि जमीन सबकी है। सभी यहाँ पैदा होते हैं। यह जमीन किसी के नाम लिखी हुई नहीं है, सभी इसके मालिक हैं और सच्चे अर्थों में तो इसका मालिक ईश्वर है जिसने इसे बनाया है या किसान है जो इसकी सेवा करता है। राजा तो केवल कर लेने का अधिकारी है क्योंकि वह देश की रक्षा करता है। किन्तु राजा ने इस जमीन को जमींदारों के बीच बाँट दिया है, जमींदार बीच के एजेंट हैं जो किसानों से सरकारी कर तो वसूलते ही हैं अपने भोगविलास के लिए उनसे तरह-तरह की सेवाएँ लेते हैं और पैसे वसूलते हैं। प्रेमचन्द इस सत्य को नंगा करके सामने रखते हैं और सामाजिक चेतना की आँच को धधकाते हैं। ये जमींदार अपने स्वत्वों पर जान देते हैं, कर्तव्य से अनभिज्ञ हैं, किसानों की नंगी हड्डियों की नींव पर महल खड़ा करते हैं।

प्रेमचन्द ने इस विभीषिका को भी बहुत स्पष्ट रूप से पहचाना कि यह संघर्ष केवल किसानों-जमींदारों का नहीं है बल्कि समस्त सत्ताधारी वर्ग और गरीब निरीह किसान प्रजा का है। वास्तव में व्यक्ति नहीं, संस्थाएँ इस विभीषिका के मूल में हैं। संस्थाएँ जब तक समाप्त नहीं होतीं, दूसरी सामाजिक व्यवस्थाएँ नहीं स्थापित होतीं तब तक शोषितों और शोषकों के ये सम्बन्ध चलते रहेंगे। और सभी शोषक संस्थाओं का मूल स्रोत है विदेशी शासन। ये सारी शोषक संस्थाएँ स्वार्थ के स्तर पर एक-दूसरे की सहायक हैं। सभी बारी-बारी से एक-दूसरे की मदद से किसानों को चूसती हैं। इसलिए 'प्रेमाश्रम' में जमींदारों के अत्याचार के साथ पुलिसवालों के जुल्म, रक्षा के नाम पर तैनात अफसरों और उनके अधीनस्थ कर्मचारियों के अन्धेर, साहूकारों की ठगी, वकीलों की स्वार्थपरायण क्षुद्रताओं और न्यायाधीशों के अन्यायों को जोड़ दिया गया है। प्रेमचन्द की पैनी दृष्टि इस बात को पहचानती है कि एक ओर स्वार्थपरायण शोषकवर्ग चालाक हैं, पढ़े-लिखे हैं, धूर्त हैं और स्वार्थ के स्तर पर एक हैं तो दूसरी ओर किसान भोले-भाले हैं और छोटे-छोटे स्वार्थों के लिए आपस में फूट पैदा कर लेते हैं। किन्तु प्रेमचन्द इसे भी स्पष्ट करते हैं कि किसानों की दरिद्रता, उनकी नादानी, आपसी फूट ये सभी वर्तमान शासन द्वारा जानबूझकर पैदा किए गए हैं ताकि उनके रक्त और मांस पर शासन निश्चित भाव से प्रतिष्ठित रहे।

प्रेमशंकर आधुनिक चेतना-सम्पन्न (साम्यवादी चेतना-सम्पन्न) युवक है जो किसानों के लिए अपने अधिकार छोड़ देता है और ग्राम-सेवा में जीवन व्यतीत करने का फैसला कर लेता है। यह पात्र सामान्यत: अस्वाभाविक लगता है किन्तु उस काल की राष्ट्रीय चेतना और उभरते हुए समाजवादी विचारों के आलोक में देखें तो पाएँगे कि सामान्य रूप से प्रेमशंकर भले न दिखाई पड़ता हो किन्तु वह निश्चित रूप से एक प्रकार की नई चेतना के रूप में विद्यमान था—यानी प्रेमशंकर के माध्यम से तत्कालीन सत्य का एक और आयाम उद्घाटित होता है जो भविष्य की सम्भावना मालूम पड़ता है।

रंगभूमि (1925) : रंगभूमि राष्ट्रीय उपन्यास है। इसमें एक विराट् राष्ट्रीय मंच पर उसकी बहुआयामी परिस्थितियों और चेतना को उपस्थित किया गया है। राष्ट्रीय स्तर पर तत्कालीन भारत की अनेक राजनीतिक, सामाजिक, सांस्कृतिक और आर्थिक समस्याएँ थीं। 'रंगभूमि' में इन सारी समस्याओं के संश्लिष्ट रूप को प्रस्तुत किया गया है। ये समस्याएँ एक-दूसरे में से निकलती हैं, एक-दूसरे को काटती हैं और एक ऐसा जाल बुनती हैं जिसमें सामान्यजन फँसकर तड़प रहा होता है। प्रेमचन्द ने हमेशा राजनीतिक लड़ाई को आम आदमी से जोड़कर देखा। उन्होंने यह बात अच्छी तरह पहचान ली थी कि जो लड़ाई आम आदमी से कटी हुई है वह सही मायने में बड़े लोगों की लड़ाई है, देश की लड़ाई नहीं है और बड़े लोग इस लड़ाई के परिणामस्वरूप प्राप्त होनेवाली स्वाधीनता का सुख खुद ही भोगेंगे। और आज यह बात सच हुई।

रंगभूमि का समय वह समय है जब हमारे देश में विदेशी सत्ता का बोलबाला था। विदेशी शासन में एक ओर देशी रियासतें थीं, राजे और सामन्त थे, दूसरी ओर

पूँजीवादी वर्ग की संरचना हो रही थी। पूँजीवाद का एक विदेशी रूप था, एक स्वदेशी। दोनों में टकराहट थी किन्तु आम आदमी या मजदूरों या सामन्तवाद के विरुद्ध सत्ता इस पूँजीवाद को समर्थन देती थी। इस प्रकार देशी रियासतों और उनकी प्रजा; जमींदारों, सामन्तों और किसानों, पूँजीपतियों और मजदूरों के बीच विषमता और तनाव व्याप्त था। शोषण का भयानक दौर चल रहा था। देशी रियासतों की हालत बदतर थी। राजे निहायत भोगी और क्रूर थे, उनके यहाँ सुन्दर राज्य व्यवस्था ही नहीं थी अतः प्रजा एक ओर उनके शोषण से परेशान थी तो दूसरी ओर उनकी भोगप्रवृत्तियों और अकर्मठता से उत्पन्न अराजकता तथा अव्यवस्था से। प्रेमचन्द ने अपनी कथा को राजस्थान के एक रियासत तक खींचकर इसी सत्य की अभिव्यक्ति करनी चाही है।

देश में कांग्रेस का नेतृत्व था। स्वाधिकार-प्राप्ति का आन्दोलन चल रहा था। गांधी जी के नेतृत्व में प्रजा में एक बहुत बड़ी शक्ति तरंगित हो उठी थी। सत्य अपना पूरा मूल्य चाहता है। सत्य के धरातल पर पूरा देश एक होने लगा। पुरुषों के साथ नारियाँ भी संग्राम में कूद पड़ीं और भारतीय जीवन का रंगमंच एक अद्‌भुत उत्साह और सक्रियता से भर उठा। स्वाधिकार की प्राप्ति का साधन था—सत्य, अहिंसा और आत्मबल। इसलिए सत्ता या अन्याय के विरुद्ध चलनेवाला आन्दोलन असहयोगात्मक और अहिंसात्मक था। रोष व्यक्ति के प्रति नहीं, क्रूर सत्ता और व्यवस्था के प्रति था। इसे बदलने के लिए आत्मबल, कुर्बानी, प्यार आदि सात्त्विक वृत्तियों का सहारा लिया जा रहा था। गांधी जी हृदय-परिवर्तन में विश्वास रखते थे। रंगभूमि का सूरदास गांधी जी के बहुत निकट दिखाई देता है। वह गांधी जी की तरह ही बड़ी से बड़ी शक्ति से लोहा लेता है। वह अपने मानवीय अधिकारों और सत्य के लिए मर मिटता है लेकिन किसी के प्रति उसके मन में मैल नहीं है। वह जीवन को संसार के मंच पर खेला जानेवाला एक खेल समझता है। खेल में तो हार-जीत लगी रहती है। हारने में विषाद क्या और जीतने में उल्लास क्या? सचाई और ईमानदारी से खेलनेवाला अपना कार्य कर चलता है। अधर्म से खेलकर जीत ही गए तो क्या हो गया और धर्म से खेलकर हार ही गए तो क्या? लेकिन अच्छे ढंग से खेल खेलने के लिए और उसमें सफलता प्राप्त करने के लिए यह आवश्यक होता है कि अपने दल को संघटित किया जाए। यह संघटन केवल वाणी से नहीं होता वरन् खेल के नायक के चरित्र और कर्मों से होता है। सूरदास ऐसा ही खेल-नायक है। वह बार-बार कोशिश करता है कि उसके गाँव के लोग अपने सही अधिकारों के लिए संघटित होकर लड़ाई लड़ें। वह सबको प्रभावित करता है, उन्हें संघटित भी करता है किन्तु प्रतिपक्ष द्वारा दिया गया प्रलोभन या भय उसकी टीम को बार-बार विघटित करता है। संघटित और विघटित होते चलने का द्वंद्व उस समय के पूरे देश के सन्दर्भ में सही है। सत्ता और व्यवस्था गांधी जी के नेतृत्व में अपने अधिकारों के लिए संघटित होती हुई जनता में सम्प्रदाय, भय, प्रलोभन, पद आदि अस्त्रों से फूट पैदा करती थी। लोग जुड़-जुड़कर खंडित होते थे, खंडित हो-होकर जुड़ते थे। गांधी जी के समान सूरदास अपने प्रतिद्वंद्वियों के भी भीतर अपनी छाप छोड़ता है। वह अपने अधिकारों

की लड़ाई में हार जाता है और मर जाता है। किन्तु कभी भी वह न्याय और सत्य का साथ नहीं छोड़ता। उसके प्रतिपक्षी खिलाड़ी अन्याय और असत्य के पक्षधर हैं, उनके पास अपार ताकत है, सम्पत्ति है, फरेब है, धोखाधड़ी है। वे सभी संघटित हैं किन्तु वे सारे प्रतिपक्षी खिलाड़ी—क्लार्क, महेन्द्रकुमार, जानसेवक उसकी जिजीविषा, उसकी संघर्षक्षमता, उसकी सत्यप्रियता के आगे नतमस्तक हो उठते हैं और अपनी जीत को भी हार और सूरदास की हार को भी जीत समझते हैं।

राजनीतिक लड़ाई में सामान्यजन के साथ-साथ कुछ सामन्त लोग भी शामिल थे। प्रेमचन्द की विशेषता है कि उन्होंने बिना किसी वाद के आग्रह के लोगों के वर्गीय चरित्र की बहुत अच्छी पहचान उभारी है। इस पहचान में कहीं दुराग्रह नहीं झलकता। वे पूरी मानवीय सद्भावना से अपने पात्रों को उभारते हैं और बिना क्रूर हुए उनकी कमजोरियों को उभार देते हैं। सामन्त एक विशेष प्रकार का बाहरी आकर्षण लिये होता है, उसमें राजकीय वैभव का दर्प होता है, सम्पन्नता की शक्ति होती है, सभ्यता और संस्कृति का एक संस्कार होता है, मूल्यों, आदर्शों के प्रति एक आग्रह होता है लेकिन भीतर कहीं एक भय, कायरता, अहंनिष्ठता छिपी होती है जो किसी विशेष सन्दर्भ में उभर आती है। भरतसिंह, विनय और महेन्द्रकुमार सामन्ती समाज के प्रतिनिधि हैं। तीनों ही स्वाधीनता-आन्दोलन से जुड़े हुए हैं। तीनों ही अपने-अपने ढंग से बहुत देशभक्त, आदर्शवादी और जीवट के व्यक्ति लगते हैं किन्तु भरतसिंह देशभक्ति छिप-छिपकर करना चाहते हैं और उतनी ही दूरी तक करना चाहते हैं जितनी दूरी तक उनके लिए खतरा न बने। वे अंग्रेज सरकार से मिलनेवाली सुविधाओं का छिन जाना सहन नहीं कर सकते इसलिए विनय को भी खुलेआम स्वाधीनता-आन्दोलन में कूदने से मना करते हैं। अर्थात् प्रेमचन्द ऊपर-ऊपर से इतना सशक्त और आकर्षक दीखनेवाले सामन्त के भीतर की जर्जरता, कायरता और लोभ को सहज भाव से उभार देते हैं। विनय बहुत ही क्रान्तिकारी पात्र दीखता है—सम्पन्न घराने का नवचेतना सम्पन्न एक युवक। वह बहादुर है, उदारचेता है, दूसरे धर्म की लड़की सोफिया को बिना किसी भेदभाव के मन से अपनाता है, देशी रियासतों की दुर्दशा का अध्ययन करने के लिए और उससे लड़ने के लिए राजस्थान जाता है किन्तु प्रेमचन्द यह पहचानने में भूल नहीं कर सके कि आखिर यह अहंनिष्ठ राजकीय परिवार का है और उसके भीतर उस परिवार का गहरा संस्कार बाकी है। वह राजस्थान की देशी रियासत में सोफिया की रक्षा के लिए भय से उन विद्रोहियों पर गोली चला देता है जिनका साथ उसे देना चाहिए था। यहीं से उसका अध:पतन शुरू होता है। कुछ देर के लिए सँभलता है फिर गिर पड़ता है। जब सूरदास के नेतृत्व में एक जबर्दस्त आन्दोलन छिड़ा होता है तब वह कायर बनकर घर में बैठा होता है फिर दूसरों द्वारा प्रेरित किए जाने पर जाता है किन्तु उसमें वह सजीवता नहीं दिखाई पड़ती, जो शुरू में दिखाई पड़ी थी। महेन्द्रकुमार कट्टर आदर्शवादी हैं किन्तु वे अपनी पत्नी के प्रति बहुत अनुदार हैं और अन्ततोगत्वा जनसंघर्ष के विपरीत जानसेवक का साथ देते हैं। प्रेमचन्द प्रकारान्तर से यह कहना चाहते थे कि देश के रंगमंच पर इस तरह के बड़े घरानों के जो नेता

आ धमके हैं वे मूलतः जन-जीवन से नहीं जुड़े हैं और सच्चा स्वराज्य इनके माध्यम से नहीं मिल सकता। इनका त्याग भीतर का नहीं होता, बनावटी होता है। इनका विद्रोह भी उसी सीमा तक होता है जिस सीमा तक इनकी सुविधाएँ खतरे में न पड़ें। ये वास्तव में लड़ाई में सहायक न होकर बाधक होते हैं।

इसी क्रम में कौंसिल के सदस्य आते हैं। कौंसिल के सदस्य भारतीय जनता के हितों के लिए कौंसिल में जाते थे किन्तु वे सरकार की हाँ में हाँ मिलाते थे और यदि विरोध में कुछ कहते भी थे तो उनकी वाणी में सत्य की धधक नहीं होती थी, उसका प्रभाव नहीं पड़ता था। मूलतः सभी सदस्य सरकार की सदाशयता में विश्वास करते थे, अन्त में गांगुली जैसे सच्चे सदस्यों का मोह-भंग हो जाता था।

राजनीतिक परिदृश्य के साथ-साथ सामाजिक परिदृश्य भी चित्रित किया गया है। उसके अनेक प्रश्न, समस्याएँ और चेतना के आयाम उद्घाटित किए गए हैं। सोफिया और सुभागी के माध्यम से नारी-शोषण की समस्या उठाई गई है। सुभागी निम्नवर्गीय परिवारों में सताई जानेवाली नारी की प्रतिनिधि है और सोफिया पूँजीवादी मनोवृत्ति के लोगों द्वारा शोषित नारी का प्रतीक है। सोफिया को स्वयं उसका पूँजीवादी बाप अपने उद्योग-धन्धे के विकास के लिए साधन बनाना चाहता है, उसकी इच्छा और प्रकृति के प्रतिकूल उसे उस अवांछित व्यक्ति के साथ बाँधना चाहता है जो सत्ता का प्रतीक होने के कारण उसको लाभ पहुँचा सकता है। किन्तु नारी-शोषण के विरुद्ध आवाज भी उठाई गई है। स्वयं सोफिया अपने पिता के निर्णयों की अवहेलना करके विनय को अपने साथी के रूप में वरण करना चाहती है। सुभागी के सन्दर्भ में सूरदास नारी-शोषण के विरुद्ध आवाज उठाता है। जाति-पाँति, मिथ्या धर्म-कर्म के प्रति असन्तोष व्यक्त किया गया है। उच्चवर्ग की उच्चता और निम्नवर्ग की निम्नता के सिद्धान्त को खंडित किया गया है। एक ओर उच्चवर्ग के तमाम लोगों के छोटे कर्मों का चित्रण किया गया है दूसरी ओर सूरदास, सुभागी, वनवासियों और चमारों के मानवीय उच्चताओं से युक्त कर्मों का विधान किया गया है। जाह्नवी-इन्दु, जानसेवक-सोफिया, सूरदास-मिठुआ, भरतसिंह-विनय, ताहिरअली-माहिरअली के माध्यम से पीढ़ियों का अन्तर भी उपस्थित किया गया है। संयुक्त परिवार विघटन की ओर जा रहे हैं। इस विघटन के पीछे नई शिक्षा भी है, स्वार्थ की टकराहट भी है, अहं का तनाव भी है, माँ-बाप से बेटे-बेटी की (जानसेवक, श्रीमती जानसेवक से सोफिया और प्रभुसेवक की), पति से पत्नी की (भैरव से सुभागी की, महेन्द्र से इन्दु की), भाई से भाई की (ताहिरअली से माहिरअली की) टूटन उपस्थित कर पारिवारिक विघटन की शुरू होनेवाली प्रक्रिया का बड़ा जीवन्त चित्रण किया गया है।

यथार्थ के आर्थिक पहलू के चित्रण में तो प्रेमचन्द सिद्धहस्त ही हैं। उन्होंने गाँवों की, रियासतों की, ताहिरअली की आर्थिक विपन्नता का बड़ा जीवन्त चित्रण किया है और उसे उसके मूल स्रोत को आमने-सामने तानकर न केवल आर्थिक अभाव को एक वृहत्तर सन्दर्भ दिया है वरन् सामान्यजन के विरुद्ध खड़ी ताकतों की पहचान कराकर उसके प्रति असन्तोष और विद्रोह की सही भूमिका निर्मित की है।

यथार्थ के सांस्कृतिक पक्ष को उसके अन्य पक्षों की सापेक्षता में ही उठाया गया है। एक ओर मानवता के आधार पर अनेक धर्मों के पारस्परिक विलय की आहट सोफिया और विनय के प्रेम सम्बन्धों के माध्यम से उभारी गई है तो दूसरी ओर धर्म के नाम पर होनेवाले आर्थिक शोषण की विसंगति पर व्यंग्य किया गया है। जानसेवक की पत्नी और पिता दोनों ही परम धार्मिक ईसाई हैं किन्तु उनकी धार्मिकता के नीचे उनकी आर्थिक लिप्सा की कुरूपता बहती रहती है।

दरअसल 'रंगभूमि' एक उपन्यास है। वह राष्ट्रीय जीवन के विविध पहलुओं का अलग-अलग दस्तावेज नहीं है वरन् इन विविध पहलुओं से बने हुए संश्लिष्ट राष्ट्रीय जीवन का दस्तावेज है, यह दस्तावेज तथ्यों का ही नहीं है वरन् मानवीय अनुभवों, अन्तस्सम्बन्धों तथा मूल्यचेतना का है। राष्ट्रीय जीवनगत सम्पूर्णता और संश्लिष्टता की सृष्टि के लिए आवश्यक है कि एक केन्द्रवती कथा की निर्मिति की जाए। यह केन्द्रवती कथा ही अपने विकास क्रम में जीवन के अन्य पक्षों का प्रतिनिधित्व करनेवाली कथाओं से जुड़ती चलती है, सघनता और फैलाव प्राप्त करती चलती है। 'रंगभूमि' के केन्द्र में पांडेपुर गाँव है इस गाँव के माध्यम से मुख्य समस्या उभरती है—औद्योगिकीकरण की। गाँव का केन्द्रवर्ती पात्र सूरदास है जो स्वभावत: पूरे उपन्यास का नायक बन गया है। जानसेवक अपने कारखाने के सिलसिले में उस गाँव को खाली कराकर हथियाना चाहते हैं और सूरदास इसका विरोध करता है। यही केन्द्र बिन्दु पूरे उपन्यास में संघर्ष बनकर छा जाता है और अन्य राष्ट्रीय समस्याएँ इससे जुड़कर एक बहुआयामी यथार्थ की सृष्टि करती हैं।

पूँजीवाद सारे सम्बन्धों को पैसे के सन्दर्भ में ही देखता है। जानसेवक परिवार कलक्टर मिस्टर क्लार्क से सोफिया की शादी का सत्ता कर पक्ष प्राप्त करना चाहता है। क्लार्क सत्ता के प्रतिनिधि होने के कारण प्रजा के किसी भी मूल्य पर औद्योगिकीकरण का समर्थन ही करते किन्तु वे व्यक्ति भी हैं—सोफिया के प्रेमी। इसलिए सोफिया के कहने पर म्युनिसपैलिटी के इस आदेश को बदल देते हैं कि सूरदास की भूमि जानसेवक को कारखाने के लिए दी जाए। इससे क्लार्क के व्यक्तित्व में एक जीवन्तता तो आती ही है कथा में भी एक गहरा तनाव आ जाता है। किन्तु क्लार्क कुल मिलाकर सत्ता के वफादार प्रतिनिधि हैं इसलिए सोफिया से निराश होकर पूरे मन से पूँजीवाद के बचाव के लिए प्रजा का दमन करते हैं। विद्रोह के प्रतीक सूरदास को गोली मारकर समाप्त कर देते हैं। उद्योगपति कारखाने के बचाव के लिए किसी का भी साथ ले सकता है और किसी का भी साथ छोड़ सकता है। जानसेवक के लिए अपना उद्योग ही सब कुछ है, क्लार्क से निराश होकर राजा महेन्द्र से जा मिलते हैं, कुँवर साहब को भी फाँसते हैं फिर क्लार्क से जुड़ जाते हैं। अपनी पुत्री सोफिया और पुत्र प्रभुसेवक की ओर उनके मानवीय धर्म की उपेक्षा करते हैं। वे कोई भी हथकंडा अपना सकते हैं। प्रेमचन्द ने यह भी दिखाया है कि वैसे तो पूँजीवाद सामन्तवाद का विरोधी है। किन्तु सामान्य प्रजा के विरोध के लिए दोनों एक हो जाते हैं। महेन्द्र सामन्त वर्ग के चरित्र के प्रतिनिधि हैं। वे अपनी सारी सामन्ती उदारता, नैतिकता, कर्मनिष्ठा का डंका पीटते

हुए भी पूँजीवाद का साथ देते हैं, प्रजा-द्रोह करते हैं, पूँजीवाद की सहायता के क्रम में अपनी असंगतियों के शिकंजे में कसते चले जाते हैं और अन्त में खलनायक के रूप में शेष रह जाते हैं जिसकी चरम परिणति मृत्यु है।

औद्योगिकीकरण का आर्थिक पक्ष देश के हित से जुड़ता हुआ दिखाई पड़ता है। यह प्रचार किया जाता है कि औद्योगिकीकरण से देश की समृद्धि बढ़ेगी। देश की समृद्धि के क्रम में चन्द लोगों की असुविधा का विचार नहीं किया जा सकता। इसलिए सरकार भी उद्योग-धन्धों के उपयुक्त जमीन किसी से भी छीन सकती है। शुरू में ही जानसेवक सूरदास की जमीन लेने के लिए अपना तर्क रखता है—'यहाँ एक कारखाना खोलूँगा जिससे देश और जाति की उन्नति होगी, गरीबों का उपकार होगा, हजारों आदमियों की रोटियाँ चलेंगी। इसका भी यश तुम्हीं को होगा।' प्रेमचन्द कारखाने से होनेवाले आर्थिक लाभ को पहचानते थे। जानसेवक के उपर्युक्त सूत्र को जैसे खोलते हुए राजा साहब सूरदास से कहते हैं—'सोचो तो इस कारखाने से लाखों को फायदा होगा। हजारों मजदूर स्त्री, बाबू, मुंशी, लुहार, बढ़ई आकर आबाद हो जाएँगे, एक अच्छी बस्ती हो जाएगी, बनियों की नई-नई दुकानें खुल जाएँगी, आसपास के किसानों को अपनी शाक-भाजी लेकर शहर न जाना पड़ेगा, यहीं खरे दाम मिल जाएँगे। कुँजड़े, खटिक, ग्वाले, धोबी, दर्जी, सभी को लाभ होगा।' इस प्रकार के आर्थिक लाभ की चर्चा अन्यत्र कई स्थलों पर आई है। प्रेमचन्द इस लाभ को पहचानते हुए भी इसे सामाजिक-सांस्कृतिक सम्बन्धों और मूल्यों के विरोध में खड़ा कर देते हैं तथा उजड़े हुए लोगों की यातना का मानवीय पक्ष भी सामने लाते हैं। पांडेपुर के लोग अपने घरों से निकाल दिए जाते हैं। वे अपने स्वतंत्र व्यवसाय छोड़ने के लिए अभिशप्त हो जाते हैं, व्यवसाय के साथ-साथ उनकी स्वतंत्र मानसिकता भी छिन जाएगी। जब लम्बा-चौड़ा घर ही नहीं रहा तो बजरंगी गाय-भैंस कैसे पाल सकता है। उसे मजबूरन मजदूर बनना पड़ेगा। तभी तो वह कहता है—'मैं तो सोचता हूँ जानवरों को बेच डालूँ और यहीं पुतली घर में मजूरी करूँ।' जगधर भी यही सोचता है। इस प्रकार अपने-अपने स्वतंत्र पेशों को लेकर गाँव के ये लोग जिस स्वतंत्रता का अनुभव कर रहे थे उसे इस औद्योगिकीकरण ने छीन लिया।

किन्तु प्रेमचन्द की दृष्टि में सबसे अधिक दुखद और आपत्तिजनक प्रभाव पड़ा है—सामाजिक-सांस्कृतिक सम्बन्धों और मूल्यों पर। उपन्यास के प्रारम्भ में गाँववालों के बीच छोटे-मोटे मतभेदों के बावजूद एक एकता लक्षित होती है। किन्तु उद्योगपति जानसेवक का चरण पड़ते ही उस गाँव की एकता छिन्न-भिन्न होने लगती है। कभी आतंक से, कभी लालच से गाँववाले आपस में बँट जाते हैं, कुछ सूरदास के साथ होकर इस बात का समर्थन करते हैं कि सूर की जमीन कारखाने के लिए नहीं दी जानी चाहिए, कुछ इसका विरोध करते हैं। यह द्वंद्व उठता-गिरता हुआ अन्त तक चलता है और गाँव के सामाजिक सम्बन्धों और सौमनस्य को तोड़ता रहता है किन्तु इससे भी भयानक परिणाम यह होता है कि पारिवारिक सम्बन्धों में दरार पैदा हो जाती है। इसकी वजह यह है कि औद्योगिकीकरण अपने साथ ऐसे

लुभावने चारे लेकर आता है जो गाँव में रहनेवाली स्वतंत्रता को और भोगोन्मुख नई पीढ़ी को 'करप्ट' करते हैं। गाँव में एक नैतिक मर्यादा होती है, कारखाने में न जाने कहाँ-कहाँ के लोग आते हैं, उन्हें अपने गाँव की नैतिक मर्यादा का भय नहीं होता और खुलकर हँसी-मजाक, जुआ-शराब, नाच-गान चलता है—बिगड़ैल पेशेवर औरतों का भी वहाँ आना-जाना रहता है इसलिए पासवर्ती गाँव के किसान लड़कों का इस ओर झुकना स्वाभाविक हो जाता है और उनमें पारिवारिक नियंत्रण के प्रति एक रोष पैदा होने लगता है। गँवई मूल्य मर्यादा के प्रति उच्छृंखलता उगने लगती है और अलग मनमौजी जीवन बिताने की कामना घर करने लगती है। मिठुआ, विद्याधर और घीसू कारखाने के वातावरण से प्रभावित होकर एक ओर सुभागी से इश्क लड़ाना चाहते हैं दूसरी ओर अपने-अपने अभिभावकों की भी उपेक्षा करने लगते हैं। मिठुआ तो सूरदास से एकदम फिरंट हो गया है और उसके क्रिया-कर्म का भी दायित्व स्वीकारने से इनकार कर देता है। नैतिक मूल्यों को तोड़ने में मजदूरों का बहुत बड़ा हाथ है। पास के गाँव में इनकी आवाजाही होती है। ये अश्लील गाने गाते हैं, औरतों को छेड़ते हैं। सूरदास औद्योगिकीकरण के इस पक्ष की ओर संकेत करता हुआ राजा महेन्द्र से कहता है—'जहाँ यहाँ रौनक बढ़ेगी, वहाँ ताड़ी-शराब का भी परचार बढ़ जाएगा, कसबियाँ भी तो आकर बस जाएँगी, परदेसी आदमी हमारी बहू-बेटियों को घूरेंगे, कितना अधरम होगा। दिहात के किसान अपना काम छोड़कर मजूरी के लालच में यहाँ दौड़ेंगे, यहाँ बुरी-बुरी बातें सीखेंगे और अपने बुरे आचरण अपने गाँव में फैलाएँगे। दिहाती लड़कियाँ, बहुएँ मजूरी करने आएँगी और पैसे के लोभ में अपना धरम बिगाड़ेंगी।' सूरदास द्वारा दिया गया यह संकेत बाद में चलकर घटित होता हुआ दिखाई पड़ता है।

प्रेमचन्द की यह विशेषता है कि अपने समय के यथार्थ को उसकी पूरी संश्लिष्टता में पहचानते हैं, चित्रित करते हैं, किन्तु उसके प्रति अपनी प्रतिक्रिया भी जाहिर कर देते हैं। प्रेमचन्द यथार्थ की पूरी पहचान उभारते हुए भी अपने लेखकीय हस्तक्षेप से उसके समग्र प्रभाव को धुँधलाते हैं। औद्योगिकीकरण के स्वरूप और प्रभाव का जो चित्र 'रंगभूमि' में है। वह अपनी जगह बहुत सही है किन्तु वह पूर्ण नहीं है। एक तो 'रंगभूमि' उपन्यास देश की अनेक समस्याओं को उभारता है और औद्योगिकीकरण की समस्या उनमें से एक है। वह उन समस्याओं से जुड़ने की प्रक्रिया में अपना जितना स्वरूप उभार सकती थी उभारा है। दूसरे प्रेमचन्द की नैतिक दृष्टि (जो उनके लेखक की रचना-दृष्टि से कुछ अलग हटकर है) हस्तक्षेप करती है और उसकी उपलब्धियों की अपेक्षा सीमाओं पर अधिक फोकस डालती है।

कायाकल्प (1926) : चक्रधर एम.ए. है। उसके पिता बज्रधर उससे कोई सरकारी नौकरी करवाना चाहते हैं किन्तु चक्रधर समाज-सेवा में प्रवृत्त होता है। पिता के बहुत कहने पर जगदीशपुर के दीवान की कन्या मनोरमा को ट्यूशन पढ़ाने लगता है। मनोरमा चक्रधर को चाहने लगती है। मुंशी बज्रधर तहसीलदार बन जाते हैं। जगदीशपुर की विधवा रानी देवप्रिया भोग-विलास में जीवन बिताती हैं। एक दिन

अपने को देवप्रिया का पूर्वजन्म से पति बतानेवाला एक राजकुमार वहाँ पहुँचता है और रानी विशालसिंह को राज्य देकर राजकुमार के साथ चली जाती है। विशालसिंह के राज्यतिलक के लिए जबर्दस्ती चन्दा वसूल किया जाता है और प्रजा में चारों ओर हाहाकार मच जाता है। चक्रधर विशालसिंह से शिकायत करता है तो उसे डाँट पड़ती है। अत्याचार के बढ़ने पर घास के मजदूर राज्य के मजिस्ट्रेट और पुलिस पर हमला बोल देते हैं। यद्यपि चक्रधर समझा-बुझाकर मजदूरों का गुस्सा शान्त कर देता है और खुद चोट खाकर मजिस्ट्रेट की रक्षा करता है किन्तु उसे उलटे मजदूरों को भड़काने के जुर्म में जेल भेज दिया जाता है। विशालसिंह मनोरमा से शादी करता है और मनोरमा के कहने पर चक्रधर बरी कर दिया जाता है।

आगरा के साम्प्रदायिक दंगे के सिलसिले में चक्रधर वहाँ जाता है। इस दंगे में यशोदानन्दन मारे जाते हैं और उनकी धर्मपुत्री यशोदा को मुसलमान उठा ले जाते हैं और मुसलमानों के नेता ख्वाजा साहब की सहायता से लौटा दी जाती है। चक्रधर के माता-पिता इसीलिए यशोदा के साथ छूत-छात का व्यवहार करते हैं। इस व्यवहार से रूठकर चक्रधर अहिल्या को लेकर इलाहाबाद चला जाता है। उसे एक पुत्र होता है जिसका नाम रखा जाता है शंखधर। मनोरमा की बीमारी की खबर पाकर चक्रधर जगदीशपुर लौट आता है और मालूम पड़ता है कि यशोदा विशालसिंह की बेटी है। वह राज्य का एक हिस्सा पाकर सुख में डूब जाती है और चक्रधर उदास-उदास-सा रहता है। फिर वह एक देहाती की जान लेने में अफसोस में कहीं निकल जाता है। उसे खोजने उसका बेटा जाता है और जब उससे मिलकर लौटता है तब रानी देवप्रिया मिलती हैं। मालूम पड़ता है कि शंखधर देवप्रिया का पूर्वजन्म का पति था। शंखधर शरीर त्याग देता है। जगदीशपुर में देवप्रिया फिर राज्य करने लगती है लेकिन अब उसने वासना त्याग दी है।

इस उपन्यास में समाज-सेवा, राजा के अत्याचार, विलास, सच्चे प्रेम आदि के वे विविध सन्दर्भ और आयाम तो उद्घाटित किए ही गए हैं जो प्रेमचन्द के अन्य उपन्यासों में भी अन्य रूपों में आए हैं, दो नए आयाम भी चित्रित किए गए हैं—(1) हिन्दू-मुस्लिम दंगा, और (2) पुनर्जन्म की धारणा। हिन्दू-मुस्लिम दंगे के जटिल चरित्र का सही विश्लेषण करते हुए लेखक ने अपनी मानवीय संश्लेषणवादी दृष्टि से उनमें सौमनस्य स्थापित करने का प्रयत्न किया है। हिन्दू-मुसलमानों के दंगों के पीछे सत्ता की क्या दूषित राजनीति है और इन दोनों सम्प्रदायों के उन्मादी लोगों में झूठे धर्म के नाम पर लड़ने की कैसी सनक है यह तो चित्रित किया ही गया है, हिन्दुओं की उस पवित्रतावादी रूढ़ मनोवृत्ति का भी पर्दाफाश किया गया है जो एक बार मुसलमानों के यहाँ जोर-जबर्दस्ती चली गई अपनी ही बहू-बेटी को घर से निकाल देना चाहती है। साथ ही चक्रधर के माध्यम से हिन्दुओं में उभरती उस प्रगतिशील चेतना की भी पहचान की गई है जो इन बेहूदा रूढ़ियों की परवाह न कर साहस के साथ इस प्रकार की लड़की को अपना लेती है। पुनर्जन्म की कथा उपन्यास को कमजोर बनाती है। वह उपन्यास की यथार्थवादी प्रवृत्ति से मेल नहीं खाती।

निर्मला (1927) : निर्मला में उदयभानु लाल अपनी बेटी निर्मला की शादी अच्छे कुल में योग्य आदमी से करना चाहते रहे किन्तु उनकी आकस्मिक मृत्यु से यह सपना पूरा नहीं हो सका और निर्मला की शादी तीन बच्चों (मंशाराम, जियाराम और सियाराम) के वृद्ध बाप वकील तोताराम से कर दी जाती है। यहीं से सारी समस्या पैदा होती है। तोताराम की बहन रुक्मिणी निर्मला को डाँटती-फटकारती रहती है इससे घर की अशान्ति बढ़ जाती है। मंशाराम अच्छा लड़का है, उससे निर्मला का मेल-जोल देखकर बाप को सन्देह होता है और बाप उसे बोर्डिंग हाउस भेज देता है, वहाँ उसकी मृत्यु हो जाती है। जियाराम अपने भाई के प्रति अत्याचार की प्रतिक्रिया में उद्दंड हो जाता है और एक दिन निर्मला के आभूषण चुराता है और भेद खुल जाने पर आत्महत्या कर लेता है। तीसरा लड़का सियाराम, साधू बनकर घर से निकल भागता है, उसकी खोज में तोताराम निकल जाता है। संयोग से निर्मला की दोस्ती उस औरत से हो जाती है जिसके डॉक्टर पति से निर्मला के बाप ने उसकी सगाई की थी। एक दिन अपनी पत्नी की अनुपस्थिति में डॉक्टर निर्मला के साथ दुर्व्यवहार करने की चेष्टा करता है। यह सुनकर उसकी पत्नी आत्महत्या कर लेती है। उसके बाद निर्मला भी बीमार होकर मर जाती है और उसकी चिता में आग लगाने के समय तोताराम एकाएक हाजिर हो जाता है।

इसमें दहेज और अनमेल विवाह की समस्या उठाई गई है। अर्थाभाव से निर्मला की शादी बूढ़े से कर दी जाती है। हमारे समाज का यह एक जाना-पहचाना परिदृश्य है। यह घटना कितनों की जिन्दगी बर्बाद करती है। आर्थिक विषमता, सामाजिक विषमता की जड़ है। वह सम्बन्धों और मूल्यों को भी तोड़ती है। बाप बेटे के प्रति ईर्ष्यालु हो जाता है, घर का वातावरण इतना दूषित हो जाता है कि बेटे उद्दंड हो जाते हैं, चोरी करने लगते हैं, घर से भाग खड़े होते हैं और जान पर जान जाने लगती हैं। कितनी ही सपनों-भरी जिन्दगियाँ तबाह हो जाती हैं। प्रेमचन्द ने इस सामाजिक समस्या के बीच निर्मला को उपस्थित कर उसकी मानसिकता का अच्छा उद्घाटन किया है, साथ ही तोताराम के माध्यम से मध्यवर्गीय व्यक्ति की विसंगतियों का, उसकी कथनी और करनी के बीच के फासले का, उसकी उपहासास्पद नकली ताकतों का उद्घाटन किया है।

गबन (1930) : मध्यवर्गीय जीवन यथार्थ को व्यक्त करनेवाला यह सशक्त उपन्यास है। मध्यवर्गीय जीवन की असंगतियों और मनोवैज्ञानिक सत्यों का बड़ा ही तीखा बोध इसके द्वारा व्यक्त हुआ है। रमानाथ मध्यवर्गीय युवकों का प्रतिनिधि है। मध्यवर्ग के युवक की रंगीन आकांक्षाओं का उसकी आर्थिक कमजोरियों और व्यक्तिगत असमर्थताओं के साथ भीषण संघर्ष दिखाया गया है। रमानाथ व्यक्तिगत रूप से काफी अशक्त है, पढ़-लिख नहीं सका है, दूसरे उसमें व्यक्तित्व की दृढ़ता, सत्यनिष्ठा आदि भी नहीं है, तीसरे वह एक ईमानदार औसत पिता का बेटा है। इन सबके बावजूद वह न मिजाज से बड़ा शौकीन है, उसकी इच्छाएँ रंगीन हैं, वह अपने व्यक्तित्व के खोखलेपन और आर्थिक विपन्नता को बाह्याडम्बर से ढकना चाहता है। बाह्याडम्बर के लिए

भी पैसे तो होने चाहिए। उसके अभाव में वह मित्रों से कोट-टाई माँगकर पहन लेता है और एक झूठी मर्यादा का शव कन्धे पर लादे-लादे घूमता है। वास्तव में मध्यवर्ग का सारा संघर्ष यहीं केन्द्रीभूत है। रमानाथ जीवन-भर उच्च आकांक्षा और आर्थिक तथा व्यक्तित्वगत हीनताओं के संघर्ष से पीड़ित रहता है। उसके इस संघर्ष को तीव्र रूप में दिखाने के लिए लेखक को अपनी ओर से प्रयास नहीं करना पड़ा है। पात्र स्वयं एक बार उसमें उलझकर अपने अशक्त आडम्बरप्रिय संस्कारों के कारण अनेक विषम परिस्थितियों में उलझता जाता है, छूटने के बजाय और फँसता जाता है और इस प्रकार पूरे उपन्यास में रमानाथ की आत्मप्रवंचना से उत्पन्न परिस्थितियों और परिस्थितियों से उद्बुद्ध आत्म-प्रवंचनाओं का सुन्दर संघर्ष दिखाया गया है।

जालपा के संस्कार रमानाथ के संघर्ष को और भी तीव्र करते हैं। जालपा में बचपन से ही गहनों की आसक्ति का संस्कार पैदा हो गया था। खास तौर से हार की उसे विशेष भूख थी। शादी में हार पाने की उसे आशा थी। किन्तु निराश होना पड़ता है। रमानाथ अपने धन की बड़ी-बड़ी डींगें हाँकता है, अत: जालपा का हार-प्रेम बढ़ता ही जाता है। मध्यवर्गीय नारी की मनोकांक्षा उसमें मूर्तिमान हो उठी है इसलिए वह बार-बार हार के लिए पति से कहती है। किन्तु मध्यवर्गीय नारीत्व के साथ-साथ उसमें चिरन्तन नारीत्व भी वर्तमान है जो वर्गीय संस्कारों के नीचे सोया हुआ है। पति की सुख-सुविधाओं में शरीक होकर आनन्द करना नववधुओं के लिए बड़ा सहज व्यापार है, किन्तु जब उन्हें घर की असलियत मालूम पड़ती है तो वे वास्तविकता के अनुकूल अपने को बना लेने में सबसे आगे होती हैं और सारा सुख-विलास छोड़कर सेवा-त्याग-तपस्या में लीन हो जाती हैं। जालपा तभी तक हार के लिए जिद करती है जब तक जानती है कि उसका पति पैसेवाला है। जब उसे वास्तविकता का बोध होता है तो अपने सारे गहने बेचकर पति की इज्जत बचाती है और सेवा-त्याग से न केवल अपने घर को, बल्कि समाज को भी ज्योतित करती है। जालपा में मध्यवर्गीय नारी की युवती-सुलभ आकांक्षा (आभूषण-प्रेम, भोग-विलास की प्रवृत्ति, ऊँचे समाज की नारियों से मिलने-जुलने और उनसे स्पर्धा करने की इच्छा, यानी ऊपरी चमक-दमक को ही जीवन-मूल्य मान लेने की आसक्ति) के साथ नारी की समस्त पीड़ा, अभाव, सत्यनिष्ठा, निश्चयशक्ति, सेवा-त्याग और सहानुभूति है। रमानाथ असत्य से असत्य पर पहुँचता है, जालपा असत्य से सीधे सत्य तक पहुँचती है। उसका मनोबल अधिक जागृत और निर्विकल्प है। रमानाथ अपने कमजोर मनोबल के कारण जीवन के ऊपरी मूल्यों को ही पकड़ने के लिए अशक्त रूप से यहाँ-वहाँ बहता रहता है। कभी-कभी उसे सत्य की ज्योति मिलती है तो उसके विकल्प की आँधी में बुझ जाती है।

कहा जा सकता है कि 'गबन' मनोवैज्ञानिक छवि से भरपूर उपन्यास है। रमानाथ जैसे सामान्य पात्र को लाकर अन्तर्द्वंद्व का जो मार्मिक अंकन प्रेमचन्द 'गबन' में कर सके हैं वह उनके अन्य उपन्यासों में उपलब्ध नहीं होता। अन्तर्द्वंद्व सामान्य पात्र में ही अधिक होता है जो संकल्प-विकल्प के घात-प्रतिघात में रास्ता नहीं पाता। रमानाथ मध्यवर्गीय युवक की समस्त सामाजिक और मानसिक स्थितियों का प्रतिनिधि होने

के नाते संकल्प-विकल्प का पुंज है। उसका व्यक्तित्व कमजोर परन्तु सजीव है। मध्यवर्गीय युवक समाज में अपनी झूठी प्रतिष्ठा कायम करने के लिए अभिनय तो करता ही है, अपने घर में भी अभिनय करता है। वह प्रेम को भी उसके मूल में नहीं पकड़ता, प्रेम को हृदय का व्यापार न मानकर चमक-दमक का व्यापार मानता है, इसीलिए रमानाथ अपनी पत्नी के सामने अपने वास्तविक रूप को खोलता नहीं। समझता है कि जालपा का प्रेम उसके रुपए-पैसे, शान-शौकत से है। वह डरता है कि उसकी वास्तविकता खुल जाने पर जालपा का प्रेम उसके लिए कम हो जाएगा। इसलिए वह सचाई का सहारा न लेकर रंगीन फरेब रचता रहता है और वह स्वयं धीरे-धीरे उसमें उलझता जाता है। घर से भागने पर भी उसे यही चिन्ता है कि जालपा क्या सोचती होगी? उसका प्रेम कम हो गया होगा। वह चाहता है कि वह कुछ अर्जित कर ले तो शान से जालपा के सामने जाए। किन्तु वह अर्जित करने के बदले भीतर की रही-सही सम्पत्ति भी खोता जाता है और उधर जालपा का प्रेम सारा बाह्याडम्बर फेंककर हृदय के रस में जगता हुआ, वियोग की आँच में तपता हुआ निखरता है और ऐसा निखरता है कि वह सामाजिक मंगल की भूमिका पर प्रतिष्ठित हो जाता है। पति-प्रेम मानव-प्रेम तक प्रसारित हो जाता है।

इस मुख्य समस्या के साथ अन्य समस्याएँ भी जुड़ी हुई हैं। रतन और उसके पति वकील साहब उच्चवर्गीय जीवन-सत्यों को प्रस्तुत करते हैं, खटिक देवीदीन और उसकी पत्नी निम्नवर्ग के प्रतिनिधि हैं। लेखक ने इन तीनों वर्गों के जीवन-सत्यों को परस्पर गूँथा है और उनके सापेक्षिक जीवन-मूल्यों को उद्‌घाटित किया है। लेखक ने वर्गीय जीवन-सत्यों के भीतर प्रवाहित मानवीय पीड़ा और सौन्दर्य की समान धाराओं को भी उद्‌घाटित किया है। दर्द के स्तर पर रतन, जालपा, जोहरा एक हैं।

गबन में राजनीतिक और सामाजिक समस्याओं का स्थान-स्थान पर अच्छा उद्‌घाटन हुआ है। उच्चवर्ग के लोगों और नेताओं में मनोबल की कितनी हीनता है, कितनी असंगतियाँ हैं, कितना दिखावा है, जीवन के वास्तविक मूल्यों की पकड़ कितनी कम है, यह सत्य देवीदीन खटिक की बातों से स्पष्ट होता है। रतन के पति के मरने के बाद तथाकथित बड़े लोगों का प्रतिनिधि उसका भतीजा कितना विषाक्त आचार दिखाता है, यह उस वर्ग के बड़प्पन के नीचे बहती क्रूरता और अमानवता का परिचायक है।

प्रेमचन्द मूलत: सामाजिक समस्याओं के उपन्यासकार हैं और गबन भी इसका अपवाद नहीं है। किन्तु मूल सौन्दर्य उसके मनोवैज्ञानिक विश्लेषण की शक्ति में है। मनोवैज्ञानिक उपन्यासों की सी अन्तर्मुखता, नायक के स्थान पर सामान्य व्यक्ति की प्रतिष्ठा करने की प्रवृत्ति और अन्तर्द्वंद्व एवं मन की जटिलता से कथा-सूत्रों की उत्पत्ति ये सारी विशेषताएँ 'गबन' में दिखाई पड़ती हैं। अत: 'गबन' का प्रेमचन्द के उपन्यासों में अपना अलग व्यक्तित्व है।

कर्मभूमि (1932) : अमरकान्त बनारस के सेठ समरकान्त का बेटा है। बाप व्यापारी है और बेटा समाज-सेवी। इसलिए दोनों में पटती नहीं है। अमरकान्त और

उसकी सौतेली बहन मैना में खूब प्रेम है। अपनी दूसरी पत्नी के मरने के बाद घर को आबाद करने के लिए समरकान्त अमरकान्त की शादी सुखदा से कर देता है। सुखदा को अपनी विधवा माँ से बहुत बड़ी सम्पत्ति मिलनेवाली है। वह भी अमरकान्त को समझाती है कि वह पिता के कार्यों में हाथ बँटाए किन्तु अमरकान्त डॉ. शान्तिकुमार के साथ ग्राम-सेवा में लीन रहता है। सुखदा की उदासीनता देखकर सकीना की ओर आकृष्ट होता है जिससे घर में अशान्ति पैदा होती है। एक दिन अमरकान्त घर छोड़कर सेवा करने के लिए निकल जाता है और चमारों के एक गाँव में जाकर रहने लगता है। पति के जाने के बाद सुखदा को होश आता है और पति के आदर्शों पर चलना चाहती है। डॉ. शान्तिकुमार आदि के सहयोग से सुखदा शहर में अछूतों के लिए एक मन्दिर खुलवाना चाहती है। आन्दोलन असफल हो जाता है। जिस गाँव में अमरकान्त सेवा कर रहा है वह गाँव एक महन्त जी की जमींदारी में आता है। वे बहुत बड़े शोषक जमींदार हैं। अमरकान्त के नेतृत्व में लगानबन्दी का अहिंसात्मक ढंग से आन्दोलन चलता है। उसका मित्र सलीम उस इलाके में सरकारी अफसर नियुक्त होकर आता है और वह सरकारी आदेश पर अमरकान्त को गिरफ्तार करता है। उस ओर शहर में जो मन्दिर के लिए आन्दोलन चल रहा है उसमें और भी कई लोग शामिल हो जाते हैं और सभी गिरफ्तार होकर उसी जेल में जाते हैं जिसमें अमरकान्त रखा गया है। समरकान्त भी जेल जाते हैं। अन्त में सरकार झुक जाती है और लगानबन्दी का फैसला करती है।

यह उपन्यास भी बहुआयामी है। इसमें राजनीतिक चेतना के मूल स्वर के साथ सामाजिक और आर्थिक चेतना के कई स्वर गूँथ दिए गए हैं। अमरकान्त समाज-सेवक है। वह समाज-सेवा के ऊपरी रूप से होता हुआ बुनियादी रूप तक पहुँच जाता है। वह जाने-अनजाने चमारों के गाँव में पहुँच जाता है और वह जैसे पहचान जाता है कि सेवा के प्रथम हकदार ये ही हैं और सेवा का अर्थ केवल सामाजिक भेदभाव दूर करना नहीं है बल्कि उन्हें आर्थिक शोषण से मुक्ति दिलाना है। और यही सेवा राजनीतिक रूप ले लेती है और सत्ता से टकराती है। वह गाँव एक महन्त साहब की जमींदारी में आता है। महन्त साहब (जो धर्म के भी रक्षक माने जाते हैं) बहुत बड़े शोषक हैं और उनके शोषण को संरक्षण मिलता है सरकार से। अमरकान्त अहिंसक ढंग से लगानबन्दी का आन्दोलन चलाता है और अपने ही अफसर मित्र द्वारा गिरफ्तार किया जाता है। प्रेमचन्द गांधी जी की तरह अहिंसावादी आन्दोलन के समर्थक थे। इस राजनीतिक आन्दोलन के साथ-साथ अमरकान्त के अपने शहर में उसकी पत्नी सुखदा डॉ. शान्तिकुमार आदि के नेतृत्व में अछूतोद्धार का सामाजिक आन्दोलन चलता है। वह आन्दोलन सामाजिक व्यवस्था से तो लड़ता ही है अन्ततोगत्वा सरकारी ताकत से भी टकराता है और उसमें भाग लेनेवाले लोग गिरफ्तार होकर उसी जेल में आते हैं जिसमें अमरकान्त है। इस प्रकार एक बात स्पष्ट होती है कि प्रेमचन्द समाज के यथार्थ को एक आयामी ढंग से नहीं देखते थे, वे यथार्थ की पहचान उसकी सारी पर्तों और आयामों के साथ करते थे। वे यह भी मानते थे कि सामाजिक या राजनीतिक

समस्याएँ अलग-अलग नहीं हैं एक-दूसरे से जुड़ी हुई हैं और सदस्यों का केन्द्रबिन्दु अर्थ की समस्या है जिसकी पहचान हुए बिना कोई समाज की संरचना को ढंग से पहचानने का दावा नहीं कर सकता। प्रेमचन्द की शिल्पगत सीमाओं की उपस्थिति यहाँ भी है। संयोगवाद और हृदयपरिवर्तनवाद यहाँ भी है किन्तु समस्या की सही समझ और कुछ सशक्त चरित्रों (अमरकान्त, सुभद्रा, सकीना) की सृष्टि के कारण यह उपन्यास बहुत सशक्त हो उठा है।

गोदान (1936) : गोदान प्रेमचन्द का ही नहीं, हिन्दी उपन्यास साहित्य का श्रेष्ठ यथार्थवादी उपन्यास है। यह मार्क्सवादी सिद्धान्त से परिचालित न होकर भी समाज के तत्कालीन संश्लिष्ट यथार्थ को उभारने में बहुत सफल हुआ। लेखक इस उपन्यास में अपने प्रिय पात्रों को भी वस्तुवादी दृष्टि से चीरता चला जाता है और ये पात्र अपनी समस्त विसंगतियों के साथ साकार हो उठते हैं। उनकी विसंगतियाँ, मानवीय कमजोरियाँ और परिस्थितिगत विवशताएँ, उन्हें और मानवीय रूप देकर पाठक की सहानुभूति से जोड़ती हैं। प्रस्तुत उपन्यास में लेखक का आदर्शवादी सपना टूट गया है, वह यथार्थ का द्रष्टा रह गया है। इसलिए वह न तो अन्त में कोई समाधान लादता है या उसकी ओर संकेत करता है और न तो किसी वर्गीय भावना से पात्रों को उठाता-गिराता है। यह सच है कि किसानों को चूसनेवाली अनेक शोषक शक्तियाँ अमरबेल की तरह उनसे लिपटी हैं मगर उनकी धर्मभीरुता या आपसी स्वार्थभावना भी इसके लिए कम जिम्मेदार नहीं है। लेखक की दृष्टि बिना किसी रियायत के किसानों की इन सीमाओं की ओर बराबर लगी रही है।

कहा जा चुका है कि प्रेमचन्द मार्क्सवादी न होकर भी यथार्थ के इस बहुत बड़े सत्य को पहचानते थे कि हमारे सामाजिक सम्बन्ध आर्थिक आधारों पर बने हैं। आर्थिक विषमताओं के कारण ही यह सामाजिक विषमता है। वे इस गहन सत्य को पहचान गए थे कि सामाजिक सम्बन्धों के निर्माण और नियंत्रण में धर्म का हाथ नहीं रहा यद्यपि वह फूटे ढोल की तरह अब भी गले पड़ा है। धर्म के ठेकेदार चालाक लोग—पंडे, पुरोहित, व्यापारी, व्यवसायी, जमींदार आदि इस फटे ढोल को अपढ़ धर्मभीरु लोगों के गले मढ़ देते हैं और वे बेचारे इसे ढोते फिरते हैं।

'गोदान' की कथा का केन्द्र है होरी नामक किसान का जीवन। होरी अपने समस्त गुण-दोष, अभाव और शक्ति के साथ भारत का सच्चा किसान है। उसका अपना व्यक्तित्व है जो उसे भीड़ से अलग करता है फिर भी वह किसानों का प्रतिनिधि है। उसकी एक छोटी सी आकांक्षा है कि उसके यहाँ गाय आए। यों वह गरीबी का शिकार है ही किन्तु यह छोटी सी आकांक्षा उसे कितनी विडम्बनाओं और परेशानियों के भवजाल में फिराती है। भारतीय किसान की जीविका खेती है, जिसका मूल आधार है गाय। गाय किसान की सम्पत्ति भी है और धर्मप्राण भारतीय जनता की पूज्य माँ भी। कितनी भयंकर विषमता है कि कृषि प्रधान देश भारत का एक किसान गाय रखने की एक छोटी सी इच्छा लेकर इतना तड़पे मानो कि वह कोई साम्राज्य पाना चाहता हो और धर्मप्राण भारतीय लोग इस आकांक्षा की पूर्ति में बाधक बनें और

जीवित गाय का सुख उठाने से वंचित कर मरी गाय का सारा अभिशाप उसके गले मढ़ दें और धार्मिक अनुष्ठान के लिए विवश कर अपने आर्थिक कसाव में कस दें और फिर सारी बात अर्थ पर आकर ठहर जाए। जी हाँ, होरी के साथ ऐसा ही होता है। वह भोला के यहाँ से गाय प्राप्त करता है किन्तु अपनी आकांक्षा के बदले भोला की एक दूसरी आकांक्षा-पूर्ति के मूल्य पर। वह अधेड़ भोला की शादी कराने का वादा करता है। इस गाय का मूल्य है एक जीवित स्त्री-गाय की कुर्बानी। दोनों ही गाएँ हैं, किसी के खूटे से बाँध दो, नहीं नहीं कर सकतीं। गाय को देखकर पूरे गाँव के हृदय में ईर्ष्या की आग जल जाती है। इस गाँव के साहूकार झिंगुरीसिंह की दृष्टि गाय पर है। होरी उनके पास कर्ज लेने पहुँचता है तो वे गाय का प्रस्ताव करते हैं। होरी-परिवार बहुत पसोपेश में है। अन्त में वह गाय न पहुँचाने का निश्चय करता है किन्तु उसी रात को होरी का सबसे छोटा भाई हीरा चुपके से गाय को जहर देता है।

जहर देता है कौन, अभिशाप झेलता है कौन। गाय की सन्दिग्ध मृत्यु की सूचना पाकर थानेदार आता है। झिंगुरीसिंह होरी को समझाते हैं कि इसे कुछ दे-दिवाकर मामला टालो। और झिंगुरी होरी को झट से तीस रुपए दे देते हैं किन्तु धनिया आकर सारा खेल बिगाड़ देती है। गाँव की शोषक शक्तियों के मन में एक नई गाँठ बँध जाती है। सभी बदला लेने की सोचते हैं। वे इसका बदला लेते हैं गर्भवती झुनिया के होरी के घर में आ जाने पर। यह अन्तर्जातीय सम्बन्ध था। पंचायत बैठती है और होरी पर दंड लगता है। इसी दंड में वह अपना लगभग सारा अनाज झिंगुरीसिंह के चौपाल में पहुँचा आता है तथा नकद दंड भरने के लिए अपना मकान गिरवी रख देता है।

होरी की व्यथा-गाथा का कहीं अन्त नहीं है—कर्ज और दुखों की एक लम्बी शृंखला है। अनेक घटनाएँ घटती हैं जो उसे निरन्तर तोड़ती जाती हैं, उसे एक अधेड़ के साथ अपनी बेटी भी बेचनी पड़ती है, खेत बेचने पड़ते हैं फिर भी गाय की इच्छा उसके मन से नहीं हटती। वह गाय के लिए ही जी-तोड़ मेहनत करता है और इसी इच्छा को लिये-दिये मर जाता है।

होरी की इस व्यथापूर्ण संघर्षमय जीवन-गाथा में कई बातें उभरती हैं। किसान देश और समाज के अर्थ-उत्पादन का मूल साधन है। इस मूल साधन का लोग अपने-अपने स्वार्थ के लिए प्रयोग करते हैं। इस जीवित साधन को वास्तव में अपढ़, अन्धविश्वासी और धर्मभीरु बनाकर निर्जीव साधन बना दिया गया है पर नहीं, निर्जीव साधन को कोई पीड़ा नहीं होती, किन्तु निर्जीव साधन की तरह काम करनेवाला किसान-वर्ग अपने हिस्से में जो पीड़ा, अभाव, अपमान और उपेक्षा प्राप्त करता है उसे भोगने से उसकी मुक्ति कहाँ? किसान की घेरनेवाली शक्तियाँ जमींदार, अफसर, पटवारी, गाँव का साहूकार, पुरोहित, पुलिस। और विडम्बना यह कि ये सारी शक्तियाँ किसान के साथ अपना आर्थिक सम्बन्ध रखती हैं किन्तु ओढ़े रहती हैं धर्म, मर्यादा, नीति, कानून, पाप-पुण्य और दया-करुणा-सहानुभूति का रामनामी दुपट्टा। अपढ़, गँवार, अन्धविश्वासी, धर्मभीरु किसान धर्म के दुपट्टे को झटककर उनके नंगेपन के ठीक आमने-सामने नहीं आ पाता। वह भीतर-भीतर महसूस अवश्य करता है किन्तु उसका

अहसास भी बहुत संक्रान्त होता है—उसमें धर्मभीरुता तथा आर्थिक चेतना का बोध मिला-जुला होता है। आर्थिक चेतना का बोध स्पष्ट होने पर भी वह इन शोषक शक्तियों के विरुद्ध कुछ नहीं कर पाता क्योंकि वह मजबूर है, गरीब है, उसे फिर उन्हीं के पास जाना है उन्हीं से छुटकारा पाने के लिए, उन्हीं से कर्ज लेने के लिए। इस तरह वह विवशताओं की पर्त-दर-पर्त में अपने को लपेटता आता है इसलिए इन शोषकों की धार्मिक विसंगतियों और आर्थिक प्रवृत्ति को समझते हुए भी उनके विरुद्ध वह कुछ कर नहीं पाता। हाँ, अपने समान लोगों में वह जरूर शुद्ध दुनियादारी पर उतर जाता है। परिस्थितियों से विवश किए जाने पर वह घोर दुनियादार बन जाता है किन्तु, धर्म का भय उसके भीतर छाया रहता है। होरी जगह-जगह ऐसा आचरण करता है—वह अपने भाई से छिपाकर बाँस बेचता है, बेटी बेचता है। वह हीरा के रूप में गाय को जहर देता है, भोला के रूप में बुढ़ौती में शादी करना चाहता है। उसमें (छोटे पैमाने पर ही सही) दिखावे की भावना, ईर्ष्या-द्वेष आदि सभी कुछ है, वह बुरी तरह अन्धविश्वासों और रूढ़ियों का शिकार है, धर्मभीरुता आदि भी उसकी नस-नस में है। अत: कहा जा सकता है कि अन्धविश्वास, रूढ़िपालन, धर्मभीरुता आदि भी उसके शोषक तत्त्व हैं और सच पूछिए तो ये सारे शोषक तत्त्व जीवन्त शोषक तत्त्वों—जमींदारों, साहूकारों आदि—के विराट् षड्यंत्र के ही अंग हैं। भारतीय किसान होरी के रूप में इन समस्त मिले-जुले षड्यंत्रों का शिकार बनता है और गाय बाँधने की एक छोटी सी इच्छा लिये निरन्तर अभाव और यातना की अनेक विषम घाटियों से गुजरता हुआ जीवन समाप्त कर देता है।

भारतीय किसान अपनी आर्थिक और सामाजिक सीमाओं के साथ-साथ अपनी शक्तियों और सम्भावनाओं को भी उजागर करता हुआ आया है। वह बहुत संवेदनशील, मानवीय तथा क्षमाशील है। शोषक शक्तियाँ ऊपर से सभ्य हैं भीतर से पत्थर। पैसा ही उनका जीवन-मूल्य है। पैसे के मूल्य पर वे किसी को क्षमा नहीं कर सकतीं और दुहाई देती हैं बड़ी-बड़ी नीति और धर्म की। किन्तु होरी गाय मारनेवाले हीरा को भी क्षमा कर सकता है, अनधिकार-रूप से घर में आई झुनिया को भी जगह दे सकता है गोकि वह जानता है कि इसके लिए उसे बुरे परिणाम भुगतने पड़ेंगे। वह अपने विवशतावश किए गए अपराधों के लिए पश्चात्ताप की आग में जलता है। औरों के लिए उसके भीतर दया-धर्म है, दु:ख-दर्द है।

प्रेमचन्द ने भारतीय किसान को बहुत विश्वस्त रूप से उभारा है किन्तु यह किसान कोई रूढ़-स्वरूप प्राप्त या ठहरा हुआ किसान नहीं है बल्कि वह नए युग-सन्दर्भ में बदल रहा है। उस बदलाव, उस संक्रान्ति की पहचान भी 'गोदान' में बहुत गहराई से व्यंजित हुई है। होरी अपने जीवन के अन्तिम दिनों में किसानी छोड़कर मजदूर बन जाता है। अब पंडित दातादीन और होरी के सम्बन्ध सामन्ती नहीं रहे, वे मालिक और मजदूर बन जाते हैं। होरी का बेटा गोबर गाँव छोड़कर शहर जाता है कमाने के लिए। वह वहाँ मजूर बनता है। विस्थापित किसान मजूर के रूप में स्थापित हो रहा है। किसान की यह नई पीढ़ी मजूर होकर अधिक निश्चिन्त, निर्भीक, समझदार,

उग्र और धर्म के आतंक से मुक्त होती जा रही है, वह आर्थिक सम्बन्धों को अधिक सफाई से समझ रही है, उस धरम-करम की चाशनी में नहीं पागती। इसलिए वह अपने अधिकारों को अधिक समझती है तथा शोषकों के शोषण को दया, सहायता के रूप में न लेकर शोषण के रूप में ही लेती है। गोबर का व्यवहार इन सारे सत्यों को उजागर करता है। इतना ही नहीं, संयुक्त परिवारों के टूटने का जो सत्य है वह भी पत्नी को लेकर शहर जाते हुए गोबर के आचरण से व्यक्त होता है। माँ-बाप के साथ पुत्र के नए सम्बन्धों की ओर भी संकेत है। किन्तु यह संक्रान्ति-काल है, अभी तक मजूर में किसानी-संस्कार और मजूरी संस्कार का द्वैत वर्तमान है, इसलिए गोबर भी इस संक्रान्ति से ग्रस्त है। वह पितृ-विद्रोही (पिता को कायर और दब्बू समझनेवाला) गोबर अन्त में अपने पिता के प्रति बहुत सौमनस्यपूर्ण हो उठता है, उसे आर्थिक सहायता देने का वचन देता है।

अपने काल और देश के फलक पर चित्रित भारतीय किसान गोदान में अपनी समूची समस्याओं, राग-विराग, शक्ति-सीमा तथा संक्रान्तियों के साथ उभरा है इसलिए इसे एक महाकाव्यात्मक उपन्यास कहा गया है। होरी और धनिया इसके क्लैसिक चरित्र हैं—दोनों साथ-साथ जीते हुए एक-दूसरे के सुख-दुःख के साथी हैं, किन्तु दोनों के अपने-अपने स्पष्ट व्यक्तित्व हैं। किसान जीवन से एकदम संपृक्त तो नहीं किन्तु उसे कहीं-न-कहीं स्पर्श करनेवाली शहरी जीवन-कथा भी ली गई है। इससे गाँव और नगर की जीवन-सभ्यता का वैषम्य तो उभरता ही है, साथ-ही-साथ वे आपस में कहीं-न-कहीं सूक्ष्म सम्बन्ध-सूत्रों से जुड़ती हुई नजर आती हैं यद्यपि ये सम्बन्ध-सूत्र अपरिहार्य नहीं दीखते। इसलिए इसे 'गोदान' के कथानक-गठन का कमजोर अंश माना गया है। फिर भी वह अपने-आप में अपने जीवन की सचाई लिये हुए है। रायसाहब, मिल मालिक खन्ना, डॉ. मालती और प्रोफेसर मेहता के वर्गीय जीवन-सत्यों को बड़ी सचाई से उभारा गया है। अभिजात-वर्ग अपनी ऊपरी सभ्यता के नीचे कुरूप है, नंगा है, अपने पारिवारिक सम्बन्धों में भी कुरूप है। जमींदार की शक्ति पूँजीपति के हाथ में आ गई है, वह अपने ताम-झाम के नीचे आर्थिक दृष्टि से खोखला हो गया है। अभिजात वर्ग कायर है, उसका राग-रंग ऊपरी है। इस तरह प्रेमचन्द ने सामाजिक जीवन के समस्त रूपों और सम्बन्ध-सूत्रों को चित्रित कर समूचे युग के संश्लिष्ट व्यक्तित्व को मूर्तित करना चाहा है। इस प्रयास में वे सफल हुए हैं। सचमुच ही 'गोदान' अपने युग का श्रेष्ठ यथार्थवादी उपन्यास है।

आक्षेप किया गया है कि प्रेमचन्द के उपन्यासों में (हाँ गोदान में भी) मनोवैज्ञानिक गहराई का अभाव है। वे परिस्थिति सापेक्ष मनोविज्ञान का चित्रण करते हुए आगे बढ़ते हैं, पात्रों के भीतर पैठकर उनके अचेतन मन की पर्तों को नहीं खोलते। यह आरोप ठीक है किन्तु देखना होता है कि क्या प्रेमचन्द के उपन्यास केवल अचेतन मन की गहराइयों में उरतने के लिए लिखे गए हैं? स्पष्ट है कि ऐसा नहीं है। फिर भी 'गोदान' जैसी श्रेष्ठ कृति में मन के आवर्तों की कमी नहीं है। यह केवल बहता ही नहीं, परिस्थितियों और प्रसंगों के सन्दर्भ में मन के गहरे भँवर में उतरता भी है और बार-बार

मन के अचेतन स्तर को भी छूता है किन्तु एक बात ध्यान देने की होती है कि अचेतन मन की जितनी गहरी परतें दुहरा जीवन जीनेवाले पढ़े-लिखे सभ्य दीखनेवाले लोगों में होती है, उतनी निश्छल, सहज जीवन जीनेवाले तथा कम पढ़े-लिखे लोगों में नहीं होती। 'गोदान' का केन्द्र-बिन्दु किसान है, इसलिए लेखक का मनोविश्लेषणात्मक उपन्यासकारों की तरह किसान के अचेतन में घुसना स्वाभाविक नहीं था। किन्तु मूल बात यह है कि मनोविश्लेषणात्मक अध्ययन प्रेमचन्द की प्रकृति और उद्देश्य के बाहर की चीज थी और ऐतिहासिक दृष्टि से इस काम को अभी आगे होना था।

विश्वम्भरनाथ शर्मा 'कौशिक'

विश्वम्भरनाथ शर्मा 'कौशिक' को प्रेमचन्द परम्परा का ही लेखक माना जाता है। प्रेमचन्द की तरह ही वे अपने उपन्यासों में सामाजिक जीवन यथार्थ को चित्रित करते हैं उन्हीं की तरह वे समस्याओं को कोई आदर्शात्मक समाधान की परिणति तक ले जाते हों, उन्हीं की तरह वर्णनात्मकता, व्याख्याओं और सूक्तियों का सहारा लेते हैं, उन्हीं की तरह सामाजिक घटनाओं या परिस्थितियों के संघात से अपने चरित्रों का विकास करते हैं लेकिन वे प्रेमचन्द की गहराई नहीं पा सके हैं। प्रेमचन्द चाहे कोई समस्या लेते हैं, चाहे समस्याओं का जाल, उन्हें जीवन-यथार्थ की गहरी जटिलताओं से गुजारते हैं। उन्हें अपने समय की बहुत गहरी पहचान है, उसकी बुनियाद की भी और उसकी व्याप्ति की भी। सामाजिक, राजनीतिक और सांस्कृतिक जीवन-यथार्थ के परस्पर जकड़े हुए संक्रान्त रूप को उभारने में उन्हें अद्‌भुत सफलता मिली है लेकिन कौशिक जी के उपन्यासों में समस्याएँ सरल रूप में आई हैं। इन उपन्यासों में न तो चरित्र या सामाजिक यथार्थ सम्बन्धी गहराई है और न संश्लिष्ट व्याप्ति ही।

भिखारिणी (1929) : नन्दराम देहात के एक अच्छे जगींदार का इकलौता बेटा था, अपढ़ था। वह अपने गाँव की एक लड़की सोना से प्रेम करता था। उससे शादी करना चाहता था किन्तु उसके पिता राजी नहीं हुए। वह सोना के साथ भाग गया। अपने एक मित्र के यहाँ कुछ दिन रहा फिर वहाँ से कलकत्ते चला गया। वहाँ एक छोटी-मोटी नौकरी लगी। इस बीच उसे एक लड़की पैदा हुई। लड़की का नाम यशोदा (जस्सो) रखा था। लड़की पैदा होने के पाँच वर्ष बाद सोना मर गई। और वह अपनी बेटी के साथ भीख माँगने लगा। वे एक दिन भीख माँगते-माँगते कानपुर के रईस रामनाथ के यहाँ पहुँच गए। रामनाथ ने जस्सो को देखा और उस पर रीझ गए। उन्होंने भिखारियों से कहा, जब तुम्हें जरूरत पड़े मेरे यहाँ चले आना।

कुछ दिनों बाद बेटी के आग्रह पर नन्दराम भीख माँगना छोड़कर रामनाथ के यहाँ नौकरी करने लगा। जस्सो को घर के लोग बहुत प्यार करने लगे। और धीरे-धीरे रामनाथ और जस्सो का प्रेम गाढ़ा बनता गया। एक दिन रामनाथ के मित्र के आग्रह पर नन्दराम ने अपनी जीवन-कथा सुनाई और रामनाथ तथा उनके मित्र ब्रजकिशोर बाबू को बहुत खुशी हुई। उन्हें कुछ सम्भावना बनी कि अब रामनाथ और जस्सो का

विवाह हो सकता है। नन्दराम के एक दोस्त ने नन्दराम के माता-पिता को नन्दराम के जीवित होने और कानपुर में होने की सूचना दी। वे तो अब पश्चात्ताप की आग में जल ही रहे थे, आकर नन्दराम और जस्सो को घर ले गए। रामनाथ और जस्सो विरह की आग में तपने लगे। रामनाथ पढ़ने के लिए इलाहाबाद गया, वहाँ से जस्सो के घर गया। उन दोनों के मिलन को नन्दराम ने देख लिया लेकिन जब रामनाथ ने अपना इरादा व्यक्त किया तो उसका मन साफ हो गया। रामनाथ और नन्दराम दोनों ही जानते थे कि उनके माता-पिता यह विवाह-सम्बन्ध स्वीकार नहीं करेंगे। रामनाथ ने प्रस्ताव रखा कि वह जस्सो के साथ भाग जाए लेकिन संकोचवश जस्सो ने स्वीकार नहीं किया। बाद में रामनाथ की शादी हो गई, वह अपने परिवार के साथ सुख से रहता हुआ वकालत करने लगा लेकिन जस्सो ने विवाह नहीं किया। जब लोग सुनते थे कि वह भिखारिणी रह चुकी है तब बिदक जाते थे और जस्सो ने तो यों ही विवाह न करने की ठान ली थी। और अन्त में नन्दराम ने जस्सो की सलाह पर अपनी सारी जायदाद किसानों में बाँट दी और फिर भिखारी हो गए। हरिद्वार में रामनाथ की भेंट जस्सो से हो गई। जस्सो के व्यंग्यबाण से रामनाथ आहत हो गए और दोनों फिर अलग हो गए।

जाहिर है कि इस कथा में प्रेम की एक सपाटता है। कहा जा सकता है कि इसमें नारी के प्रेम के आदर्श को दिखाया गया है। पुरुष तो शादी करके सुखी हो लेता है किन्तु नारी अपने प्रेम के विरह में अपना सारा भौतिक सुख लुटाकर भिखारिणी बन जाती है। इसमें सामाजिक समस्या के नाम पर केवल एक ही चीज है वह है गरीब-अमीर या दो भिन्न जातियों के बीच विवाह की समस्या। दो युवा हृदय एक-दूसरे को मानवीय स्तर पर चाहते हैं किन्तु जाति और पैसा दोनों के बीच दीवार बनकर खड़े हो जाते हैं। इसका परिणाम यह होता है कि या तो ये बिछड़ जाते हैं या इन्हें अपने साहसिक निर्णय के लिए अनेक कष्ट भोगने पड़ते हैं। नन्दराम और सोना निर्णय लेकर भाग खड़े होते हैं किन्तु इसके फलस्वरूप वे यहाँ-वहाँ भटकते हैं, कष्ट भोगते हैं। सोना मर जाती है तब बाप-बेटी को भिखारी बनना पड़ता है। दूसरी ओर रामनाथ और जस्सो के बीच जाति की दीवार आ जाती है और वे एक नहीं हो पाते। इसके फलस्वरूप रामनाथ सुखी होकर भी सुखी नहीं हो पाता और जस्सो तो फिर भिखारिणी ही बन जाती है।

इस समस्या के प्रति लेखक की दृष्टि स्पष्ट नहीं है। वह इसे समस्या के रूप में न लेकर घटना के रूप में ही लेता है। इसीलिए नन्दराम बाद में अपने कृत्य पर बार-बार पछताता है, वह अपने कृत्य को गलत साबित करता है और सोचता है कि उसके इस कृत्य से ही सोना और जस्सो भिखारिणी बनी, उसके माँ-बाप इतने दुखी हुए। यह किसी समस्या के प्रति दृष्टिकोण को धूमिल करता है। जस्सो और रामनाथ के ब्याह के सम्बन्ध में भी समस्या नहीं, घटना ही उठती है। दोनों के बीच जो जाति की दीवार उठती है उसे तोड़ने का प्रयत्न किसी ओर से नहीं होता। दोनों ओर बुजुर्गों की मर्जी की कल्पना करके एक नए घटनाक्रम को जन्म दे दिया जाता

है और इसका परिणाम यह होता है कि रोमानी ढंग से जस्सो को फिर भिखारिणी बना दिया जाता है। पाठक इस कथा में घटनाओं के आकस्मिक विधान या सहज विधान से उत्पन्न चमत्कारों में कथा-रस तो पा सकता है किन्तु वह जीवन-दृष्टि नहीं पा सकता जिसे वह प्रेमचन्द में पाता है।

लम्बे-लम्बे सपाट विवरणों, स्फीत और सपाट मानसिक व्याख्याओं से बनी हुई यह कहानी न तो सामाजिक यथार्थ के स्तर पर, न मनोवैज्ञानिक यथार्थ के स्तर पर किसी गहरे द्वंद्व या तनाव की पहचान उभारती है।

माँ (1929) : 'माँ' उपन्यास में एक आदर्श माँ को प्रस्तुत किया गया है। वह आदर्श माँ अभाव में पलकर भी अपने पुत्र को योग्य बनाती है। तीस वर्षीया सावित्री नाम की एक महिला सन्तानविहीन होने से दुखी थी, उसे चिन्ता थी कि उसके पति चालीस साल के हो गए हैं, कहीं मर गए तो उनकी सारी सम्पत्ति का उपभोग पति के भाई-भतीजे करेंगे। पत्नी की चिन्ता को देखकर पति ने घासीराम नाम के एक गरीब आदमी के तीन वर्षीय पुत्र श्यामनाथ को गोद ले लिया। घासीराम की पत्नी सुलोचना ने अपना पुत्र देना नहीं चाहा लेकिन लालची पति ने पुत्र को दे दिया। घासीराम सावित्री के पति ब्रजमोहन के यहाँ अच्छी तनख्वाह पर मुनीम बन गए और घासीराम के बड़े और शरारती लड़के शम्भू के पढ़ने का सारा खर्चा ब्रजमोहन देने लगे। शम्भू अपनी माँ सुलोचना के योग्य निर्देशन में निरन्तर अच्छा बनता गया। पढ़ने में उसका मन लगता गया और इधर समृद्ध सावित्री के फूहड़ लाड़-प्यार से श्यामनाथ बिगड़ता गया और जवान होकर पढ़ाई-लिखाई से विरक्त होकर अपने बुरे मित्रों के संसर्ग में पड़कर वेश्यागामी हो गया। श्यामनाथ के वेश्यागामी मित्रों में गोकुल भी था जो शम्भू और श्यामनाथ का बहनोई था। श्यामनाथ को अपनी चिन्ता तो नहीं ही थी, अपनी बहन की भी चिन्ता नहीं थी। बिगड़ैल साथी विश्वनाथ की प्रेरणा से श्यामनाथ और गोकुल उसके साथ एक विधवा बेगम के यहाँ जाने लगे जिसकी दो जवान बेटियाँ थीं। शम्भू को जब ये बातें मालूम हुईं तो उसने अपनी माँ सुलोचना और श्यामनाथ के धर्म-पिता से ये बातें कहीं। दोनों बहुत चिन्तित हुए, फिर शम्भू ने अपने एक मित्र राधाकृष्ण की सहायता से श्यामनाथ और गोकुल दोनों को वेश्यागामिता और लम्पटता से छुटकारा दिलाया। लेकिन जब गोकुल की आँख खुली तो उसकी पत्नी गम में घुट-घुटकर मर चुकी थी। शम्भू डिप्टी कलक्टर बनकर आगरे जा रहा था। उसके बाप घासीराम बहुत खुश थे लेकिन माँ को खुशी नहीं हुई। उसे यह लगा कि यदि शम्भू आगरे चला गया तो श्यामनाथ और गोकुल का उद्धार नहीं होगा। माँ के लिए बेटे के इतने बड़े पद की अपेक्षा अपने छोटे बेटे और दामाद का उद्धार ज्यादा महत्त्वपूर्ण था। वह शम्भू से यह पद ज्वाइन करने से मना करती है किन्तु जब उसकी नियुक्ति कानपुर में होती है तो ज्वाइन करने की अनुमति दे देती है क्योंकि कानपुर से लखनऊ आसानी से आया जा सकता है और उद्धार के लिए चल रही कार्यवाही को आगे बढ़ाया जा सकता है लेकिन संयोग से शम्भू के कानपुर जाने से पहले ही ये दोनों लड़के अपनी भूल अनुभव कर लेते हैं और ठीक रास्ते पर आ जाते हैं।

यह उपन्यास भी अपने यथार्थ-बोध, संरचना और प्रभाव में सामान्य ही है। भिखारिणी की तरह ही इसमें भी कोई चरित्र ऐसा नहीं है जो बहुत संश्लिष्ट हो, जो लेखक की विशिष्ट चरित्र-निर्माण-क्षमता का प्रमाण देता हो। पात्र बहुत उपरली मानसिकता से गुजर जाते हैं। माँ का चरित्र भी जीवन्त नहीं बन पाया है। कुछ वेदना, कुछ सहनशीलता, कुछ विवेक के तत्त्वों से जिस माँ की रचना की गई है वह सामान्य ही है, कहीं भी अपनी शक्ति से झकझोरती गहरे नहीं उतरती। इसी प्रकार कुछ चालू समस्याओं को ले लिया गया है। कुछ बिगड़ैल लड़के किस प्रकार वेश्यागामी हो उठते हैं, वेश्याओं के परिवेश में क्या-क्या सामान्य हरकतें होती हैं—इन सबका सतही चित्रण हुआ है। कुल मिलाकर कोई बात नहीं उभरती। लेखक क्या कहना चाहता है? वह 'माँ' का चरित्र उभारना चाहता है या वेश्यागामिता के दोष दिखाकर युवा पीढ़ी को इससे रोकना चाहता है या गोद लेने की प्रवृत्ति की भर्त्सना करना चाहता है, कुछ भी तो साफ नहीं होता। लगता है वह कुछ रोचक घटनाओं का जाल बिछाकर उसमें यह सब कुछ उलझा देना चाहता है। संरचना सम्बन्धी जो सीमाएँ भिखारिणी में हैं, वे यहाँ भी हैं।

सामाजिक यथार्थ की परम्परा में आनेवाले इस युग के अन्य उल्लेखनीय उपन्यास हैं—कंकाल, तितली (जयशंकर प्रसाद), कल्याणी (मन्नन द्विवेदी), लाल पंजा (दुर्गाप्रसाद खत्री), सखाराम (मदारीलाल गुप्त), घंटा, दिल्ली का दलाल, चन्द हसीनों के खतूत, बुधुआ की बेटी, शराबी (पांडेय बेचन शर्मा उग्र), हृदय की प्यास, अमर अभिलाषा अथवा बहते आँसू (चतुरसेन शास्त्री), भाई, मन्दिरदीप, सत्याग्रह (ऋषभचरण जैन), लगन, संगम, प्रत्यागत, कुंडली चक्र, प्रेम की भेंट (वृन्दावनलाल वर्मा), राम रहीम (राधिकारमणप्रसाद सिंह), विदा, विजय (प्रतापनारायण श्रीवास्तव), मनोरमा (चंडीप्रसाद हृदयेश), गोद, अन्तिम आकांक्षा, (सियारामशरण गुप्त)।

कंकाल (1929) और **तितली** (1934) : प्रेमयुग के दो अत्यन्त चर्चित सामाजिक चेतना के उपन्यास हैं। इन्हें इस काल की रूमानी धारा के अन्तर्गत समाविष्ट किया जाता है इसलिए इनकी चर्चा अलग से होगी। इसी प्रकार उग्र और ऋषभचरण जैन के उपन्यास सामाजिक यथार्थ से जुड़े होकर भी अपनी प्रवृत्ति के कारण प्रकृतिवादी उपन्यासों के अन्तर्गत आते हैं, चतुरसेन शास्त्री के उपन्यास आदर्शोन्मुख यथार्थवाद से जुड़े होकर भी नग्नता-चित्रण के कारण प्रकृतिवादी उपन्यासों के करीब पहुँच जाते हैं। शेष उपन्यासों में जो कुछ विशिष्ट हैं, उनकी चर्चा पहले की जा रही है।

कल्याणी (1920) में बाल विवाह, वृद्ध विवाह, अशिक्षा, कुशिक्षा, पारस्परिक वैमनस्य आदि के दुष्परिणाम चित्रित किए गए हैं। और इस प्रकार लेखक ने इन कुप्रवृत्तियों से ग्रस्त समाज को उसका असली रूप दिखाकर उसे दुष्परिणामों से आगाह किया है और उन कुप्रवृत्तियों को छोड़ देने की जैसे चेतावनी दी है।

सखाराम (1924) में आर्थिक अभाव तथा उसके प्रभावों को दिखाया गया है। निर्धनता के कारण व्यक्ति भूख की ही यातना नहीं सहता, अपमान भी सहता है। अपने

ही सामने अपनी सन्तानों का विनाश दृश्य देखता है। अपनी कन्या को अभिशापित होते देखता है। लेखक की आदर्शवादी दृष्टि अन्त में पात्रों का सुधार करती है।

लगन (1927) में दहेज प्रथा की समस्या है। पुत्र का बाप दहेज के अभाव में बारात लेकर लौट जाता है किन्तु नई चेतना का पुत्र अपनी होनेवाली वधू को चाहता है और वधू भी चाहती है। दोनों के साहस से दोनों का मिलन होता है और दहेज प्रथा पर एक चोट लगती है।

संगम (1927) में डाकू-जीवन की मूल समस्या का चित्रण है और उसके माध्यम से ग्राम जीवन में उभरती हुई विषमता का उद्‌घाटन किया गया है।

प्रत्यागत (1927) में सामाजिक, धार्मिक और साम्प्रदायिक विषमताओं, कुरूपताओं तथा टकराहटों का चित्रण है।

कुंडली चक्र (1932) में ग्रामसमाज में व्याप्त कुरीतियों, अज्ञानजन्य मान्यताओं, भूतप्रेत में विश्वासों आदि का चित्रण है। साथ ही अजित जैसे पात्रों के आदर्शप्रेम और तज्जन्य आत्मविश्वास, त्याग, साहस का उद्‌घाटन कर एक आदर्श की भी स्थापना की गई है।

प्रेम की भेंट (1928) ग्रामजीवन की कुछ समस्याओं के बीच एक असफल प्रेमकथा का विधान करनेवाला उपन्यास है। कई पात्रों के बीच उलझा हुआ प्रेम उनके पारस्परिक ईर्ष्या-द्वेष के कारण आहत होता चलता है। इस टकराहट के बीच सरस्वती प्रेम, त्याग और विश्वास की प्रतिमूर्ति बनकर उभरती है और भारतीय स्त्री के उज्ज्वल चरित्र को उजागर करती है।

राम रहीम (1936) के कथ्य को समझने के लिए भूमिका में दिया गया लेखकीय वक्तव्य बहुत उपयोगी है—'मैंने रोजमर्रे की एक दिलचस्प कहानी का एक टेक लेकर धर्म और समाज के तमाम कच्चे चिट्ठे खोलकर रख देने की कोशिश की है। मैंने भारतवर्ष के इस युग के अत्याचार को, इस युग की पुकार को, दो जीती-जागती स्त्रियों के जीवन पर प्रस्फुटित करने का प्रयास किया है। यहाँ अध्यात्म के साए में शृंगार है, फैशन का दामन थामे दर्शन है। इसीलिए वास्तविकता की सादी जमीन पर नैतिकता की किनारी टँकी है—यथार्थवाद के मौसम में आदर्शवाद के छींटे हैं। दरअसल इस उपन्यास में बेला और बिजली नामक दो स्त्रियों के माध्यम से भारतीय नारी की धर्मपरायणता, त्यागमयता, तज्जन्य यातना तथा पश्चिमी संस्कार में पली स्त्री की धर्म-विमुखता, भोग-प्रवृत्ति और मौज-मस्ती का चित्रण कर दोनों की विरोधी मान्यताओं का उद्‌घाटन किया है और प्रकारान्तर से भारतीय समाज द्वारा अपनी ही धर्मपरायण स्त्रियों पर किए जानेवाले अत्याचारों का विधान कर उसे सावधान किया है। कहीं ऐसा न हो कि भारतीय स्त्रियाँ अपने ऊपर किए जानेवाले अत्याचारों से तंग आकर पश्चिमी ढंग का भोग-विलास युक्त तथा धर्मविरोधी जीवन अपना लें।

विदा (1928) : इस उपन्यास में भी भारतीय सभ्यता का समर्थन और पश्चिमी सभ्यता की आलोचना की गई है। इसका भी माध्यम स्त्रियाँ ही हैं। इसमें स्त्रियों के त्याग और सेवामय जीवन को आदर्श माना गया है तथा पुनर्विवाह का विरोध किया

गया है। चूँकि इसमें दो सभ्यताओं की टकराहट दिखाई गई है अत: इसमें भारतीय और पश्चिमी दोनों ही वातावरणों की गूँज है। बल्कि यों कहा जाए कि पश्चिमी वातावरण को उसकी पूरी रंगीनी और खोखलेपन के साथ प्रस्तुत किया गया है और भारतीय वातावरण को उसकी आन्तरिकता के साथ। इस समय तक के लेखकों से स्वदेश-गौरव का मोह छूटा नहीं था और वे प्राय: पश्चिमी सभ्यता को उसके एकांगी रूप में ही व्यक्त करते थे। एक स्थान पर इस उपन्यास की एक पात्र लज्जावती कहती है, 'सती ही एक आदर्श पतिभक्त नारी दिखाई देती है। और बहन, एक तुम हो, जो देवोपम स्वामी को पाकर भी प्रसन्न नहीं होती हो।...बहन यह तुम्हारा कुसूर नहीं है, उस पश्चिमी शिक्षा और आदर्श का है जो तुम्हें दी जा रही है।'

विजय (1936) में विधवा समस्या उठाई गई है। सुशिक्षित कुमुदलता बाल विधवा है। वह विधवा विवाह का समर्थन करती है, विधवाओं की यातनामयी स्थिति का विधान करती है किन्तु लेखकीय आदर्शवादी दृष्टि इसका समर्थन नहीं करती। इस प्रकार के हर मानवीय पहलू को पश्चिमी सभ्यता से जोड़कर विरोध करने की प्रवृत्ति इस काल में विद्यमान थी और एक प्रकार से भारतीय आदर्श के नाम पर रूढ़ियों और अमानवीय परम्पराओं का समर्थन करने का संस्कार बाकी था। जैसे सारे भारतीय आदर्शों का निर्वाह करने का दायित्व नारी के ही कन्धों पर आ टिका हो।

मनोरमा (1928) में भी स्वर आदर्शवादी है और कथा के केन्द्र में दो विरोधी-प्रवृत्तियों की स्थिति है जो त्यागवादी और भोगवादी दृष्टियों का विरोध प्रकट करती हैं। मनोरमा प्रलोभनों से आकृष्ट होकर पथभ्रष्ट हो जानेवाली और विधवा शान्ता अनेक प्रलोभनों के फन्दे काटकर अपने धर्म पक्ष पर चलनेवाली नारी है। हृदयेश अपने कथ्य में विशिष्ट न होकर भी अपनी कवित्वमय शैली के कारण कुछ विशिष्ट हो उठते हैं। यह विशिष्टता उपन्यास के सन्दर्भ में कितनी सार्थक या कितनी निरर्थक है यह और बात है।

गोद (1932) की कथा के केन्द्र में किशोरी नामक युवती है। उसकी कथा हिन्दू समाज की अमानवीय रूढ़ मान्यताओं तथा धर्म के नाम पर अपनाई गई क्रूर क्रियाओं आदि का पर्दाफाश करती है। हमारे समाज में यदि किसी स्त्री का अपहरण हो जाए तो उसे पतिता मानकर उसके परिवार के लोग भी नहीं अपना पाते। माँ-बाप भी वात्सल्य पीड़ित होने के बावजूद समाज के डर से या अपने रूढ़ धार्मिक संस्कारों के नाते उसे अपनाने में हिचकते हैं। यही समस्या इस उपन्यास में उठाई गई है। किशोरी का विवाह शोभाराम से होनेवाला था। वह मेले में खो गई। स्वयंसेवकों ने उसे उसकी विधवा माता कौशल्या के यहाँ पहुँचा दिया। समाज उसे स्वीकार करने से कतराने लगा। शोभाराम के बड़े भाई ने उसे अपने घर की बहू बनाने से इनकार कर दिया। फिर वही असहानुभूति और यातना का लम्बा सिलसिला। लेखक की आदर्शवादी दृष्टि ने अन्त में शोभाराम का विवेक जागृत कर दिया और शोभाराम ने किशोरी से चुपचाप विवाह कर लिया। शोभाराम के बदलाव में लेखक ने उपयुक्त परिस्थितियों का विधान कर उसे अधिक विश्वसनीय बनाने का प्रयत्न किया है।

अन्तिम आकांक्षा (1934) में एक निम्नवर्गीय घरेलू नौकर रामलाल को केन्द्रीय पात्र बनाकर हमारे समाज की अनेक सामाजिक और धार्मिक विसंगतियों का पर्दाफाश किया गया है। रामलाल अत्यन्त मानवीय पात्र होने के बावजूद निम्नवर्गीय होने के कारण अपने अच्छे कर्मों के लिए भी समाज से उपेक्षा और प्रतारणा ही पाता है। गांधीवादी प्रभाव में होने के कारण लेखक उसे कहीं आरोपित नहीं करता। वह रामलाल को उसकी समूची घुटन के साथ प्रस्तुत करता है किन्तु उससे विद्रोह के स्थान पर सेवा और समर्पण ही कराता है और इस रूप में समाज पर उसका प्रभाव डालकर समाज को बदलने की आकांक्षा रखता है।

जयशंकर प्रसाद

जयशंकर प्रसाद छायावाद के बड़े कवि हैं और अनेक विधाओं में लिखने के बावजूद वे प्रमुखत: कवि हैं अत: इनकी रचनात्मक शक्ति की मूल धुरी रोमानियत ही है। छायावाद की रोमानी कविता सौन्दर्य और प्रेम के सन्दर्भ में कवियों की सूक्ष्म आत्मानुभूतियों को अनेक बिम्बों, प्रतीकों और अप्रस्तुतों से ध्वनित करती चलती है। किन्तु इन कवियों की आत्मानुभूतियाँ समाज-निरपेक्ष या समाज-विरोधी नहीं हैं। वे नए समय में उत्पन्न रूढ़ि-विरोधी, सौन्दर्य-चेतना और मानवीय भाव को अपने में समेटे हुए हैं। नवजागरण के चरमोत्कर्षकाल में ये महत्त्वपूर्ण नवचेता कवि समाज और राष्ट्र की चिन्ताओं से मुक्त होकर भला अपने में कैसे डूब सकते थे? इसलिए ये कवि अपने समग्र व्यक्तित्व में सामाजिक सरोकारों के कवि लक्षित होते हैं। उनके समग्र साहित्य में अपने समय के अनेक नए विषयों, प्रश्नों और सामाजिक चिन्ताओं की अभिव्यक्तियाँ तो मिलती ही हैं, उनकी आत्मोन्मुखी लगनेवाली कविताओं में भी नए समय की नवता का उन्मेष ध्वनित है। रोमानियत उनकी प्रवृति और दृष्टि है कथ्यगत सीमा नहीं।

रोमानी कविता वस्तु को अत्यन्त अरूप करके या उसे अनुपस्थित करके उससे जुड़े भावों का आस्फालन कर देती है किन्तु वे कवि स्वयं वस्तु-जगत से कटे हुए हों या उनके भीतर वस्तु-जगत की उपस्थिति का बोध न हो, ऐसा नहीं। इसीलिए जब प्रसाद नाटक लिखते हैं या उपन्यास लिखते हैं या कहानी लिखते हैं तो उनकी रूमानी प्रवृत्ति के बावजूद वस्तु-जगत अपने पूरे विस्तार और सघनता के साथ उपस्थित होता है। कविता वस्तु-जगत को भावजगत में घुलाकर उसे अलक्षित बनाए रख सकती है किन्तु कथा-साहित्य मूलत: यथार्थवादी विधा है उसमें वस्तु-जगत की उपस्थिति अनिवार्य है। कथा-जगत रूपकों, प्रतीकों, काल्पनिक उड़ानों और सूक्ष्म भावात्मक सत्ता के प्रसार से नहीं बनता। उसमें हमारे समाज के आसपास के लोग होते हैं, उनके ठोस क्रिया-कलाप होते हैं, उनकी सामाजिक, राजनीतिक, आर्थिक समस्याएँ होती हैं, ठोस सम्बन्ध होते हैं। इसलिए प्रसाद जब कहानी या उपन्यास लिखते हैं तो अपनी दृष्टि और शैलीमूलक रोमानियत के बावजूद मूर्त वस्तु-जगत के बीच

खड़े होते हैं। वस्तु-जगत की सारी मूर्तता और सक्रियता उनके कथा साहित्य को (और नाट्य-साहित्य को भी) यथार्थवादी बना देती है। वे प्रेमचन्द के निकट दीखने लगते हैं। रोमानी भाषा के साथ-साथ व्यवहार की भाषा भी अपनी शक्ति के साथ उभरती है और आलंकारिकता के साथ-साथ जन सामान्य के मुहावरे और व्यंग्य भी दिखाई पड़ते हैं। यथार्थ के साथ आदर्शवादिता उस युग की देन थी। प्रेमचन्द और प्रसाद तथा अन्य छायावादी कवियों के गद्य में यथार्थवादी यात्रा के बीच में और अन्त में आदर्शवाद का सामान्य स्वर सुना जा सकता है। इसी तरह अरूप और आत्माभिव्यक्ति सम्बन्धी कविताएँ लिखनेवाले छायावादी कवियों के काव्य में सूक्ष्म रूप से और गद्य साहित्य में मूर्त रूप में सामाजिक यथार्थ की उपस्थिति देखी जा सकती है। गद्य की विधाओं में ही यथार्थवाद की माँग निहित है। इसलिए प्रसाद ने अपने दोनों सामाजिक उपन्यासों में समाज की विविध समस्याओं का चित्रण किया। 'कंकाल' में धार्मिक अध:पतन केन्द्रीय समस्या के रूप में आया किन्तु इससे जुड़कर अन्य अनेक सामाजिक प्रश्न भी उभरे। 'तितली' कृषि जीवन के बीच से उठनेवाला उपन्यास है अत: वह अधिक व्यापक और संकुल यथार्थवाला उपन्यास है। आर्थिक विषमता के इर्द-गिर्द न जाने कितने राजनीतिक, सामाजिक और सांस्कृतिक सवालों के कथा-सूत्र निर्मित होते चले गए हैं।

प्रसाद मूलत: कवि हैं अत: उनके कथा साहित्य पर भी उनकी काव्य दृष्टि और शैली का गहरा प्रभाव है। यह प्रभाव उनके कथा साहित्य को शक्ति और अशक्ति दोनों ही प्रदान करता है।

कंकाल (1929) **:** 'कंकाल', का विशेष महत्त्व उसकी साहित्यिक उपलब्धि में नहीं, वरन् एक नई शुरुआत में है। 'कंकाल' प्रसाद और उनके काल की कृतियों के बीच यथार्थ का एक नया आयाम लेकर उभरता है। यह शुद्ध यथार्थवादी कृति है, जिसमें बिना किसी महत्ता या आदर्श के आरोपण के समाज की विषमता को तटस्थ भाव से चित्रित किया गया है। यथार्थवाद का आरम्भ प्रेमचन्द कर चुके थे। किन्तु 'कंकाल' उपन्यास प्रकृति में थोड़ा भिन्न ठहरता है—एक तो इसमें प्रेमचन्द की कृतियों के समान यथार्थ पर आदर्श का आरोपण नहीं है, दूसरे इसके यथार्थ में लेखक की आत्म-सम्पृक्ति न होकर तटस्थता है, तीसरे इस उपन्यास ने प्रेमचन्द के आर्थिक वैषम्य को आधार न बनाकर वर्तमान काल की धार्मिक मनोवृत्तियों के द्वंद्व को आधार बनाया है। धार्मिक संस्थाएँ और लोग सांसारिक वासना से आक्रान्त हो चुके हैं और उनकी नैतिकता एक विचित्र द्वंद्व और संशय की स्थिति से गुजर रही है। सत्य की खोज में निकले हुए निरंजन, बाथम जैसे लोग अपने भीतर निहित सांसारिक वासनाओं के शिकार हो जाते हैं और एक ऐसे जाल का निर्माण करते हैं कि स्वयं तो उसमें फँसे रहते ही हैं, औरों को भी उलझा देते हैं। सबसे बड़ी विसंगति तो यह है कि ये गिरे हुए लोग सत्यद्रष्टा होने का दम भरते हैं। इस क्रम में कितनी 'किशोरियाँ' कितनी 'लतिकाएँ' या तो बरबाद हो जाती हैं या जीवन का ऐसा पथ चुन लेती हैं जो निरन्तर एक नए छद्म की आवश्यकता रखता है। प्रसाद जी का विश्वास था कि धर्म

हमारे समाज को पतित होने से बचा नहीं सका है और न ही उसने अपने भीतर पैदा होनेवाली नित-नूतन विसंगतियों से वर्णसंकरी समाज की रचना की है। सामाजिक विसंगतियाँ बहुत कुछ धार्मिक अन्धविश्वासों और अत्याचारों का परिणाम हैं। इसी धर्म के मिथ्याबोध तथा आतंक ने समाज को बाध्य किया है कि भूली-भटकी बहू-बेटियों को स्वीकार करने से इनकार करे, अविवाहित को माँ बनाकर परित्यक्त कर दे। 'कंकाल' में यहाँ से वहाँ तक मंगल, विजय घंटी, लतिका, यमुना, गाला जैसे धर्म और समाज के मारे हुए, भटके तथा वर्णसंकरी अभिशाप से ग्रस्त पात्र बिखरे हुए हैं। इन अनेक पात्रों के प्रणय-सूत्र आपस में अत्यन्त उलझे हुए हैं। लोकापवाद से डरे हुए ये पात्र दुर्बल हैं, इसीलिए ये अपने प्रेम सम्बन्धों में भी बहुत अस्पष्ट हैं। प्रणय-सूत्र कई-कई गाँठे मारता चलता रहता है और यह पता लगाना कठिन हो जाता है कि किसका प्रेम किससे है और कब बदल जाएगा।

कथा हरिद्वार, काशी और वृन्दावन जैसे पवित्र माने गए तीर्थ स्थानों पर घटित होती है। इन स्थानों की मान्य पवित्रता और यहाँ घटित होनेवाले धर्म-पुरुषों के कार्यों की अपवित्रता का तनाव दृश्य के प्रभाव को अधिक तीव्र करता है। प्रसाद जी की धर्म और दर्शन में आस्था थी और आस्था ने ही उस पीड़ा से उद्वेलित किया जो धर्म और दर्शन के नाम पर समाज में दिखाई पड़नेवाली विकृतियों से उत्पन्न होती है। प्रसाद जी ने अपने निबन्ध 'छायावाद और यथार्थवाद' में लिखा है, "जाति में जो धार्मिक और साम्प्रदायिक परिवर्तनों के स्तर आवरण स्वरूप बन जाते हैं, उन्हें हटाकर अपनी प्राचीन वास्तविकता को खोजने की चेष्टा भी साहित्य में तथ्यवाद की सहायता करती है। फलत: आरम्भिक साहसपूर्ण और विचित्रता से भरी आख्यायिकाओं के स्थान पर जिनकी घटनाएँ राजकुमारों से सम्बद्ध होती थीं—मनुष्य के वास्तविक जीवन का साधारण चित्रण आरम्भ होता है।"

इस उद्धरण से स्पष्ट है कि प्रसाद जी जानते थे कि वर्तमान कथा-साहित्य का क्षेत्र वास्तविक जीवन का साधारण चित्रण है। इसलिए उन्होंने अपने दोनों उपन्यासों में साधारण जीवन का चित्रण किया है, साधारण जीवन के अनेक आयाम होते हैं। वैसे तो सारे आयाम एक-दूसरे से जुड़े होते हैं किन्तु लेखक सभी को एक साथ समान महत्त्व के साथ नहीं उभार पाता इसलिए किसी एक आयाम को केन्द्र में रखकर शेष को सहायक के रूप में रखता है। कहा जा चुका है कि 'कंकाल' हमारे समाज में व्याप्त धार्मिक और दार्शनिक ढोंग और उसके दुष्परिणामों को चित्रित करता है जबकि 'तितली' में कृषि परिवेश में व्याप्त दुख-दर्द, अभाव और संघर्ष के बीच भारतीय स्त्री की जिजीविषा और महत्ता का चित्रण है।

'कंकाल' में धर्म का बाना पहने कई लोग आते हैं—देवनिरंजन, मंगल, बाथम। देवनिरंजन किशोरी का बाल सखा है। किशोरी का ब्याह श्रीचन्द्र नामक व्यापारी से हो जाता। उसे सन्तान नहीं थी। उसके लिए वह प्रख्यात स्वामी देव निरंजन के यहाँ जाती। वहाँ उसे देव निरंजन के रूप में अपना बाल सखा रंजन मिलता। देव निरंजन का सारा संयम भंग हो जाता और किशोरी को उसकी कृपा से पुत्र (विजय) प्राप्त

होता। किशोरी की दासी विधवा रामा हरद्वार में देव निरंजन द्वारा सधवा होकर तारा को जन्म देती है। तारा काशी में चन्द्रग्रहण के मेले में खो जाती है और एक कुटनी के हाथ पड़कर वेश्या के यहाँ बेच दी जाती है। स्वयंसेवक मंगल उसका उद्धार करता है। मंगल और घंटी अपनी-अपनी माताओं से बिछड़ी हुई सन्तानें हैं और भटकते हुए जीवन के अभिशाप झेलते हैं। समाज-सेवी और धार्मिक आचार-व्यवहारवाला मंगल का यमुना (तारा) से यौन सम्बन्ध होता है और फिर वह उसे छोड़कर पलायन कर जाता है। विजय, यमुना और घंटी की ओर आकृष्ट होता है और माँ-बाप से अलग होकर मारा-मारा फिरता है। घंटी तो उसे नहीं ही मिलती (क्योंकि वह मंगल से जुड़ जाती है) यमुना (तारा) उसकी बहन निकलती है क्योंकि दोनों की माताएँ भले ही अलग-अलग हों पिता एक ही हैं—देव निरंजन। बाथम ईसाई धर्म का प्रचारक है किन्तु वास्तव में लम्पट है। पत्नी के रहते जबर्दस्ती घंटी से शादी करना चाहता है। घंटी भागकर अपनी जान बचाती है। इस प्रकार इस उपन्यास में न जानें कितने उलझे हुए कथा-सूत्र चलते रहते हैं और वे सभी मिलकर हमारे समाज में व्याप्त धार्मिक विसंगतियों की जटिल कुरूपताओं का उद्‌घाटन करते हैं।

इस उपन्यास में नारी-शोषण को केन्द्र में रखा गया है। हमारी सामाजिक और धार्मिक व्यवस्था में नारी की स्थिति बहुत दयनीय है, उपेक्षित है। अपराध पुरुष करता है सजा स्त्री भोगती है। यमुना कहती है, "बहुतों का दिन कभी न लौटने के लिए चला जाता है। विशेषकर स्त्रियों का। मेरी रानी, जब मैं स्त्रियों के ऊपर दया दिखाने का उत्साह पुरुषों में देखती हूँ तो जैसे कट जाती हूँ। ऐसा जान पड़ता है कि वह सब कोलाहल है। उनकी असहाय परिस्थिति का व्यंग्य उपहार है।"

"कोई समाज और धर्म स्त्रियों का नहीं होता बहन। सब पुरुषों के हैं। सब हृदय को कुचलनेवाले क्रूर हैं।"

एक-दूसरी स्त्री गाला कहती है—"नारी जाति का निर्माण विधाता की एक झुंझलाहट है मंगल। उससे संसार-भर के पुरुष कुछ लेना चाहते हैं, एक माता ही सहानुभूति रखती है, कारण है उसका भी स्त्री होना।"

इस उपन्यास की स्त्रियाँ न केवल पुरुषों के द्वारा शोषित उपेक्षित हैं वरन् उलटे उन्हें अपना प्यार और समर्पण देती हैं। वे अपने प्रति पुरुषों के शोषण को समझती हैं फिर भी वे उनकी रक्षा करती हैं। यमुना इस नारी-स्वभाव के बारे में कहती है :

"फिर भी मैं समझती हूँ कि स्त्रियों का एक धर्म है, वह है आघात सहने की क्षमता रखना। दुर्दैव के विधान ने उनके लिए यह पूर्णता बना दी है। यह उनकी रचना है।"

यमुना एक अन्य स्थान पर हमारी समाज-व्यवस्था और न्याय-व्यवस्था पर चोट करती हुई न्यायालय में कहती है, "पुरुष स्त्रियों पर सदैव अत्याचार करते हैं, कहीं नहीं सुना कि अमुक स्त्री ने अमुक पुरुष के प्रति ऐसा ही अन्याय किया परन्तु पुरुषों का यह साधारण व्यवसाय है—स्त्रियों पर आक्रमण करना। जो अत्याचारी है वह मारा गया। कहा जाता है कि न्याय के लिए न्यायालय सदैव प्रस्तुत रहता है : परन्तु अपराध हो जाने पर ही विचार करना उसका काम है। उस न्याय का अर्थ है किसी

को दंड देना। किन्तु उसके नियम उस आपत्ति से नहीं बचा सकते।"

पुरुषों के अत्याचार की शिकार स्त्रियाँ अपने पतियों, पिताओं आदि द्वारा अस्वीकृत हो जाती हैं और असुरक्षा तथा पाप की जिन्दगी जीने के लिए छोड़ दी जाती हैं। वे यहाँ से वहाँ भटकती फिरती हैं। 'कंकाल' में ऐसी स्त्रियों की अच्छी खासी संख्या है।

इस उपन्यास में यद्यपि अर्थाभाव पक्ष को जीवन-यथार्थ के एक प्रमुख आयाम के रूप में नहीं उभारा गया है किन्तु उसकी उपेक्षा भी नहीं की गई है। बल्कि सिद्धान्त रूप में एकाध स्थान पर प्रसाद ने रोटी के प्रश्न को आज का मूल प्रश्न माना है। यमुना से बात करते हुए विजय हिन्दू समाज में व्याप्त रूढ़ियों और कुरीतियों पर प्रहार करता हुआ कहता है, "देख रही कि मैं छूतछात का कुछ विचार नहीं करता, प्रकट होटलों तक में खाता भी हूँ। इसी प्रकार इन प्राचीन कुसंस्कारों का नाश करना मैं अपना कर्तव्य समझता हूँ क्योंकि ये ही रूढ़ियाँ आगे चलकर धर्म का रूप धारण कर लेती हैं। जो बातें कभी देश, काल, पात्रानुसार प्रचलित हो गई थीं, वे सब माननीय नहीं अपितु हिन्दू समाज के पैरों में ये बेड़ियाँ हैं।" वह बातचीत कर ही रहा था कि देखता है बाहर सड़क पर छोटे-छोटे ब्रह्मचारी दंड, कमंडल और पीत वसन धारण किए हुए समवेत स्वर में गाते जा रहे हैं।

विजय एक दृष्टि से देखकर मुँह फिराकर फिर यमुना से कहता है, "देखो बीसवीं शताब्दी में तीन हजार बी.सी. का अभिनय। समग्र संसार अपनी स्थिति रखने के लिए चंचल है, रोटी का प्रश्न सबके सामने है फिर भी मूर्ख हिन्दू अपनी पुरानी असभ्यताओं का प्रदर्शन कर पुण्य संचय करना चाहते हैं।" रोटी के बुनियादी प्रश्न को सिद्धान्ततः समर्पित करते हुए लेखक ने जगह-जगह अपने पात्रों को भूख-प्यास से गुजारा है। अतः यह नहीं कहा जा सकता कि प्रसाद ने रोटी के सवाल की सर्वथा उपेक्षा की है। हाँ, वह केन्द्रीय सवाल बनकर नहीं आया है।

'कंकाल' में समाज और धर्म के कंकाल को बहुत निर्ममता से उद्घाटित किया गया है किन्तु प्रसाद मूल्यवादी लेखक हैं। उन्हें अपने समाज की गिरावट की पीड़ा है और उसके भावी विकास की चिन्ता है। अतः लेखक प्रकृतवादी लेखकों की तरह न तो शृंगारिक प्रसंगों को अश्लीलता प्रदान करता है और न आलोचना करके ठहर जाता है वरन् उसकी मूल्य-सन्दर्भित विधेयवादी दृष्टि हमारे समाज और धर्म में एक बदलाव लाना चाहती है। वह अपने समाज और धर्म की विकृतियों और विसंगतियों का निराकरण कर उन्हें सुन्दर और उदात्त रूप में देखना चाहती है। 'भारत संघ' की स्थापना इसी दृष्टि का परिणाम है। व्यक्तिगत रूप में स्त्री पात्र तो एक नए आलोक की आहट देते ही हैं विजय, मंगल आदि पुरुष पात्र भी अपनी सीमाओं से निकलकर मनुष्यता की ओर बढ़ते हुए दिखाई पड़ते हैं।

इस उपन्यास की संरचना यथार्थवादी उपन्यासों की परम्परा में नहीं आती। सामाजिक-धार्मिक प्रश्नों के विधान के लिए जो कथानक विन्यस्त किया गया है वह जासूसी और तिलस्मी उपन्यासों के कथानक-विन्यास के नजदीक पहुँचा हुआ प्रतीत होता है। प्रत्येक पात्र अपने जन्म और परिवार का एक रहस्य लिये आता है।

कहानी में कहानी गुँथी हुई है। इसलिए जासूसी उपन्यासों की तरह यह उपन्यास पाठकों की जिज्ञासा तानता तो है किन्तु उन्हें उलझाता भी है। कौन किसकी लड़की या लड़का है? कौन किसे प्यार करता है? यह रहस्य चलता ही रहता है और इसे जानने के लिए बार-बार पीछे की ओर देखना पड़ता है।

किसी उपन्यास में चित्रित समस्याओं का सघन होना एक बात है और कथा सूत्रों का उलझते चलना दूसरी बात है। इस उपन्यास में समस्याओं को सघन बनाते चलने की अपेक्षा कथा-सूत्रों को रहस्यमय बनाते चलने में लेखक को अधिक रस मिला है। पाठक का अधिक ध्यान सहज भाव से समस्याओं का साक्षात्कार और अनुभव करने की अपेक्षा उलझे कथा-सूत्रों को सुलझाने में लगा रहता है।

कथा-सूत्रों की निर्मिति में आकस्मिकता का बहुत बड़ा हाथ है। प्रसाद ने अपने नाटकों और कथा-साहित्य दोनों में आकस्मिकता का बहुत अधिक सहारा लिया है। किसी का एकाएक बिछड़ जाना, मिल जाना, कहीं पर किसी का एकाएक उपस्थित हो जाना, अप्रत्याशित रूप से किसी घटना का घट जाना, प्रसाद के नाटकों और कथा-साहित्य के लिए बहुत सामान्य बात है। 'कंकाल' में यह प्रवृत्ति विशेष दिखाई पड़ती है। इससे उपन्यास की गति की सहजता तो अवरुद्ध हुई ही है प्रभाव भी अवरुद्ध हुआ है।

इस उपन्यास की वर्णन-शैली, भाषा और चित्र-निरूपण में यथार्थवादी उपन्यास की सादगी और सहजता का पूरा निर्वाह नहीं हुआ है। अनेक स्थलों पर रूमानी भंगिमा और आलंकारिकता का गहरा दबाव लक्षित होता है। वैसे प्रसाद में सादगी और सहजता की शक्ति निहित है। जहाँ वे उसका प्रयोग करते हैं वहाँ उनके संवाद और वर्णन अत्यन्त जीवन्त हो उठते हैं। किन्तु प्रसाद की रूमानी वृत्ति इस सादगी और सहजता में रमती नहीं। 'तितली' में इनकी सादगी अधिक मुखर हुई है, इसकी कथा भूमि के अनुरूप उसमें 'कंकाल' की अपेक्षा अधिक सहजता दीखती है। भाषा चाहे जैसी हो प्रसादजी का कवि सुन्दर चित्र-विधान करने में और उनका नाटककार संवादों को नाटकीयता प्रदान करने में अत्यन्त कुशल है। 'कंकाल' में भी इन विशेषताओं की गहरी छवि लक्षित होती है।

तितली (1934) : प्रस्तुत उपन्यास प्रसाद की भारतीय दृष्टि और कृषि-सभ्यता की गहरी पहचान का उपन्यास है। भारतीय दृष्टि भारतीय दाम्पत्य जीवन की कुछ बुनियादी शक्तियों को उभारती है और ऐसा करने के लिए उसके समानान्तर पाश्चात्य पद्धति के दाम्पत्य जीवन का परिप्रेक्ष्य उपस्थित करती है। उपन्यास की यात्रा कृषि-यथार्थ के बीच से होती है, इसलिए लेखक कृषि सम्बन्धी अनेक समस्याओं और घटनाओं की टकराहटों का ताप उभारता चलता है।

कृषि-यथार्थ में एक ओर जमींदार होता है दूसरी ओर किसान। कभी-कभी कोई जमींदार मुकदमेबाजी में या दुर्भाग्य के दुश्चक्र में पड़कर अपनी सारी सम्पदा खो बैठता है और सामान्य किसान रह जाता है। रोमांटिक लेखक प्राय: अतीत के वैभव से गिरे हुए लोगों की वर्तमान अकिंचनता की तस्वीर खींचकर ध्वस्त वैभव

का विषण्ण सौन्दर्य दिखाना चाहता है। 'तितली' में मधुआ एक ऐसा ही युवक है। वह वैभव सम्पन्न परिवार का अवशेष है, शेरकोट का खँडहर उसके पुश्तैनी ऐश्वर्य का अवशेष है। धामपुर रियासत का तहसीलदार पहले मधुबन के पिता के यहाँ काम करता था। उसी ने गुदामवाले साहब को उभारकर मधुबन के पिता से लड़ा दिया। वे मुकदमे में अपना सब कुछ गँवा बैठे। अब उसके पास शेरकोट में एक साधारण मकान और दो-तीन बीघे खेत बचे हैं।

बाबा रामनाथ दान की जमीन पर आश्रित होकर कुछ बच्चों को पढ़ाते-लिखाते हैं। उन बच्चों में मधुबन भी है और बाबा द्वारा पालित-पोषित स्वर्गीय देवनन्दन की बेटी तितली भी है। इन दोनों में प्रेम है। बाबा रामनाथ चाहते हैं इनका विवाह हो जाए लेकिन मधुबन की विधवा बहन एक प्रलोभन में आकर तितली की शादी इन्द्रदेव से कराना चाहती है किन्तु बाबा रामनाथ यह विवाह करा ही देते हैं।

धामपुर रियासत के इन्द्रदेव विलायत पढ़ने गए थे, वहाँ से शैला नामक एक युवती को लेते आए हैं और उससे विवाह करना चाहते हैं किन्तु उनकी माता इस सम्बन्ध की स्वीकृति देती नहीं लगतीं। शैला उस वार्टली की बेटी है जो पहले भारत में नील के व्यापारी थे और बहुत क्रूर थे। शैला मानो अपने बाप का प्रायश्चित्त करने के लिए ही पैदा हुई है...मधुर, मानवीय व्यवहारवाली।

तहसीलदार के उकसाने पर बाबा रामनाथ की दान की जमीन पर भी लगान लगने की बात उठती है। शेरकोट पर बैंक और दवाखाना खुलता है। दरअसल इन्द्रदेव नवशिक्षा प्राप्त उदार युवक हैं किन्तु वे निष्क्रिय और निर्णयविहीन हैं। उनकी उदासीनता के कारण ही उनकी माँ शासन चलाती हैं। उनकी बहन माधुरी और आवारा डॉक्टर अनवरी का अनावश्यक दखल सक्रिय रहता है। तहसीलदार, चौबे आदि उनके कर्मचारी गरीबों पर अत्याचार करते हैं। अन्त में तो इन्द्रदेव अपना सारा अधिकार ही छोड़ बैठते हैं। इन्द्रदेव की उदासीनता के कारण ही वनजरिया और शेरकोट के विरुद्ध धामपुर रियासत के सामन्ती अत्याचार का दबाव गाढ़ा होता है, गरीबों की आबरू खतरे में पड़ जाती है और शैला धीरे-धीरे उनके दायरे से बाहर निकलने लगती है। इस प्रकार लेखक ने कृषि-परिवेश को उसके बहुआयामी यथार्थ के साथ प्रस्तुत कर भारतीय ग्राम जीवन का बहुत जीवन्त चित्र खींचा है। इसमें एक ओर सामन्ती परिवेश के अनेक क्रूर चेहरे हैं, दूसरी ओर सामान्य जन-परिवेश के अनेक अभिशप्त चेहरे हैं। चेहरे क्रूर हों या अभिशप्त, प्रसाद ने उन्हें सपाट सरलीकरण से ग्रस्त नहीं किया है। उन चेहरों की अनेक स्वाभाविक राग-विरागात्मक, मानवीय और अमानवीय रेखाओं को उभरने दिया है। इसके अतिरिक्त कलकत्ते का भी परिवेश चित्रित हुआ है और वहाँ की एक समाज-सेवी संस्था की कुरूपताओं और विसंगतियों का पर्दाफाश हुआ है। साथ ही अनेक गरीब और अभावग्रस्त मजदूरों की भी तस्वीर उभरी है।

लेकिन जैसाकि नाम से ही विदित है, इस उपन्यास के केन्द्र में तितली है। तितली को भारतीय नारी के प्रतिनिधि के रूप में प्रस्तुत किया गया है। वह अनाथ बालिका

होकर भी बाबा रामनाथ के आश्रय में पालित-पोषित और शिक्षित-दीक्षित होने के कारण कहीं हीनता का अनुभव नहीं करती। उसकी शिक्षा-दीक्षा भी महज किताबी नहीं है, वह भारतीय कृषि के बीच जीती हुई उससे रस और शक्ति ग्रहण करती हुई बनती है और इसी प्रक्रिया में उसे पुस्तकीय ज्ञान प्राप्त होता है। इस प्रकार उसका ज्ञान जीवन से पैदा होनेवाला ज्ञान है जो केवल जानकारी ही नहीं देता, जीने की शक्ति देता है, समाज को पहचानने की क्षमता देता है और सच्ची मानवीय सेवा का चरित्र देता है। तितली शुरू में शैला से परिचय प्राप्त करने की स्पृहा पालनेवाली एक सामान्य बालिका के रूप में सामने आती है (गोकि उसकी मानव सेवा की वृत्ति का संकेत वहाँ भी मिल जाता है) किन्तु धीरे-धीरे वह एक ऐसी नारी बन जाती है जिसके चरित्र का स्पर्श पाने की स्पृहा किसी भी शैला में जाग सकती है। वह अपने सौन्दर्य में भारतीय है, अपने प्यार में पूर्ण है, अपने प्यार के प्रति कोई द्विधा उसमें नहीं है। यह समर्पणमयी है किन्तु नारी व्यक्तित्व के प्रति पूर्ण सचेत है। वह स्वाभिमान और आर्द्रता का संगम है। वह पूर्ण युवती है फिर पुत्र की प्राप्ति के बाद पूर्ण नारी बन जाती है। पूर्ण नारी इसी अर्थ में नहीं कि वह माँ बन गई है वरन् इस अर्थ में कि वह नारी सुलभ अनेक शक्तियों से सम्पन्न हो गई है। मधुआ उसे छोड़कर चला गया है। पति के वियोग का दर्द तो है ही, आर्थिक दर्द भी कम नहीं और उसका स्वाभिमान किसी के आगे हाथ पसार नहीं सकता। वह अपार जीवट से इस वियोग को झेलती है, अपने आर्थिक अभावों का सामना करती है और सामना करने के लिए उन साधनों का सहारा लेती है जो उसके स्वाभिमान की तो रक्षा करते ही हैं, उसे सामाजिक मंगल से जोड़ते हैं, उसकी जीवन-सार्थकता को गहराते हैं और विस्तार करते हैं। वह स्वयं अपना मार्ग खोजते हुए न जाने कितने लोगों को रास्ता दिखाती है।

लेखक ने तितली के माध्यम से भारतीय नारी के सौन्दर्य और शक्ति की महिमा का आख्यान किया है इसके लिए ही उसने शैला और इन्द्रदेव के प्रणय की सृष्टि की है। शैला इन्द्रदेव को चाहती हुई भी उसे अपना नहीं पाती, वह अपने स्वातंत्र्य की खोज में लगी हुई उस सूत्र को नहीं समझ पाती जो उसे दूसरों से जोड़कर बड़ा बनाता है। इसलिए इन्द्रदेव और उसमें एक मौन फासला बनता जाता है और वह चाहे-अनचाहे रूप में वाटसन की ओर झुकने लगती है। वह आर्थिक रूप में निर्भर होने के लिये तथा स्वतंत्र व्यक्तित्व बनाए रखने के लिए अस्पताल खोलती है, बैंक खोलती है किन्तु वह स्वतंत्रता उसे आत्मसुख नहीं दे पाती। वह भीतर-भीतर एक खालीपन लिए सामाजिक यश-सम्पन्नता के विस्तार में भटकती रहती है। तितली और शैला का अन्तर भारत और पश्चिम की स्त्रियों का अन्तर है। वैसे तो घटना व्यापारों और गतिविधियों द्वारा यह अन्तर पूरे उपन्यास में ध्वनित हुआ है किन्तु कुछ बिन्दुओं पर इसे कुछ पात्रों द्वारा साफ-साफ कहलवाया भी गया है। एक स्थान पर इन्द्रदेव दोनों का अन्तर स्पष्ट करता हुआ कहता है—आज अपनी दुर्बलता में, अभावों और लघुता में, दृढ़ होकर खड़ी रहने में यह कितनी तत्पर है। यही तो हम खोज रहे थे न। मनुष्य गिरता है। उसका अन्तिम पक्ष दुर्बल है—सम्भव है कि वह इसीलिए मर

जाता है परन्तु...परन्तु जितने समय तक वह ऐसी दृढ़ता दिखा सके, अपने अस्तित्व का प्रदर्शन कर सके, उतने क्षण तक क्या जिया नहीं। मैं तो समझता हूँ कि उसके जन्म लेने का उद्देश्य सफल हो गया। तितली वास्तव में महीयसी है, गरिमामयी है। शैला! वह अपने लिए सब कुछ कर लेगी। स्वावलम्बन हाँ वह उसे पूरा कर लेगी। किन्तु स्त्री का दूसरा पक्ष पति। उसके न रहने पर भी उसकी भावना को पूरी करते रहना शैला से भी न हो सकेगा। वह अपने पैरों पर खड़ी हो सकती है किन्तु दूसरों को अवलम्ब नहीं दे सकती।

नन्दरानी शैला को लिखे गए अपने पत्र में कहती है :

'बहूरानी,

तुम दूसरों की सेवा करने के लिए इतनी उत्सुक हो किन्तु अपने घर का भी कुछ ध्यान है। मैं समझती हूँ कि तुम्हारे देश में स्वतंत्रता के नाम पर बहुत सा मिथ्या प्रदर्शन भी होता है। क्या तुम इस वातावरण में उसे भूल नहीं सकी हो? यदि नहीं तो मैं उसे तुम्हारा सौभाग्य कैसे कहूँ?'

इसी प्रकार अन्त में शैला के साथ होनेवाली बातचीत में तितली जो उद्‌गार व्यक्त करती है वह भी भारतीय स्त्री की स्थिति स्पष्ट करता है और प्रकारान्तर से पाश्चात्य नारी की विडम्बना का उद्‌घाटन करता है।

इस सन्दर्भ में एक बात कहनी आवश्यक है, वह यह कि लेखक ने शैला को उसकी पूरी गरिमा के साथ पेश किया है। ऐसा नहीं लगता कि उसने केवल विरोध करने के लिए कुछ फार्मूलों से एक अंग्रेज लड़की की तस्वीर बना दी हो। शैला एक मोहक चरित्र है, वह जाहिरा तौर पर कहीं से भी अनाकर्षक नहीं लगती। अभिशप्त लड़की होने के कारण और अपने अभाव में एक समृद्ध भारतीय युवक का प्यार पाने के कारण बहुत सहृदय है, अपने प्रेमी, सास, ननद, रामनाथ, मधुबन, तितली आदि सबके प्रति बहुत स्निग्ध और उदार है। इस मोहक व्यक्तित्व की प्रतिष्ठा करके प्रसाद ने उसके भीतर के उस जगत को उभारा है जो कहीं अपनी ही विडम्बना के कारण अभावपूर्ण है। उसके इस मोहक और अभावपूर्ण चरित्र की संश्लिष्टता उसे जीवन्त बनाती है और इस चरित्र के परिप्रेक्ष्य में तितली की जीवन्तता और नारीत्व का गौरव और उभरता है।

पांडेय बेचन शर्मा 'उग्र'

उग्र को प्रकृतिवादी उपन्यासकार माना गया है क्योंकि उन्होंने अपनी कृतियों में कुछ ऐसे दृश्य दिए हैं जो अश्लील या फूहड़ कहे जा सकते हैं। किन्तु कुछ ऐसे दृश्यों से उन्हें प्रकृतिवादी नहीं कहा जा सकता। देखना यह होगा कि उग्र की समग्र दृष्टि क्या है? क्या वे यह मानते हैं कि मनुष्य मूलतः पशु है और उसके पशुवत आचरण को ही सत्य मानकर उसके कुछ पशुसुलभ यौन सन्दर्भों का चटकीला

दृश्य उभारकर पाठक को उसमें रमाना चाहते हैं? उनके साहित्य को गम्भीरता से पढ़नेवाले पाठक को ऐसा नहीं लगता। उसे यही लगता है कि उग्र प्रेमचन्द की परम्परा के सामाजिक चेतना के उपन्यासकार हैं, वे सामाजिक विषमताओं से पीड़ित हैं और उन्हें दूर करने की बेचैनी उनके मन में भी है। 'चाकलेट' की अश्लील कही जानेवाली कहानियाँ भी समलैंगिक मैथुन जैसी सामाजिक बुराई पर प्रहार करती हैं उनमें पाठक को रमाती नहीं। उपन्यासों में भी मुख्यत: उनके दो ही ऐसे उपन्यास हैं जिनमें कुछ चटक यौन चित्र हैं। वे उपन्यास हैं 'दिल्ली का दलाल' और 'बुधुआ की बेटी' (मनुष्यानन्द) किन्तु ये दोनों ही उपन्यास अपनी मूल प्रवृत्ति और उद्‌देश्य में सामाजिक चेतना के उपन्यास हैं। 'दिल्ली का दलाल' तत्कालीन हिन्दू समाज की कुरीतियों पर प्रहार करता है—उसकी नैतिकता के छद्‌म का अनावरण करता है। छद्‌म का अनावरण भी सामाजिक जीवन को स्वास्थ्य प्रदान करता है। हाँ, यह अवश्य है कि उग्र या यशपाल जैसे समाजचेता कथाकारों की कथाओं में यौन अनैतिकता के दृश्य कहीं-कहीं इतने चटक हो जाते हैं कि मूल उद्‌देश्य के धुँधला जाने की आशंका पैदा हो जाती है।

उग्र के उपन्यासों में सामाजिक चेतना की दृष्टि से तीन उपन्यासों को विशेष महत्त्व मिला—वे हैं (1) चन्द हसीनों के खतूत (1927), (2) बुधुआ की बेटी (1928), (3) शराबी (1930)।

चन्द हसीनों के खतूत (1927) में दो भिन्न सम्प्रदायों (हिन्दू और मुसलमान) के युवक और युवती के प्रेम को सन्दर्भित कर सम्प्रदायों की अमानवीयता का उद्‌घाटन किया गया है और मानवीय प्रेम को सत्य के रूप में स्थापित किया गया है। इस प्रक्रिया में लेखक ने रूढ़ियों और नई चेतना की टकराहट दिखाकर समाज को नई चेतना की ओर उन्मुख करना चाहा है। प्रेम की संवेदना का बहुत जीवन्त चित्रण हुआ है।

बुधुआ की बेटी (मनुष्यानन्द) (1928) में लेखक ने समकालीन राष्ट्रीय और सामाजिक परिवेश में अछूतोद्धार और नारी जागरण की समस्या उठाई है। भंगी बुधुआ और अघोड़ी मनुष्यानन्द के माध्यम से अछूत समस्या का उद्‌घाटन किया गया है। अछूत समस्या के सामाजिक और आर्थिक पहलुओं को तो उठाया ही गया है साथ ही स्वयं अछूतों में व्याप्त बुराइयों को भी उनकी समस्याओं के लिए जिम्मेदार माना गया है और उन्हें दूर करने के लिए उन्हीं को सम्बोधित किया गया है। नारी जागरण का स्वर शोषित पददलित रधिया के माध्यम से उभारा गया है। लेखक की यथार्थ दृष्टि के साथ अछूतों के प्रति उसकी मानवीय दृष्टि का गहरा परिचय यह उपन्यास उभारता है।

शराबी (1930) में शराब से सम्बद्ध पात्रगत, घटनागत और परिवेशगत यथार्थ का प्रभावशाली उद्‌घाटन तो है ही साथ ही उसकी कुरूपताओं और अमानवीय परिणतियों का भी विधान किया गया है। उपन्यास पाठक को शराब की मादकता के गहन अन्धकार में से निकालकर धीरे-धीरे उसे मुक्ति की चेतना के प्रकाश में ले

जाता है। शराब सामाजिक कुरूपताओं का फल भी है और कारण भी। इन दोनों ही बिन्दुओं को पारस्परिकता में उभारा गया है।

उग्र की अपनी फक्कड़ शैली है। वे बेलौस भाव से सचाई को कहते हैं और इसी प्रक्रिया में यौन व्यापारों को भी खोलकर रख देते हैं। उन्होंने अपने उपन्यासों में शैलीगत वैविध्य रखा है—जैसे घंटा एक तरह से फैंटेसी है। चन्द हसीनों के खतूत में पत्रात्मक शैली का प्रयोग किया गया है। पारसी शैली में उर्दू के शेरों और गजलों का भी प्रयोग किया गया है। इनके वर्णन शैलीवाले उपन्यासों में भी पात्रों के माध्यम से आत्मकथात्मक शैली का पुट मिलता है। यथार्थवादी शैली में रूमानी शैली भी मिलती है। यथार्थवादी होने के कारण ही उग्र ने अपने समय में विकसित हो रही प्रकृतिवादी शैली का भी प्रयोग किया है। कुल मिलाकर उग्र के कथाकार का अपना व्यक्तित्व है।

(अन्य उपन्यास—'घंटा', 'दिल्ली का दलाल', 'सरकार तुम्हारी आँखों में', 'जीजी जी', 'कढ़ी में कोयला' और 'फागुन के दिन चार')

प्रेमचन्दोत्तर-युग

यथार्थ के विविध आयाम

मनोवैज्ञानिक उपन्यास

समाजवादी और सामाजिक उपन्यास

ऐतिहासिक उपन्यास

आंचलिक उपन्यास

प्रेमचन्द ने उपन्यास को यथार्थवाद की ओर मोड़ा। इन्होंने एक ओर सामाजिक जीवन के यथार्थ सम्बन्धों, समस्याओं और अन्यान्य विषमताओं को उद्घाटित किया, दूसरी ओर परिस्थिति-सापेक्ष मन:सत्यों को अभिव्यक्ति दी। इस सन्दर्भ में दो बातें ध्यान देने की हैं—एक तो यह कि प्रेमचन्द ने यथार्थ के स्वरूप का उद्घाटन करते हुए भी उसे आदर्शोन्मुख कर दिया है, भौतिकता की तीव्र चेतना को कहीं-कहीं आध्यात्मिक मूल्यों की झालर से आवृत कर दिया है, दूसरे यह कि यथार्थवाद का कोई निश्चित स्वरूप निर्णीत नहीं किया जा सकता है। यथार्थवाद के कई स्वरूप हैं, कई दृष्टियाँ हैं। इंग्लिश में यथार्थवाद के बहुविध रूप इस शताब्दी के आरम्भिक चरण तक उजागर हो चुके थे किन्तु हिन्दी में इसका आरम्भ प्रेमचन्द के साथ हुआ और बहुमुखी विकास उनके बाद हुआ।

प्रेमचन्द में यथार्थ के जिन दो आयामों (सामाजिक और मनोवैज्ञानिक) का उद्घाटन हुआ वे प्रेमचन्द के बाद अलग-अलग धाराओं में बँटकर तथा अपनी-अपनी धारा की अन्य अनेक सूक्ष्म बातों से संश्लिष्ट होकर बहुत तीव्र और विशिष्ट रूप में विकसित होते गए। अत: एक ओर मनोविज्ञान की धारा बही, दूसरी ओर समाज-चेतना की। मनोविज्ञान की नई धारा प्रेमचन्द के मनोविज्ञान से वस्तुत: अलग धारा थी जो मनोविज्ञान की नवीन खोजों से प्राप्त सत्यों को आधार बनाकर चली, जिसका सम्बन्ध मूलत: अचेतन के लोक से है, चेतन के लोक से नहीं। मनोविज्ञान की इस नई धारा ने न केवल मनोविश्लेषण-शास्त्रियों द्वारा उद्घाटित रहस्यों को अपनाया बल्कि प्रकृतिवाद, अस्तित्ववाद, प्रतीकवाद आदि द्वारा गृहीत मानव-सत्यों को भी आत्मसात् किया। कहने का अभिप्राय यह है कि वह अन्तर्लोक की यात्रा है जिसमें बाहरी दुनिया से निरपेक्ष होकर या बाहरी दुनिया को अपनी ओर उन्मुख कर मानस-सत्यों का साक्षात्कार किया गया है। इस अन्तर्यात्रा का परिणाम उपन्यास के गठन पर भी पड़ा और इस धारा के उपन्यासों के कथाविन्यास, पात्र-रचना, देशकाल आदि का स्वरूप वह नहीं रहा जो प्रेमचन्द के उपन्यासों या सामाजिक उपन्यासों में दिखाई पड़ता है।

दूसरी धारा सामाजिक उपन्यासों की है। कहा जा सकता है कि प्रेमचन्द के उपन्यास भी सामाजिक हैं, उनसे इन उपन्यासों को कैसे अलग किया जा सकता है। इन सामाजिक उपन्यासों में एक धारा समाजवादी उपन्यासों की है जो निश्चय ही अपने मार्क्सवादी दृष्टिकोण के कारण प्रेमचन्द के उपन्यासों की सामाजिक परम्परा में आते हुए भी उससे अलग है। दूसरी धारा उन उपन्यासों की है जो सामाजिक

जीवन के यथार्थ को तो लेते हैं किन्तु उनकी दृष्टि मार्क्सवादी नहीं होती। वैसे साफ तौर पर यह भी कहना कठिन है कि उनमें मार्क्सवादी दृष्टि कहीं होती ही नहीं। ये उपन्यास भी प्रेमचन्द के उपन्यासों से अलग हैं यद्यपि उन्हीं की परम्परा में आते हैं। अलगानेवाला बिन्दु है यथार्थवादी दृष्टिकोण। ये उपन्यास वास्तव में यथार्थवादी हैं, उनमें आदर्शोन्मुखता की परिणति नहीं जुड़ी हुई है। सारे यथार्थ को उनके ऐतिहासिक सन्दर्भ में प्रस्तुत किया गया है, इतिहास की कल्पना नहीं की गई है। कारण चाहे जो भी हो। कारण यह भी हो सकता है कि प्रेमचन्द के समय तक आध्यात्मिक मूल्यों का स्वप्न टूटा नहीं था, वह राष्ट्रीय आन्दोलन के कारण और भी दीप्त हो गया था। मार्क्सवाद के आग्रह से आध्यात्मिक मूल्यों का विघटन होता चला गया, स्वयं प्रेमचन्द ने इसका तीव्र अहसास 'कफन' जैसी कहानी और 'गोदान' उपन्यास में किया था। प्रेमचन्दोत्तर सामाजिक उपन्यासों में मार्क्सवाद का स्वर प्रधान न भी रहा हो किन्तु उसका प्रभाव निश्चय ही अन्तर्निहित रहा है। उसके प्रभाव के कारण ही निर्मम भाव से सामाजिक विसंगतियों को उद्घाटित किया गया। 'सूरज का सातवाँ घोड़ा', 'अँधेरे बन्द कमरे', 'भूले बिसरे चित्र' आदि उपन्यास सामाजिक माने जाते हैं किन्तु मार्क्सवादी अन्तर्दृष्टि उनमें व्याप्त है। प्रेमचन्द-युग का आध्यात्मिक स्वप्न-विभ्रम धीरे-धीरे टूटता ही चला गया और स्वतंत्रता के बाद तो एकदम टूट ही गया और लेखक ठोस यथार्थ पर उतर आया, आध्यात्मिक प्रभाव विकासवाद की चेतना में डूबता गया। प्रेमचन्दोत्तर सामाजिक उपन्यासों में देखने की एक बात और भी है, वह यह कि इन उपन्यासों में अपेक्षाकृत मनोविज्ञान का अधिक गहरा स्तर उभरता दीखता है क्योंकि जाने-अनजाने ये मनोविज्ञान के अवचेतनवाद से प्रभावित हैं। इसलिए इनमें मनोविज्ञान के सत्य के नए आलोक में लक्षित होनेवाली पात्रों की टूटन, यौन-कुंठा, तज्जन्य स्वप्न, चेतना-प्रवाह, प्रकृतवाद, प्रतीकात्मकता आदि का भी प्रभाव कमोबेश रूप में उपलब्ध है। समाजवादी उपन्यासों में भी ये बातें दिखाई पड़ती हैं। अत: कहा जा सकता है कि प्रेमचन्दोत्तर सामाजिक और समाजवादी उपन्यास सामाजिक चेतना की दृष्टि से प्रेमचन्द की ही परम्परा में आते हैं, किन्तु कुछ बातें ऐसी हैं जो इन्हें अलग भी करती हैं।

आंचलिक उपन्यासों की भी जन-चेतना इन्हें प्रेमचन्द से जोड़ती है, किन्तु अपने स्वरूप और दृष्टि में ये बहुत भिन्न हैं। इन्हें उपन्यास के एक नए रूप में ही स्वीकारना चाहिए। ये स्वतंत्रता के पश्चात् के हिन्दी उपन्यास साहित्य की विशेष उपलब्धि हैं। नई कविता और नई कहानी में जिस प्रामाणिक अनुभव की अभिव्यक्ति हुई, वही प्रकारान्तर से आंचलिक उपन्यासों में भी रूपायित हुआ। इस विशेष भूभाग-जन्य प्रामाणिक अनुभव ने कथा-विन्यास, चरित्र-रचना और शिल्प-नियोजन को एक क्रान्तिकारी नवीनता प्रदान की। आंचलिक उपन्यासों को जनतांत्रिक भावना की सच्ची अभिव्यक्ति भी कह सकते हैं। स्वाधीनता-प्राप्ति के पश्चात् गाँवों या पिछड़े इलाकों तथा जनसामान्य की आत्मसत्ता का जो महत्त्व अनुभूत हुआ है उसी का परिणाम है कि लेखकों ने किसी पात्र या मूल्य या जीवन परिपाटी को विशेष महत्त्व

न देकर सुख-दुख का सच्चा जीवन भोगनेवाले यथार्थ लोगों की ओर देखा और उनके माध्यम से एक भूभाग की समूची जिन्दगी को उसकी समस्त घनता और संश्लिष्टता के साथ उद्घाटित किया।

जहाँ तक ऐतिहासिक उपन्यासों का प्रश्न है कहा जा सकता है कि प्रेमचन्द के पहले के इस प्रकार के उपन्यासों में वही दृष्टि है जो अन्य ऐतिहासिकेतर उपन्यासों में है। प्रेमचन्द के पश्चात् विकसित होनेवाले ऐतिहासिक उपन्यासों में यथार्थवादी दृष्टि उभरी है। इसका आरम्भ प्रेमचन्द के ही काल में हो गया था जिसका संकेत 'इरावती' और 'गढ़ कुंडार' में मिलता है। किन्तु सभी उपन्यासों में ऐसा है, नहीं कहा जा सकता। समाजवादी उपन्यासकारों ने मार्क्सवादी दृष्टि को प्रधानता दी, मानववादी उपन्यासकारों ने नव मानवीय और सामाजिक दृष्टि अपनाकर इतिहास को वर्तमान की ओर उन्मुख किया। इतिहास-रस लेनेवाले उपन्यासकारों के इतिहास की चमत्कारी घटनाओं और दृश्यों को उनकी मांसलता के साथ प्रस्तुत करने को ही अपना उद्देश्य माना। बीच-बीच में चिरन्तन कही जा सकनेवाली मानवीय भावनाओं और मूल्यों की छौंक दी। इस अवधि में एक ही साथ कई-कई दृष्टियाँ समानान्तर बहती हुई लक्षित होती हैं। इसलिए अलग-अलग धाराओं में बाँटकर देखने के स्थान पर उन्हें एक ही साथ ऐतिहासिक क्रम में प्रस्तुत कर देना तर्कसंगत प्रतीत हुआ।

प्रेमचन्दोत्तर उपन्यासों को 'स्वाधीनता पूर्व' और 'स्वाधीनता परवर्ती', इन दो भागों में भी बाँटकर देखा जा सकता है। किन्तु इसमें कुछ व्यावहारिक कठिनाइयाँ हैं। मनोवैज्ञानिक और समाजवादी-सामाजिक उपन्यासों की जो परम्परा स्वाधीनता-पूर्व शुरू हुई थी वह स्वाधीनता-प्राप्ति के बाद भी चलती रही। जैनेन्द्र, अज्ञेय, इलाचन्द्र जोशी जैसे मनोवैज्ञानिक उपन्यासकारों, यशपाल, अश्क, भगवतीचरण वर्मा जैसे सामाजिक चेतना के उपन्यासकारों के उपन्यास स्वाधीनता पूर्व आ चुके थे, उन्हीं की परम्परा में उनके स्वाधीनता-परवर्ती उपन्यास आए। इनके परवर्ती उपन्यासों में कोई दृष्टिमूलक या संरचनामूलक अन्तर नहीं उभरा, अन्तर केवल स्वाधीनता-पूर्व और स्वाधीनता परवर्ती जीवन यथार्थों का है जो इनमें चित्रित हुए हैं। मनोवैज्ञानिक उपन्यासों की मूल चिन्ता उस अन्तर्मन का उद्घाटन करने की होती है जो सामाजिक परिवेश का दबाव ग्रहण करता हुआ भी उसके अनुपात में नहीं बदलता। उसकी कुछ मूलभूत मानवीय वासना में ही लेखक अपने को व्यस्त रखता है। फिर भी नारी-पुरुष सम्बन्धों, मूल्यों और अनुभवों में आए बदलाव को ये परवर्ती उपन्यास निश्चित ही किसी-न-किसी रूप में उभारते हैं। स्वाधीनता-परवर्ती लघु उपन्यासों को इस सन्दर्भ में देखा जा सकता है। स्वाधीनता-परवर्ती उपन्यासों में वे उपन्यास भी हैं जिनके लेखक पहले से लिखते आ रहे थे और वे उपन्यास भी हैं जिनके लेखक स्वाधीनता के बाद ही उभरे। इन दोनों ही प्रकार के उपन्यासों में स्वाधीनता-परवर्ती भारतीय जीवन के सामाजिक यथार्थ का संश्लिष्ट चित्रण हुआ है। स्वाधीनता-परवर्ती साहित्य में अनुभव की प्रामाणिकता अधिक मिलती है तथा संरचना में कथात्मक या वर्णनात्मक स्फीति और ऋजुता के स्थान पर शिल्प की संश्लिष्टता और नाटकीय वक्रता दिखाई पड़ती

है। यथार्थ के प्रति एक तटस्थ दृष्टि का निरन्तर निखार होता गया है, भाषा में भी एक अलगाव दिखाई पड़ता है। मूल्यों की टूटन की आहट निरन्तर गहरी होती गई है। सेक्स के प्रति एक बोल्ड व्यवहार दिखाई पड़ता है फिर भी स्वाधीनता-परवर्ती नाम देने में एक व्यावहारिक दिक्कत दिखाई पड़ती है। वह यह कि एक ही धारा को एक समय-बिन्दु के आगे और पीछे दो बार लाना ठीक नहीं लगता। इसी प्रकार एक ही लेखक को स्वाधीनता-पूर्व और स्वाधीनता-परवर्ती दो भागों में बाँटना भी संगत नहीं लगता। एक लेखक को दो जगह बाँट देने से उसकी चर्चा में संश्लिष्टता नहीं आ सकती। इससे बातों के दुहराव की आशंका बढ़ जाती है। स्वाधीनता-पूर्व से शुरू करनेवाले जैनेन्द्र, अज्ञेय, इलाचन्द जोशी, यशपाल, भगवतीचरण वर्मा आदि ने स्वाधीनता के बाद बहुत लिखा है और उनकी अनेक अधिक महत्त्वपूर्ण कृतियाँ इसी काल में आई हैं। इन कृतियों में स्वाधीनता के बाद उभरनेवाले लेखकों के उपन्यासों का सा नयापन (जिसकी चर्चा ऊपर की गई है) नहीं है फिर भी ये उपन्यास बहुत महत्त्वपूर्ण हैं। इन उपन्यासों को स्वाधीनता-परवर्ती उपन्यासों से अलग भी नहीं कर सकते और उनकी प्रवृत्ति के साथ एकदम जोड़ भी नहीं सकते। इसीलिए प्रेमचन्दोत्तर नाम ही संगत लगा।

वैसे देखा जाए तो प्रेमचन्दोत्तर उपन्यासों में प्रधान भूमिका स्वातंत्र्योत्तर उपन्यासों की है। प्रेमचन्द के अवसान और स्वाधीनता-प्राप्ति के बीच के आठ-दस वर्षों में नई प्रवृत्तियाँ शुरू अवश्य हुईं किन्तु उनका विकास स्वतंत्रता-परवर्ती काल में ही हुआ। कहा जा चुका है कि प्रेमचन्द के समय में या उनके ठीक बाद में जिन लेखकों ने लिखना शुरू किया था उनका बहुत महत्त्वपूर्ण लेखन स्वाधीनता-परवर्ती काल में हुआ।

हाँ, आंचलिक उपन्यास को स्वाधीनता के बाद की एक नई देन कह सकते हैं। वह अपनी संरचना में तो नया है ही, स्वाधीनता के बाद गाँव की ओर उन्मुखता का भी परिणाम है। उसकी प्रवृत्ति के साथ स्वाधीनता परवर्ती समय-चेतना स्वतः जुड़ी हुई है। इसलिए स्वाधीनता परवर्ती शीर्षक न देने के बावजूद 'आंचलिक उपन्यास' शीर्षक उसका पर्याय बन गया है।

स्वाधीनता परवर्ती उपन्यासों में उन लघु उपन्यासों को भी रेखांकित किया जा सकता है जो मूलतः यौन-सन्दर्भों की खुली कथा कहते हैं। आधुनिकतावाद का मोह भी इसके लिए उत्तरदायी है। कुछ शहरी प्रवृत्ति के लोग आधुनिकता को सामाजिक व्यवहार में खोजने के स्थान पर व्यक्तिवादी स्तर की अवधारणाओं में खोजते हैं। इसलिए वे संत्रास, विसंगतिबोध, अजनबीपन, अकेलेपन, टूटन आदि में ही आधुनिकता की पहचान करते हैं और इन्हें भी वे समाज से खींचते नहीं, कुछ परिस्थितियों, मनःस्थितियों की कल्पना कर सामाजिक सत्य के नाम पर उन्हें पाठक पर लाद देते हैं। इस प्रकार के आधुनिकताबोध की सर्वोत्तम जगह उन्हें दिखाई पड़ती है—यौन-सम्बन्धों और प्रसंगों में। ये सम्बन्ध और प्रसंग कहीं मानसिकता के संक्रान्त और भीतरी धरातल पर चलने की कोशिश करते हैं, कहीं ऊपरी यौन-व्यापारों तक सीमित रह जाते हैं। कहना न होगा कि ये उपन्यास आधुनिकताबोध से अतिरिक्त

रूप से पीड़ित होने के कारण और उसे कृत्रिम सन्दर्भों में खोजने के कारण तथा यौन सम्बन्धों की समस्या को वृहत्तर सामाजिक समस्याओं से काटकर एकाकी बना देने के कारण न तो प्रामाणिक लगते हैं, न प्रभावशाली। ऐसे उपन्यास प्राय: अपने आकार में छोटे हैं, इन्हें आज की भाषा में लघु उपन्यास भी कहा गया है। इनका परिवेश प्राय: शहरी है, किन्तु 'सफेद मेमने'-जैसे कुछ उपन्यासों में ग्रामीण परिवेश भी आया है। इन उपन्यासों में उल्लेख्य हैं—'मछली मरी हुई', 'एक अनार एक बीमार', (राजकमल), 'एक पति के नोट्स' (महेन्द्र भल्ला), 'दूसरी बार' (श्रीकान्त वर्मा), 'यात्राएँ' (गिरिराज किशोर), 'न आनेवाला कल' (मोहन राकेश), 'सूरजमुखी अँधेरे के' (कृष्णा सोबती), 'सफेद मेमने' (मणि मधुकर), 'मंत्रविद्ध' (राजेन्द्र यादव), 'सोया हुआ जल' (सर्वेश्वरदयाल सक्सेना)।

मनोवैज्ञानिक उपन्यास

मनोविज्ञान का चित्रण प्रेमचन्द के उपन्यासों से ही आरम्भ हो गया था किन्तु आलोचकों ने प्रेमचन्द के मनोविज्ञान को उतना महत्त्व नहीं दिया जितना उनके सामाजिक यथार्थ को। प्रेमचन्द के उपन्यासों में सामाजिक जीवन अपने समस्त सम्बन्धों, जटिल प्रश्नों और समस्याओं, आशाकांक्षाओं के साथ उभरा है। इसीलिए उनके पात्र विशेषत: सामाजिक या वर्गीय पात्र हैं। लेखक इन पात्रों की वर्गीय विशेषताओं को खूब उभारता है, उनसे उनका व्यक्तित्व निर्मित करता है और परिस्थितियों के प्रवाह में उठते-गिरते उन पात्रों की मन:स्थितियों का आकलन करता है। अत: स्पष्ट है कि प्रेमचन्द इन पात्रों के सामाजिक रूप और सामाजिकता से जुड़े मन:सत्यों के उद्घाटन पर ही विशेष बल देते थे। कहा जा सकता है कि प्रेमचन्द अचेतन की अपेक्षा व्यक्ति के चेतन मन को प्रधानता देते थे। इसीलिए इनके पात्रों का एक निश्चित व्यक्तित्व दिखाई पड़ता है। यद्यपि वह व्यक्तित्व समय और परिस्थिति के अनुसार कुछ नई-नई छायाएँ ग्रहण करता रहता है किन्तु सारे परिवर्तनों में एकसूत्रता रहती है, एक चेतन संगति रहती है। हम इन पात्रों के परिवर्तनों में भी इनके पूर्व रूप को और नई परिस्थितियों में इनमें होनेवाले परिवर्तनों को पहचान सकते हैं, एक तारतम्य स्थापित कर सकते हैं। अत: प्रेमचन्द में पात्रों का मनोवैज्ञानिक विवेचन खूब मिलता है, किन्तु उस अर्थ में नहीं जिस अर्थ में मनोविश्लेषणवादी उपन्यासों में लक्षित होता है।

मनोवैज्ञानिक उपन्यास कहने का तात्पर्य उन उपन्यासों से है जो मूलत: मनोविश्लेषण पर आधारित हैं। मनोविज्ञान साहित्य के लिए नई वस्तु नहीं है, वह आदिकवि वाल्मीकि से लेकर आज तक के सभी कवियों और साहित्यकारों की कृतियों में लक्षित होता है, किन्तु मनोविश्लेषणवाद अपने सीमित अर्थ में आधुनिक चीज है। मनोविश्लेषणवाद मस्तिष्क के चेतन, उपचेतन और अचेतन तीन विभाग कर अचेतन को विशेष महत्त्व प्रदान करता है। यही अचेतन हमारे व्यक्तित्व, हमारे सारे कार्य-व्यापारों, हमारे सारे नैतिक आचारों का निर्माता और नियन्ता है। चेतन तो हमारे मस्तिष्क का बहुत छोटा भाग है, उसके द्वारा हम सामाजिक सम्बन्धों का बोध प्राप्त करते हैं। मनुष्य का व्यक्तित्व बहते हुए हिम-शैल की तरह है जिसका छोटा सा अंश चेतना की सतह पर लक्षित होता है और शेष नीचे छिपा रहता है। यह शेष भाग अचेतन है और यह केवल विस्तृत ही नहीं, शक्तिशाली भी है। चेतन में जो अंश प्रकट होता है वह अचेतन से ही होकर आता है जहाँ वह जन्म लेता

है। अचेतन को चेतन के विषय का निर्धारक कहा जा सकता है। कहने का तात्पर्य यह है कि मनुष्य मूलत: वह नहीं है जो ऊपर सतह पर दिखता है, बल्कि वह है जो अपने भीतर अनभिव्यक्त रूप से छिपा हुआ है। और उसका जितना अंश बाहर दिखता है वह भी चेतन की उपज नहीं है, उस पर भी अनजाने ही परोक्ष रूप से अचेतन का नियंत्रण और प्रभाव है। अचेतन में मनुष्य की कुछ आदिम वासनाएँ रहती हैं। फ्रायड इन्हें यौन वासनाएँ, एडलर इन्हें हीनता की भावनाएँ, युंग इन्हें जीवनेच्छाएँ मानता है। अचेतन में जो आदिम वासनाएँ पैदा होती हैं, वे अपनी प्रकृति में बड़ी ही अपरिष्कृत और उद्दंड होती हैं, स्वार्थी होती हैं, सामाजिक सम्बन्धों को समझने और निभानेवाला चेतन इन उठती हुई वासनाओं को बार-बार दमित करता है और ये वासनाएँ फिर अपनी जगह पर लौट आती हैं और वे बाँध दी गई नदी के समान अचेतन में एक प्रकार के दलदल की सृष्टि करती हैं, जिसे ग्रन्थियाँ (कम्प्लेक्स) कहते हैं। ये ग्रन्थियाँ हिस्टीरिया, नर्वसनेस, उन्माद और प्रेत-बाधाओं को जन्म देती हैं। ग्रन्थियों को प्रकाश में लाने और उन्हें बाहर कर देने से ये बीमारियाँ छूट जाती हैं जो कि वासनाओं के निरन्तर दमन से अद्‌भुत हुई हैं। फ्रायड का विचार है कि चेतन की सारी वस्तुएँ अचेतन के परिशोधित तत्त्वों को अवश्य किसी-न-किसी मात्रा में धारण किए रहती हैं। यह सिद्धान्त केवल मनुष्य के भावनात्मक और वासनात्मक तत्त्वों तक ही सीमित नहीं, वरन् यह उसके विश्वासों और विचारों पर भी लागू होता है। मनुष्य की कला-रुचि और धर्म के प्रति विश्वास अचेतन से उसी प्रकार निश्चित होते हैं जिस प्रकार उसकी किसी नारी-सौन्दर्य के प्रति रुचि या अपने चरित्र के प्रति विश्वास। फ्रायड के अनुसार मस्तिष्क के वास्तविक कर्म तर्क से नहीं, प्रवृत्ति और आवेग से संचालित होते हैं। मस्तिष्क स्पन्दनों, विचारों, बोध, ज्ञान और तार्किक क्रमों या कुछ निश्चित आध्यात्मिक सारों का समुच्चय नहीं है बल्कि वह एक गहरा ऊर्मिल सिन्धु है जिसके रहस्यमय तत्त्व उसके चेतन स्तर या तर्क में उपलब्ध नहीं होते, बल्कि अचेतन और प्रवृत्तियों की गहराई में ही प्राप्त होते हैं।

एडलर के अनुसार व्यक्ति संसार में कमजोर, महत्त्वहीन और असहाय रूप में आता है। प्रकृति से लड़ने में वह असमर्थ होता है और भोजन, वस्त्र तथा शरण के लिए अपने बड़ों पर अवलम्बित रहता है। दूसरी ओर वह देखता है कि उसके बड़ों के पास अधिक शक्ति है, वे विश्व के प्रति अधिक ज्ञान रखते हैं और जैसा चाहते हैं, रहते हैं। इन सब कारणों से वह बड़ों की शक्ति से अभिभूत हो उठता है और वह एक हीनता की भावना अनुभव करने लगता है। अपनी हीनता की क्षतिपूर्ति के लिए वह अपने वातावरण को प्रभावित करना चाहता है। वह अपनी ओर ध्यान आकृष्ट करने के लिए तथा साथियों की प्रशंसा प्राप्त करने के लिए प्रयास करता है। किन्तु जब वह अपनी कोशिशों के बावजूद अपने वातावरण से कोई उत्तर नहीं पाता तो उसे कष्ट होता है और कल्पना की शरण लेता है। उस लोक में वह लोगों पर रोब जमाता है जो उस पर हँस चुके होते हैं। इस प्रकार एडलर के कथनानुसार हीन-भावना की

यह अनुभूति बच्चों के प्रयत्नों को जन्म देनेवाली प्रेरक-शक्ति है। बच्चा अपनी हीनता की क्षतिपूर्ति के लिए जिन मार्गों को ग्रहण करता है वे उसके लक्ष्य का निश्चय करते हैं और जो उसके वयस्क जीवन के समस्त व्यापारों का निर्देश करते हैं।

बचपन की हीन-भावनाओं की भिन्नताओं के कारण मनुष्य-मनुष्य के जीवन के लक्ष्य भिन्न-भिन्न हुआ करते हैं। वे स्पष्टतः दृष्टिगत नहीं होते। यहाँ तक कि वे जीवन के व्यवहारों के सम्बन्धों का भी निर्माण करते हैं। ऐसे साँचे गढ़ते हैं जिनमें हमारे जीवन के समस्त अनुभव अपना स्थान बना सकें। इस तरह एक विशेष परिस्थिति में एक मनुष्य को आनन्द मिल सकता है, दूसरे को ऊब आ सकती है। बचपन में हमारे व्यवहारों का जो साँचा बन जाता है उसमें यदि कोई अनुभूति या आवेग नहीं अँट पाते तो उन्हें हम स्वीकार करने से इनकार कर देते हैं।

युंग जीवनेच्छा को मूल प्रेरक-शक्ति मानता है, जीवनेच्छा में लोक, वित्त और पुत्र तीनों ऐषणाएँ समाविष्ट हो जाती हैं। मनुष्य जीना चाहता है। वह चाहता है कि उसका अस्तित्व अमर रहे, इसी इच्छा की पूर्ति के लिए वह अनेक प्रयत्न करता है। साहित्य-निर्माण उन प्रयत्नों में प्रमुख है क्योंकि साहित्य द्वारा हम अपने को भली-भाँति व्यक्त कर सकते हैं और व्यक्त करना जीवनेच्छा का ही एक रूप है। युंग के जिजीविषावाले सिद्धान्त में फ्रायड एडलर के सिद्धान्त समाविष्ट हो जाते हैं। युंग व्यक्तिगत अचेतन के साथ सामूहिक अचेतन भी मानता है और दोनों में अन्तर दिखाता है।

इस प्रकार इन तीनों मनोविश्लेषण-शास्त्रियों ने अपने-अपने ढंग से मन के अचेतन भाग को ही समर्थ, प्रेरक और महत्त्वपूर्ण भाग माना है। अचेतन में दमित वासनाएँ हमारे जीवन के हर कार्य को प्रभावित करती रहती हैं। ये दमित वासनाएँ ग्रन्थियाँ निर्मित करती हैं और ये ग्रन्थियाँ बचपन से ही बनने लगती हैं इसलिए बच्चों का जीवन, जो ऊपर से बड़ा ही सरल, भोला-भाला दिखाई पड़ता है, वास्तव में बड़ा जटिल होता है। यदि बच्चों की मनःस्थितियों और उनकी आवश्यकताओं को ठीक से न समझकर उनका ठीक से विकास न किया जाए तो बच्चों का मन ग्रन्थियों का भंडार बन जाता है और उन्हीं ग्रन्थियों को लिये-दिये बच्चा आगे बढ़ता है तो उसके हर कार्य, हर व्यापार और आचरण में वे ग्रन्थियाँ प्रेरक-शक्ति के रूप में कार्य करती हैं। अतः मनोविश्लेषण-शास्त्रियों ने बच्चों के मन की व्याख्या करके मानव-मन के उन मूलवर्ती सत्यों का पता लगाया है जो मन की गहराई में अवस्थित होकर, ऊपर से अदृश्य रहकर, जीवन की हर गति को प्रभावित करते रहते हैं। फ्रायड लिविडो को मानव-प्रकृति का मूल प्रेरणा-स्रोत मानता है। उसके अनुसार छोटे-छोटे बच्चों को आत्मरति में सुख मिलता है। बच्चों का अँगूठा चूसना आत्मरति का ही एक रूप है। मल-मूत्र त्याग करने में भी उन्हें रति का सुख मिलता है। इससे एक कदम और आगे बढ़कर फ्रायड आडिपस कम्प्लेक्स (लड़के का अपनी माँ की ओर आकृष्ट होना) और इलेक्ट्रा कम्प्लेक्स (लड़कियों का अपने पिता की ओर आकृष्ट होना) की कल्पना करता है। फ्रायड की इन व्याख्याओं के अनुसार मनुष्य

स्वयं अपने कार्यों के प्रति जिम्मेदार नहीं है क्योंकि वह तो स्वत:चालित प्रवृत्तियों से प्रेरित होता है। वे प्रवृत्तियाँ बचपन से ही उसमें अपना स्वरूप बना लेती हैं, कुछ ग्रन्थियों का निर्माण कर लेती हैं। चेतन-स्तर पर व्यक्तित्व-निर्माण की शक्ति को यह सिद्धान्त अस्वीकार करता है। अत: इन सिद्धान्तों को स्वीकार करनेवाले उपन्यासकार अविस्मरणीय शक्तिशाली चरित्रों की सृष्टि में विश्वास नहीं करते वे तो इन पात्रों की अचेतन-स्थित मूल प्रवृत्तियों और चेतन के साथ उनके संघर्षों की उधेड़बुन में ही अपने को प्रवृत्त रखते हैं।

इन मनोविश्लेषणवादी सिद्धान्तों ने साहित्य को बहुत दूर तक प्रभावित किया। इन्होंने साहित्य की सर्जना और विवेचना दोनों को बहुत कुछ बदला और सच बात तो यह है कि मनोविश्लेषणवाद ने जीवन के समस्त स्वीकृत मूल्यों और यथार्थ के स्तरों को अस्वीकृत कर नए सिरे से जीवन-सत्यों और मूल्यों के बारे में सोचने को बाध्य किया। मानव-चरित्रों के स्वीकृत प्रतिमानों को खंडित कर उनके भीतर स्थित नंगी वास्तविकता को अनावरित कर दिया। इसीलिए साहित्य की सर्जना और विवेचना भी इस सिद्धान्त से काफी प्रभावित हुई। इस प्रकार की सर्जना और विवेचना का एक अलग ही स्कूल बन गया। इस सिद्धान्त ने साहित्य सर्जन के—विशेषतया उपन्यास-सर्जना के मूल्यों में जो अन्तर उपस्थित किए हैं वे ये हैं :

चरित्रों की महत्ता की समाप्ति हो गई। मनुष्य मूलत: अच्छा है क्योंकि वह ब्रह्म का अंश है। वह माया के चक्कर में पड़कर खराब हो गया है किन्तु उसके भीतर शुद्ध आत्मा निवास करती है। जब उसे आत्मबोध होता है तब उसके भीतर की समस्त उज्ज्वलता प्रकाशित हो जाती है। सत् के प्रकाशित होते ही व्यक्ति समस्त विकल्पों (जोकि माया के परिणाम हैं, विनाश की जड़ें हैं) से परे हो जाता है और संकल्पनात्मक विवेक से मंडित होकर सत् की प्रतिष्ठा के लिए समस्त असत् से लड़ता है। इस व्यक्ति का एक स्पष्ट व्यक्तित्व होता है जो उसकी विवेक-चेतना से निर्मित होता है। यह व्यक्तित्व हमेशा सत् के लिए असत् से लड़ता दिखाई पड़ेगा, इसके ठीक प्रतिकूल कुछ मायाग्रस्त असुर होते हैं जो निर्विकल्प भाव से अन्धकार के पक्षपाती होते हैं, वे भी अपने व्यक्तित्व में बड़े स्पष्ट होते हैं। कुछ लोग बीच में भी होते हैं जो अपने सामान्य गुण-धर्म में भी स्पष्ट होते हैं। विकासवाद के सिद्धान्त ने यह मान्यता पलट दी अर्थात् उसने यह सत्य उद्घाटित किया कि मनुष्य ब्रह्म का अंश नहीं है, वरन् वह पशु का ही विकसित रूप है। वह ऊपर से नीचे को अवतरित नहीं हुआ है वरन् नीचे से ऊपर को उठ रहा है। नीचे से ऊपर इसलिए उठ रहा है कि उसमें प्रबल इच्छा-शक्ति है, अन्य प्राणियों की अपेक्षा मनुष्य के जीवाणु में अधिक जिजीविषा थी। अत: वह अपनी समस्त पशु-सुलभ सीमाओं से संघर्ष करता हुआ सभ्यता-संस्कृति के इस धरातल पर प्रतिष्ठित हुआ है। यह सिद्धान्त भी इसी बात की ओर संकेत करता है कि मनुष्य में एक इच्छा-शक्ति है, निर्णय-विवेक है, सिसृक्षा की क्षमता है, मूल्य-चेतना है जो उसकी समस्त सहज पाशविक भावनाओं और वृत्तियों से लड़ती हुई आ रही है। जिसके पास ये शक्तियाँ

जितनी ही अधिक होंगी वह उतना ही बड़ा मानव होगा, उसका व्यक्तित्व उतना ही अधिक ऊँचा होगा। यह नहीं कि उसमें कमजोरियाँ नहीं होंगी, होंगी किन्तु उनसे लड़ने की बलवान इच्छा और शक्ति होगी। इसी प्रकार कुछ ऐसे पात्र भी होंगे जिनमें प्रमुखतः पशुता ही बलवान होगी—जो स्वार्थ-भावना और संकुचित वासना से प्रेरित होंगे तथा सामाजिक विकास के मार्ग में, मानवीय यात्रा के उत्कर्ष में बाधक ही सिद्ध होंगे। कहने का अर्थ यह है कि इन दोनों दृष्टियों से महत्त्वपूर्ण अविस्मरणीय मानव-चरित्रों की सृष्टि की सम्भावनाएँ थीं इसलिए नायकों और अन्य व्यक्तित्वमय पात्रों की सृष्टि होती रही है जो अपनी वैयक्तिक विशेषताओं के बावजूद बहुत कुछ 'टाइप' होते रहे हैं। टाइप होने का अर्थ यही रहा है कि हम अपनी चेतना से मानव-चरित्रों के दोषों और गुणों को गढ़ते आए हैं यानी हम एक अच्छे पात्र को उन सभी विशेषताओं से विभूषित देखना चाहते रहे हैं जिनकी उपलब्धि हमने सामाजिक प्रगति के साथ की है और हमारा विवेक जिन्हें मानव-मूल्य मानता रहा है। अतः ये विशेषताएँ (और दुर्गुण) भी बहुत कुछ सामान्य या टाइप रूप में दिखाई पड़ती हैं। वे चारित्रिक विशेषताएँ भिन्न-भिन्न देशों की संस्कृतियों के अनुसार सामाजिक विवेक से कल्पित की गई हैं। यह अवश्य है कि समय के प्रवाह के साथ इन विशेषताओं में अन्तर आता गया है। भिन्न-भिन्न देशों और समयों की चारित्रिक विशेषताओं में अन्तर लक्षित होता है परन्तु कुछ ऐसे चरित्र-मूल्य हैं जो थोड़े-बहुत अन्तर से सर्वत्र और सदैव पाए जाते रहे हैं।

मनोविज्ञान की नई खोजों और प्रयोगों ने चरित्र-सम्बन्धी सारी पूर्व धारणाएँ बदल दीं। यह सिद्ध हुआ कि मनुष्य का चरित्र उसके चेतन से नहीं, अचेतन से निर्मित और संचालित होता है। अचेतन में मनुष्य की वे आदिम वृत्तियाँ होती हैं जो भली-बुरी होने की चिन्ता किए बिना बस होती हैं। और होती हैं, यही सत्य है। और यह भी सत्य है कि वे ही हमारे सारे व्यक्तिगत और सामाजिक आचारों के मूल में होती हैं। अतः इन अचेतन स्थित वृत्तियों में ही मनुष्य चरित्र को खोजना चाहिए। इस वृत्ति ने मनोवैज्ञानिक उपन्यासों को जन्म दिया जिनमें अविस्मरणीय, प्रभावशाली, सशक्त नायकों और पात्रों की सृष्टि करने के स्थान पर ऐसे पात्रों की सृष्टि की गई जो व्यक्तित्वहीन हैं, सामाजिक उद्देश्य-रहित हैं, मगर सत्य हैं। हिन्दी में प्रेमचन्द और उनकी परम्परा में आनेवाले उपन्यासकारों ने अविस्मरणीय, वर्गीय पात्र दिए हैं जो सामाजिक गुणों और दोषों से पूर्ण हैं जो चेतन से संचालित हैं, जो इच्छा-शक्तिवाले हैं, निश्चय-वृत्तिवाले हैं, जो सामाजिक सद् और असद् से निर्मित हैं और जो इनसे लड़ते हैं। इसी प्रकार इंग्लिश में विक्टोरियाकालीन उपन्यासों तक अविस्मरणीय चरित्रों की अवतारणा होती रही है किन्तु आधुनिक काल में मनोवैज्ञानिक उपन्यासकारों (जेम्स ज्वायस, डी.एच. लारेंस, वर्जीनिया वुल्फ, हक्सले आदि) के उपन्यासों में ऐसे पात्रों की सृष्टि की गई है जिनके नाम तक याद रखना कठिन जान पड़ता है।

इस प्रकार के मनोवृत्तिगत अन्तर का कारण स्पष्ट करते हुए श्री जी.ई.एम. जोड ने लिखा है :

The Edwardian writers, for example, were concerned less with man and woman that movements and causes, their aim was, often avowedly propagandist, and they introduced individual men and women into their stories only in so for as they served to expound a creed to point a moral or to illustrate an abuse. Even in those novels which are not directly written with a purpose, the element of propaganda is still present... Inevitable in such books the individuals tended to be types rather the individuals, their value from the novelist's point of view lies not, as did that of the victorian characters, in their differences from but in their resemblances to others similarly situated in their typicality rather than in their idiosynerasy.

मनोवैज्ञानिक उपन्यासों से इतर जो सामाजिक उपन्यास हैं उनके पात्रों की कुछ चुनी हुई विशेषताएँ होती हैं। हम उनके बारे में इतने विश्वस्त होते हैं कि कह सकते हैं कि अमुक परिस्थिति में अमुक काम करेंगे या अमुक बात कहेंगे। यानी हम कह सकते हैं कि लेखक इन पात्रों को अनिश्चित विकास के जंगल में छोड़ नहीं देता, उन्हें कुछ विशेष व्यक्तित्व देकर उनका प्रत्याशित विकास करता चलता है। वह इन व्यक्तियों की कुछ विशेषताओं को चुन लेता है और उन्हीं से इन पात्रों का निर्माण और विकास करता है।

किन्तु मनोवैज्ञानिक उपन्यासों का लक्ष्य पात्रों का मनोवैज्ञानिक शोध करना है। मनुष्य वास्तव में कैसा है, इसका पता लगाना ही उन उपन्यासों का कार्य होता है। (वास्तव में यथार्थ आदमी भले या बुरे नहीं होते, वे आधुनिक मनोविज्ञान की खोजों के अनुसार नदी की तरह होते हैं कभी तेज दौड़ते हुए, कभी मन्द चलते हुए, कभी टेढ़े बहते हुए, कभी सीधे बहते हुए, कभी उथले और स्वच्छ, कभी गहरे और अगम्य। आदमी गुणों की गठरी नहीं है। इसी प्रकार व्यक्तियों के सम्बन्ध भी जटिल, विविध और अगम्य तथा कभी सरल, स्वच्छ और परिचित से लगते हैं। अत: यथार्थ आदमी का चित्रण करने का अर्थ है उसके व्यक्तित्व की सारी अन्तर्विरोधी प्रवृत्तियों, जटिल संवेदनाओं, विषम मन:स्थितियों का वैविध्य चित्रित करना। मनोविज्ञान मनुष्य के चेतन व्यक्तित्व की अपेक्षा अचेतन व्यक्तित्व को विशेष महत्त्व देता है और वह अचेतन व्यक्तित्व बड़ा ही जटिल, उलझा हुआ, रहस्यमय और असामान्य है। अत: मनोवैज्ञानिक उपन्यासों में सामान्य व्यक्ति की असामान्य मनोदशा और आचारों का आकलन होता है, असामान्य व्यक्ति की असामान्य अवस्था भी चित्रित होती है।)

आधुनिक जीवन बहुत जटिल है। यह जटिलता व्यक्ति के भीतर भी है और व्यक्ति-व्यक्ति के सम्बन्धों में भी। अत: यथार्थवाद का आग्रह करनेवाला उपन्यास जीवन को उसी रूप में लेता है जिस रूप में वह जीवन जीनेवालों को अनुभूत होता है। इस उद्‌देश्य की पूर्ति के लिए साहित्य मनोविज्ञान की खोजों और उपलब्धियों से बहुत प्रभावित हुआ है। वह व्यक्ति के भीतरी जीवन की ओर अधिकाधिक उन्मुख हुआ है। वह व्यक्ति के बाहरी कार्यों, व्यापारों आदि के प्रवाह में बहने के स्थान पर उसके मन की आन्तरिक स्थितियों के विवेचन में प्रवृत्त हुआ है। सक्रिय जीवन

ही केवल जीवन नहीं है, बल्कि वह बहुत महत्त्वपूर्ण जीवन भी नहीं है, वास्तविक जीवन तो विचारों और अनुभूतियों का आन्तरिक जीवन ही है। इसलिए मनोविज्ञान वास्तविक जीवन का चित्रण करने में साहित्य का सहायक होता है।

मन सहस्रों प्रभाव ग्रहण करता है। ये प्रभाव चारों ओर से जाते हैं, अनवरत आते हैं और एक क्षण का प्रभाव या एक दिन का प्रभाव दूसरे क्षण या दिन के प्रभाव से भिन्न होता है। वर्जीनिया वुल्फ के शब्दों में जीवन तरतीब से व्यवस्थित दीपों की माला नहीं है, जीवन एक प्रकाशमय प्रभामंडल है, एक अर्द्ध-पारदर्शी आवरण जो चेतना के आदि से अन्त तक हमें घेरे रहता है। क्या उपन्यासकार का यह कर्तव्य नहीं है कि वह इस परिवर्तनशील, अज्ञात चेतना को यथासम्भव कम-से-कम बाहरी तत्त्वों का मिश्रण कर प्रेषित करे, वह चेतना चाहे जितनी भी जटिल क्यों न हो? जैसे बाह्य जगत् में घटनाएँ घटती हैं उसी प्रकार मनोजगत् में भी। और चूँकि घटती हैं अत: उनका महत्त्व है।

मनोवैज्ञानिक उपन्यासों में मनोवैज्ञानिक क्षणों का बहुत महत्त्व है। सत्य की प्राप्ति जीवनों में नहीं, मन के विषयों में नहीं, इसके विकास में नहीं बल्कि मनोवैज्ञानिक क्षणों में होती है। डॉ. जोड के शब्दों में, व्यक्ति की जब हम परीक्षा करते हैं, तो वह व्यक्तित्व नहीं होता, वह केवल क्षणिक व्यक्तियों का अनुक्रम होता है।[1]

इस प्रकार यह विचारधारा व्यक्तित्व की एकसूत्रता और अनवरतता को अस्वीकार करती है। व्यक्तित्व के बारे में इस मान्यता को कि चेतना अनवरत बहती हुई अत्याज्य धारा है जो हमारी सारी अलग-अलग चित्तवृत्तियों के बीच बहती हुई आपस में अनुस्यूत कर उन्हें एक सम्पूर्ण रूप देती है, इस क्षणवादी विचार ने असत्य सिद्ध किया। इसने चेतना की अलग सत्ता को अस्वीकार कर दिया। यानी यह विचार खंडित हो गया कि चेतना उस कुंड के समान है जिसमें मनोवैज्ञानिक घटनाएँ, चित्तवृत्तियाँ, इच्छाएँ आदि मछलियों की तरह तैरती रहती हैं और इन मछलियों के न रहने पर भी इस कुंड का अस्तित्व होता है अर्थात् चेतना विचारों, इच्छाओं आदि के अतिरिक्त एक अलग सत्ता है। क्षणवादी विचार ने स्पष्ट घोषित किया कि मनुष्य क्रमबद्ध व्यक्तित्व नहीं है वह अलग-अलग मनोवैज्ञानिक क्षणिक मनुष्यों की एक श्रेणी है। उसी तरह जीवन या समय भी क्रमबद्ध धारा नहीं है, वह भी अलग-अलग एक के बाद एक घटित होनेवाले अस्थायी क्षणों की श्रेणी है।

अत: मनोवैज्ञानिक उपन्यासों में चरित्र-निर्माण से सम्बन्धित सारी प्रमुख धारणाएँ बदल गईं। एक सुसम्बद्ध व्यक्तित्व के अभाव में मनुष्य की भली या बुरी, सद् या असद् कार्य-शृंखला से विश्वास ही हट गया। मनुष्य क्षणों में जीता है। एक क्षण में वह बहुत भला और एक क्षण में बहुत बुरा। एक क्षण ऊँचाई को चूमता हुआ, एक क्षण में पाताल का स्पर्श करता हुआ लक्षित हो सकता है। उसकी आन्तरिक जीवन-सत्ता

1. For and here modern psychology makes itself feet-man individual is not when you examine him, a personality at all, he is merely a succession of fleeting persons each of whom endures for a psychological moment.

को उसकी समस्त विविधता और जटिलता में व्यक्त करना ही उपन्यासकार का फर्ज है। इसका एक परिणाम और हुआ है कि जीवनी-प्रधान उपन्यासों का चलन शुरू हो गया है। जीवनी-प्रधान उपन्यासों में पहले के उपन्यासों या सामाजिक उपन्यासों की सी जटिल, एक-दूसरे से गुँथी, परस्पर अनुस्यूत होकर अन्त तक चलती हुई कथाएँ नहीं होतीं वरन् उनमें एक व्यक्ति के जीवन की घटनाएँ होती हैं, इतिहास होता है। उस व्यक्ति के जीवन में एक के बाद एक आनेवाली घटनाओं की शृंखला होती है। जीवन में घटित होनेवाली हर चीज साहित्य में उसी रूप में गृहीत हो सकती है। एक का दूसरे से कोई प्रत्यक्ष सम्बन्ध नहीं होता। यथार्थवादी स्वरूप देने के लिए लेखक एक-एक क्षण का, एक-एक मनःस्थिति का, एक-एक मुद्रा का उसी रूप में ईमानदारी से चित्र अंकित करता है जिस रूप में ये जीवन में घटित होती है। इस प्रकार दैनिक जीवन में घटित होनेवाली हर चीज उपन्यास में ली जा सकती है और इस प्रकार डॉ. जोड के विचार से उपन्यास प्रभावों और घटनाओं-रूपी वस्त्र-खंडों का थैला बन जाता है। ये घटनाएँ और प्रभाव आपस में यदि सूत्रित दीखते हैं तो केवल नायक के विकसित होते हुए चरित्र द्वारा।[1] जेम्स ज्वायस का 'यूलीसस', जे. डी. बेरेसफोर्ड का 'जैकव स्टेल, कोम्पटन मैकेंजी का 'सिनिस्टर स्ट्रीट', हग वेलपोल का 'फोर्टीचूड' ऐसे उपन्यासों के उदाहरण हैं। हिन्दी में अज्ञेय का 'शेखर : एक जीवनी' इस दिशा में महत्त्वपूर्ण उपलब्धि है।

इस सन्दर्भ में इतना और कहना आवश्यक होगा कि यद्यपि लेखक बिना किसी शृंखला के जीवन में घटित होनेवाली सारी घटनाओं और प्रभावों को चित्रित करता चलता है फिर भी उसके पीछे सर्जन-न्याय तो होता ही है और वह सर्जन-न्याय यही है कि वह उन्हीं घटनाओं और प्रभावों को लेता है जो नायक के चरित्र का कोई मनोवैज्ञानिक सत्य उद्घाटित करने में समर्थ होते हैं या उसके उद्घाटित मनःसत्य का विकास करने में सक्षम होते हैं। उपन्यासकार को यह बोध तो होता ही है कि वह उपन्यास लिख रहा है, जीवनी नहीं। अतः परोक्ष रूप से चुनाव का प्रश्न तो यहाँ भी होता ही है। चुनाव का प्रश्न न हो तो 'शेखर : एक जीवनी' का आकार कई हजार पृष्ठों का हो जाए क्योंकि उसका घटना-काल बीसियों वर्षों का है। और सच पूछिए तो चुनाव का प्रश्न जीवनी में भी होता है। जीवनी-प्रधान उपन्यासों में घटनाएँ और प्रभाव एक के बाद एक आते हैं, छूटते जाते हैं, अतः उनका नियोजन अन्य प्रकार के उपन्यासों की घटनाओं और प्रभावों के नियोजन से भिन्न प्रकार का होता है। जीवनी-प्रधान उपन्यास मनोवैज्ञानिक उपन्यासों का एक प्रकार है। समस्त मनोवैज्ञानिक उपन्यास जीवनी-प्रधान उपन्यासों की तरह नहीं होते। शेष के पात्रों, घटनाओं आदि का नियोजन अन्य उपन्यासों की तरह ही होता है। जैनेन्द्र,

---

1. Everything, the view seems to have been is suitable for literary treatment everything has its place in the novel. Jušt as it has in life. Hence the novel tended to become a rag bag of incidents and impressions linked together by nothing but the developing personality of hero.

इलाचन्द्र जोशी के उपन्यास मनोवैज्ञानिक होते हुए भी वस्तुसंघटन में काफी दूर तक प्रेमचन्द आदि के उपन्यासों की तरह ही हैं। अज्ञेय का 'नदी के द्वीप' भी इसी तरह का है।

चरित्र-विघटन के सन्दर्भ में चेतना-प्रवाह की चर्चा आवश्यक है। चेतना-प्रवाह (Stream of consciousness) की चर्चा सर्वप्रथम विलियम जेम्स ने अपनी पुस्तक 'प्रिंसिपल ऑफ साइकोलॉजी' में की। चेतना-प्रवाह मस्तिष्क का प्रवाह है जो नैरन्तर्ययुक्त है और निरन्तर बदलता रहता है। चेतना उन सारे सत्यों का मिश्रण है जिन्हें हमने अनुभव किया है और कर रहे हैं। प्रत्येक विचार व्यक्तिगत चेतना का अंग है। प्रत्येक विचार सतत परिवर्तनशील तथा विशिष्ट होता है। हम लोग अपने विचारों का चुनाव करते प्रतीत होते हैं—कुछ पर विशेष बल देते हैं, कुछ की सर्वथा उपेक्षा कर जाते हैं : कुछ को स्वीकार करते हैं, कुछ को बिलकुल छोड़ देते हैं। जब कोई विचार मस्तिष्क में उठता है तो वह बिलकुल वही नहीं होता जो पहले था, वह नया होकर अपने साथ नवता की ताजगी तथा वह नया सन्दर्भ लिये आता है जिसमें से वह निकलता है। "अनुभव हमें प्रत्येक क्षण पुनर्निर्मित करता है और किसी वस्तु के प्रति हमारी प्रतिक्रिया वास्तव में हमारे उस अनुभव का परिणाम होती है जिसे हमने उस दिन तक संसार के विषय में प्राप्त किया है।"[1] विचार गतिशील होते हैं। स्पष्ट दीप्त अनुभव केन्द्र के चारों ओर विचारों का मन्द दीप्त झालर या परिधि लिपटी होती है, विचारों को उनके प्रवाह में पकड़ पाना कठिन होता है।

मनोवैज्ञानिक उपन्यासों की इस प्रवृत्ति के कारण उनके आस्वाद का रूप भी बदल जाता है। परम्परावादी उपन्यासकार सब कुछ जानता है और सबकी कहानी कहता है। लियोन इडल के शब्दों में, 'प्राचीन उपन्यासों में हम प्रायः सर्वदा लेखक के आमने-सामने बैठे रहते हैं। वही खिड़की के बाहर देखता है और जो कुछ देखता है उसकी कहानी कहता है। हम वही देख पाते हैं जिसे देखने को वह कहता है या जिसका वह वर्णन करता है। हम लोग अपनी रुचि के अनुसार खिड़की के बाहर झाँक नहीं सकते क्योंकि सर्वज्ञाता लेखक चुनी हुई सीट पर बैठा हुआ है...वह अपने चरित्रों के समस्त अन्तरंग रहस्यों को जानता है। वह जानता है कि वे किस क्षण क्या सोचते हैं और एक समय में ऐसा क्यों करते हैं। कभी वह अपने नैतिक विचारों और निर्णयों को अपने पात्रों पर लादता है।' किन्तु' मनोवैज्ञानिक उपन्यासों में लेखक कहीं भी सामने नहीं आता। हम लोग एकाएक खिड़की के पास बैठ जाते हैं और लेखक खिड़की के बाहर, ऊपर, नीचे कहीं भी, रंगमंच-निर्देशक या अभिनेता के रूप में उन सबकी व्यवस्था कर रहा है जिन्हें हमें देखना है। वह निरन्तर हमारे सामने एक ऐसा भ्रमजाल निर्मित करता रहता है कि हमें यह महसूस हो कि सामने जो कुछ घटित हो रहा है उसे हम अनुभव कर रहे हैं और इस क्रम में वह हमें सभी प्रकार की

1. Experience is remoulding us every moment and our mental reaction on every given thing is really a resultant of our experience of the whole world up to that date.

—The Psychological novel, pp. 20
—Leon Edel

असम्बद्ध और विचित्र वस्तुओं को देखने को कहता है मानो हम अपने ही स्वप्न में हों जिसमें असम्भव और असत्याभासक घटनाएँ घटित हो रही हों...पुराने उपन्यासों के श्रोता हम लोग इन उपन्यासों में वास्तविक सहभागी बन जाते हैं।[1]

इस प्रकार मनोवैज्ञानिक उपन्यासों में हमें ऐसा लगता है कि हम जीवन जी रहे हैं, जीवन की कहानी नहीं सुन रहे। चूँकि यह आन्तरिक जीवन की यात्रा है इसलिए इसमें अनिवार्य भाव से बिम्बों और प्रतीकों की योजना होती है। अचेतन का सत्य इतना असम्बद्ध, निरन्तर परिवर्तनशील तथा अनेक क्षणों और व्यक्तियों का अनियोजित पुंज होता है कि उसे कहा नहीं जा सकता। बिम्बों द्वारा ही उसके उलझे और असम्बद्ध रूप को उद्घाटित किया जा सकता है। चूँकि आत्मप्रधान उपन्यासों में विचार क्रम से सुनियोजित नहीं होते, इसलिए ये उपन्यास असम्बद्धता का प्रभाव पैदा करते हैं और विभिन्न प्रकार के पाठक इसे विभिन्न प्रकार से धारण करते हैं। इस प्रकार के उपन्यासों को वही समझ और सराह सकते हैं, जिन्हें कविता पढ़ने का संस्कार हो। इन उपन्यासों में समय-क्रम नहीं मिलता, वरन् ऐसे बोधों की बेमेल श्रेणी प्राप्त होती है जो आगे-पीछे के पृष्ठों में कही गई बातों के सन्दर्भ से न जुड़कर अपने-अपने गहन क्षणों में स्थित रहते हैं किन्तु उन्हें पूरा पढ़ने के बाद एक काव्यात्मक संश्लिष्टता प्राप्त होती है।[2]

जैनेन्द्र कुमार

जैनेन्द्र का सर्वाधिक महत्त्व इस बात में स्वीकारा जाना चाहिए कि उन्होंने कथा-साहित्य को एक नई दिशा दी अर्थात् उन्होंने उपन्यास और कहानी को प्रेमचन्द के प्रभावों से मुक्त किया।

प्रेमचन्द के सन्दर्भ में जैनेन्द्र को देखें तो उनकी नवीनता बहुत स्पष्ट होकर उभरती है। प्रेमचन्द समाज को लेते हैं, पात्रों को समाज की मिट्टी से गढ़ते हैं तथा उन्हें व्यक्तित्व भी देते हैं। इस प्रकार प्रेमचन्द संश्लिष्ट सामाजिक यथार्थ को चित्रित करते हैं, अतः उनका कथानक बड़ा होता है, पात्र-बहुल होता है, उसमें घटना-

1. The psychological Novel, pp. 138-39

—Leon Edel

2. The attentive reader must somehow teach himself to read the prose fiction as if it were poetry. Such novels—the works of Dorothy Richardson or of Viginia Woolf belong to that category of fiction of which T.S. Eliot spoke when he said that 'only sensibilities trained on poetry can wholly appreciate' them. By this he meant (what we in the testimony of the two women poets about Dorothy Richardson) that the novel is read not a time-sequence but as a heterogeneous series of perceptions each catching its moment of intensity without reference to what lies on the succeeding pages, but the entire reading of which conveys a poetic synthesis.

—The Psychological Novel, pp. 137

—Leon Edel

संकुलता होती है, आकस्मिक संयोग होते हैं, उतार-चढ़ाव होता है, कौतूहल की तीव्र स्थिति होती है। प्रेमचन्द सामाजिक उपदेष्टा भी हैं। इसलिए उनके कथानक की कमजोरियाँ भी बड़ी ही स्पष्ट हैं—उसमें बोझिलपन, चर्चा का विस्तार, वर्णन की स्फीति तथा उपदेश भी दिखाई पड़ते हैं।

जैनेन्द्र में कहानी निमित्त-मात्र होती है, व्यक्ति का मानस-मंथन ही उनका लक्ष्य होता है। इसलिए उनके उपन्यासों में घटना-बहुलता नहीं होती, आकस्मिकता नहीं होती, कौतूहल की तीव्र स्थिति नहीं होती, पूरी कहानी सहज ढंग से बिना उतार-चढ़ाव के चलती रहती है। इससे यह अनुभव होता है कि हम उपन्यास पढ़ने के स्थान पर लेखक के अभिप्रेत जीवन की सहज यात्रा कर रहे हैं।

जैनेन्द्र का व्यक्ति बहुत कुछ सामाजिक यथार्थ से निरपेक्ष एक विशिष्ट दायरे में घूमता हुआ दिखाई पड़ता है। कथा की दुनिया व्यक्ति-मन के भीतर अधिक चलती है बाहर कम। इसीलिए घटना की स्थूलता, बहुलता और विविधता के स्थान पर उसकी सूक्ष्मता और स्वल्पता गृहीत होती है। सारा संघर्ष भीतरी होता है अर्थात् वह समाज के भीतर नहीं, व्यक्ति के मन के भीतर चलता है।

जैनेन्द्र में वातावरण का अभाव है। वातावरण जो है भी वह प्रतीकात्मक है। प्रेमचन्द में यह वर्णनात्मक रूप में होता है और सघन होता है। जैनेन्द्र चित्रण करते हैं, उनमें एक सहजता और लाघव है। वे संकेतों से काम लेते हैं। वे सूक्तियाँ नहीं कहते, कथन के स्थान पर व्यंजना से काम लेते हैं। उपदेश नहीं देते। संवादों में बहुत लाघव होता है।

जैनेन्द्र की इस सहजता के पीछे बहुत बड़ा आयास छिपा हुआ है। यह सहजता आरम्भ में अनुभव की ताजगी के समय बड़ी आकर्षक लगती थी किन्तु बाद में जब लेखक अनुभवों की पुनरावृत्ति तथा अनुभवहीन दार्शनिकता की स्थापना करने लगा तब बड़ी नाटकीय लगने लगी। जैनेन्द्र और प्रेमचन्द में जो एक सबसे बड़ा अन्तर है वह यह है कि प्रेमचन्द अपने परिवेश से निरन्तर जुड़ते चलने के कारण अपने अनुभवों का विस्तार करते गए और उन्होंने क्रमशः सशक्ततर उपन्यासों की रचना की, किन्तु जैनेन्द्र की अनुभव-पूँजी बहुत थोड़ी थी। परिवेश से जुड़े न होने के कारण वह पूँजी विकसित होने के स्थान पर शुरू में ही चुक गई। बाद में सिवा अपने को दुहराने के और कोई उपाय शेष नहीं बचा। इसलिए नन्ददुलारे वाजपेयी जी ने कहीं लिखा है कि प्रेमचन्द में जैनेन्द्र की अपेक्षा अधिक सर्जनात्मक सम्भावना थी।

सुनीता (1936) : वैसे तो जैनेन्द्र जी का पहला उपन्यास 'परख' है किन्तु 'सुनीता' के माध्यम से ही जैनेन्द्र की मनोविश्लेषणात्मक शक्ति का प्रस्फुटन हुआ। यह उनके श्रेष्ठ उपन्यासों में माना जाता है। कथा कुछ भी नहीं है—बस इतनी ही है कि श्रीकान्त अपनी पत्नी सुनीता के साथ रहता है। सुनीता के रूप-गुण-सम्पन्न होने के बावजूद श्रीकान्त कुछ अभाव का अनुभव करता है। एक दिन उसका क्रान्तिकारी मित्र हरिप्रसन्न दिखाई पड़ जाता है। उसे वह घर लाता है। हरिप्रसन्न योग्य प्रतिभाशाली होते हुए भी निरुद्देश्य और अव्यवस्थित है। श्रीकान्त अपनी पत्नी सुनीता को आदेश

देता है कि वह हरिप्रसन्न को प्रसन्न रखे। हरिप्रसन्न को प्रसन्न रखने के क्रम में सुनीता अद्भुत द्वंद्व से गुजरती है। एक बार श्रीकान्त कहीं बाहर जाते समय सुनीता से कह जाता है उसकी अनुपस्थिति में हरिप्रसन्न को कोई दुख न हो, उसकी इच्छा का ध्यान रखा जाए। सुनीता की ओर आकृष्ट हरिप्रसन्न उसे क्रान्तिकारियों के दल में शामिल करने के लिए जिद करता है और वह न चाहते हुए भी उसके साथ वन में जाती है जहाँ हरिप्रसन्न उसे समूचा पाना चाहता है। सुनीता जब वस्त्र उतार-उतार कर नंगी होने लगती है तब वह भाग खड़ा होता है। वह सुनीता को घर पहुँचाकर पलायन कर जाता है और सुनीता पुन: पति से प्रेम करती हुई जीवन-यापन करती है।

लेखक का ध्यान हरिप्रसन्न की कुंठा पर है। हरिप्रसन्न एक राष्ट्रप्रेमी या क्रान्तिकारी के रूप में पेश किया गया है, किन्तु पूरे उपन्यास में उसकी क्रान्ति या राष्ट्रवाद का कौन सा स्वरूप उभरता है? हुआ यह है कि सभी व्यक्तिवादी कथाकारों ने क्रान्ति का कहीं-न-कहीं जिक्र किया है किन्तु क्रान्तिकारी के वर्गीय स्वरूप और उसकी कृतियों की ओर से ध्यान हटाकर वे उसके अचेतन में प्रवेश कर गए हैं। शायद कहना यह चाहते हों जिसे तुम क्रान्तिकारी कहकर बड़ा मूल्य देना चाहते हो वह भीतर बहुत ही कुंठित, टूटा हुआ और कमजोर है। वास्तव में क्रान्ति का बाहरी आदर्श और अचेतनगत कुंठा का तनाव अपने आप में एक ऐसा बिन्दु है ही जिस पर ऐसे लेखकों की दृष्टि जाती। तनाव की तीव्रता बाहरी मूल्य और भीतरी रिक्तता की अतिशय विषमता से फूटती है इसीलिए हरिप्रसन्न को क्रान्तिकारी बताया गया है, नहीं तो वह कुछ भी हो सकता था।

लेखक की दृष्टि में हरिप्रसन्न है जो सेवा-त्याग के चक्कर में भटकने की प्रक्रिया में भीतर से कुंठित है, अव्यवस्थित है, निरुद्देश्य है, क्रमहीन है। श्रीकान्त अपने परम मित्र हरिप्रसन्न की कुंठा को तोड़ना चाहता है। वह कुंठा वह अकेले नहीं तोड़ सकता, इसलिए सुनीता को आदेशित और प्रेरित करता है। जाहिर है कि हरि के भीतर यौन-कुंठा प्रधान रही होगी, उस कुंठा को तोड़ने में नारी ही समर्थ हो सकती है। सुनीता पति-परायण है इसलिए एक ओर तो अपने पति से प्रेम करती है, दूसरी ओर उसके आदेश की उपेक्षा नहीं कर सकती। इस द्वंद्व से गुजरती हुई वह सूक्ष्म यातना का अनुभव करती है। श्रीकान्त का तो एक ठहराव टूटता है किन्तु सुनीता से एक ठहराव जुड़ता है।

कथा के बीच सुनीता की छोटी बहन सत्या आती है। सुनीता हरिप्रसन्न को उससे बाँधना चाहती है किन्तु हरिप्रसन्न है कि सुनीता की ही ओर आकृष्ट होता है। लेखक ने सुनीता और हरिप्रसन्न के सम्बन्धों को कहीं खोला नहीं है, संकेतित किया है। दोनों के सम्बन्धों के बीच एक फासला है। वह फासला कोई सामाजिक या पारिवारिक प्रतिबन्धों का नहीं है, वरन् दोनों के मन की स्थितियों का है, नैतिक मूल्यों का है। इसलिए उनके पारस्परिक आचरणों में एक दुरूहता-सी लक्षित होने लगती है। सुनीता पति की आज्ञा पाकर भी, हरिप्रसन्न की प्रच्छन्न इच्छा देखकर भी पूरे मन से उसकी ओर नहीं झुक पाती, हरिप्रसन्न सुनीता की ओर पूरे मन से झुककर

भी कहीं ठहर जाता है इसलिए उसके आचरण में एक दूसरे प्रकार का असन्तुलन दीखने लगता है। 'सुनीता' उपन्यास में मन की यही कथा चलती रहती है।

यदि इस उपन्यास के यथार्थ पर दृष्टि डाली जाए तो पूरा उपन्यास कुछ विचित्र सा ही लगता है। जैनेन्द्र सामाजिक यथार्थ की परवाह नहीं करते, वे मानकर चलते हैं कि बाहर सब कुछ ठीक है, कोई विषमता नहीं, इसलिए वे निश्चिन्त होकर भीतर का मोर्चा सँभालते हैं। 'सुनीता' में श्रीकान्त खाता-पीता भला आदमी है, वह मानवीय राग-द्वेष से परे है, वह अपनी पत्नी को आदेश देता है कि वह उसके मित्र हरिप्रसन्न को सँभाले, किसी मूल्य पर उसके व्यक्तित्व के असन्तुलन और अव्यवस्था को तोड़े। सुनीता भी पति की बात का विरोध नहीं करती—जैसे वह व्यक्तित्वशील नारी न होकर पुरुष की इच्छा की दासी निर्जीव पुतली हो। लेखक सुनीता की ओर से भी निश्चिन्त हो लेता है और तब वह आराम से हरिप्रसन्न के अचेतन के दुर्ग में प्रवेश करता है और उसी परिधि में चक्कर काटता है। और हरिप्रसन्न, क्रान्तिकारी हरिप्रसन्न निकम्मा बनकर श्रीकान्त के घर पड़ा रहता है और बिना किसी अधिकार के सुनीता पर अधिकार जताता है, बात-बात में मुँह फुला लेता है, अमर्ष करता है और अपनी अनधिकार-चेष्टाओं, इच्छाओं से सुनीता को तंग करता है और सुनीता है कि तंग होना जानती ही नहीं। कुल मिलाकर हरिप्रसन्न एक खलनायक के रूप में ही उभरता है। पता नहीं जैनेन्द्र ने किस भारतीय परिवार का यथार्थ अंकित किया है। खैर, देश बहुत बड़ा है, कहीं-न-कहीं ये लोग मिल ही जाएँगे। और नहीं मिलेंगे तो भी क्या हर्ज। जैनेन्द्र तो सम्भावनाओं को चित्रित करते हैं और सम्भावना तो हर बात की हो सकती है।

जैनेन्द्र के उपन्यासों में दर्शन खोजने की वृत्ति भी बहुत प्रचलित हो गई है। यदि मैं भी खोजने चलूँ तो निराश नहीं होऊँगा और गांधीवादी दर्शन की आड़ लेकर कह सकूँगा—'कि आत्मपीड़न से ही औरों के अहंकार को तोड़ा जा सकता है।' अहंकार मूल है कुंठा और सामाजिक यातना का। इसलिए आत्मपीड़न मनुष्य का एक बड़ा मूल्य है उसी मूल्य को ओढ़कर सुनीता आत्मपीड़न से गुजरती है और हरिप्रसन्न, के अहं को विकेन्द्रित करना चाहती है। श्रीकान्त भी इस यश का भागी है।

त्यागपत्र (1937) : त्यागपत्र हिन्दी का बहुचर्चित और महत्त्वपूर्ण उपन्यास रहा है। इसका कारण कृति की उपलब्धि में खोजना उतना सार्थक नहीं होता, जितना कि उसके ऐतिहासिक आसंग में। जैनेन्द्र पात्रों को सामाजिक यथार्थता की सार्थकता तो नहीं ही प्रदान करते, उनके कार्यों और व्यवहार को विश्वसनीयता भी नहीं दे पाते। ये पात्र देखने में बहुत सहज होते हैं। किन्तु वास्तव में वे विशेष प्रकार की व्यक्तिवादी भूख और लेखक के गूढ़ आरोपित दर्शन से परिचालित होते हैं। वे अपनी स्थितियों में सदा वह रास्ता चुनते हैं जो रास्ता सहज नहीं होता और जिसे सामाजिक चेतना और स्वास्थ्यवाला कोई दूसरा व्यक्ति नहीं चुनता। इसलिए जैनेन्द्र के पात्र सामाजिक विसंगति से फूटकर भी उसके प्रति सक्रिय प्रतिक्रिया व्यक्त नहीं करते—एक विशेष प्रकार की यातना लिये उसे प्यार करते

हुए चलते हैं। या वे सामाजिक विसंगति से फूटते नहीं, व्यक्ति की विसंगतियों में जीते सामाजिक परिवेश से बेखबर रहते हैं।

'त्यागपत्र' की मृणाल एक सम्भ्रान्त परिवार की लड़की है। पिता-माता बचपन में ही मर चुके हैं, बड़ा भाई अभिभावक है। उसे परिवार से प्यार मिलता है, यह तितली की तरह उड़ती फिरती है, नटखट है, स्कूल में ऊधम मचाती है किन्तु शीला के भाई के साथ उसके प्रेम-सम्बन्ध ने उसकी हँसी छीन ली। भाभी ने उसे बेंत से पीटा। तब से मृणाल हँसी नहीं। कुछ दिन बाद शादी हो गई एक अधेड़ से। अधेड़ ने शीला के भाई के साथ उसके प्रेम-सम्बन्ध की चर्चा सुनकर उसे घर से निकाल दिया। तब से मृणाल यातना में जलती गई। उसने जो यातनाएँ भोगीं वे सब अनिवार्य रूप से उसके जीवन-परिवेश से ही फूटी नहीं थीं उनमें से अधिकांश को उसने स्वयं वरण किया था और अन्त में मर गई।

इस उपन्यास पर दो दृष्टियों से विचार हो सकता है—(1) व्यक्तित्व की यथार्थवादिता की दृष्टि से, (2) व्यक्तियों को गढ़नेवाले दर्शन की दृष्टि से। कहना न होगा कि मृणाल का व्यक्तित्व उतना परिस्थितियों से निर्मित नहीं लगता जितना कि लेखक के दर्शन से। मृणाल का आरम्भिक आचरण तो बहुत स्वाभाविक है। उसमें स्कूल की एक लड़की का खुलापन है, चहक है, शीला के भाई के साथ प्रेम-सम्बन्ध होने पर उसके मन की महक भी बड़ी सहज है, वह एक चिड़िया बनकर उड़ जाना चाहती है। उसका स्वाभिमान बहुत ही आकर्षक है यानी भाभी के हाथों बेंत से बुरी तरह पिटकर भी रोती नहीं है, गुम-सुम पड़ी रहती है और न अपने प्यार को भी भला-बुरा कहती है। केवल उदास हो जाती है। लेकिन इस सहज उदासी के बाद तो जैसे वह जीवन-भर उदास रहने की कसम खा लेती है और उसकी उदासी को बनाए रखने के लिए लेखक जगह-जगह प्रतिकूल परिस्थितियों की थूनियाँ लगा देता है। तभी तो उसकी शादी गैर-जरूरी ढंग से एक अधेड़ से कर दी जाती है। मृणाल के भाई के सामने वह आर्थिक मजबूरी नहीं थी जो प्रेमचन्द के 'सेवासदन' में सुमन की माँ के सामने थी। मृणाल के पति का आचरण उसके अनुकूल ही था किन्तु मृणाल का आचरण ऐसा नहीं है कि कहा जा सके कि यही हो सकता था। और भी कुछ हो सकता था और जब और भी हो सकता था तो ऐसा ही क्यों हुआ? यह प्रश्न हो सकता है। उत्तर है, हो सकता है क्योंकि ऐसा भी हो तो सकता ही था यद्यपि इसकी सम्भावना उतनी नहीं, जितनी अन्य विकल्पों के होने की थी। दूसरे, लेखक ने एक विशेष दृष्टि से ऐसा होने दिया है, वह दृष्टि लेखक का दर्शन है और यथार्थ न होने पर भी वह वैसा चाहता है।

पति से परित्यक्त होने पर मृणाल होने और न होने के बीच, परिस्थितिगत यथार्थ और लेखक की दृष्टिगत सम्भावना के बीच चलती रहती है। इस प्रकार वह जो जीवन बिताती है उसका जिम्मेदार सर्वत्र समाज नहीं होता, वह होती है। वह अपनी नियति स्वयं निर्मित कर लेती है जिसे ढोती हुई अन्त तक चलती रहती है। पति से परित्यक्त होने पर वह आत्महत्या करने पर उतारू होती है पर यह भी हो सकता था

कि वह एक तेजस्वी नारी की तरह अपने पैरों पर खड़ी होकर समाज की व्यवस्था को चुनौती देती, बल्कि वह ऐसे पति से निजात पाकर राहत की साँस लेती। मृणाल-जैसे पात्र में इस बात की सम्भावनाएँ थीं। परन्तु लेखक ने वह रास्ता नहीं चुना। उसकी भावुकता और यातनावादी दर्शन ने उसे दूसरी ओर ढकेल दिया और वह थोड़ी सी सहानुभूति देनेवाले कोयलेवाले के साथ चली जाती है गोकि वह जानती है कि यह सम्बन्ध टिकेगा नहीं, तो भी उसके साहचर्य के प्रति अपने को पूर्णभाव से समर्पित कर देती है। यह सारी लीला अहेतुक ही चलती दिखाई पड़ती है। करुणा के लिए देह को समर्पित करते चलना, यह शायद जैनेन्द्र जी के पात्रों को ही सम्भव हो पाता है। एक उदासी, एक पीड़ा का सुख उसे निरन्तर दबोचे चला जाता है और वह समाज के उपेक्षित-गर्हित जीवन को वरण करती चली जाती है और अन्त में अपनी इसी पीड़ा को प्यार करती हुई एक गन्दे और जड़ समाज में दम तोड़ देती है।

मृणाल के चरित्र के निर्माण और विकास के बीच जो असंगति दिखाई पड़ती है (यानी एक दृष्टि से जो असम्भाव्यता दिखाई पड़ती है) उससे परे हटकर विचार किया जाए तो यह लक्षित होगा कि मृणाल यातना और उदासी से सर्जित व्यक्तित्व को रूपायित करने में बहुत सफल है। वह अपने समस्त आचरण व्यवहार, बोलचाल और चिन्तन-पद्धति में एक यातनामयी नारी को स्वर दे सकी है। किन्तु नारी की यह यातना केवल परिस्थितिजन्य नहीं है (और यह तो संकेत किया ही गया है कि यातना मृणाल की सहज नियति नहीं है वह उस पर आरोपित है) दर्शनजन्य भी है। जैनेन्द्र को गांधीवादी दर्शन से प्रभावित माना जाता है। गांधीवादी दर्शन में अहं का विसर्जन करने से ही सत्य का दर्शन किया जा सकता है। अहं का विसर्जन होता है आत्मपीड़न से। किन्तु गांधीवाद निष्क्रिय दर्शन नहीं है वह अहिंसा में विश्वास रखता हुआ भी समाज को बदलने की इच्छा से प्रेरित है। यह नियति को ओढ़ने का पक्षपाती नहीं है। जैनेन्द्र यातना के सन्दर्भ में गांधी दर्शन की अपेक्षा जैन दर्शन से अधिक प्रभावित हैं। जैन दर्शन कर्म-बन्धन से मुक्ति के लिए व्रत तथा तपस्या में आस्था रखता है। इसमें काया-क्लेश को बहुत महत्त्व दिया गया है। इसमें बाईस कष्टों का विधान है जिनमें भूख-प्यास, सर्दी-गर्मी, बुरा वातावरण, व्यंग्यवाणी सहन करना, अपमान झेलना, पिटना आदि शामिल हैं। इसमें अहिंसा को विशेष महत्त्व प्राप्त है। जीव मात्र पर दया करनी चाहिए। इस प्रकार आत्मपीड़न और पर-दया दोनों इस दर्शन में घुले-मिले हैं। जैनेन्द्र की मृणाल आत्मपीड़न से गुजरती है और समाज को तोड़ने-फोड़ने की जगह खुद ही टूटना चाहती है। "मैं समाज को तोड़ना-फोड़ना नहीं चाहती हूँ। समाज टूटी कि फिर हम किसके भीतर बनेंगे? इसलिए मैं इतना ही कर सकती हूँ कि समाज से अलग होकर उसकी मंगलाकांक्षा में खुद टूटती रहूँ।" स्पष्ट है कि मृणाल बहुत समझदार है, वह इतनी बड़ी-बड़ी बातें कर सकती है। यानी उन अबोध नारियों की तरह नहीं है जो यातना सहती हुई भी समाज-देश आदि के बारे में नहीं सोच पातीं और उनसे हमें कोई शिकायत भी नहीं हो सकती। किन्तु मृणाल-जैसी समझदारी की बात करनेवाली नारी जब समाज और व्यक्ति के सम्बन्धों के बारे में दार्शनिक लहजे

में बात करती है तो उसके बारे में हमें सोचना ही पड़ता है। और तब लगता है कि मृणाल के दार्शनिक चिन्तन का आभास कितना निष्क्रिय, सूफियाना अन्दाजवाला और नियतिवादी है। यानी बिगड़ने के लिए भी एक समाज चाहिए। ठीक है समाज नहीं रहेगा तो बिगड़ेंगे कहाँ? किन्तु वहाँ चाहिए का क्या प्रश्न है वह तो है ही और रहेगा। प्रश्न है कि जो समाज है और जिसमें हम हैं और जिसके अनेक अशोभन अमानवीय सम्बन्धों के दबाव में हम पिस रहे हैं क्या उसे बदलने की आवश्यकता नहीं है? क्या हमारे टूटने से ही उसकी रक्षा हो जाएगी? हमारे जैसे अनेक लोग टूटते जाएँगे और हमारे माध्यम से समाज टूटता जाएगा।

'त्यागपत्र' का प्रमुख सन्दर्भ मनोवैज्ञानिक है किन्तु उसका एक सामाजिक सन्दर्भ भी है। लेखक कहीं सीधे ढंग से, कहीं व्यंग्यात्मक ढंग से सामाजिक जीवन की विसंगतियाँ भी उद्घाटित करता चलता है। यह बात और है कि वह उन विसंगतियों के प्रति विद्रोहात्मक रुख न अख्तियार करके, उनके प्रति समर्पण का भाव रखता है ताकि उसके यातनावादी दर्शन का निर्वाह हो सके। मृणाल की माँ-बाप विहीनता की स्थिति, भाभी की निर्दयता, उस परिवार की स्त्री-पुरुष सम्बन्धी मान्यताएँ, मृणाल का बेंत से पिटना, वृद्ध से विवाह, वृद्ध की सारी दकियानूस मानसिकता, पत्नी को पीटना, मृणाल का भाई के यहाँ आना, भाई-भाभी का उसके प्रति दकियानूस सोच, उसका अनिच्छा से फिर अवांछित पति के यहाँ लौटना, पातिव्रत निर्वाह के लिए पति से अपने पूर्व-सम्बन्धों की अभिव्यक्ति, उस दुहाजू द्वारा उस सत्य को बर्दाश्त न कर सकना और मृणाल को बेसहारा घर से निकाल देना, कोयलेवाले के साथ मृणाल का हो लेना, परिवार के रहते हुए भी कोयलेवाले का मृणाल पर आशिक होना, फिर कोयलेवाले के द्वारा मृणाल का परित्याग, प्रमोद की होनेवाली ससुराल में संयोग से मृणाल का पहुँचना, वहाँ उसकी प्रशंसा होना किन्तु असली भेद खुलते ही सारी प्रशंसा ढह जाना तथा प्रमोद की शादी का टूट जाना, एक गरीब अभिशप्त बस्ती में मृणाल का पहुँचना, उस बस्ती के जीवन की वास्तविकता का विधान आदि ऐसे प्रसंग हैं जो हमारी सामाजिक स्थिति और मानसिकता का उद्घाटन करते हैं। इसके अतिरिक्त लेखक प्रमोद के आत्मालोचन के माध्यम से सभ्य समाज की विसंगतियों को उकेरता है। प्रमोद मृणाल को बहुत चाहता है, उसे अपने घर ले जाना चाहता है लेकिन उसके इस प्रस्ताव को नहीं मान पाता कि वह अपना सारा धन इन गरीबों में बाँट दे। 'त्यागपत्र' में कुछ सन्दर्भ ऐसे हैं जो मृणाल के मनोवैज्ञानिक सत्य को बहुत सहजता और गहराई से उद्घाटित करते हैं। मृणाल की वय:सन्धि का और शीला के भाई से प्रेम होने पर उसकी मन:स्थिति का चित्रण बहुत प्रभावशाली है। लेखक बहुत सहजता से मन की परतें खोलता चला जाता है। जब भाभी उसे बेंत से पीटती है तो मृणाल चीखती-चिल्लाती नहीं, एक अजीब सुख-दुख विहीन मौन में खो जाती है। उसका चुप होकर पिटने को सहना असत्य का प्रतिरोध भी है और प्यार के लिए कष्ट सहने की हार्दिकता भी। मृणाल जब ससुराल से पहली बार लौटती है उस समय की उसकी मन:स्थिति का जो चित्रण है उसमें अद्भुत सादगी, ताजगी और

गहराई है। उस समय मृणाल मृदुता और तिक्तता की मिली-जुली घाटियों से गुजरती है। उसके भीतर ससुराल की तिक्तता अँटी पड़ी है, इस सन्दर्भ में वह शीला के भाई को याद करती है, प्रमोद के माध्यम से उसे पत्र भेजती है और जब शीला का भाई पत्र का जवाब भेजता है तब वह तड़प उठती है, प्रमोद को डाँटती है—"किसने कहा था तुम्हें पत्र का जवाब लाने के लिए। अब तुम वहाँ मत जाना।" दरअसल शीला के भाई के प्रति उसका झुकाव ही उसे बाहर-बाहर उदासीन बनाना चाहता है। वह डर जाती है अपने से, शीला के भाई के प्रति अपने झुकाव से। वह यथार्थ स्थिति पहचानती है, वह जानती है कि अब वह विवाहिता है, विवाहिता होने की नैतिकता भी उसे बाँधे हुए है किन्तु इस वैवाहिक जीवन के नीचे जो पीड़ा है, अप्रियता है, असुन्दरता है वह सहज रूप से मृणाल को अपने पूर्व-प्रेमी की ओर मानसिक रूप से ढकेल देती है—कुछ प्रियता के, सुन्दरता के क्षणों की तलाश में। लेकिन जब वह देखती है कि शीला का भाई प्रकारान्तर से उसे मिलने का आमंत्रण दे रहा है तब वह डर जाती है। ससुराल जाने से डरती है, प्रिय की ओर झुकने से डरती है, एक अजीब सूनेपन में जी रही है वह। इस मन:स्थिति में अपने मरने की दवा भी अपने प्रेमी से ही माँगती है। प्रमोद को जिससे मिलने से मना करती है उसी से अपने मरने की दवा माँगती है। उसकी इस क्रिया से उसके कष्ट संसार से विरक्ति और प्रेमी के प्रति लगाव की संक्रान्त वास्तविकता ध्वनित होती है। इसे नकारात्मक रूप से प्रेम की स्वीकृति की व्यंजना भी कह सकते हैं। बुआ का दूसरी बार विदा होना, फिर भागकर आना, घरवालों का व्यवहार ये सारे सन्दर्भ बुआ की मानसिकता की गहरी परतें खोलते हैं। मनोविज्ञान के उद्घाटन की प्रक्रिया आखीर तक चलती है किन्तु धीरे-धीरे बुआ की मानसिकता एक दार्शनिक भंगिमा ओढ़ने लगती है। मानसिकता का एक बहुत मार्मिक प्रसंग वह है जहाँ प्रमोद कोयलेवाले के यहाँ पहली बार पहुँचता है। बुआ की प्रमोद के प्रति चुप्पी, उदासी, चूल्हे का परिवेश, तत्सम्बन्धी कुछ क्रियाएँ, फिर कुछ उद्विग्न मुखरता, फिर उभरती हुई द्रवणशीलता आदि उसकी मानसिकता की जटिलता को बहुत प्रभावपूर्ण ढंग से खोलते हैं। नारी-यातना के बड़े प्रभावशाली बिम्ब इस उपन्यास में हैं।

समाज में कहीं कुछ गड़बड़ है इसी का परिणाम मृणाल का आत्मबलिदान है। यह बलिदान उपन्यास में आद्योपान्त व्याप्त है और समाज की वर्तमान मानवीय व्यवस्था के दबाव में पिसते हुए एक व्यक्ति (विशेषतया नारी) की करुण परिणति का बड़ा मार्मिक चित्र उपस्थित करता है किन्तु जब लेखक या उसकी ओर से मृणाल एक दार्शनिक भंगिमा से इस नियतिवाद का समर्थन करने लगती है, पुरुष के प्रति अपने पातिव्रत धर्म का एकान्त समर्पण करने लगती है, पीड़ा और यातना को प्यार करने लगती है तब लेखक या मृणाल के चिन्तन में कहीं कुछ गड़बड़ी दिखाई पड़ने लगती है।

प्रमोद थोड़ा अलग होकर सोचता है किन्तु उसके भी चिन्तन की परिणति आत्मविसर्जन में ही होती है। उसके चिन्तन के दो पक्ष हैं—एक तो वह समाज की

विषमताओं को देखता है और उनके बारे में सोचता है, दूसरे वह उनकी प्रतिक्रिया के रूप में समाधान की तलाश में बेचैन होता है। उसे अहसास है कि समाज विषम है, उस विषमता का एक अंग वह भी है यानी वह आदमी न होकर जग है।

वह एक सम्भ्रान्त परिवार का है और गर्हित जनों के साथ बुआ के सम्बन्धों या पिछड़े गन्दे लोगों के बीच उसके निवास को देखकर उसका अभिजात संस्कार चोट खाता है परन्तु उसके भीतर कहीं एक सहज मनुष्य भी है जो आत्मालोचन करता रहता है। इसीलिए उसे ये विषमताएँ, कुरूपताएँ दिखाई पड़ती रहती हैं और इस विषमता के एक अंग के रूप में वह जो कुछ करता है उस पर पश्चात्ताप करता है। किन्तु इस विषमता का समाधान क्या है? व्यक्तिवादी, मृणालवादी आत्मपीड़न (जिसे प्रेम कहिए, त्याग कहिए, अहिंसा कहिए)? वह इस सत्य को पा लेता है कि 'समाज के ऊपर चढ़-बैठकर मैं उसे दबा सकता हूँ बदल नहीं सकता, उसके फलने-फूलने का तो एक ही उपाय है, वह यह कि मैं अपने को समाज की जड़ों में सींच दूँ, अज्ञात रहकर सच्चा बनूँ, झूठा बनकर नामवर होने में क्या रखा है? और वैसी नामवरी निष्फल है, व्यर्थ है, निरी रेत है, आत्मा को खोजकर साम्राज्य को पाया तो क्या पाया?' व्यक्ति के लिए सचमुच यह बहुत बड़ा सत्य है किन्तु क्या इससे सामाजिक विषमता का कोई समाधान प्राप्त होता है? प्रमोद जजी से त्याग-पत्र दे देता है, वह न्याय-व्यवस्था या समाज में प्रतिष्ठित सम्भ्रान्त आचार-व्यवस्था के सामने एक बहुत बड़ा प्रश्नचिह्न खड़ा कर देता है। एक बहुत बड़ा नकार प्रस्तुत करता है किन्तु क्या इस नकार से नए समाज (जिसे छोड़ना लेखक को अभिप्रेत नहीं) की सर्जन-दिशा का कोई संकेत मिलता है? सारी विषमता की घूमती हुई गति को व्यक्ति के प्रेम, त्याग, समर्पण के बिन्दु पर विसर्जित कर दिया गया है।

चिन्तन की इस एकांगिता, असंगति और नकारात्मकता के बावजूद उपन्यास की महत्ता को अस्वीकार नहीं किया जा सकता। उपन्यास अपने चिन्तन के कारण नहीं, अपनी तीव्र संवेदनशीलता, सांकेतिकता और जीवन्त यातना के कारण बहुत ही प्रभावशाली है।

जयवर्धन : जयवर्धन उपन्यास मूलत: राजनीतिक सन्दर्भ में व्यक्ति की मानवीय निजता और शासक की सामाजिकता के द्वंद्व की कहानी कहता है। इसमें कई पात्र हैं जो इस द्वंद्व के अनेक बिन्दुओं के रूप में प्रतिष्ठित हैं। जयवर्धन भारत का सर्वोच्च राजपति है। इला इसकी अविवाहिता संगिनी है। आचार्य इला के पिता हैं जो जयवर्धन और इला के सम्बन्धों को अनुमति प्रदान नहीं करते। स्वामी एक ऐसे विरोधी पार्टी के नेता हैं जो राजनीति में धर्म की रूढ़ियों का दबाव सर्वोपरि मानते हैं। एक-दूसरे विरोधी दल के नेता हैं नाथ, तथा उनकी पत्नी है लिजा। इन्द्रमोहन जयवर्धन के परमहितैषी मित्र हैं जो किन्हीं कारणों से उससे नाराज रहते हैं। और कथा के आदि से अन्त तक जुड़े हुए श्री हूस्टन हैं जो अमेरिकी पत्रकार हैं और जो इन सारी घटनाओं के साक्षी हैं। उपन्यास के नाम से ही यह स्पष्ट है कि जयवर्धन इसके केन्द्र में हैं। जयवर्धन एक ऐसा राजपति है जो शासन या सत्ता को उच्चतर मानवीय मूल्यों से

स्पन्दित करना चाहता है। वास्तव में जयवर्धन बहुत जटिल पात्र है। उसके व्यक्तित्व के अनेक अन्तरंग स्तरों की पहचान एक समय कर पाना कठिन है। विभिन्न सन्दर्भों में उसके मानवीय चिन्तन और अन्तरंग अनुभवों के मूल्यवादी किन्तु जटिल स्तर उभरते चलते हैं। जयवर्धन मूल्यवादी पात्र होकर भी अपने चरित्र में बहुत ही वर्तुल है। वह वर्तुलता सद् और असद् के द्वंद्व से निर्मित नहीं है बल्कि सद् के ही संसार के चिन्तन और अनुभव की विविध रेखाओं से बनी हुई है। श्री हूस्टन उसके निकट सम्पर्क में रहते हुए भी यह सही-सही निश्चय नहीं कर पाते कि अमुक परिस्थिति में जयवर्धन की क्या प्रतिक्रिया होगी। लिजा भी उसके व्यक्तित्व की रेखाओं को ठीक-ठीक नहीं पढ़ पाती और उसके प्रति अनेक भ्रान्तियाँ पालती रहती है। यहाँ तक कि उसका परमहितैषी इन्द्र भी उसके वर्तुल अन्तरंग को समझने में कहीं भूल करता है। एकमात्र उसकी संगिनी इला है जो उसके चरित्र की रेखाओं को चुपचाप पढ़ती और समझती रहती है और उसके प्रति अपने को देती रहती है। इस वर्तुल चरित्र को राजनीतिक परिवेश में रखकर लेखक ने चिन्तन और अनुभव—दोनों ही माध्यमों से व्यक्ति और समाज, राष्ट्र और मानवता, सत्ता की क्रूर शक्ति और शासक की मानवीय मूल्यवादी दृष्टि तथा संवेदना, धर्म और शासन, रूढ़ियों और स्वच्छन्द मानवीय आचरणों के तनावपूर्ण सम्बन्धों को चित्रित किया है।

जयवर्धन देश (भारत) का सर्वोच्च अधिपति है। वह शासक के रूप में कुशल तो है (और इतना कुशल है कि वह देश की हर अनुकूल-प्रतिकूल गतिविधि को चुपचाप पहचान लेता है और बिना बेचैनी दिखाए उसके लिए आवश्यक व्यवस्था कर लेता है) लेकिन वह इतना मूल्यवादी है कि किसी की स्वतंत्रता (यहाँ तक कि इला की भी स्वतंत्रता) में कहीं दखल नहीं देता। वह सत्ताधारी के रूप में देश की व्यवस्था के लिए सत्ता का तो प्रयोग करता है किन्तु अपने लिए सत्ता की किसी भी शक्ति या सुविधा का प्रयोग निषिद्ध समझता है। उसकी समृद्ध मानवीय चिन्तना और संवेदनशीलता एक ओर तो अपने विरोधियों को स्वतंत्र अस्तित्व का सम्मान करती हुई उनके विरोध और विद्रोह को सहती और बढ़ावा देती है, दूसरी ओर सत्ता की शक्ति से अपना बचाव करने का निषेध करती है। जय का यह कथन इस सन्दर्भ में बड़े महत्त्व का है—"देखते हो कि मैं राज पर हूँ पर राज का नहीं हूँ, मन का हूँ। भारत का पक्ष मेरा है इसे आधा ही सच मानना। मैं मानव हूँ और सही तो मानव का पक्ष ही मेरा है। विश्व का पक्ष उससे दूसरा नहीं हो सकता और तभी तक मैं भारत के राज्य के साथ हूँ जब तक वह उस टेक के साथ है। और उनको बताओ कि जयवर्धन राजकीय हो या न भी हो, वह सदा मानवीय है, हृदय की बात हो, तो उससे की जा सकती है। लो विलवर, तुम निजत्व की बात कर रहे थे न। इससे अलग निजत्व मेरा कुछ नहीं है।" इससे स्पष्ट है कि जयवर्धन की निजता मानवीय है और वह मानवीय निजता जब शासन से टकराती है तो अपने को ही ऊपर रखना चाहती है जिसे शासन सहन नहीं करता। इसीलिए शासन तरह-तरह से जय की इस निजता पर दबाव डालता है। देश का एक पक्ष (उसका समर्थक पक्ष) उसे अधिक

कठोर और सत्ता के प्रति सचेत देखने की अपेक्षा रखता है तो दूसरा पक्ष उसे उस पद पर ही नहीं देखना चाहता। अपने-अपने स्वार्थों से प्रेरित लोग अपनी-अपनी तरह से जय को अपना मुहरा बनाना चाहते हैं किन्तु जय तो जो मानवीय स्तर पर ठीक समझता है, करता है।

आचार्य जय के हितैषी हैं किन्तु वे अपनी बेटी इला का सम्बन्ध जय के साथ नहीं देखना चाहते (कारण स्पष्ट नहीं है)। इला जय का साथ चाहती है और जय भी चाहता है किन्तु जय के भीतर अच्छी भारतीय परम्परा की स्वीकृति का मूल्य भी है, इसलिए वह आचार्य की अनुमति के बिना इला के साथ वैवाहिक और शारीरिक सम्बन्ध नहीं जोड़ पाता, किन्तु अनुमति नहीं मिलने से स्त्री-पुरुष का मानवीय साहचर्य अपवित्र नहीं हो जाता, जय इस नवीन बिन्दु को भी पहचानता है, इसलिए वह अनुमति के बिना भी इला के साथ रहता है। रूढ़िवादी स्वामी धर्म की रूढ़ि और राजनीति को एक में मिलाकर एक विकृत निष्कर्ष के शिकार होते हैं। उनकी दृष्टि में जय योग्य होते हुए भी राज का अधिकारी इसलिए नहीं है कि आचार्य की अनुमति के बिना अविवाहित इला के साथ रहता है, यानी स्वामी शासक को कोई निजी अधिकार न देकर रूढ़ धार्मिक और सामाजिक अनुशासन से अनुशासित एक मुहरा मानते हैं। नाथ विरोधी दल के राजनीतिक हैं जो जय का विरोध करते हैं किन्तु स्वामी का सक्रिय विरोध देखकर एकाएक उसके पक्ष में हो जाते हैं और चाहते हैं कि जय स्वामी को दबाने के लिए सत्ता का असीम प्रयोग करे। जय अपने प्रति उठनेवाले विरोध को दबाने के लिए सत्ता का प्रयोग नहीं कर सकता, इसलिए नाथ रुष्ट हो जाते हैं। लिजा अपनी महत्त्वाकांक्षा लेकर नाथ के निकट आती है और अनुकूलता-प्रतिकूलता के झोंके खाती हुई जय के सम्बन्ध में अच्छी-बुरी धारणाएँ बनाती रहती है। उसका परम हितैषी इन्द्रमोहन अपने प्रति जय की उदासीनता का अनुभव कर बाहर-बाहर नाराज दिखाई पड़ता है किन्तु सच्चे अर्थों में उसकी पीड़ा जय की रक्षा और विकास देखने की पीड़ा है। तभी तो जय इन्द्र के लिए कहता है, "उससे कीमती मित्र मेरे पास दूसरा नहीं है।"

जय देखता है कि यह पूरा राजनीतिक परिवेश सत्ता का परिवेश है, लोग सत्ता चाहते हैं और सत्ता का दबाव स्वीकारते हैं। उसके निजी मानवीय परिवेश की इस परिवेश के साथ संगति नहीं बैठ सकती, इसलिए वह सत्ता का त्याग करता है। आचार्य की अनुमति से इला के साथ ब्याह करके वह चुपचाप कहीं चला जाता है। इस प्रकार लेखक ने जयवर्धन के रूप में व्यक्तित्व की एक ऐसी बड़ी तस्वीर अंकित की है जो चिन्तन और संवेदना के स्तर पर जितनी ही गहरी और वर्तुल है उतनी ही व्यापक और मानवीय। जैनेन्द्र की यह विशेषता है कि इनके पात्र चिन्तन से प्रभावित रहने के बावजूद सपाट नहीं होते हैं, वे विभिन्न जीवन-सन्दर्भों में अपनी संवेदना और विचार के पारस्परिक सम्बन्धों की अनेक परतें खोलते हैं। जयवर्धन में कोई पात्र ऐसा नहीं है जो सीधा और सपाट हो। सभी पात्र (चाहे वे मूलतः सद् से अनुशासित हों या असद् से) अपनी-अपनी मूल प्रकृति में जटिलता लिये हुए हैं।

कहा जा चुका है कि जैनेन्द्र मूलतः सम्भावनाओं के कथाकार हैं, इसलिए वे अपने चिन्तन और संवेदना के अनुसार जो मूल चरित्र गढ़ते हैं वह हमारे आसपास का कम दीखता है किन्तु सम्भावना के रूप में वह होता अवश्य है। मूलतः राजनीति और शासन के क्षेत्र में जयवर्धन का मिलना कठिन है किन्तु जब तक वह नहीं है तब तक सही अर्थों में राष्ट्रीय और अन्तर्राष्ट्रीय सम्बन्धों की निर्मिति नहीं हो सकती, सत्ता को मूल्य प्राप्त नहीं हो सकता और मूल्यहीन सत्ता कितनी भयानक और अमानवीय हो सकती है इसका अहसास हम सदियों से करते आए हैं। यह सम्भावना भारत में निहित है, तभी तो श्री हूस्टन दूसरी बार जयवर्धन में ही भारत को केन्द्रित करके देखने आते हैं। इस भारत को (जो देश ही नहीं, देशों को जोड़ने की कड़ी बन सकता है) केवल पत्रकार की दृष्टि से नहीं देखा जा सकता, उसके लिए दार्शनिक होना पड़ता है। इसलिए जहाँ अमेरिका का पत्रकार भारत की आलोचना करता है वहाँ उसका दार्शनिक जय के रूप में भारत की मूल्यवादी आत्मा की पहचान कर उसके प्रति समर्पित होने की चेष्टा करता है।

कहना न होगा कि इस उपन्यास में जैनेन्द्र की वे सारी शिल्पगत विशेषताएँ हैं जिनकी शुरुआत इन्होंने प्रेमचन्द के उपन्यासों से अलग हटकर की थी। जैनेन्द्र के अन्य उपन्यासों की तरह जयवर्धन में भी विविध सन्दर्भों और घटनाओं की संकुलता तथा नाटकीय यात्रा की जगह एक अनाटकीय अन्तर्यात्रा है जो विशेषतया चिन्तन, अनुभव और संवादों के जरिए चलती रहती है। यह यात्रा सूक्ष्म होकर भी विविध घटित सन्दर्भों के अभाव में बोझिल हो गई है। भाषा के क्षेत्र में जैनेन्द्र की अपनी देन है और यह भाषा कथ्य (पात्र के अन्तर्जगत्) से आत्मीय संवाद करने में सक्षम होने के कारण बहुत ही सार्थक लगती है। व्याकरण की रूढ़ परिपाटी की वैसाखी पर चलनेवाले पाठकों और अध्यापकों को जैनेन्द्र की भाषा में दोष दिखाई पड़ सकते हैं किन्तु रचनात्मक स्तर पर भाषा में नितनूतन प्रयोग देखनेवाले लोगों को यह अहसास जरूर होगा कि जैनेन्द्र ने हिन्दी कथा को एक नई रचनात्मक भाषा दी है—वह भाषा जो लघुता से, संकेत से बहुत बड़ी और गहरी बात कह जाए, फिर भी बड़ी सहज दीखती रहे। जैनेन्द्र में कुछ अटपटे और व्याकरण-असम्मत वाक्य भी दिखाई पड़ेंगे और उन्हें अच्छा नहीं कहा जा सकता किन्तु जैनेन्द्र उस अटपटेपन और व्याकरण-असम्मतता से अपरिचित नहीं होते, बल्कि एक विशेष प्रकार का प्रभाव पैदा करने के लिए उनका सचेत प्रयोग करते हैं। जैनेन्द्र ने कथा की भाषा को काव्यात्मक शक्ति दी है। यह शक्ति तो प्रसाद ने भी दी थी किन्तु प्रसाद की भाषा में मूलतः रूमानी, अरूप तरलता थी जबकि जैनेन्द्र की भाषा में हीरे की-सी चमक और ठोसपन है। वे कुछ खास शब्दों द्वारा एक अरूप वातावरण को रूप देते हैं।—'एक ओर दिवान और शेल्फ जिसमें कुछ किताबें थीं। न यहाँ वजन था, न विस्तार। कहीं पका गाम्भीर्य न था।'

(अन्य उपन्यास—'परख', 'कल्याणी', 'मुक्तिबोध')

इलाचन्द्र जोशी

जोशी जी के उपन्यास कथा-विन्यास की दृष्टि से सामाजिक उपन्यासों की परम्परा में ही आते हैं। अर्थात् उनमें भी कथा की मांसलता, घटनाओं की संकुलता, विविध कथा-मोड़, आरोह-अवरोह आदि उसी तरह पाए जाते हैं जैसे सामाजिक उपन्यासों में। बल्कि यह भी विचित्र बात है कि मनोवैज्ञानिक कहे जानेवाले जोशी जी के उपन्यासों में आकस्मिकता या संयोग के तत्त्व उसी तरह पाए जाते हैं जिस तरह प्रेमचन्दकालीन या रोमैंटिक उपन्यासों में।

इसका कारण क्या है? दो कारण हैं—एक तो जोशी जी मनोवैज्ञानिकता के समर्थक होकर भी पूँजीवाद प्रसूत व्यक्तिवाद के समर्थक नहीं हैं और समाजवाद में भी उनकी आस्था है। वे एक ओर तो व्यक्ति के मन:सत्य का उद्घाटन करते हैं, दूसरी ओर अभिजात वर्ग के अहं पर चोट करते हैं। अभिजातवर्गीय अहं पर चोट करने के लिए वे अपने प्रधान पात्रों को प्राय: पतित, उपेक्षित वर्ग से चुनते हैं। अहं का विलय सामाजिक जीवन के साथ तादात्म्य स्थापित करने से ही हो सकता है। जाहिर है अभिजातवर्गीय संस्कारोंवाले पात्र सहानुभूति से तो जनजीवन के साथ जुड़ते हैं, संस्कारों से नहीं। यह सहानुभूतिमूलक सम्पृक्ति भी अहंकारजन्य ही होती है और चोट खाकर विसर्जित नहीं होती, टुकड़े-टुकड़े भले हो जाए। इसलिए इनके कथानक व्यक्तियों तक सीमित न रहकर बाहर समाज में भी निकलते हैं।

दूसरी बात यह है कि जोशी का मनोविज्ञान बहुत कुछ किताबी है अर्थात् अवधारणामूलक। मनोवैज्ञानिक उपन्यासों की प्रकृति होती है कि वे स्वभावत: समाज की अनेकानेक समस्याओं से विमुख होकर व्यक्ति के भीतर प्रविष्ट हो जाते हैं, व्यक्ति-मन की गहराई में अवस्थित अन्तर्निहित वासनाओं, ग्रन्थियों और जटिल सत्यों (जो उसके समस्त आचरण को परिचालित करते हैं) को तथा मन पर उभरती बाह्य जगत् की सूक्ष्म छायाओं को बिम्बों और प्रतीकों से उद्घाटित करते हैं। इस प्रक्रिया में मनोविश्लेषण के सिद्धान्तों का सहारा जरूर लेते हैं किन्तु विश्लेषित होनेवाला व्यक्ति लेखक के अनुभव से गुजरा हुआ जीवन्त व्यक्ति के रूप में होता है जो अपनी रुचि-अरुचि, सौन्दर्य-बोध, प्रतिक्रिया, चिन्तन के साथ जीवन्त व्यक्ति के रूप में उभरता है। लेखक समाज की अपेक्षा इस व्यक्ति को अधिक विश्वसनीय ढंग से जानता-पहचानता है। इसलिए वह सामाजिक यथार्थ के वैविध्य, संकुलता आदि के चक्कर में न पड़कर व्यक्ति-मन की कथा कहता है और उपन्यास की शैली चाहे जो भी हो, सूक्ष्म भाव से वह आत्मकथा का-सा होता है। किन्तु जोशी जी इस व्यक्ति को नहीं पहचानते, पहचानते हैं उसकी ग्रन्थियों और कुंठाओं को और इस पहचान के लिए वे सहारा लेते हैं मनोविज्ञान के सिद्धान्तों का। इसीलिए जहाँ अज्ञेय और जैनेन्द्र के पात्र अपने में सीमित रहते हुए भी अपने जीवन्त व्यक्तित्व के कारण बहुत सजीव लगते हैं वहाँ जोशी जी के पात्र सामाजिक जीवन से बहुत कुछ जुड़ते हुए भी यांत्रिक लगते हैं। उनकी यात्राएँ और परिणतियाँ सुनियोजित लगती हैं। इतना ही नहीं, जोशी जी वशीकरण-हिप्नोटिज्म आदि का भी प्रयोग करते हैं।

जहाँ तक मनोविश्लेषण के सिद्धान्तों का प्रश्न है, कहा जा सकता है कि जोशी जी पर तीनों प्रमुख मनोविश्लेषणवादियों—फ्रायड, एडलर, युंग—का प्रभाव है किन्तु वे सबसे निकट युंग के हैं क्योंकि वे उसके सामूहिक अचेतनवाद से बहुत दूर तक सहमत हैं। इसके अतिरिक्त जोशी जी पर मार्क्सवाद का भी प्रभाव लक्षित होता है, इसलिए वे अन्तश्चेतना का विश्लेषण कर एक वैज्ञानिक की तरह चुप नहीं हो जाते, वरन् सामाजिक जीवन के साथ अलगाव पैदा करनेवाली उसकी वृत्तियों पर आघात भी करते हैं। मनुष्य का अहंभाव बहुत ही समाज-विरोधी तत्त्व है, वह मनुष्य को लोकजीवन के साथ जोड़ने में बाधा उत्पन्न करता है इसलिए उसका तटस्थ विश्लेषण ही पर्याप्त नहीं है। साहित्यकार के लिए यह भी जरूरी है कि वह अहंभाव के घातक प्रभावों की ओर भी संकेत करे और उसे मारनेवाले उपायों की ओर भी। इसलिए जोशी जी कहीं-न-कहीं अपने को समाज से जोड़ते हुए लक्षित होते हैं।

मार्क्सवाद और मनोविश्लेषणवाद दोनों ने यथार्थवाद के अलग-अलग आयामों का उद्घाटन किया और यथार्थवाद का यह तकाजा था कि यथार्थ पात्रों को चित्रित किया जाए। और यथार्थ पात्र वे हैं जो अपनी हीनताओं और लघुताओं से कटकर केवल महानता में नहीं जीते, वरन् उनको लेकर जीते हैं। किन्तु जहाँ मार्क्सवाद ने उपेक्षित, सामान्य, अभावग्रस्त, शोषित सामाजिक व्यक्तियों को लिया, वहाँ मनोविश्लेषणवाद या व्यक्तिवाद ने व्यक्तिगत हीनताओं और दुर्बलताओं से ग्रस्त मध्यवर्गीय व्यक्तियों को लिया। दोनों ने अपने-अपने ढंग से यह प्रमाणित किया कि ये हीन व्यक्ति ही वास्तविक व्यक्ति हैं किन्तु मार्क्सवादी व्यक्ति नायक अपनी विसंगतियों और हीनताओं के बावजूद एक सामाजिक सत्य तथा उद्देश्य से जुड़ा होता है जबकि मनोविश्लेषणवादी व्यक्ति अपने-आप में अपनी सीमा होता है, परिवेश से कटा होता है। कहा जा चुका है कि जोशी जी के पात्र व्यक्ति होते हैं किन्तु वे समाज से जोड़ते हैं—सामाजिक हित के लिए नहीं, बल्कि उनकी विसंगतियाँ उजागर करने के लिए, उनके अहं को अनावृत करने के लिए, उनके आचरण के वैषम्य को दिखाने के लिए। सामाजिक समस्याओं, परिस्थितियों और हलचलों के बीच पात्र अपनी यौन-कुंठा, हीनता और अहं को लिये चलते हैं। कभी-कभी दूसरे (निम्नवर्ग के) पात्र आते हैं जो इन्हें सामाजिक जीवन की सार्थकता से जोड़ने का प्रयत्न करते हैं। नारी-पात्रों की अवतारणा में जोशी जी की दृष्टि अधिक सामाजिक और मानवीय है क्योंकि वे मानते हैं कि पुरुष के अहंभाव का शिकार सबसे पहले नारी होती है और वह युगों से प्रपीड़ित और शोषित है। इसलिए कहीं-कहीं नारियाँ पुरुष के अहं के प्रति विद्रोह करती हैं जैसे 'जिप्सी' में मनिया ने किया है।

संन्यासी (1941) का नन्दकिशोर एक प्रचंड अहंकारी व्यक्ति है जो अपने अहंकार की तृप्ति के लिए कई स्त्रियों का जीवन नष्ट करता है, न उन्हें शान्ति दे पाता है और न खुद पाता है। अन्त में वह अपने को एक सामाजिक अर्थ से जोड़ना चाहता है अर्थात् संन्यासी होकर नेता बन जाता है और जेल चला जाता है।

पर्दे की रानी (1941) में निरंजना नामक एक वेश्या-पुत्री की ओर बाप और बेटा (मनमोहन और इन्द्रमोहन) दोनों के आकृष्ट होने की कहानी है। दोनों इसे अपनी-अपनी तृप्ति का साधन बनाना चाहते हैं और असफल होने पर विध्वंसक प्रतिक्रियाओं से गुजरते हैं। कालान्तर में इन्द्रमोहन अपनी पत्नी शीला की हत्या कर देता है केवल निरंजना से भोग करने के लिए। निरंजना की घृणा के कारण इन्द्रमोहन भी आत्महत्या कर लेता है।

प्रेत और छाया (1945) में हीनता-ग्रन्थि की भयंकर प्रतिक्रियाओं को दिखाया गया है। प्रकारान्तर से यहाँ भी पुरुष का अहं जाग पड़ता है और वह समूचे संसार से बदला लेकर अपनी हीनता की क्षतिपूर्ति करता है। पारसनाथ को जब झूठे ही उसका अत्याचारी बाप यह बताता है कि वह उसका लड़का नहीं है किसी और से पैदा हुआ है तब पारसनाथ प्रेत की छाया से घिर जाता है। वह अनेक स्त्रियों का सतीत्व नष्ट करता है, एक के बाद एक अनेक स्त्रियों से उसका सम्बन्ध होता चलता है और सबसे स्नेह तोड़ता चलता है। उसके भीतर एक प्रेत बैठा हुआ है जिसने उसे सारी स्त्री-जाति के प्रति असहनशील, सहानुभूतिहीन और क्रुद्ध बना दिया है। अन्त में जब उसे अपने बाप से ही मालूम होता है कि नहीं, वह उसी का बेटा है वह झूठ बोला था, तब उसकी हीनता की ग्रन्थि उखड़ जाती है और घोर पश्चात्ताप करता है। अन्त में जिस स्त्री (हीरा) को धोखा देने की बात सोच रहा था उससे विवाह कर लेता है। सारी आँधी थम जाती है।

निर्वासित (1946) में महीप यौन-कुंठाग्रस्त मध्यवर्गीय व्यक्ति है। आदर्श-वादिता और भावुकता ही उसकी यौन-कुंठा का कारण है। वह आदर्शवादी तो है किन्तु उसका व्यक्तित्व, दृढ़, सुनिश्चित और मूर्त नहीं है इसलिए उसमें प्रेम को पकड़ने की शक्ति भी नहीं है। ऐसे पात्रों की विडम्बना यह होती है कि इन्हें लोग वायवीय और आदर्शवादी मानकर आदर करने लगते हैं। प्रेम के लिए मूर्त भौतिक उत्ताप चाहिए। वह महीप में नहीं है। अत: उसके सम्पर्क में जितनी लड़कियाँ आती हैं उसे सहानुभूति देकर चली जाती हैं। यद्यपि वह उनके सामने प्रणय-निवेदन भी करता है किन्तु सभी—रमा, सुषमा और नीलिमा—उसे गम्भीरता से नहीं लेतीं। प्रेम में हारा हुआ महीप क्रान्ति की योजना बनाता है। वास्तव में उसकी क्रान्ति-योजना दमित-प्रेम का ही 'सब्लिमेटेड' रूप है किन्तु वहाँ भी नहीं टिकता और अन्त में गांधीवादी बनकर लक्ष्मीनारायण सिंह को बचाने के सिलसिले में क्रान्तिकारियों से घायल होता है और जेल में कष्ट के साथ मर जाता है। क्या विडम्बना है कि वह गांधीवादी बनकर एक जालिम जमींदार की रक्षा का निमित्त बनता है और उसकी जान भी जाती है तो एक दुष्ट आदमी को बचाने के लिए। इस मध्यवर्गीय भावुक व्यक्ति की आदर्शवादिता की परिणति कितनी विचित्र होती है। कहा जा सकता है कि इस उपन्यास में मध्यवर्गीय व्यक्ति की यौन-कुंठा को केन्द्र में रखकर भी लेखक ने सामाजिक जीवन की कुछ समस्याओं और चेतनाओं को अभिव्यक्ति दी है।

जिप्सी (1952) जोशी जी के महत्त्वपूर्ण उपन्यासों में से है। कलेवर और प्रकृति दोनों में यह व्यापक है। इसमें स्पष्ट रूप से मनोविश्लेषणवाद और सामाजिक भावना का समन्वय है। प्रकारान्तर से समाजवादी दृष्टिकोण भी उभरा है। नारी-चेतना का ज्वलन्त उद्घाटन भी है। रंजन एक धनी और अभिजातवर्गीय व्यक्ति है, वह मसूरी गया हुआ है, वहाँ वह एक जिप्सी लड़की मनिया को देखता है जिसकी बिसाती की एक छोटी सी दुकान है। रंजन उस पर मुग्ध होकर उसकी सारी दुकान ही खरीद लेता है और मनिया को विवश होकर रंजन की शरण में बैठना पड़ता है। मनिया की माँ अपने निकम्मे पति को मारकर स्वयं आत्महत्या कर चुकी होती है। इस घटना का दुष्प्रभाव तो उसमें अंकित है ही, इधर रंजन द्वारा दुकानहीन कर दिए जाने पर वह बार-बार रंजन पर क्रुद्ध होती है, उसे कड़ी-कड़ी बातें सुनाती है और अन्त में विवश होकर उससे विवाह कर लेती है। यहाँ यह बात ध्यान देने की है कि धनी व्यक्ति एक गरीब का प्रेम पाने के लिए उसे अधिकारहीन बनाता है और उसकी अधिकारहीनता या बेबसी का लाभ उठाकर उसे प्रेम के नाम पर खरीदता है और उसे समता का व्यवहार न देकर उपकृत करने का उसे अहसास कराता रहता है। जब मनिया माँ बनती है तो रंजन को ऐसा लगता है कि मनिया उसके प्रति कम ध्यान देती है। वह ऊबकर मनिया के साथ कलकत्ता चला आता है। वहाँ वह अपने एक मित्र वीरेन्द्र के यहाँ ठहरता है और उसकी सुन्दर पत्नी शोभना के प्रेम के चक्कर में पड़ जाता है। वीरेन्द्र जनसेवक है, उसे रंजन और शोभना के प्रेम सम्बन्धों की न तो खबर है न चिन्ता। मनिया एक जीवन्त नारी है। वह इस प्रणय-लीला से बहुत क्रुद्ध होकर दुखी होती है। और एक दिन रंजन को धक्का देकर घर से निकल पड़ती है तथा वीरेन्द्र की संस्था में शामिल हो जाती है। कलकत्ता में ही उसका चेहरा तेजाब से जलकर कुरूप हो गया रहता है। संस्था में शामिल होने के बाद वह अमेरिका जाकर प्लास्टिक सर्जरी करा आती है। इस बीच वीरेन्द्र का वध हो जाता है। कलकत्ता से कुछ दूर एक स्थान पर (जहाँ रंजन और शोभना बहुत से जवान लड़के-लड़कियों के साथ आनन्द करने के लिए पहुँचे होते हैं) बहुत बड़ा अकाल तथा महामारी फैल जाती है, वहाँ मनिया का दल सेवा के लिए पहुँचता है और वहीं मनिया तथा रंजन की फिर मुलाकात होती है। रंजन उसके नए रूप की ओर आकृष्ट होकर उसे पुनः पाना चाहता है और यह जानकर कि महामारी और दुर्भिक्ष से लड़नेवाली सेवा-संस्था वीरेन्द्र की है (जिसके बारे में शोभना ने बहुत ही अशोभन बातें बताई थीं) वह संस्था के प्रति आदर से अभिभूत हो उठता है। रंजन मनिया के कौशलपूर्ण आग्रह से अपनी सम्पत्ति का बहुत बड़ा भाग संस्था को दे देता है तो भी मनिया उसके साथ नहीं जाती, उसे जनसेवा के रचनात्मक कार्य करने के लिए पुनः पहाड़ भेज देती है।

प्रस्तुत उपन्यास में अभिजातवर्गीय धनी व्यक्ति के अहंकार, भोग-लालसा तथा निम्नवर्ग की एक स्वतंत्र नारी के स्वतंत्र व्यक्तित्व-बोध, सुविधापूर्ण परवशता में उसकी मानसिक छटपटाहट, सहज ईर्ष्या, क्रोध, प्रतिशोध और तेज का जीवन्त चित्रण तो हुआ ही है साथ-ही-साथ वर्गीय सत्यों के पारस्परिक वैषम्य और द्वंद्व तथा श्रमशील

सामाजिक संस्थाओं की सेवा, त्याग का भी सुन्दर अंकन हुआ है और उपन्यास की परिणति सामाजिक सेवा तथा रचनात्मक कर्मों में व्यक्ति के अहं के विसर्जन से हुई है। इसमें आए हुए व्यक्ति अपने परिवेश के संस्कारों और सत्यों में बहुत मूर्त और सजीव हैं। मनिया का चरित्र तो बहुत ही जीवन्त है। वह जिप्सी थी और अन्त में भी वह जिप्सी ही बची—अर्थात् स्वतंत्र। वह श्रमशील, नवचेतनासम्पन्न नारी के समस्त तेज और द्वंद्व को व्यक्त करती है।

जहाज का पंछी (1956) में एक मध्यवर्गीय व्यक्ति आज के समाज के बीच से यात्रा करता है। व्यक्ति पढ़ा-लिखा होकर भी साधनहीन है। जीवन-संघर्ष में उलझा वह व्यक्ति कलकत्ता पहुँचता है और कलकत्ता महानगरी की समस्त यातना और यंत्रणा से गुजरता है। आज का पढ़ा-लिखा और ऊपरी दृष्टि से बहुत जुड़ा हुआ समाज पग-पग पर व्यक्ति को लांछित तथा प्रताड़ित करता है, मारता है और जेल भेजता है आदि-आदि। व्यक्ति भूख और बेबसी से मजबूर होकर क्या-क्या करने पर उतारू नहीं होता। व्यक्ति यदि ईमान, मूल्य और मानवीय संवेदना छोड़कर अपने स्वार्थ में लीन हो जाए तो उसे कोई कष्ट नहीं किन्तु यदि वह ईमानदार और आदर्शवादी है तो 'जहाज का पंछी' के नायक की तरह पग-पग पर गिरता और टूटता है। उसकी आदर्शवादिता कहीं भी असत्य और अन्याय से समझौता नहीं करती। हाँ, काम चलाने के लिए कभी-कभी गलत मार्ग पर जा सकता है किन्तु वहाँ भी गलत काम के फल का उपयोग लोकहित में ही करता है। महानगरों का जीवन और भी विच्छिन्न और असहानुभूतिशील है। 'जहाज का पंछी' का नायक आज के कलकत्ता के सामाजिक जीवन की अनेक विसंगतियों और यंत्रणाओं से गुजरता है। महानगर की भीड़ आपस में कितनी अजनबी, सहानुभूतिहीन और यांत्रिक है, पग-पग पर इसका अहसास नायक को होता है और वह 'जहाज का पंछी' की तरह अपनी ईमानदारी के कारण बार-बार अपनी बेकारी और यातना को लौट आता है। अन्त में एक धनी महिला से भेंट होती है जो उसे प्यार करने लगती है लेकिन उसकी जनवादी आदर्शवादिता उसे धनी महिला के अभिजात संस्कारों के मेल में बैठने नहीं देती और वहाँ से भागकर वह राँची चला जाता है। किसी कदर वहाँ फिर उस महिला से भेंट हो जाती है और वह अपने प्रेमी के लिए सब कुछ छोड़ने को तैयार हो जाती है। तब नायक उसे अपने मेल में पाता है और उसके साथ अपनी जीवन-यात्रा आरम्भ करता है। इस प्रकार परिस्थितियों से ठोकर खाता हुआ समाजवादी विश्वासों का नायक हार नहीं मानता, और अन्त में भी किसी प्रलोभन में नहीं गिरता। प्रेम को तभी स्वीकारता है जब वह उसके प्रगतिशील संस्कार और परिवेश की आँच में तपकर अपना अभिजात संस्कार छोड़ देता है। विषमवर्गीय संस्कारों और आर्थिक स्तरों पर पलनेवाला प्रेम हार्दिक नहीं होता, वह विलास होता है और सुविधानुसार बनता-बिगड़ता है।

(अन्य उपन्यास—'लज्जा', 'मुक्तिपथ', 'सुबह के भूले', 'भूत का भविष्य', 'ऋतु चक्र')

अज्ञेय

हिन्दी में मनोवैज्ञानिक उपन्यासों को प्रौढ़ रूप देने का श्रेय अज्ञेय को ही है। इनके उपन्यास सर्वत्र और सभी रूपों में सर्जनात्मकता की चेतना से सम्पन्न हैं। मनोवैज्ञानिक सत्यों की प्रतीति कराने के लिए इनके पात्र गढ़े गए नहीं मालूम होते हैं। लेखक ने पात्रों के अन्तर्सत्यों का यथार्थ विश्लेषण करने के लिए मनोविज्ञान की दृष्टि को स्वीकारा है, जीवन की अनुभूतियाँ जीवन से ही ली गई हैं, मनोविज्ञान की पोथियों से नहीं। जीवन की अनुभूतियाँ मनोविज्ञान के आलोक में विश्लेषित की गई हैं किन्तु वे ली गई हैं जीवन जीकर ही। इन अनुभूतियों में बेहद सचाई है, तीव्रता है, सूक्ष्मता है। अनुभूति के विविध आयामों को, अनुभूतियों के जटिल संश्लिष्ट सम्बन्धों को, बारीक-से-बारीक बोधों को या बोध के बारीक-से-बारीक स्तरों को इन उपन्यासों में कलात्मक माध्यम से उद्घाटित किया गया है। इसका कारण शायद यही है कि अज्ञेय के सारे उपन्यास स्वयं लेखक के व्यक्तित्व के भीतर से फूटे हैं। जैनेन्द्र और इलाचन्द्र जोशी अपने पात्रों में स्वयं नहीं होते, उनके पात्र एक विशेष प्रकार के प्रयोजन की पूर्ति के लिए गढ़े गए होते हैं। इन पात्रों में उपन्यासकार जो वस्तु आरोपित करता है वह जीवन की आँच के अभाव में नंगी दीखने लगती है क्योंकि उन पात्रों के साथ लेखक स्वयं जिया नहीं होता या यों भी कह सकते हैं कि वे पात्र जीवन जिए नहीं होते। वे तो एक प्रकार की मनोवैज्ञानिक सत्यता की अभिव्यक्ति के लिए गढ़े गए होते हैं, वे विशद सामाजिक सन्दर्भों से जुड़े नहीं होते, बल्कि एकान्त के एकान्त में धँसकर कुछ विशेष मनःसत्यों को खोलने में लगे होते हैं। इसलिए दर्शन और मनोविज्ञान की अनेक भंगिमाओं के बावजूद इन उपन्यासों की जीवनरिक्तता साफ जाहिर हो जाती है। सुनीता के पात्र मध्यवर्ग के हैं, उनका समाज से कोई सरोकार नहीं। पति-पत्नी के सम्बन्ध भी अविश्वसनीय लगते हैं मानो दोनों की अपनी कोई जिन्दगी नहीं है, केवल हरिप्रसन्न की रिक्तता को भरने के लिए ही दोनों की सृष्टि की गई है और हरिप्रसन्न एक निकम्मा-सा व्यक्ति, व्यर्थ का मानी और अधिकार चाहनेवाला...। यानी सामाजिक दृष्टि से ये पात्र अविश्वसनीय, जीवन-ताप शून्य और असामान्य हैं परन्तु एक विशेष उद्देश्य की पूर्ति के लिए तीनों पात्रों की सृष्टि की गई है। इलाचन्द्र जोशी के पात्र सामाजिक सन्दर्भों से जुड़े रहते हैं। वे हर जगह प्रवाह में जीते और बहते हैं। वे समाज की ऊँचाइयों, नीचाइयों के विषम धरातल से गुजरते हैं किन्तु स्थान-स्थान पर मनोवैज्ञानिक सत्य आरोपित कर दिए जाते हैं यानी बीच-बीच में वे सत्य मनोवैज्ञानिक सिद्धान्त या मंत्र बनकर पात्रों पर चिपक जाते हैं। इस द्विधा की स्थिति में इनके भी पात्र कभी-कभी बहुत ही असहज अविश्वसनीय विकास प्राप्त कर लेते हैं किन्तु अज्ञेय के उपन्यासों के बारे में यह नहीं कहा जा सकता क्योंकि इनके उपन्यास इनके व्यक्तित्व के माध्यम से फूटे हैं। ऐसा लगता है मानो अपने सारे उपन्यासों में ('अपने-अपने अजनबी' को छोड़कर) नायक के रूप में

वे स्वयं हों। चूँकि वे स्वयं हैं और उनकी स्वयं की जिन्दगी अनुभूतियों की दृष्टि से बड़ी समृद्ध जिन्दगी रही है—यानी उन्होंने जीवन जिया है, जीकर जीवन के सत्यों को पाया है—अत: उनके उपन्यासों में जीवन की सही अनुभूति और संवेदना उभरती है। जीवन की वास्तविक अनुभूति और संवेदना से अलग हटकर इन्होंने कहीं भी मनोविज्ञान के सिद्धान्तों को जोड़ा नहीं है, पात्रों पर थोपा नहीं है। अपने व्यक्तित्व के अनुभव की आँच में जो कुछ कहते हैं उसमें सचाई की प्रखरता और बोधों की सूक्ष्मता लक्षित होती है। इनके भी पात्र असामान्य हैं या कि विशिष्ट हैं। लेकिन इन पात्रों की असामान्यता या विशिष्टता इनके असामाजिक होने में नहीं है बल्कि इनकी अतिरिक्त संवेदनशीलता, सौन्दर्यचेतना या प्रबुद्धता में है। व्यापक अर्थ में इनके पात्र सामाजिक हैं किन्तु अपने व्यक्तित्व का विलय करके नहीं, उसे प्रबुद्ध करके—'नदी के द्वीप' की तरह, धारा से संस्कार पाते हुए मगर अपनी इयत्ता में अलग। व्यक्तित्व की प्रखरता के कारण इनके पात्र जीवन्त पात्र लगते हैं। जीवनानुभवों की सघनता के कारण मनोवैज्ञानिक सिद्धान्त अलग नहीं उभर पाते, वे जीवनानुभव के ही अंग बन जाते हैं। अत: यह भी कहा जा सकता है कि अज्ञेय ने मनोविज्ञान के सिद्धान्तों को सिद्धान्त बनाकर प्रस्तुत नहीं किया है, उनका आलोक लिया है और उस आलोक में जीवन जीते हुए मनुष्य की अनुभूतियों, बोधों, मन:स्थितियों, चेतन-अवचेतन-स्थित सत्यों और उनके द्वंद्वों तथा उनसे परिचालित प्रभावित होते हुए आचारों-विचारों को ही गहराई और सूक्ष्मता से विवृत किया है।

शेखर : एक जीवनी (दो भाग : 1941-44) : यह जीवनी के रूप में लिखा गया उपन्यास है। जीवनी-प्रधान उपन्यास मनोविज्ञान के प्रभाव के कारण अस्तित्व में आए हैं। उपन्यास के प्रतिष्ठित शिल्प से इसका शिल्प कुछ अलग है। इसका वस्तु-गठन भी प्रचलित वस्तु-गठन से भिन्न प्रकार का है और जीवन के महत्त्वपूर्ण माने गए समयों और सन्दर्भों के स्थान पर इसमें दैनिक जीवन की सामान्य सी दिखनेवाली बातों का सूक्ष्म आकलन और अंकन मिलता है। ये सामान्य सी दिखनेवाली बातें ही यथार्थ व्यक्तित्व की यथार्थ अंग हैं। वे ही व्यक्तित्व की स्वाभाविक अभिव्यक्तियाँ हैं, उन्हीं से हम जीवन की वास्तविकता का पता लगा सकते हैं। हर घटना, हर चित्तवृत्ति, हर कार्य, हर क्षण-सत्य (जो महत्त्वहीन दिखाई पड़ता है) हमारा वास्तविक जीवन है, इन्हीं से हम बनते हैं, इन्हीं से अभिव्यक्त होते हैं। यह जीवनी किसी महापुरुष की नहीं होती, उस यथार्थ मनुष्य की होती है, जो अपने भीतर ही हर क्षण अलग-अलग मनुष्यों को जीता है। यह मनुष्य मनुष्य होने के अतिरिक्त और कुछ नहीं होता, न भला, न बुरा, न पापी, न पुण्यात्मा, न ऊँचा, न नीचा...। वह आदमी होता है मानव-जीवन के अनुभवों को समेटता हुआ। और आदमी होने के नाते वह हर मनुष्य के भीतर छिपे आदमी को छूता है, प्रभावित करता है। अज्ञेय जी के ही शब्दों में, "शेखर कोई बड़ा आदमी नहीं है, वह आधा भी आदमी नहीं है। लेकिन वह मानवता के संचित अनुभव के प्रकाश में ईमानदारी से अपने को पहचानने की कोशिश कर रहा है। वह अच्छा संगी भी नहीं हो सकता है, लेकिन उसके अन्त तक

उसके साथ चलकर आपके उसके प्रति कठोर भाव नहीं होंगे, ऐसा मुझे विश्वास है। और, कौन जाने आज के युग में जब हम, आप सभी संश्लिष्ट चरित्र हैं, तब आप पाएँगे कि आपके भीतर भी कहीं एक शेखर है, जो बड़ा अच्छा भी नहीं, लेकिन स्वतंत्र और ईमानदार है, घोर ईमानदार।"

और जीवनी? जीवनी छोटी-बड़ी घटनाओं का इतिवृत्त नहीं, मानसिक स्थितियों का अध्ययन प्रस्तुत करना जीवनी नहीं, ये जीवनी में होते हैं परन्तु साध्य बनकर नहीं। ये तो साधन होते हैं उन सूत्रों को खोजने के, जो होते हैं प्रत्येक के जीवन में किन्तु जिन्हें देखने की शक्ति सदा नहीं होती—"वह तो तब मिलती है जब किसी घटना की चोट से जीवन दीप्त हो उठता है, या तब, जब यातना की तीव्रता से व्यक्ति ही सूक्ष्मद्रष्टा बन जाता है।" अत: जीवनी-प्रधान उपन्यासों में जीवनी की तरह एक के बाद एक घटनाएँ आती रहती हैं, एक-दूसरे से सम्बद्ध या असम्बद्ध, किन्तु उन घटनाओं को या उनके प्रभावों को एक शृंखला में रख देना उपन्यास का कार्य नहीं होता, वह तो उनके बीच खोए हुए उन सूत्रों को खोजता है जो मानव को मानव से जोड़ते हैं, जो संश्लिष्ट व्यक्तित्व के सत्यों को उजागर करते हैं, अत: उन छोटी-छोटी दिखनेवाली घटनाओं और प्रभावों का भी चयन करना होता है, एक वांछित क्रम में नियोजन करना होता है।

और शेखर एक सच्चा मनुष्य है—वह महान भी है और दीन भी। महान इसलिए है कि उसकी जिज्ञासा में लगन है, निष्ठा है, दीन इसलिए है कि तीव्रता के कारण ही वह कई जगह सच्चा शोधक न रहकर केवल हेतुवादी रह जाता है और उसका हेतुवाद (ration alisation) करुण और दयनीय जान पड़ने लगता है।

'शेखर : एक जीवनी', एक ऐसे व्यक्ति की जीवनी है जो अपनी अनुभूतियों के प्रति बेहद ईमानदार है। व्यक्ति के रूप में वह बचपन से ही जो अनुभव करता है, जो जिज्ञासाएँ उसके मन में पैदा होती हैं, विभिन्न प्रकार की घटनाएँ जो प्रतिक्रियाएँ बनती हैं और जीवन जीने के सहज क्रम में जो प्रश्न पैदा होते रहते हैं उन सबके प्रति वह ईमानदार है। वह, वह सब कुछ नहीं स्वीकारता जिसे स्वीकारने में उसकी प्रश्नाकुल आत्मा को समाधान नहीं मिलता, उसके अनुभव को तृप्ति नहीं मिलती। वह शुरू से ही एक प्रबुद्ध चेतना से सम्पन्न बालक है। प्रबुद्ध चेतना इस अर्थ में नहीं कि वह प्रौढ़ता प्राप्त है बल्कि इस अर्थ में कि संसार की हर क्रिया, हर गति, हर सत्य, हर असत्य को अनुभव से जान लेने की उसमें तड़प है। यह तड़प असहज नहीं है, यह सबमें होती है किन्तु अधिकांश बालकों की यह प्रश्नाकुलता आरोपित सत्यों के नीचे दबकर अकाल ही कुंठित हो जाती है। शिशु अपने परिवेश के यथार्थ से बेखबर भोला-भाला अबोध जीव नहीं होता, शुरू से ही वह छाप ग्रहण करने लगता है। बाल जीवन ही हमारे अनन्त संस्कारों और मानसिक बनावट का काल होता है। वह स्वतंत्र आता है परन्तु स्वतंत्र होकर सोचने-विचारने नहीं पाता। "कहते हैं कि मानव अपने बन्धन आप बनाता है, पर जो बन्धन उत्पत्ति के समय से ही उसके पैरों में पड़े होते हैं और जिनके काटने में अनेक के जीवन बीत जाते हैं, उनका उत्तरदायी कौन है? ये

बन्धन शिशु-जीवन के लिए कितने घातक होते हैं? इन बन्धनों के संस्कार लेकर वह आगे व्यक्ति बनता है। शिशु शायद जिस समय एक आकारहीन मांसपिंड भर होता है तभी से वह एक अमिट छाप ग्रहण करने लगता है, जो उसको उत्पन्न करनेवाली तात्कालिक शक्तियों की ही नहीं होती, वरन् उससे पहले हुई असंख्य घटनाओं और बाद में होनेवाले असंख्य परिवर्तन की भी होती है...यह छाप पड़ जाती है, और पड़ी रहती है व्यक्त नहीं होती, हमारी चेतना में नहीं आती—तब तक जब तक कि किसी आकस्मिक प्रेरणा की चोट से किसी समझ न आनेवाले आघात से वह स्पष्ट होकर लहर की तरह हमारे जीवन में नहीं फैल जाती।"

शेखर एक ईमानदार व्यक्ति है अपनी अनुभूतियों और जिज्ञासाओं के प्रति बेहद ईमानदार। नई-नई परिस्थितियों में नए-नए प्रश्न उठते हैं इसके मन में, और वह अनुभव करता चलता है, सीखता चलता है। वह अनुभव से सीखता है कि व्यक्ति की जिज्ञासाओं को, और प्रश्नों को उत्तरित न कर या गलत ढंग से उत्तरित कर समाज उसकी स्वतंत्रता का हनन करता है, उसे शुरू से ही अपने ढाँचे में ढालने का प्रयत्न करता है और असत्य के उपकरणों से उसके व्यक्तित्व का निर्माण करता है। शेखर ईमानदार और प्रबुद्ध है इसलिए अपनी सहज निर्लिप्त मानवीयता की आँच में सब कुछ देखता है, एक-एक प्रश्न उसे मथता है (प्रश्न उसके चिन्तन या अध्ययन के परिणाम नहीं हैं, बल्कि बाल-सुलभ जिज्ञासाओं के रूप हैं) उसका समाधान पाना चाहता है। लोगों से पूछता है लोग उत्तर देने से कतराते हैं या गलत उत्तर देते हैं। शेखर को सन्तोष नहीं होता। वह अनेक घटनाओं को देखता है। उन घटनाओं के साथ परिवार द्वारा दिए गए समाधानों को मिलाता है और उसे लगता है कि उसे गलत बताया गया है, कुछ ऐसा बताया गया है जो इन घटनाओं के साथ मेल नहीं खाता। वह हर देखे हुए, सुने हुए सत्य को अनुभव में उतारना चाहता है। अनुभव के ताप में तपाकर उसे पाना चाहता है और तब उसे लगता है कि उसके चारों ओर असंगतियाँ हैं, असत्य के बन्धन हैं और उसके मन में असत्य के प्रति, असंगतियों के प्रति, एक पिटी हुई गलत लीक के प्रति आक्रोश और विद्रोह पैदा होता है, विद्रोह होता है। इसीलिए हिन्दी के कई आलोचकों ने शेखर को भयंकर अहंवादी, समाज-विद्रोही कहा है। " 'जीवनी' की मूलभूत प्रेरणा क्रान्तिकारी या विद्रोहात्मक है। क्रान्ति और विद्रोह किसके प्रति? 'जीवनी' में क्रान्ति और विद्रोह स्वयं अपना लक्ष्य है। यह एक मनोवृत्ति ही नहीं, एक स्वतंत्र जीवन-दर्शन है, विद्रोह किसी वस्तु या स्थिति के प्रति नहीं, सम्पूर्ण वस्तुओं और सारी स्थितियों के प्रति। सृष्टि के प्रति, क्योंकि वह अधूरी और अपूर्ण है : समाज के प्रति, क्योंकि वह संकीर्ण है और विकास की विघातक है। सभी संस्थाओं के प्रति, समस्त रीतियों के प्रति, जीवन-मात्र के प्रति विद्रोह क्रान्तिकारी की स्वाभाविक प्रवृत्ति है। विद्रोह के पश्चात्? कुछ नहीं क्योंकि निर्माण भी विद्रोह ही है, विद्रोह में ही निर्माण है। इसलिए शेखर के विद्रोही व्यक्तित्व के प्रति लेखक को इतनी निष्ठा है। प्रकृति की अपूर्णता के विरुद्ध संघर्ष तथा समाज के बन्धनों के विरुद्ध संघर्ष—शेखर की क्रान्तिकारी जीवन की यही धारा है। इस

विद्रोह का परिणाम अति भयानक है जो शेखर के चरित्र को अत्यधिक आसक्तिपूर्ण, व्यक्तिवादी और यातनामय ही नहीं बनाता, उसे एक असामाजिक नृशंस और घातक व्यक्तित्व के रूप में भी उपस्थित करता है।"[1]

वाजपेयी जी की यह धारणा सही नहीं है। यह धारणा उस मनोवृत्ति का परिणाम है जो जीवन-सत्यों को भोगकर पाने के स्थान पर धरोहर रूप में पाना चाहती है। इस प्रकार से हम समाज से पाए हुए सत्य के साथ सामंजस्य स्थापित कर चलना चाहते हैं। यह सत्य हमारे भीतर आन्दोलन नहीं जगाता, प्रश्न नहीं उठाता, सन्देह नहीं पैदा करता बल्कि विश्वास के साथ उसे व्यक्तित्व में धारण कर लेने की अन्ध आस्था भर देता है। इस तरह रूढ़ अर्थ में व्यक्ति को सामाजिक मान लिया जाता है क्योंकि वह समाज की बनी-बनाई नैतिकता, सत्य-धारणा और मूल्यों को ओढ़ लेता है। शेखर ऐसा नहीं करता। वह ईमानदार है सबसे पहले अपनी अनुभूति के प्रति। इसलिए कदम-कदम पर उसे अनुभव के माध्यम से सत्य को पाने की तड़प होती है और उसकी आँच-सी उठती हुई संवेदनशीलता, उसकी मानवीय प्रश्नाभिमुखता को असत्य की राख से ढक देने का प्रयास किया जाता है। उसकी संवेदनगत प्रखरता और प्रश्नाकुलता इस राख के नीचे छटपटाती है और कुछ समय के बाद उसे उठाकर फेंक देती है और इस निश्चय पर पहुँचती है कि नहीं, यह राख वह सत्य नहीं थी जिसे वह पाना चाहता था। यह कहना सर्वथा आधारहीन है कि शेखर का व्यक्तित्व असामाजिक, नृशंस और घातक है या कि वह निरुद्देश्य विद्रोह करता है। वह तो समाज की असंगतियों के बीच संगति और सत्य पाने का आकांक्षी है। संगति और सत्य के नाम पर स्थापित असंगति और असत्य की बड़ी-बड़ी मूर्तियाँ उसे सन्तोष नहीं दे पातीं, उसे चोट पहुँचाती हैं और उन पूज्य मूर्तियों को तोड़ देने में उसे कोई हिचक नहीं होती। किन्तु क्या इन्हें तोड़ पाना इतना आसान है? शेखर अपने को सर्वत्र अकेला पाता है। उसकी सी प्रखर संवेदनशीलता, प्रश्नाकुलता, सत्यान्वेषणशीलता अन्यत्र दुर्लभ है। वह सन्तुष्ट नहीं हो पाता। अत: वह कहीं भी समझौता नहीं कर पाता। वह अकेला है—परिवार में, समाज में। वह अपने मन के भीतर भले इन असत्यों और असंगतियों की स्थापित मूर्तियों को तोड़ता हो, समाज के भीतर उन्हें तोड़ पाना इतना आसान तो नहीं। वह अकेला है। और जब वह इन मूर्तियों को तोड़ नहीं पाता तो कुंठित होता है। उसका आक्रोश जागता है और एक अद्‌भुत वेदना और पीड़ा से उसका मन भर जाता है। सच पूछिए तो इतना विद्रोही, अहंकारी दीखनेवाला शेखर वेदनामय है। वह हर संघर्ष के बाद वेदना ही पाता है और इसी वेदना से उसे जीवन-दृष्टि मिलती है। वह वेदना उसे माँजती है, उसकी संवेदनाओं को समृद्ध करती है और जीवन के प्रति सत्यान्वेषी दृष्टि देती है। अज्ञेय ने वेदना को सिद्धान्त रूप में भी बड़ा शक्तिशाली माना है। वे 'शेखर : एक जीवनी' की भूमिका के प्रारम्भ में ही कहते हैं—'वेदना में एक शक्ति है जो दृष्टि देती है। जो

1. नन्ददुलारे वाजपेयी : आधुनिक साहित्य, पृ. 175

यातना में है वह द्रष्टा हो सकता है'...शेखर...घनीभूत वेदना की केवल एक रात में दीखे हुए (विज़न) को शब्दबद्ध करने का प्रयत्न है।

दुख सबको माँजता है
और
चाहे स्वयं सबको मुक्ति देना वह न जाने, किन्तु
जिनको माँजता है
उन्हें यह सीख देता है कि सबको मुक्त रखें।

शेखर ने अपने अनुभव से जाना है कि अहन्ता, भय और सेक्स—ये तीन महती प्रेरणाएँ हैं जो प्रत्येक मानव के जीवन का अनुशासन करती हैं। मानव इन्हें अपनी मानवता के साथ ही पाता है, बाद की परिस्थिति या व्यवहार से नहीं। इन मूलभूत प्रश्नों को शेखर अपने जीवन की घटनाओं से प्रत्यक्ष कराता है और इन प्रश्नों से सम्बद्ध प्रश्न और उपकरण उसकी सत्यान्वेषी दृष्टि और प्रबुद्ध संवेदन को झकझोरते हुए गुजरते चलते हैं, वह जीवन जीता चलता रहता है। ईश्वर मनुष्य के स्वतंत्र चिन्तन और विकास के लिए एक बहुत बड़ा प्रश्नचिह्न बना हुआ है। मनुष्य परम्परा से ईश्वर के अस्तित्व को ओढ़ता आया है। शेखर को बचपन से ही इस कहीं न दिखनेवाली और हर जगह टाँग अड़ानेवाली सत्ता के प्रति सन्देह है। वह बार-बार उसके अस्तित्व को देखना चाहता है परन्तु वह अनुभव से सीखता है कि सारे कार्य ईश्वर के बिना होते चल रहे हैं। झूठ-मूठ में यह कल्पित शक्ति हमें आतंकित किए हुए है। शेखर जीवन जीने की प्रक्रिया में तमाम प्रश्नों से जूझता है, उन प्रश्नों का उत्तर वह फार्मूलों से नहीं, अपने अनुभवों और अन्वेषण से पाना चाहता है। इसीलिए वह फार्मूलावादी लोगों के साथ खप नहीं पाता। देश-प्रेम, मानव-प्रेम, छुआछूत, जातिभेद, शिक्षा-दीक्षा आदि न जाने कितने प्रश्न इस उपन्यास में शेखर के अनुभवों के क्रम से उभरते हैं और शेखर के अनुभवों और वेदना के माध्यम से नया ताप दे जाते हैं। यह ताप बड़ा ही सामाजिक है। सामाजिक व्यवस्था को (जो रूढ़ नैतिकता, अमानवीय मर्यादा और व्यक्तित्वहन्ता समूह स्वीकृति से निर्मित है) तोड़ना सामाजिकता के विरुद्ध विद्रोह नहीं है वरन् यह सामाजिकता को नई अर्थ चेतना से सम्पृक्त करने का आयोजन है, उसकी कुन्द, निस्पन्द जड़ चेतना के भीतर से चोट मार-मारकर चिनगारियाँ उभारने का शुभ प्रयत्न है। यह व्यक्तित्वों का गला घोंटनेवाली यांत्रिक सामूहिकता के प्रति विद्रोह है। मैं मानता हूँ कि 'शेखर : एक जीवनी' में नकारात्मकता ही अधिक है, इस नकारात्मकता का कोई समाधान प्रस्तुत नहीं किया गया है। किन्तु यही इसकी शक्ति भी है। समाज की अन्धी सामाजिकता के प्रति समर्थन और उसके प्रश्नों के काल्पनिक (फार्मूलावादी) समाधानों से अधिक सत्य और भास्वर है उसकी अस्वीकृति और निरन्तर प्रश्नाकुलता।

'शेखर : एक जीवनी' में छोटी जातियों की अवमानना, गरीबी और दुर्दशा का भी चित्र है। राष्ट्रीय आन्दोलन की घटनाओं का भी चित्र है और बहुत से सामाजिक कहे जा सकनेवाले प्रसंग आए हैं किन्तु 'शेखर : एक जीवनी' का मूल स्वर मनोवैज्ञानिक

है। शेखर का व्यक्तित्व अनेक व्यक्तित्वों के सम्पर्क में आकर उनके घात-प्रतिघात से किस प्रकार प्रभाव ग्रहण करता चलता है, विकसित होता चलता है, और उसकी संवेदनाएँ किस प्रकार नए-नए आयामों को छूती चलती हैं, अपनी वेदना के भीतर से उसे कैसे जीवन का नया रस प्राप्त होता चलता है, इन सबका बड़ा ही सूक्ष्म और मार्मिक उद्घाटन हुआ है। इस प्रकार 'शेखर' के जीवन में जो मुख्य पात्र आते हैं वे हैं उसके पिता (जो आवेश में आततायी थे और आवेश बरस जाने पर सखा), माँ (जो आवेश की कमी के कारण निर्दय थीं। जब वे कुछ नहीं कहती थीं तो शेखर को लगता था वह मीठी आँच पर पकाया जा रहा है।) भाई (जो एक तरह से अपने समर्पणवादी व्यक्तित्वों के नाते शेखर से असम्पृक्त थे), बहन सरस्वती (जो शेखर को विश्वास और स्नेह दे सकी और जो शेखर का आदर और विश्वास प्राप्त कर सकी), मौसेरी बहन शशि (जो शेखर के लिए स्नेह और करुणा की सजीव प्रतिमा थी), बाबा मदनसिंह। इनके अतिरिक्त और भी पात्र आते हैं और शेखर को कहीं गहरे छूकर चले जाते हैं। शारदा, शान्ति आदि शेखर के स्नेह को खींचती हैं किन्तु शेखर के जीवन में सबसे अधिक स्थायी प्रभाव पड़ता है शशि का। शशि उसकी बहन ही नहीं है बहुत कुछ है—वह बहन होकर भी मात्र बहन नहीं। वह मानो शेखर के अन्तश्चेतन में पुंजीभूत प्रेम की एक संश्लिष्ट प्रतिमा है। शेखर कहता है—"कब से तुम्हें बहन कहता आया हूँ पर बहन जितनी पास होती है, उतनी पास तुम नहीं हो, इसलिए वह जितनी दूर होती है—उतनी दूर भी तुम नहीं हो।" और जब शशि ने पूछा कि 'क्या अभिप्राय है तुम्हारा, शेखर?' तो शेखर उत्तर देता हुआ मानो अपने भीतर निर्मित शशि के अस्पष्ट किन्तु पूर्ण बिम्ब को ही उद्घाटित करता है—"अभिप्राय मैं नहीं जानता, तुम्हें जानता हूँ और जानता हूँ कि जितने स्वप्न मैंने देखे हैं, सब तुममें आकर घुल जाते हैं।"

शशि रामेश्वर की पत्नी है और रामेश्वर जैसा समाजसिद्ध पति शेखर और शशि का सम्बन्ध कैसे बर्दाश्त कर सकता है। वह शशि को अपमानित कर, ठोकर मारकर घर से निकाल देता है। वह शेखर के साथ रहने लगती है—मानसिक यातना और क्षय रोग को लेकर। शेखर की करुणा और स्नेह भी शशि को बचा नहीं पाते। वह शेखर के व्यक्तित्व को यातना का प्रकाश देकर सदा के लिए चली जाती है।

'शेखर : एक जीवनी' जीवनी शैली का उपन्यास है। अत: इसमें पात्रों की परस्पर अनुस्यूत शृंखला आद्योपान्त नहीं लक्षित होती और न तो ये पात्र घटना या कथा के विकास के साधन के रूप में ही दिखाई पड़ते हैं। ये पात्र शेखर की जीवनधारा में मिलनेवाले अलग-अलग व्यक्तित्वोंवाले पात्र हैं जो अपनी-अपनी विशेषताओं के कारण अपनी इयत्ता तो रखते ही हैं, साथ ही शेखर के व्यक्तित्व को कहीं-न-कहीं प्रभावित करते हैं—कहीं टकराकर, कहीं मेल खाकर। इन पात्रों को लेखक ने भीतर से देखने की चेष्टा की है। अर्थात् वे पात्र घटना-प्रवाह या कथाधारा के विकास के साधन नहीं बनाए गए हैं, जीवन के अनुभवों, मानस-सत्यों और जीवन-मूल्यों के आन्तरिक धरातलों पर प्रतिष्ठित कर विवेचित किए गए हैं। बाबा मदनसिंह इस उपन्यास के बड़े ही शक्तिशाली चरित्र हैं—शक्तिशाली इस अर्थ में कि वे जीवनानुभव के बड़े

धनी व्यक्ति हैं और जो कुछ सीखा है जीवनानुभव से सीखा है और जो सत्य सीखा है वह इतना प्रखर है, इतना भास्वर है कि शेखर जैसा बहुत पढ़ा-लिखा, अनुभवों से सीखनेवाला विद्रोही स्वभाव का व्यक्ति भी उनसे बड़ा प्रभावित होता है और अनेक प्रश्नों पर उनसे समाधान माँगता है। लेकिन कुछ कम पढ़े-लिखे, जीवनानुभव के धनी बाबा मदनसिंह ने सबसे बड़ी बात तो यह सीखी है कि अपने अनुभवों से समाधान तक पहुँचो, औरों के समाधान आपके प्रश्नों के ठीक उत्तर नहीं हो सकते। "पीड़ा तपस्या है, किन्तु असली तपस्या तो जिज्ञासा है—क्योंकि वह सबसे बड़ी पीड़ा है।"

शेखर को प्रचंड अहंवादी (इस अर्थ में कि वह अपने ही को सबसे श्रेष्ठ मानता है और सारे पात्रों का विसर्जन अपने लिए चाहता है) कहनेवाले आलोचकों को इस बात की ओर ध्यान देना चाहिए कि शेखर सीखता चलता है, वह जिज्ञासु है, और वह बाबा मदनसिंह के अनुभवों से तो बहुत कुछ सीखता ही है, रामजी और मोहसिन जैसे अपराधियों के व्यक्तित्वों में भी ऐसा प्रकाश देखता है कि अपने को कभी-कभी छोटा अनुभव करने लगता है। सबसे बड़ी बात यह है कि आदमी को सिद्धान्तों की आँख से नहीं देखा जा सकता। उनके अनुभवों के ढेर में पता नहीं कहाँ, क्या प्रकाश छिपा है, खुली आँखों देखने से ही उसकी प्राप्ति हो सकती है।

'शेखर : एक जीवनी' का मनोविश्लेषण पक्ष बड़ा ही समृद्ध है। व्यक्ति मन के सूक्ष्म-से-सूक्ष्म अनुभवों को, अन्तर्द्वंद्वों को, बाहरी जगत् के प्रति प्रतिक्रियाओं को, अवचेतन स्थित उलझी हुई संवेदनाओं को, मन में उभरती हुई जिज्ञासाओं और प्रश्नों को बड़ी मार्मिकता से अंकित किया गया है। इस अंकन-क्रिया में बिम्बों और घटनाओं का सहारा लिया गया है। इस प्रकार यह न तो मनोविज्ञान का सूखा विश्लेषण है और न तो आदर्शवादी कला का रंगीन, सिद्ध और उदात्त किन्तु स्थूल चरित्र-सर्जन। अज्ञेय भाषा की शक्ति को दुहना जानते हैं, वे दुहते मात्र नहीं हैं, नव शक्ति-सर्जन भी करते हैं। अत: इनके गद्य में भाषा की बारीक-से-बारीक, नूतन छवियाँ उभरती हैं और उन नूतन छवियों का उपयोग वे बारीक-से-बारीक उलझी-से-उलझी मन:स्थिति और सौन्दर्यबोध को चित्रित करने में करते हैं। 'शेखर : एक जीवनी' में बिम्बों की छवि दर्शनीय है। साथ ही साथ छोटी-छोटी घटनाएँ इन मन:स्थितियों और बोधों को सिद्धान्त के स्तर से उबारकर जीवित रूप देती चलती हैं। शेखर के मन के भीतर कहीं बहुत गहरे अनेक संवेदनाएँ कसमसाती हैं। वय:सन्धि की संवेदनाओं को लीजिए—वय:सन्धि की अवस्था में मन में सौन्दर्य और प्रेम का जो नया स्वर उभरता है वह बड़ा ही अद्भुत होता है। कुछ उभर रहा है ऐसा तो ज्ञात होता है किन्तु वह क्या है ज्ञात नहीं होता। शेखर का मन भी महमहाता है, सुन्दर चीजों के प्रति उसे आसक्ति होती है, यह सब क्या है? क्यों है? उसे पता नहीं चलता। लेखक ने शेखर की इस मन:स्थिति का बड़ा ही मनोवैज्ञानिक किन्तु कलात्मक विश्लेषण किया है, वह सत्य भी है, सुन्दर भी।

'शेखर : एक जीवनी' के सम्बन्ध में दो बातें और कहनी हैं—एक तो यह कि शेखर अपनी अतिप्रबुद्धता में अविश्वसनीय लगने लगता है। इसका अर्थ यहाँ स्पष्ट

कर लें नहीं तो भ्रान्ति होने की आशंका हो सकती है। शेखर कुल मिलाकर बड़ा ही सजीव और वास्तविक पात्र है। वह अपनी बाल-सुलभ जिज्ञासाओं, मनोमंथनों और व्यवहारों के नाते अत्यन्त प्राणवान लगता है किन्तु शेखर बचपन में ही बहुत कुछ पढ़-लिख लिया प्रतीत होता है, कई भाषाओं की ऊँची-से-ऊँची कविताओं का अर्थ समझता है और कभी-कभी बड़े गहन-गहन प्रश्न उठाता है और अनुभव प्राप्त करने के लिए बड़े-बड़े खतरों से लड़ता है। ये सभी बातें उसकी अवस्था से जरा ऊपर की लगती हैं। वह असामान्य है और असामान्य होकर भी इतना जीवन्त और व्यक्तित्वसम्पन्न है किन्तु असामान्यता की भी तो एक सामान्यता होती है। दूसरी बात यह कि शेखर एक रात के समय बिन्दु पर खड़ा होकर अपने पिछले जीवन को देखता है। और वह अपने बचपन की बहुत सी छोटी-बड़ी घटनाओं को याद करता है, इतना ही नहीं, विभिन्न परिस्थितियों में या दैनिक जीवनचर्या में उसकी क्या मन:स्थितियाँ थीं, छोटी-छोटी घटनाएँ उनके मन पर क्या प्रतिक्रियाएँ छोड़ती थीं, इन सबका बड़ा ही सूक्ष्म रूप शेखर की स्मृति में उभर उठता है। यह सम्भव नहीं लगता। कोई भी व्यक्ति अपने बचपन के सूक्ष्म-से-सूक्ष्म रेशे को स्मृति में इस तरह नहीं उभार सकता। कुछ घटनाएँ और उनकी प्रतिक्रियाएँ तो याद रह जाती हैं किन्तु सामान्य-से-सामान्य बात और उसकी मानसिक प्रतिक्रिया, मनोमंथन आदि इतनी प्रखरता से याद नहीं रह पाते। यदि उपन्यास इतिहास-शैली में हो तो कोई दिक्कत नहीं होती। लेखक तटस्थ द्रष्टा की तरह किसी भी पात्र का मनोमंथन चित्रित कर सकता है किन्तु आत्मकथा शैली में (शेखर स्वयं अपनी कथा कहता है—कभी उत्तम पुरुष में, कभी अन्य पुरुष में) सीमाएँ बन जाती हैं। वहाँ देखना होता है कि यह पात्र अपने जीवन को कितनी स्वाभाविकता से याद कर सकता है। 'शेखर : एक जीवनी' के जीवनी शिल्प के कारण उपर्युक्त प्रश्न खड़ा होता है। यदि वह इतिहास शैली में होता तो यह प्रश्न खड़ा नहीं होता।

नदी के द्वीप (1951) : 'नदी के द्वीप', अज्ञेय का दूसरा मनोवैज्ञानिक उपन्यास है। इस उपन्यास में मूलत: यौन सम्बन्धों को केन्द्र बनाकर जीवन की परिधि में घूमा गया है। 'शेखर : एक जीवनी' के विपरीत इसमें घटनाएँ बहुत कम हैं। विभिन्न कोणों पर खड़े होकर लेखक ने बार-बार पात्रों की मन:स्थितियों का चित्र खींचा है या यों कहा जाए कि पात्र बाहर बहुत कम जीते हैं, भीतर-ही-भीतर जीते हैं, आत्म-मंथन करते हैं और मंथन के फलस्वरूप जो सत्य उपलब्ध होते हैं उन्हें कभी सूक्तियों के रूप में, कभी आत्मानुभूतियों के रूप में व्यक्त करते हैं। बाहर की जिन्दगी स्वल्प है किन्तु ये पात्र इतने संवेदनशील हैं कि बाहरी जिन्दगी की एक छुअन इनके भीतर के तारों को झनझना देती है। एक तार की झनझनाहट दूसरे तार को छू लेती है, दूसरे की तीसरे को और इस तरह उनके भीतर झनझनाहटें तैरती रहती हैं—(आपस में उलझी हुई, लिपटी हुई।) लेखक पात्रों की इस भीतरी जिन्दगी—जो सेक्स के केन्द्रबिन्दु पर चक्कर काटती रहती है—को सूक्ष्म बिन्दुओं, रेखाओं, अवकाशों, बिम्बों, प्रतीकों और कविताओं द्वारा बारीकी और विस्तार से चित्रित करना चाहता है—इतने विस्तार

और सूक्ष्मता से कि जीवन की बाहरी गति और वैविध्य के अभाव में कभी-कभी एकरसता-सी उभरने लगती है, मन ऊबने लगता है और कभी-कभी ऐसा अनुभव होने लगता है कि लेखक ने पात्रों को उलझन, अनिश्चय और संकोच की इतनी दूरी तक अनावश्यक रूप में खींचा है।

इस उपन्यास में मुख्य चार पात्र हैं—भुवन, रेखा, गौरा और चन्द्रमोहन। भुवन डॉक्टर है, विज्ञान का प्रोफेसर। रेखा सुशिक्षित और पति द्वारा परित्यक्ता नारी है। गौरा भुवन की विद्यार्थिनी, संगीत की छात्रा और अध्यापिका है। चन्द्रमोहन पढ़ा-लिखा शठ है। अपनी पत्नी से असन्तुष्ट होकर उसे साथ रखते हुए भी छोड़ चुका है। हेमेन्द्र रेखा का पति है जो रेखा को छोड़ चुका है या यों कहिए कि जो रेखा को केवल भूख-तृप्ति के लिए पाना चाहता था और पा नहीं सका क्योंकि रेखा में व्यक्तित्व है। हेमेन्द्र एक व्यवसायी है, पक्का दुनियादार—उसे सौन्दर्यबोध, नैतिकता आदि मूल्यों से कुछ लेना-देना नहीं। उसके पशु की भूख के लिए एक नारी चाहिए और वह रेखा को छोड़कर एक परायी औरत को पकड़ लेता है। एक पात्र और है—रेखा का नया पति डॉक्टर रमेशचन्द्र, जो बहुत अच्छा डॉक्टर और बहुत अच्छा व्यक्ति है। वह पात्र परोक्ष रूप से ही उपन्यास में आया है।

इन्हीं चार मुख्य और दो गौण पात्रों के बीच कथा की क्षीण धारा भटकती फिरती है। वास्तव में कथा तो इन पात्रों के भीतर है जो व्यक्तित्व के संवेदनों, प्रश्नों, दर्दों, सौन्दर्य और भोग की शिखाओं और लपटों की कसमसाती हुई सांकेतिक, मूक अभिव्यक्तियाँ बनकर जीवन-सत्यों की भीतरी तहों में रेंगती फिरती है। भुवन रेखा और गौरा दोनों के समीप हैं। ये तीनों पात्र आधुनिकबोध-सम्पन्न, संवेदनशील, मध्यवर्गीय सुशिक्षित पात्र हैं। और इन पात्रों की सबसे बड़ी मजबूरी होती है अपने को न कह पाना। वे स्वयं में क्या हैं इसका भी तो कोई साफ चित्र उनके आगे स्पष्ट नहीं होता। उनकी तो संवेदनाएँ उलझी होती हैं। संवेदनाओं के तार जीवन के अन्य प्रश्नों के तारों से जुड़े होते हैं, उनका सौन्दर्यबोध और संवेदनशीलता औरों की संवेदनशीलता और सौन्दर्य भावना के आगे समर्पित सी होती है और उन्हें अपने अस्तित्व का बोध भी रहता है। इस बेबसी में, इस द्विधा में वे जो कुछ अनुभव करते हैं, जो कुछ चाहते हैं (गोकि उनका अनुभव करना और चाहना भी उनके समीप बहुत स्पष्ट नहीं होता) उसे नहीं पाते। वे दूसरे व्यक्तित्व का आदर करते हैं और कुछ ऐसा कहकर जो दूसरे व्यक्तित्वों को कहीं चोट पहुँचा दे उनका अपमान नहीं करना चाहते। वास्तव में आधुनिकबोध-सम्पन्न संवेदनशील मध्यवर्गीय व्यक्तित्वों की यह सबसे बड़ी मजबूरी है। यह मजबूरी सबसे बड़ा दर्द है जो व्यक्ति में रिसता रहता है, धीरे-धीरे उसमें व्याप्त होकर उसे अनमन और पलायनवादी बना देता है। रेखा और गौरा दोनों भुवन के बहुत समीप हैं लेकिन जैसे इनमें और भुवन में हजारों मील का फासला है। प्रत्यक्ष और सरल व्यक्तित्ववाला पात्र सीधे रेखा और गौरा से शादी का प्रस्ताव करता और बहुत जल्द इस किनारे या उस किनारे लग जाता। शादी-ब्याह करके या तो मौज करता और चुक जाता या टूटे हुए अरमान लिये

औलिया फकीर बनकर विरह के गाने गाता फिरता। भुवन या रेखा या गौरा ऐसा नहीं कर पाते। चन्द्रमाधव जो रेखा और गौरा दोनों से काफी दूर है एक सामान्य परिचय के आधार पर उन दोनों को निवेदन-भरे पत्र लिखता है—दो में से, जो भी हाथ लग जाए कोई फिक्र नहीं। वह पढ़ा-लिखा तो है किन्तु उसमें सौन्दर्यबोध और संवेदना का परिमार्जन और सूक्ष्मता नहीं है। पत्नी को नापसन्द करता है क्योंकि गँवार सी है, उसे केवल भूख के समय ओढ़ लेता है।

'नदी के द्वीप' का लेखक पात्रों की गहन मन:स्थितियों और सम्बन्धों का कुशल चित्रण करता हुआ आज के जीवन-सन्दर्भ में विकसित एक दर्शन की स्थापना करता है। वह न तो कुत्सित समाजवादियों की तरह व्यक्ति को समाज की यांत्रिक इकाई मान लेता है और न घोर व्यक्तिवादियों की तरह उसे निपट समाज-विच्छिन्न अपनी ऐकान्तिक सत्ता में लीन ही। व्यक्ति 'नदी का द्वीप' है नदी की धारा से घिरा स्पष्ट किन्तु अपनी सत्ता में स्वतंत्र। ये द्वीप धारा से घिरे होकर भी एक-दूसरे से कटे हुए हैं और कटे होकर भी धारा के नाते कहीं न कहीं जुड़े हुए हैं। ये द्वीप धारा में अपनी सत्ता विलीन कर दें तो अपने को नष्ट करेंगे ही, धारा को भी गँदला करेंगे। यही स्थिति व्यक्ति की है। पूँजीवाद ने व्यक्ति की स्वाधीनता का मंत्र दिया, व्यक्ति को सामन्ती परिपाटी से मुक्त कर उसे व्यक्तित्व दिया किन्तु साथ ही उसे अकेला भी बना दिया। अकेलेपन, अजनबीपन आदि का बोध—इसके साथ-साथ ही फूटा। यह व्यक्ति-स्वातंत्र्य वरदान भी है अभिशाप भी। आर्थिक समानता के अभाव में यह व्यक्ति-स्वातंत्र्य पूँजीवाद के शोषण का अस्त्र बन जाता है। किन्तु व्यक्तिवादी या मनोविश्लेषणवादी कृतिकार इस आर्थिक पक्ष को महत्ता नहीं देते। इसीलिए उनके सारे पात्र लगभग आर्थिक दृष्टि से सम्पन्न होते हैं या उनके आर्थिक अभाव के तनाव से नहीं गुजरते। उनके पात्रों का सारा तनाव मानसिक होता है जो बाहरी अभावों से नहीं बल्कि यौन-कुंठाओं और अहंकार से फूटता है। यह सच है कि यौन-पिपासा या कुंठाओं की सृष्टि में और उनकी अबाध अभिव्यक्ति के व्यवधान में परोक्ष रूप से सामाजिक अवरोधों, संस्कारों और नैतिक मूल्यों का हाथ होता है किन्तु सबसे बड़ा हाथ होता है उनकी मानसिक बनावट का। 'नदी के द्वीप' में गौरा, भुवन, रेखा सभी मुक्त हैं, इन पर कोई सामाजिक अवरोध नहीं है। भुवन और गौरा दोनों एक-दूसरे के प्रति आकृष्ट होकर भी अपना आकर्षण सही रूप में व्यक्त नहीं कर पाते, उनके बीच कोई बात है जो अड़-अड़ जाती है। इसलिए वे अपने अव्यक्त आकर्षण का उदात्तीकरण करके दूसरे-दूसरे रूपों में जुड़े रहते हैं। रेखा भुवन के साथ ही घूमती है, दोनों में यौन-सम्बन्ध भी है। बच्चा भी (मरा हुआ) पैदा होता है किन्तु फिर भी दोनों के बीच एक दूरी बनी होती है, दोनों एक-दूसरे में लय नहीं हो पाते, अपना-अपना अकेलापन ढोते रहते हैं और उनके सारे फैसले अकेलेपन के होते हैं। भुवन रेखा को बहुत आश्वस्त करता है और फिर भी वह अपने गर्भ में स्थित भुवन की सन्तान को गिरा देती है। अकेले फैसला लेती है, कारण चाहे जो भी हो। यह भुवन के अनजाने ही डॉक्टर रमेशचन्द्र से ब्याह कर लेती है।

यदि इन पात्रों को युगीन यथार्थ के सन्दर्भ में देखा जाए तो प्रतीत होगा कि ये युग यथार्थ को बहुत कम स्पर्श कर पाते हैं। कारण यह है कि ये पात्र भीतर बहुत जीते हैं, बाहर या समाज में कम। समाज का हल्का दबाव महसूस करते हुए भी कहीं उससे बनते-बिगड़ते नहीं। व्यक्ति-स्वातंत्र्य निश्चय ही युगीन यथार्थ का एक पक्ष है किन्तु उससे भी बड़ा यथार्थ है व्यक्ति का परिवेश, जीवन की चेतना के साथ जुड़ना और सामूहिक चिन्तन में अपने को नियोजित करना। 'नदी के द्वीप' में युग-यथार्थ का व्यक्तिवादी पक्ष बहुत सीमित रूप में ही उभरा है। अज्ञेय की नारियाँ अभिजात-वर्गीय हैं, पढ़ी-लिखी, कलात्मक रुचिवाली किन्तु उनमें कहीं भी आधुनिक नारी की स्वतंत्र और उग्र चेतना, सामाजिक विसंगतियों के प्रति प्रत्यक्ष आक्रोशमयी प्रतिक्रिया, अस्वीकृति और असमर्पण का बोध नहीं दिखाई पड़ता। प्राय: सब की सब एक अद्‌भुत सम्भ्रान्त गौरव संस्कार से आच्छन्न हैं। सबमें एक अद्‌भुत तरलता, पीड़ाबोध और नायक (शेखर या भुवन) के प्रति करुणाभाव रिसता रहता है। ऐसा नहीं है कि उन्हें प्रत्यक्ष सामाजिक दबाव में प्रस्तुत नहीं किया गया है किन्तु दबाव को वे एक सम्भ्रान्त तटस्थता और निष्क्रियता से झेलती रहती हैं। रेखा, शशि आदि नारी-पात्र वास्तव में इसी कोटि के आज के समाज में सम्बन्धों के कितने ही कोण घिसे हैं, कितने ही उभरे हैं। नारी-पुरुष के सम्बन्धों में कितने ही तनाव और बदलाव उगे हैं। अज्ञेय ने उस तनाव को पहचाना तो जरूर है किन्तु उसे सामाजिक जीवन के व्यापक सत्य के रूप में प्रतिष्ठित न कर व्यक्तिगत रुचि-अरुचि और निर्णय के सन्दर्भ तक ही सीमित रखा है। 'नदी के द्वीप' में नारी-पुरुष के नए सम्बन्धों या ब्याह-सम्बन्धों की कोई सामाजिक समस्या नहीं उभरती दीखती क्योंकि वे सम्बन्ध सामाजिक परिवेश की कठिनाइयों, चुनौतियों, विषमताओं और समाधानों से सम्पृक्त न होकर व्यक्तियों की इच्छाओं, अनिच्छाओं के दायरे में बनते-बिगड़ते दीखते हैं। खैर, 'नदी के द्वीप' युगसत्य का वाहक होने का दावा नहीं करता, कर भी नहीं सकता। उसकी दृष्टि तो भिन्न-भिन्न कटे हुए व्यक्ति-द्वीपों पर है और कहना न होगा कि इन द्वीपों को उनकी समस्त आन्तरिकता—पीड़ा और उल्लास, उलझन और द्वंद्व, कथ्य और अकथ्य के साथ उभारा है। लेखक ने पात्रों की जटिल मन:स्थितियों को, सौन्दर्यबोध और पीड़ाबोध को व्यंजित करने के लिए अनुकूल परिवेश, बिम्ब और प्रतीक की रचना की है। भाषा बड़ी ही व्यंजक है।

अपने-अपने अजनबी (1961) : 'अपने-अपने अजनबी' अज्ञेय का तीसरा उपन्यास है। इस उपन्यास में मनोविज्ञान और अस्तित्ववाद दोनों का सुन्दर समन्वय है या यों कहा जाए कि अस्तित्ववादी दर्शन सूक्ष्म मनोवैज्ञानिक प्रक्रिया से उभारा गया है। इसमें कथा बहुत थोड़ी है—नहीं के बराबर। इसमें एक विशेष परिस्थिति में पड़े हुए दो पात्रों की मानसिक अवस्था का सूक्ष्म निरूपण है। योके और सेल्मा दो नारियाँ बर्फ से दबे घर में घिर गई हैं। घर के ऊपर चारों ओर बर्फ का पहाड़ होने से निकलने का कोई उपाय नहीं है। अत: बाध्य होकर दोनों नारियों को घर की कब्र में कुछ दिनों के लिए रहना पड़ता है। दोनों एक-दूसरे के लिए अजनबी हैं। योके

अपने प्रेमी के साथ पहाड़ की सैर करने आई थी और वह अपने प्रेमी से अलग होकर सेल्मा के इस मकान में अतिथि की तरह आई ही थी कि बर्फ की चट्टानों से घर ढक गया। सेल्मा तो इस परिस्थिति की अभ्यस्त है किन्तु योके के लिए यह परिस्थिति नई है। इस विषम अवस्था में एक कब्र में दो अजनबी लोगों का साथ रहना कितना कष्टकर हो सकता है इसकी कल्पना की जा सकती है। दोनों बर्फ हटने तक इस कब्र में साथ-साथ रहती हैं। संयोग से उस मकान में दोनों के लिए पर्याप्त ईंधन और खुराक है। दोनों के दैनिक जीवन के व्यापारों, आपसी सम्बन्धों और ठहरे हुए समय में जीते उनके मन की क्रियाओं का सजीव चित्रण लेखक ने किया है। सेल्मा बूढ़ी है, कैंसर की मरीज। वह बर्फ हटने के समय तक मर जाती है और योके? योके शायद बर्फ खुलते ही प्रतीक्षा करते हुए अपने प्रेमी के लिए दौड़ पड़ती है।

लेखक ने इस उपन्यास को तीन उप-शीर्षकों में विभाजित किया है—(1) योके और सेल्मा, (2) सेल्मा, (3) योके। 'योके और सेल्मा' में बर्फ से ढके घर में साथ-साथ रहती हुई योके और सेल्मा की मानस-कथा है। 'सेल्मा' में 'फ्लैश-बैक' द्वारा सेल्मा के अतीत जीवन की कहानी कही गई है। एक पुल है, उस पर तीन दुकानें हैं : (1) सेल्मा की दुकान जिसमें खाने-पीने की सामग्री मिलती थी, (2) फोटोग्राफर की दुकान, (3) यान की दुकान जिसमें कंघी, शीशे, रूमाल आदि बिकते थे। यह पुल बस्ती के लोगों के लिए अच्छा सैरगाह था, खासकर बाढ़ के दिनों में। लेकिन एक साल ऐसी बाढ़ आई कि सब कुछ डूब गया, पुल पर की अन्य दुकानें (जो निचले हिस्से में थीं) बह गईं, बची केवल उपर्युक्त तीन दुकानें। बाढ़ के समय से ये तीन व्यक्ति (सेल्मा, फोटोग्राफर और यान) शेष से कट गए। इतना ही नहीं उनके बीच दीवारें थीं, तीनों एक साथ रहते हुए आपस में अजनबी थे। सेल्मा फोटोग्राफर को पीने के लिए पानी नहीं दे पाती, वह नदी का पानी पीकर बीमार पड़ जाता है और एक दिन अपनी दुकान में आग लगाकर बाढ़ में कूद पड़ता है। यान से भी सेल्मा अपने सामानों के दाम खूब कसकर लेती है और दोनों मानो एक-दूसरे के लिए एकदम अजनबी हों—सहानुभूतिहीन, स्नेहहीन। यान अपनी सारी सम्पत्ति देकर सेल्मा से गोश्त खरीदता है और सेल्मा पूरे पैसे न पाकर आधा सामान वापस ले लेती है तो यान झल्ला उठता है फिर भी गोश्त बनाकर सेल्मा के पास आता है और आधा खाने का आग्रह करता है। इस तरह दोनों में थोड़ी सहानुभूति बढ़ती है और सेल्मा अपनी पूरी सम्पत्ति यान को लिख देती है किन्तु यान कागज को चिन्दी-चिन्दी करके फाड़ फेंकता है। अन्त में सेल्मा शादी का प्रस्ताव करती है, यान स्वीकार कर लेता है। गृहस्थी बसती है, तीन सन्तानें होती हैं। फिर यान मर जाता है, सेल्मा अकेली रह जाती है।

'योके' में योके के जीवन का अप्रत्याशित अन्त दिखाया गया है। बर्फ के नीचे ढके घर से जब निकलती है तो अपने प्रेमी से मिलने जाती है जो बर्फ गिरने से पहले ही उससे अलग हो गया रहता है और जो योके की कल्पना के अनुसार उसकी प्रतीक्षा करता रहता है। किन्तु पता नहीं क्या घटित होता है (शायद प्रेमी उसे

अस्वीकृत कर देता है या दूसरी दुनिया बसा लेता है) कि वह मरने को उतारू हो जाती है और भागती हुई जाती है, जगन्नाथन के पनीर में बुझा हुआ सिगरेट दबाकर भाग खड़ी होती है और अन्त में जहर खाकर जगन्नाथन के सान्निध्य में मर जाती है और तृप्त होती है कि एक भले आदमी के सान्निध्य में मरी है।

स्पष्ट है कि कथा का अंश इसमें नगण्य है, कथा का अंश उतना ही है जितना अस्तित्ववादी जीवन-दर्शन को प्रस्फुटित करने के लिए अपेक्षित है। इस जीवन-दर्शन को मुखर करने के लिए लेखक ने अपेक्षित कथाओं और घटनाओं को तो लिया ही है, विशेष तौर पर मनोवैज्ञानिक विश्लेषण को लिया है। पात्रों की मन:स्थितियों के भीतर से अस्तित्ववादी चिन्तन को स्वर दिया गया है। अत: चिन्तन या दर्शन जीवन का अंग बनकर उभरना दीखता है। अस्तित्ववाद उन पूर्व स्वीकृत जीवन-सिद्धान्तों को नहीं मानता जिनमें ईश्वर को, प्रेम और नैतिकता को, अखंड जीवन-प्रवाह को, आदर्श और आस्था को, सहानुभूतिमय साहचर्य को इतना ऊँचा स्थान दिया गया है। अस्तित्ववाद ईश्वर को नहीं मानता। ईश्वर की कल्पना एक ऐसे सर्वशक्तिसम्पन्न स्त्रष्टा के रूप में की गई है जो है, इसलिए मृत्यु नहीं है, जो विवेक के साथ एक सुनियोजित ढंग से विश्व का सर्जन करता है, जिसमें ईश्वर के सच्चिदानन्द स्वरूप की ही अभिव्यक्ति होती है (अत: विश्व सुन्दर, सद् और ज्ञानमय है) अस्तित्ववाद ईश्वर को नहीं मानता क्योंकि मृत्यु सत्य है, विश्व का निर्माण सुनियोजित ढंग से नहीं हुआ है जिसमें कि प्रेम, विवेक और सत्य की प्रतीति भरी हो। विश्व तो एक ऐसा मकड़ी का जाला है जिसमें से निजात पाना मुश्किल है, एक नरक है जहाँ हर एक व्यक्ति दूसरे के लिए अजनबी है, असह्य है लेकिन हर व्यक्ति दूसरे का साथ झेलने के लिए मजबूर है क्योंकि उसे वरण की स्वतंत्रता नहीं है। वह नहीं चाहता कि वह अमुक के साथ रहे या अमुक स्थिति में पड़े, किन्तु वह पड़कर रहता है और तब वह जो कुछ झेलता है वह उसे अनचाहे झेलना पड़ता है। वह वरण के लिए, चुनने के लिए स्वतंत्र नहीं है। मृत्यु उसकी सबसे बड़ी विवशता है। मृत्यु की गन्ध उसे हमेशा पीड़ित करती है, वह मृत्यु से छुटकारा नहीं पा सकता। और यदि मृत्यु सत्य है तो ईश्वर सत्य नहीं हुआ। ईश्वरवाद तो मृत्यु को सत्य मानता ही नहीं, उसे तो वह एक रूपान्तर मानता है और रूपान्तर में भय कहाँ। किन्तु सत्य यह है कि मृत्यु का भय यहाँ सबमें व्याप्त रहता है। अस्तित्ववाद क्षणवाद का समर्थक है, यह अखंड काल प्रवाह को नहीं मानता। क्षण ही सत्य है, क्षण का ही जीवन चरम जीवन है, वह इतिहास नहीं है, वह देशकाल की सीमा से परिबद्ध नहीं है, वह तो सर्वत्र है, सर्वकाल में है। अत: क्षण का जीवन कालातीत है, देशातीत है। वह अनुभव है, अनुभव के बिना समय इतिहास है, यानी बीतता है। उसका सम्बन्ध जीवन से नहीं है, मात्र बीतने से है। क्षण वही है जिसमें अनुभव तो है, लेकिन जिसका इतिहास नहीं है, जिसका भूत-भविष्य कुछ नहीं है, जो शुद्ध वर्तमान है, इतिहास से परे, स्मृति के संसर्ग से अदूषित, संसार से मुक्त। अगर ऐसा नहीं है तो वह क्षण नहीं है क्योंकि वह काल का कितना ही छोटा खंड क्यों न हो, उसमें मेरा जीना कालसापेक्ष जीना

है, ऐतिहासिक जीना है वह बिन्दु नहीं है, रेखा है, परम्परा है और क्षण-परम्परा मुक्त होना चाहिए।[1]

योके सेल्मा के बारे में सोचती है। वह सोचती है सेल्मा इतनी निश्चिन्त क्यों है? क्यों नहीं उसे मृत्यु से भय लगता है? और तब वह अपने-आप ही उस बुढ़िया के बारे में यह सत्य पा लेती है कि सेल्मा भी काल में ही जीती है जैसे कि हम सब जीते हैं, लेकिन वह मानो किसी एक काल में नहीं जीती बल्कि समूचे काल में जीती है। मानो वहाँ फिर काल एक प्रवाह नहीं है, उसमें कुछ भी आगे-पीछे नहीं है बल्कि सब एक साथ है। सब एक साथ है, इसीलिए इतिहास नहीं है। इसीलिए, स्मृति है, और उसके साथ ही परस्परता से मुक्ति है—सभी कुछ क्षण है।

बर्फ से ढका हुआ घर संसार है, जो बन्द है, जहाँ आना और जहाँ से निकल जाना दोनों अपनी इच्छा से नहीं होता। सार्त्र ने चारों ओर से घिरे नरक को इसका प्रतीक बनाया है। मनुष्य के लिए सबसे बड़ा सुख होता है, वरण की स्वतंत्रता और वही वह नहीं प्राप्त कर पाता—यहाँ तक कि मृत्यु के वरण में भी उसे स्वतंत्रता नहीं है। इस बन्द कब्र में हम एक-दूसरे के साथ रहने को मजबूर होते हैं बिना किसी प्रेम के, सहानुभूति के, सहयोग के, एकदम अजनबी की तरह। हम कहीं जा भी नहीं सकते। योके कहती है—'आंटी, आपको क्या मेरा यहाँ रहना कष्टकर लगा?...अगर वैसा है तो मुझे दुख है पर मेरी लाचारी है। यह तो मैं कह नहीं सकती कि अभी चली जाती हूँ वह मेरे बस का होता...।' बुढ़िया ने सहसा गम्भीर होकर कहा—'कुछ भी किसी के बस का नहीं है, योके। एक ही बात हमारे बस की है—इस बात को पहचान लेना। इससे आगे हम कुछ नहीं जानते। (पृ. 29)

फिर एक-दूसरे स्थान पर कहती है—'और स्वतंत्रता—कौन स्वतंत्र है? कौन चुन सकता है कि वह कैसे रहेगा, या नहीं रहेगा। मैं क्या स्वतंत्र हूँ कि बीमार न रहूँ—या कि अब बीमार हूँ तो क्या इतनी भी स्वतंत्र हूँ कि मर जाऊँ। मैंने चाहा था कि अन्तिम दिनों में कोई मेरे पास न हो। लेकिन वह भी क्या चुन सकी? तुम क्या समझती हो कि इससे मुझे तकलीफ नहीं होती कि जो मैं अपनों को भी नहीं दिखाना चाहती उसे देखने के लिए भगवान ने एक अजनबी भेज दिया (पृ. 47)। योके भी स्वेच्छा से नहीं आई। वह कब चाहती रही होगी कि कब्र में कैद होकर एक बीमार के साहचर्य में रहे और उसकी सेवाएँ ग्रहण करे... 'और न बीमार आदमी से सेवा लेकर स्वस्थ आदमी अपने को स्वतंत्र महसूस कर सकता है।' इस कब्र का निवास मानो एक दिन नियति बन जाता है और तब मनुष्य उसी क्रम में एकाधिकार चाहने लगता है हालाँकि वह भी उसे मिल नहीं पाता। योके सोचती है—सोचती हूँ कि यह कैसी परिस्थिति आ गई है कि मुझे सब ओर बर्फ का भी ध्यान नहीं रहा है—कि मैं यह भी भूल गई हूँ कि हम दोनों एक ही कब्र के साझीदार हैं। और सोचती हूँ तो केवल एक बात—कि अब साझीदार कब हट जाएगा और मैं इस कब्र में अकेली

1. अपने-अपने अजनबी, पृ. 23-24

रह जाऊँगी (पृ. 38)। बाढ़ के समय पुल पर की जिन्दगी भी एक-दूसरे के लिए अजनबी है हालाँकि वे तीनों व्यक्ति कब से साथ रह रहे हैं। इतने दिनों के साथ रहकर भी मानो तीनों के बीच दीवारें हैं और बाढ़ के समय उनका अजनबीपन उग्र रूप में सामने आता है। प्रेम, सहानुभूति, सहयोग ये मानो जीवन के कल्पित मूल्य हैं, सत्य नहीं है।

और मृत्यु? और ईश्वर? कब्रनुमा घर आसन्न-मृत्यु की गन्ध से भरा हुआ है। योके को उस घर में चारों ओर बुढ़िया की मृत्यु की बास आ रही है। क्रिसमस के दिन भी उसे देव-शिशु के अवतरण का आभास नहीं मिलता। किसी तीसरी ही सत्ता (शायद वह मौत ही है) की प्रतीति होती है। योके के यह पूछने पर कि 'आंटी सेल्मा, वह क्या है जो तुम्हें सहारा देता है? जबकि मुझे डर लगता है', सेल्मा जवाब देती है, 'क्या सचमुच ऐसा है। मुझे किसका सहारा है, मैं नहीं जानती हूँ। ईश्वर का है, यह भी किस मुँह से कह सकती हूँ? शायद मृत्यु का ही सहारा है। वह बिलकुल पास है, सामने खड़ी है—लगता है कि हाथ बढ़ाकर उसे छू सकती हूँ।...ईश्वर—ईश्वर का नाम ले लेना तो बड़ा आसान है लेकिन बड़ा मुश्किल भी है। और मौत और ईश्वर को हम अलग-अलग पहचान भी तो कभी-कभी ही सकते हैं। बल्कि शायद मन से ईश्वर को तब तक पहचान नहीं सकते जब तक कि मृत्यु में ही उसे न पहचान लें।' योके ने कहा—'यह मेरी समझ में नहीं आया। बल्कि मुझे तो यही सिखाया गया है कि ईश्वर है, इसीलिए मृत्यु नहीं है। मृत्यु केवल भ्रम है।'

बुढ़िया उत्तर देती है—'सिखाया तो मुझे भी यही गया है लेकिन भ्रम भी क्या कम ईश्वर है? और ईश्वर की कौन सी पहचान हमारे पास है जो भ्रम नहीं है? जब ईश्वर पहचान से परे है तो कोई भी पहचान भ्रम है। ईश्वर को हम कैसे जान सकते हैं? जो हम जान सकते हैं वे कुछ गुण हैं—और गुण हैं इसलिए ईश्वर के तो नहीं हैं। हम पहचानते हैं अनिवार्यता, हम पहचानते हैं अन्तिम और चरम और सम्पूर्ण और अमोघ नकार—जिस नकार के आगे और कोई सवाल नहीं है और न आगे कोई जवाब ही—इसीलिए मौत ही तो ईश्वर का पहचाना जा सकनेवाला रूप है। पूरे नकार का ज्ञान ही सच्चा ईश्वर-ज्ञान है। बाकी सब सतही बातें हैं और झूठ हैं।'

प्रकारान्तर से ईश्वर को मृत्यु के अस्तित्व में विलीन कर दिया गया है यानी ईश्वर मृत्यु से अलग कोई सत्ता नहीं है, एक प्रवंचना है। इसलिए योके भी ईश्वर के नाम से चिढ़ती है, उस पर थूकती है और अन्त में बड़ी विद्रूपता से उसे क्षमा करती है।

अज्ञेय का व्यक्तित्व किसी भी पुराने या नए वाद या जीवन सिद्धान्त के आगे पूरा-पूरा समर्पित नहीं हो सका है। वह अनेक वादों के सत्यों को स्वीकार कर उन्हें अपने व्यक्तित्व के माध्यम से एक नया रूप देना चाहते हैं। फ्रायड, एडलर, युंग, मार्क्स, सार्त्र, इलियट आदि अनेक चिन्तकों का उन पर प्रभाव है किन्तु वे सब मिलाकर 'अज्ञेय' हैं। 'अपने-अपने अजनबी' अस्तित्ववाद के जीवन-दर्शन को

आधार बनाकर चला है किन्तु इस गहन निराशा और घिराव के बीच लेखक को कहीं प्रकाश-किरण दीख जाती है भले ही वह थोड़ी हो। वही प्रकाश-किरण मानो इस कैदखाने में, कब्रघर में या नरक में जानेवालों को कुछ स्फूर्ति, कुछ ताजगी देती है। यह प्रकाश-किरण क्या है? क्षण को सत्य मानकर उसे भरपूर जीना। बीते क्षणों से वर्तमान क्षणों का सम्बन्ध न मानकर उन्हें उनकी समग्रता में स्वीकार लेना। यानी जो भी स्थिति सामने आ गई है उसे जीना, जीकर व्यतीत करना। बुढ़िया इस सत्य को पा सकी है इसलिए वह आसन्न-मृत्यु की छाया में भी उद्वेगहीन है, अचंचल है, योके नहीं पा सकी है अत: नई स्थिति को वह एक बोझ समझकर अनुभव किए बिना उकताहट से फेंक देना चाहती है। योके स्वयं कहती है—'यह नहीं कि मैं कब्र में रहना चाहती हूँ। यह नहीं कि मैं अकेली अलग होना चाहती हूँ शायद यह भी नहीं कि मैं नहीं चाहती कि वह भी कभी इस कब्रघर से बाहर निकले। लेकिन मैं जानती हूँ कि उसके बारे में मेरे कुछ भी चाहने या न चाहने से कुछ नहीं होता है। मैं ही नहीं वह भी यह जानती है...और ठीक यहीं पर फर्क है। वह जानती है और जानकर मरती हुई भी जिये जा रही है और मैं हूँ कि जीती हुई भी मर रही हूँ और मरना चाह रही हूँ (पृ. 38)।' संसार की नियति कुछ और ही है और मनुष्य की इच्छा कुछ और ही। मनुष्य चाहता है कि वह स्वतंत्र रहे। सेल्मा योके से कहती है—'तुम जो अपने को स्वतंत्र मानती हो, वही सब कठिनाइयों की जड़ है। न तो हम अकेले हैं, न हम स्वतंत्र हैं। बल्कि अकेले नहीं हैं और हो ही नहीं सकते, इसीलिए स्वतंत्र नहीं हैं, और इसीलिए चुनने या फैसला करने का अधिकार हमारा नहीं है। मैंने तुम्हें बताया है कि मैं चाहती थी कि मैं अकेली मरूँ। लेकिन क्या वह निश्चय करना मेरे बस का था? क्या मैं अपनी मनपसन्द परिस्थिति चुन सकी? और तुम—क्या तुम स्वतंत्र हो कि मुझे मरती हुई न देखो? ऐसी सब स्वतंत्रताओं की कल्पनाएँ निरा अहंकार हैं—और उसी से स्वतंत्रता को छोड़कर कोई दूसरी स्वतंत्रता नहीं है (पृ. 60)।'

हम अकेले नहीं हैं, इसलिए स्वतंत्र भी नहीं हैं। हम तमाम अजनबी लोगों के साथ हैं और झेलने के लिए मजबूर। किन्तु जब इन्हीं अजनबी लोगों में से किसी से स्नेह पा लेते हैं तो उसका साथ मधुर हो उठता है, और उसके लिए हम अपने को दे भी देते हैं। यह देना अच्छा लगता है। सेल्मा यान के प्रति कठोर रहते हुए भी उसके प्रति अपने को समर्पित कर देती है, उसे यान में कहीं कुछ प्रकाश मिल जाता है। इस अजनबी दुनिया के अजनबी लोगों और अजनबी क्षणों के बीच चुनाव की स्वतंत्रता बड़ी मुश्किल है। हम चाहते हैं कि किसी को चुनना, यह नहीं हो पाता। किन्तु यदि यह चुनाव हो सका तो हमें कितनी शान्ति मिलती है, राहत मिलती है। योके ने चाहा था कि किसी अच्छे व्यक्ति के सान्निध्य में मरना। जब वह जान लेती है कि जगन्नाथन अच्छा आदमी है तो बड़े सुख से मरती है।

'अपने-अपने अजनबी' अस्तित्ववादी जीवन-दर्शन को बड़ी सफाई से उभारकर रखनेवाला उपन्यास है। बर्फ से घिरे घर में बन्द दो नारियों की मन:स्थितियों की

बड़ी सूक्ष्म व्याख्या की गई है। बन्द समय में स्थिर जीवन और आसन्नगन्धा मृत्यु की सूक्ष्म रेखाओं, बिम्बों और प्रतीकों द्वारा बड़ी मार्मिक व्यंजना की गई है और साथ-ही-साथ अस्तित्ववादी जीवन-दर्शन को उभारा गया है। भाषा बड़ी ही समर्थ और रचनात्मक रूप में आई है। किन्तु 'अपने-अपने अजनबी' सशक्त उपन्यास नहीं कहा जा सकता—इसमें जीवन की ऊष्मा नहीं है। जीवन एक परिधि में सिमटा है, उसमें गति नहीं है। समय बन्द है, उसमें गति नहीं है। परिस्थितियों के प्रवेश की गुंजाइश नहीं, एक ही परिस्थिति स्तब्ध-सी बर्फ के नीचे ठहरी है। कुल मिलाकर जीवन का ताप अपनी विविधता से भरने का अवकाश नहीं पा सकता है। लेखक की समस्त सूक्ष्म मनोवैज्ञानिकता और जीवन सत्यों की सूत्रवत् अभिव्यक्ति के बावजूद यह उपन्यास न तो छू पाता है और न जीवन की ऊष्मा दे पाता है। रोचकता का तो (यह कोई बड़ा दोष नहीं माना जा सकता, पश्चिम के बहुत से विश्वविख्यात उपन्यास रोचकता के अभाव से बुरी तरह पीड़ित हैं) अभाव है ही। सिद्धान्त रूप से सभी लोग अस्तित्ववाद को स्वीकारें ही, यह कोई आवश्यक नहीं। बर्फ से घिरा घर कब्रगाह बन गया है। यह पश्चिम के लिए एक विशेष परिस्थिति हो सकती है किन्तु यह पूरे विश्व जीवन का प्रतीक है ऐसा मानना आवश्यक नहीं। और तब जो चीज सबको प्रभावित करती है वह होती है उपन्यास की जीवन-ऊष्मा और औपन्यासिक रोचकता। यह इस उपन्यास में नहीं। अन्त में जगन्नाथन की अवतारणा से भी बहुतों को शिकायत है। कुछ लोगों ने यह अर्थ लगाया है कि जगन्नाथन के माध्यम से लेखक ने भारतीय जीवन-दर्शन में पश्चिमी जीवन को शान्ति देना चाहा है। यदि ऐसा है तो स्पष्ट नहीं है। एक व्यक्ति अपने गुण-व्यापार को उभारे बिना पूरे जीवन-दर्शन का प्रतीक कैसे बन सकता है। और यदि वह व्यक्ति रूप में ही है, तो प्रश्न उठता है कि क्या समूचे पश्चिम में जगन्नाथन ही एक भला आदमी मिला जिसके सान्निध्य में योके मरकर शान्ति पा सकी। कुल मिलाकर जगन्नाथन की अवतारणा या तो अस्पष्ट है या अनावश्यक।

डॉ. देवराज

अजय की डायरी (1960) : डायरी के माध्यम से लिखा गया मनोवैज्ञानिक उपन्यास है। अजय मध्यवर्गीय युवक है—नास्तिक, स्वकेन्द्रित और बुद्धिवादी। वह अपनी पत्नी शीला से असन्तुष्ट है और कुमारी लड़की हेम की ओर आकृष्ट। उसमें मध्यवर्गीय कायरता है। वह प्रेम में भी कायर है। वह विदेश भाग जाता है और वहाँ से लौटने पर पत्नी और प्रेमिका दोनों से हाथ धो बैठता है। अजय तथा अन्य कई युग्मों के माध्यम से लेखक ने मध्यवर्ग के खोखले प्रेम-सम्बन्धों का उद्घाटन किया है। प्रेम-सम्बन्ध के अतिरिक्त मध्यवर्गीय परिवेश के अन्य अनेक प्रश्नों को उठाया गया है किन्तु केन्द्र में तो प्रेम सम्बन्धों की संवेदना और सोच ही है। और सबके केन्द्र में अजय है।

डॉ. देवराज दर्शन और साहित्य दोनों क्षेत्रों में अच्छे विचारक हैं इसलिए उनके लेखन में आधुनिक चिन्तन के बहुत सारे सूत्रों के दबाव लक्षित होते हैं और ये दबाव उनके सर्जनात्मक लेखन को काफी हद तक आहत करते हैं क्योंकि उसकी संवेदना के अंग नहीं बन पाते। इसलिए उनके उपन्यास समकालीन प्रश्न तो उठाते हैं किन्तु वे रचनात्मक समृद्धि तथा सहजता नहीं प्राप्त कर पाते। 'अजय की डायरी' के बारे में भी यह बात सत्य है।

(अन्य उपन्यास—'पथ की खोज', 'बाहर-भीतर')

समाजवादी और सामाजिक उपन्यास

प्रेमचन्द के बाद भी ऐसे उपन्यासों की एक लम्बी परम्परा है जो सामाजिक जीवन के यथार्थ को लक्ष्य बनाकर चले हैं। वे व्यक्ति को सामाजिक जीवन के परिवेश में रखकर चलते हैं। सामाजिक जीवन व्यक्ति के व्यक्तित्व को बनाता-बिगाड़ता है, प्रभावित करता है। अर्थात् व्यक्ति अपनी अन्तर्गुहा में बन्दी, सामाजिक सत्यों से अप्रभावित कोई स्वतंत्र सत्ता नहीं है और न अकेले उसकी कोई सार्थकता ही है। वह सामाजिक जीवन के प्रवाह में बहता हुआ, उसकी समूची चेतना को झेलता हुआ गतिशील सत्ता है, अपनी जगह स्थित नदी का द्वीप नहीं है। किन्तु समाज अपने-आप में क्या है? क्या उसका कोई प्रत्यक्ष रूप उभरता है? नहीं, उसे हम व्यक्तियों के माध्यम से जानते हैं, उसका व्यक्तित्व व्यक्तियों के व्यक्तित्वों, उनके आपसी सम्बन्धों, उनके अनुभव और चेतना बिम्बों के माध्यम से ही उभरता है, नहीं तो अरूप ही रह जाए। इसलिए व्यक्तियों की जीवन्त इकाई की उपेक्षा नहीं की जा सकती। इस प्रकार सामाजिक उपन्यासों में व्यक्ति और समाज दोनों का परस्परावलम्बित सुन्दर सामंजस्य होता है।

समाज-केन्द्रित उपन्यासों की दो कोटियाँ हैं। इन्हें हम सामाजिक और समाजवादी उपन्यास कह सकते हैं। सामाजिक उपन्यासों में सामाजिक जीवन का चित्रण रहता है किन्तु उसे देखने की लेखक की कोई संस्थागत निर्दिष्ट दृष्टि नहीं रहती। यानी दृष्टि तो होती है किन्तु वह किसी प्रकार की हो सकती है—लेखक की अपनी भी हो सकती है और किसी संस्था की भी। किन्तु समाजवादी उपन्यासों की एक निर्दिष्ट दृष्टि होती है वह दृष्टि लेखक की अपनी निजी दृष्टि नहीं हो सकती, यह मार्क्सवादी होती है। अर्थात् मार्क्स ने सामाजिक यथार्थ का जो विश्लेषण किया है, उसे ये उपन्यास नहीं छोड़ सकते। वास्तव में समाज जैसा दीखता है वैसा ही नहीं है। इनके अनुसार सही रूप को देखने के लिए, उसके सत्यों का विश्लेषण करने के लिए एक दृष्टि चाहिए और वह दृष्टि मार्क्सवादी ही हो सकती है। मार्क्सवादी दृष्टिकोण से लिखे गए सामाजिक साहित्य को प्रगतिवादी या प्रगतिशील साहित्य कहा गया।

'सामाजिक यथार्थ' शब्द का भ्रान्त अर्थ लेनेवाले भी कम नहीं हैं। वे समाज की ऊपरी सतह पर दिखाई पड़नेवाली निर्जीव और पतनोन्मुख समाज की विकृतियों को ही सामाजिक यथार्थ मान बैठते हैं। ऐसा माननेवालों में दो वर्ग हैं। एक तो आदर्शवादी हैं जो वास्तविक जगत् को छोड़कर हमेशा ऊपर-ऊपर उड़ने की कोशिश करते हैं। वे विकृतियों को ही यथार्थ मानकर घृणा करने लगते हैं। दूसरे वे व्यक्तिवादी हैं

जो विकृतियों को ही समाज का यथार्थ मानकर उनका चित्रण करने लगते हैं और सबसे बड़ा यथार्थवादी होने का दम भरते हैं। मार्क्सवादी दृष्टि इस प्रकार की सतही यथार्थजन्य भ्रान्तियों में न फँसकर बुनियादी सत्य को देखती है। बुनियादी सत्य क्या है? प्रत्येक युग में और पदार्थ में दो शक्तियों का द्वंद्व चलता रहता है—मरणोन्मुख पुरानी शक्तियों और नवीन जीवन्त शक्तियों का। सामाजिक स्तर पर पुरानी शक्तियों में शोषक लोग होते हैं और नवीन शक्तियों में शोषित गरीब किसान मजदूर होते हैं। नवीन जीवन्त शक्तियाँ पुरानी शक्तियों को नष्ट कर एक नवीन जन-मंगलशाली समाज की स्थापना की कोशिश करती हैं। ऊपरी सतह पर तो पुरानी शक्तियों की क्षमताएँ उतराई रहती हैं लेकिन उसके नीचे नवीन शक्तियाँ धीरे-धीरे उन्हें काटती रहती हैं। ये शक्तियाँ व्यक्ति की नहीं, समाज की होती हैं, उनमें पीड़ा और अभाव के साथ ही साथ जिन्दगी का अडिग विश्वास और भविष्य की सुन्दर आकांक्षा होती है। इन अनेक बुनियादी तत्त्वों को ग्रहण करनेवाला ही सच्चा यथार्थवादी है। ऐसा ही साहित्य अपने युग की वास्तविकता का सच्चा प्रतिनिधि और भावी युगों के साहित्यों के लिए प्रेरणास्रोत होता है। "प्राचीन काल में लिखी गईं पुस्तकें जो अपने काल के जीवन की सतह का ठीक चित्रण करती थीं और जो आज हमारे अनुभवसिद्ध जीवन के बारे में हमें कुछ नहीं बतातीं, साहित्य के नाते मृत हैं चाहे ऐतिहासिक लेख्य-पत्र के रूप में उनका महत्त्व भले ही हो। तथापि अतीत में जिस पुस्तक ने जीवन की सतह के नीचे काम करनेवाली शक्तियों को प्रतिबिम्बित किया है, वह बहुत सम्भव है, हमारे आज के बुनियादी यथार्थ के बारे में भी महत्त्वपूर्ण बातें बता सके। सतह के ऊपर गति नीचे से अधिक क्षिप्र होती है और जितनी ही गहराई से किसी लेखक की अन्तर्दृष्टि सतह भेदकर नीचे पहुँचेगी उतने ही अधिक दीर्घकाल तक उसकी कृति परिवर्तनशील यथार्थ जगत् के प्रति बासी पुरानी नहीं पड़ेगी।"[1]

इस प्रकार यह स्पष्ट है कि सामाजिक यथार्थ के अन्तर्गत पुरानी शक्तियों के अत्याचार और कुरूपताएँ तथा उनसे युद्ध करती नवीन शक्तियों के दुख-दर्द सामूहिक विश्वास और संघर्ष तथा भविष्य के प्रति अडिग आस्था—ये सारी बातें मिले-जुले रूप में आती हैं। प्रगतिवाद (जिसका दर्शन मार्क्सवादी है) भिन्न-भिन्न युगों के साहित्यों की उन युगों की वास्तविकताओं के आधार पर परीक्षा करता है। भिन्न-भिन्न युगों के संघर्षों और सामाजिक सम्बन्धों की रूप-रेखाएँ भिन्न-भिन्न होती हैं। प्रत्येक युग का जीवन्त साहित्य अपने युग के सामाजिक सम्बन्धों और जन-विश्वासों को व्यक्त करता है। वह युग की नवीन सामाजिक जागृति और उसके अनेक पहलुओं को चित्रित करता है। प्रगतिशील साहित्य समाज के युगीन सम्बन्धों को छोड़कर हवा में शाश्वत का महल बनानेवाले साहित्य को नकली और निर्जीव मानता है। यदि कोई शाश्वत वस्तु है तो यही कि नवीन सामाजिक मानवता सदैव पुरानी और जर्जर दानवी शक्तियों से युद्ध करती है। विभिन्न युगों की ये ही सामाजिक मानवता की भावनाएँ परम्परा का निर्माण करती हैं।

1. साहित्य की मार्क्सवादी व्याख्या, 'हंस' प्रगति अंक—एडवर्ड अपवर्ड।

आज के युग में बुनियादी शक्तियाँ वे हैं जो पूँजीवाद को नष्ट कर समाजवाद स्थापित करने के लिए प्रयत्नशील हैं। इन बुनियादी शक्तियों को पहचानने और उनका समर्थन करनेवाला साहित्य अनिवार्य रूप से किसानों, मजदूरों के संघर्ष को रूपायित कर उसे बल प्रदान करता है तथा पूँजीवादी (और सामन्तवादी भी) शक्तियों की शोषक, स्वार्थी, स्वकेन्द्रित, जर्जर, विसंगतिमय प्रवृत्तियों पर चोट करता है। इस प्रकार प्रगतिवादी साहित्य नाश और निर्माण दोनों को साथ लेकर चलता है। (1) वह सड़ी-गली, रूढ़ जर्जर, शोषक और मानवघाती पुरानी जीवन-दृष्टियों, सामाजिक-राजनीतिक, धार्मिक और सांस्कृतिक परम्पराओं तथा मान्यताओं का ध्वंस करता है। उसके ध्वंस का तरीका संघर्षात्मक होता है, (2) वह पुरानी व्यवस्थाओं के स्थान पर नया निर्माण करता है। यह नया निर्माण नवीन युग और नवीन समाज की आवश्यकताओं, आकांक्षाओं की पूर्ति के लिए होता है। समाजवाद की स्थापना में ही समूची मानवता के हित की भावना निहित होती है। सच पूछिए तो इसी निर्माण के महोद्देश्य के लिए ध्वंस जरूरी होता है। बिना निर्माण के स्वप्न के ध्वंस का कार्य अराजकता है। प्रगतिवाद सुधारवादियों की भाँति जर्जर व्यवस्था के सड़े-गले कपड़े में पैबन्द जोड़ने का पक्षपाती नहीं है और न तो वह गला फाड़-फाड़कर निरुद्देश्य ध्वंस की पुकार मचानेवाला व्यक्तिवादी विद्रोह है। वह आमूल क्रान्ति चाहता है।

प्रगतिवाद ने सौन्दर्य को नए दृष्टिकोण से देखा। उसने जनजीवन में सौन्दर्य खोजा। हमारा सौन्दर्यबोध परिस्थितियों और सामाजिक सम्बन्धों से बनता है। प्रगतिवाद द्वंद्वात्मक भौतिकवाद पर आधारित है अत: वह सौन्दर्य को इसी जीवन की वस्तु मानते हुए उसे व्यक्ति-व्यक्ति की निजी रुचि और शाश्वतवाद के हवाले नहीं करता। वह वर्तमान जनजीवन में सौन्दर्य खोजता है। सौन्दर्य का सम्बन्ध हमारे हार्दिक आवेगों और मानसिक चेतना दोनों से होता है। इन दोनों का सम्बन्ध सामाजिक सम्बन्धों से होता है। नए समाज में पलनेवाला अथवा उसके साथ चलने का प्रयास करनेवाला नए उठते हुए समाज में सौन्दर्य देखेगा, वह संघर्षों से भागकर किसी अतीत लोक या कल्पनालोक के निष्क्रिय सौन्दर्य में मुँह नहीं छिपाएगा। प्रसिद्ध मार्क्सवादी रसियन दार्शनिक एन.जी. चरनीशवस्वी के शब्दों में, 'मनुष्य को जीवन सबसे प्यारा है इसीलिए सौन्दर्य की यह परिभाषा अत्यन्त सन्तोषजनक मालूम पड़ती है—सौन्दर्य जीवन है।'

प्रगतिवाद साहित्य को सोद्देश्य मानता है। सोद्देश्यता और प्रचार को एक नहीं कर देना चाहिए। सोद्देश्यता का अर्थ है—किसी विशेष अभिप्राय से, किसी विशेष दृष्टि से कला की रचना करना। प्रचार का अर्थ है—बहुत स्पष्ट रूप से किसी सिद्धान्त की, दृष्टिकोण की या मान्यता की घोषणा करते फिरना। सोद्देश्यता रचना की प्रकृति के विरुद्ध नहीं, परन्तु प्रचार विरुद्ध है। सोद्देश्यता रचना की शक्ति को या उसकी रचनात्मकता को बल भी प्रदान करता है। आग्रह से बहुत ग्रस्त होने पर रचना को कमजोर भी कर सकता है, किन्तु प्रचार रचनात्मकता से असम्बद्ध होने के

कारण कृति को कमजोर ही बनाता है। प्रगतिवाद का उद्देश्य स्पष्ट किया जा चुका है अर्थात् वह सामाजिक यथार्थ का इस प्रकार चित्रण करता है कि कुरूप, शोषक, सड़ी-गली, विसंगतिग्रस्त शक्तियों का पर्दाफाश हो और नई सामाजिक शक्तियों के संघर्षों, युयुत्सा और आस्था को बल मिले। साहित्य जनता का जनता के लिए चित्रण करता है यह दृष्टिकोण प्रगतिवादी साहित्य के सर्जन के मूल में काम कर रहा था। प्रचार साहित्य को हल्का बनाता है और सिद्धान्त के स्तर पर मार्क्सवादी दर्शन के मनीषियों और साहित्य चिन्तकों ने साहित्य में प्रचार का विरोध ही किया है। यदि हम इस आधार पर समाजवादी उपन्यासों का आकलन करें तो उसकी विशेषताएँ कुछ इस प्रकार की होंगी :

उसकी दृष्टि मार्क्सवादी है, और विषय सामाजिक जीवन। वह यथार्थ का चित्रण करता है किन्तु इसका यथार्थ प्रकृतिवाद के जैविक यथार्थ के विपरीत सामाजिक यथार्थ है। वह आतंकवाद से भी अलग है। वह सामाजिक परिवेश का चित्रण करने में ही सौन्दर्य देखता है। प्रगतिवादी उपन्यासकारों ने मनुष्य के सामाजिक परिवेश को ही विशेष महत्त्व दिया, उसमें भी उसके आर्थिक पहलू को। आर्थिक साधनों के बदलने से समाज के सम्बन्ध बदलते हैं और समाज के सम्बन्धों के बदलने से समाज की सभ्यता, संस्कृति, कला और साहित्य में नवीनता आती है। इन समाजवादी उपन्यासकारों ने इसी दृष्टिकोण से समाज के यथार्थ को चित्रित किया। शोषक और शोषित दो वर्गों में समाज बँट गया। युग-युग से भिन्न-भिन्न रूपों में आर्थिक शोषण का चक्र चला आ रहा है। इसलिए जब ये समाजवादी उपन्यासकार इतिहास की ओर गए तो वहाँ भी उन्होंने शोषित जनता और शोषक सत्ता अधिकारियों के बीच का संघर्ष ही देखा। इसी आर्थिक चक्र के चारों ओर जीवन के सारे व्यापार अपने-आप घूमते नजर आए। रांगेय राघव के 'मुर्दों का टीला', 'जय यौधेय', 'सिंह सेनापति' आदि ऐतिहासिक उपन्यासों में इसी प्रकार की सामाजिक जनचेतना का चित्र मिलता है। समाजवादी उपन्यासों में सदैव सामान्य पिसी हुई जनता और जीवन की नवीन शक्तियों के प्रति सहानुभूति तथा उन्हें स्थापित करने का भाव तथा परोपजीवी, असंगतियों से ग्रस्त, झूठी शान से गर्वीले लोगों और सड़ी-गली प्राचीन जिन्दगी के ठेकेदारों के प्रति कठोर आक्रोश दिखाई पड़ता है। आज के जमाने में नए सामाजिक यथार्थ के उदय से कितने ही नैतिक, धार्मिक, सामाजिक मूल्य मसक गए किन्तु समाज के स्वार्थी लोग हैं जो केवल अपने छोटे स्वार्थ के लिए उन्हें ओढ़े हुए हैं और उनकी आड़ में व्यापक सत्यों का गला घोंटना चाहते हैं। प्रगतिवादी उपन्यासकारों ने किसान, मजदूर और मध्यवर्ग सभी वर्गों से अपनी कहानी चुनी। नवीन मनोविज्ञान के प्रभाव से इन उपन्यासकारों ने जिन पात्रों का निर्माण किया है वे सीधे-सादे, जीवन ढोनेवाले पात्र नहीं थे वरन् आधुनिक काल की जमीन से पैदा होनेवाली सारी द्वंद्व-चेतना से बने हुए पात्र थे। उनमें किसानों और मजदूरों के जो चित्र थे वे भी भोले-भाले, गरीब, निश्छल किसानों-मजदूरों के चित्र नहीं थे बल्कि पुरानी चेतनाओं तथा

बद्ध संस्कारों से ग्रस्त, नई जिन्दगी के लिए सामूहिक प्रयासों में भाग लेनेवाले, अपने कर्म से सामाजिक जीवन की नींव मजबूत करनेवाले तथा अपने निजी जीवन में छोटी-छोटी स्वार्थवृत्तियों और हीन वासनाओं से अस्थिर हो जानेवाले किसान मजदूर थे। इन प्रगतिवादी उपन्यासों में आप इनके प्रति उपन्यासकारों की सहानुभूति अवश्य पाएँगे, किन्तु वास्तव में उपन्यास इन पात्रों की पूरी जिन्दगी की वास्तविकताओं को उनके समूचे आर्थिक और सामाजिक परिवेश के साथ उद्घाटित करते चले हैं। अतः ये उपन्यास मिथ्या आदर्श से संक्रान्त नहीं मालूम पड़ते। साथ-ही-साथ जो राजनीतिक चेतना समाज में समय-समय पर जागृत होती गई, या कोई भयंकर अकाल पड़ा, कोई साम्प्रदायिक दंगा हुआ, उन सबका समावेश भी इन उपन्यासों में हुआ।

इन उपन्यासकारों ने मध्यवर्ग को भी कथावस्तु बनाया। मध्यवर्ग एक अजीब वर्ग है। वह अपनी झूठी शान, काल्पनिक गरिमा और आर्थिक खोखलेपन के बीच अजीब हारा हुआ सा कुंठित-सा दिखाई पड़ता है। द्वंद्व का सबसे बड़ा शिकार वही होता है। जीवन की असंगतियाँ और काम-कुंठाएँ वहीं अधिक दिखाई पड़ती हैं। यशपाल, उपेन्द्रनाथ 'अश्क', अमृतराय, रांगेय राघव, अमृतलाल नागर, भैरवप्रसाद गुप्त आदि उपन्यासकार प्रधान रूप से इस दिशा में योग देते हुए ज्ञात होते हैं। किन्तु मूलतः इसी धारा को न स्वीकारते हुए भी इसमें योग देनेवाले अनेक उपन्यासकार हैं।

इस सामाजिक परम्परा को नए परिवेश में आगे बढ़ानेवाले उपन्यास हैं—आंचलिक उपन्यास।

निराला

बिल्लेसुर बकरिहा (1945) : बिल्लेसुर बकरिहा कुल्लीभाट की तरह संस्मरण है किन्तु कुल्लीभाट में लेखक की जीवनी निहित है जबकि बिल्लेसुर बकरिहा में वह केवल प्रवक्ता के रूप में आता है। इसलिए बिल्लेसुर बकरिहा संस्मरण के रूप में लिखा जाकर भी लघु उपन्यास कहा जा सकता है।

लेखक के शब्दों में यह प्रगतिशील साहित्य का नमूना है। प्रगतिशील साहित्य का अर्थ है यथार्थवादी साहित्य। छायावादी कवि, लेखक जहाँ कहीं प्रगतिवाद या यथार्थवाद की ओर झुके हैं अपनी रूमानी दृष्टि और भाषा नहीं छोड़ सके हैं किन्तु निराला की बात अलग है। वे जब प्रगतिवादी या जनवादी साहित्य लिखते हैं तब अपने छायावादी साहित्य से एकदम अलग दीखते हैं। उनके छायावादी दृष्टिकोणवाले उपन्यास 'निरुपमा', 'अप्सरा' आदि अपने काल के सन्दर्भ में बहुत महत्त्व के उपन्यास नहीं बन सके। यानी वे किसी प्रकार अपने काल के उपन्यासों के बीच अपना वैशिष्ट्य या महत्ता प्रमाणित नहीं कर सके किन्तु उनकी जनवादी कहानियों, उपन्यासों और कविताओं का भाषा और संवेदना की दृष्टि से बड़ा महत्त्व है। ये कृतियाँ जन-सामान्य के जीवन को उन्हीं की भाषा, उन्हीं के मुहावरों में प्रस्तुत करती हैं।

'बिल्लेसुर बकरिहा' में गाँव के जीवन की समस्त लघुता, छल-छन्द और विवशताओं के जीवन्त परिवेश में बिल्लेसुर की यथार्थ जीवन कथा कही गई है। बिल्लेसुर और उनके भाई मन्नी गरीब थे। कवि ने इन गरीब भाइयों के प्रति कोई गलदश्रु भावुकता या करुणा नहीं दिखाई है वरन् उन्हें उनके पूरे सुख-दुख, हार-जीत, बेबसी और चालाकी के साथ उभारा है। बिल्लेसुर को लेकर लेखक वर्दमान की भी यात्रा कर आता है और वहाँ उसकी भेंट होती है पं. सत्तीदीन सुकुल से। बिल्लेसुर सत्तीदीन सुकुल के साथ जो जीवन बिताते हैं वह उत्तर भारतीयों के लिए बहुत परिचित जीवन है। बिल्लेसुर वहाँ से चालाक होकर लौटते हैं। घर आकर बकरियाँ पाल लेते हैं। लोगों को यह विश्वास होता है कि बिल्लेसुर के पास बहुत पैसे हैं इसलिए लोग उन्हें तरह-तरह से ठगने का प्रयास करते हैं किन्तु बिल्लेसुर चालाक हो गए हैं, झाँसे में नहीं आते। बिल्लेसुर धीरे-धीरे पैसेवाले भी हो जाते हैं तथा गाँववालों को बहुत दुखी कर चुपके-चुपके चालाकी से शादी भी कर लेते हैं और फिर भी अपने धनी होने का राज जीते-जी नहीं खुलने देते।

यह एक सीधी-सादी कथा है, इसमें न तो कोई बड़ा चमत्कार है और न इसके कथ्य में कोई दार्शनिक और मनोवैज्ञानिक गहनता। किन्तु यह पूरी की पूरी कृति अपनी सादगी में भी सार्थक और प्रभावशाली है। अभिप्रेत जीवन अपने सही रूप में खुलता हुआ नजर आता है। निराला ने इसे स्वयं प्रगतिशील रचना का नमूना माना है। प्रश्न हो सकता है कि इसमें न तो प्रगतिवादी दर्शन की कहीं व्याख्या है, न कोई वर्ग संघर्ष ही खड़ा किया गया है फिर कैसे प्रगतिशील है? वास्तव में निराला के प्रगतिशील साहित्य की यही विशेषता है कि उसमें पन्त-काव्य की तरह प्रगतिवाद का दर्शन बूकने के स्थान पर या अन्य प्रगतिवादी उपन्यासकारों के द्वारा सायास वर्ग-संघर्ष आयोजित करने के स्थान पर अपने देखे-सुने जनजीवन को पूरी वास्तविकता के साथ उसी के मुहावरे में उतार दिया गया है। प्रस्तुत कृति प्रगतिशील इस अर्थ में है कि इसमें सम्भ्रान्त, अभिजात जीवन के स्थान पर सामान्य लोकजीवन को चित्रित किया गया है—लघुता की ओर दृष्टिपात किया गया है। जनजीवन को पूरी सचाई के साथ उभारा गया है तथा निराला ने अपनी प्रकृति और दृष्टि के अनुसार ही ब्राह्मण समाज की रूढ़ियों पर चोट की है। बिल्लेसुर ब्राह्मण होकर भी बकरी चराता है। लोग विरोध करते हैं किन्तु बिल्लेसुर ने अपने संघर्ष और अनुभव के माध्यम से यह सत्य पा लिया है कि जाति-पाँति कुछ भी नहीं है महज एक ढकोसला है। वह जाति में मिलने के लिए प्रायश्चित्त करने के स्थान पर सबको चुनौती देता हुआ 'अकेला' जीता है। और जब वह पैसा इकट्ठा कर लेता है तब देखता है कि उसे परित्यक्त करनेवाले लोग कैसे अपने-आप उसके इर्द-गिर्द घिरकर उसे अपने में मिलाने का प्रयत्न करने लगे हैं। कितने सहज भाव से अर्थ की प्रमुखता की बात ध्वनित कर दी गई है।

(अन्य उपन्यास—'अप्सरा', 'अलका', 'निरुपमा', 'प्रभावती', 'चोटी की पकड़', 'काले कारनामे')

यशपाल

दादा कामरेड (1941) : यशपाल ने प्रस्तुत उपन्यास में मूलत: दो प्रश्न उठाए हैं—(1) क्या क्रान्ति समाजवाद से होगी या आतंकवाद से? यानी क्या छिप-छिपकर लूट-पाट, खून-खराबा करते रहनेवाले आतंकवादियों का कार्य सामाजिक निर्माण के लिए उपयोगी है या जनता के बीच आकर अपार लगन और श्रम से उनका संगठन करनेवाले जनसेवियों का कार्य, (2) क्या स्थापित आचरण वास्तव में मूल्यवान है या इसे बदलना है?

जाहिर है कि लेखक ने इन दोनों प्रश्नों को एक ही मूल चेतना का अंग माना है इसलिए उन्हें आपस में अनुस्यूत करके ही उठाया है। स्पष्ट रूप से कहा जा सकता है कि लेखक ने नई परिस्थितियों में करवटें बदलती, कसमसाती ऐतिहासिक चेतना को सचाई से प्रस्तुत करना चाहा है, स्थापित और उसे जगह-जगह से तोड़कर उभरती मूल्य चेतनाओं और मान्यताओं के द्वंद्व को चित्रित किया है, अपनी ओर से कोई समाधान नहीं लादा है, केवल दिशा की ओर निर्देश कर दिया है। इस तरह लेखक प्रचारवाद से सर्वथा मुक्त है। प्रचार का स्तर नहीं है, ऐसी बात नहीं। जगह-जगह हरीश और राबर्ट के लम्बे-लम्बे संवादों में जनवादी चेतना का स्वर ऊँचा किया गया है। अन्त में न्यायालय में तो हरीश ने दकियानूस और पूँजीवादी समाज की विसंगतियों और उसके विरुद्ध जनवादी विचारों तथा मानवीय न्याय को लेकर लम्बा-चौड़ा भाषण दे दिया है किन्तु यह कोरा प्रचार नहीं मालूम पड़ता क्योंकि कथा के सन्दर्भ में अनुकूल अवसरों पर, अनुकूल पात्रों के जीवन-संघर्षों में से फूटता है। और फिर यह भी—कि इन्हें एक समाधान या आदर्श के रूप में न लादकर नवजागृत चेतना के आयाम के रूप में ही पेश किया गया है।

लेखक ने जनवादी चेतना को मार्क्सवादी दृष्टिकोण से प्रस्तुत करना चाहा है। देश पराधीन था, पराधीनता न केवल विदेशी शासनजन्य थी बल्कि स्वदेशी-विदेशी जीवन-पद्धति से भी पैदा हुई थी। उपन्यासकार की दृष्टि इसे बारीकी से पहचानती है। तभी वह एक ओर विदेशी शासन से लड़नेवाली शक्तियों का समर्थन करता है, दूसरी ओर वह उन शक्तियों के अन्तर्विरोधों को समझकर शक्ति को सही हाथों सौंपना चाहता है। क्रान्तिकारी भी देश की आजादी के लिए लड़ रहे हैं किन्तु एक तो उनके सामने कोई ठोस कार्यक्रम नहीं जिसमें वे पूरी जनता को साथ ले सकें, दूसरे उनमें बी.एम. जैसे ईर्ष्यालु दुष्ट तरह के लोग हैं जो क्रान्तिकारी की उदात्तता और नि:स्वार्थता के स्वर से गिरकर व्यक्तिगत क्षुद्रता और द्वेष के पंक में सन जाते हैं। तीसरी बात यह थी कि इस दल में नए विचारों को स्वीकारने या चिन्तन-मनन करने की जगह नहीं है, भयंकर दल-पूजा है। आजादी के लिए लड़नेवाले दूसरी ओर कांग्रेसी हैं जो कहने को तो जनता को साथ लेकर देश के लिए युद्ध कर रहे हैं किन्तु संस्कारों और जीवन मान्यताओं से भयंकर रूप से 'बुर्जुआ' हैं। इसलिए देश के मुक्त होने के उपरान्त भी जनता मुक्त नहीं होगी, स्वदेशी बुर्जुआ; उसका शोषण

करेंगे (जैसाकि आज कर रहे हैं)। इसलिए एक ही साथ देश और जनता दोनों को मुक्त होना है। इस मुक्ति का मार्ग जनवादी आन्दोलन है तो आतंकवाद और कांग्रेस दोनों से अलग एक अन्य तरह का आन्दोलन है जो मजदूरों और किसानों के माध्यम से देश और समाज में मुक्ति लाना चाहता है।

कांग्रेस केवल राजनीतिक आन्दोलन छेड़कर स्वराज्य पाना चाहती थी किन्तु यह स्वराज्य किसका होगा, इसे वह या तो सोचती नहीं थी या जो सोचती थी उसका असली रूप आजादी के बाद सामने आया। 'दादा कामरेड' में मजदूरों के आन्दोलन के समय लाला ध्यानचन्द्र मजदूर आन्दोलन के विरुद्ध और धनपतियों के स्वार्थ के हित में जो सोचते हैं उससे भी इन कांग्रेसियों के बुर्जुआ विचारों का सही-सही अन्दाज मिल जाता है।

इसलिए आजादी की सही लड़ाई केवल राजनीतिक लड़ाई लड़ने में नहीं थी वरन् जीवन के हर क्षेत्र में लड़ने में थी। शैल जब हरीश से कहती है—"देखो, तुम चाहते हो केवल शासन में क्रान्ति परन्तु परिवार और समाज की व्यवस्था के बन्धन में अवरुद्ध प्राण कैसे छटपटाते हैं यह क्यों नहीं सोचते? क्या व्यक्ति को जीवन में कामना की पूर्ति का अधिकार नहीं चाहिए? मैं तो सबसे अधिक इसी को अनुभव करती हूँ।" तब इसी सत्य की ओर संकेत करती है।

और जो लोग 'दादा कामरेड' में राजनीति और रोमांस का समन्वय देखते हैं उन्हें यह जानना चाहिए कि यह समन्वय नहीं है यह एक मूल का विस्तार है। राजनीतिक कथा को मनोहर बनाने के लिए रोमांस की अवतारणा नहीं की गई है वरन् क्रान्ति की व्यापक दृष्टि से नारी की समस्या को मूल सामाजिक समस्या के अन्तर्गत ही देखा गया है। यह आकस्मिक नहीं है कि सभी मानवीय और प्रगतिशील दृष्टिकोणवाले लेखकों ने नारी की समस्या को बहुत सहानुभूति से उठाया है। नारी शोषण के दुहरे पाट में पिसती रही है। शोषक वर्गों के घरों की भी नारियाँ शोषित हैं और शोषितों के यहाँ भी नारियाँ शोषित हैं। शोषित वर्गों के यहाँ भी नारियाँ शोषितों से भी शोषित होती हैं। इसलिए नारी की समस्या प्रगतिशील मानवीय दृष्टि के लिए एक बहुत बड़ी समस्या है और सामाजिक समस्या का ही अपरिहार्य अंग है।

समस्या समस्या है। यदि वह स्थापित आचार-विचार और नैतिकता को कुचलती हुई आगे बढ़ती है तो भी समस्या है और उसे देखना है। और समस्या तो तभी बनती है जब वह स्थापित सत्यों से मेल नहीं खाती। नारी अब तक समस्या नहीं बनी थी क्योंकि वह पुरुष के प्रतिष्ठित आचार के प्रति समर्पित थी। आज ऐतिहासिक विकास के सन्दर्भ में वह जगी है, अपने स्वतंत्र व्यक्तित्व और मानवीय अधिकारों के प्रति सचेत हुई है। आज उसने और प्रगतिशील पुरुष ने नारी-समाज की आवश्यकताओं, आकांक्षाओं तथा उनसे टकराती प्रतिष्ठित रीति-नीतियों की दीवारों को पहचाना है। चूँकि समाज की पूर्वमान्य आचारसंहिता नारी के नए आचार से मेल नहीं खाती, उसे स्वीकृति प्रदान नहीं करती इसलिए संघर्ष पैदा होता है और संघर्ष में नारी लांछित और पीड़ित की जाती है। इसके दो कारण हैं—एक तो उसे आर्थिक स्वाधीनता प्राप्त

नहीं है, दूसरे, प्राकृतिक कारण से उसकी कुछ विशेषताएँ हैं। और यह भी कि नारियों का मनोबल अपेक्षित मात्रा में तीव्रता नहीं प्राप्त कर पाता।

'दादा कामरेड' में कई तरह की नारियाँ हैं। शैल नए ढंग की लड़की है—पुरुषों और नारियों दोनों के लिए। उसके नएपन पर पुरुष भी चकित है और यशोदा-जैसी पुराने संस्कार की नारी भी, किन्तु यशोदा शैल के आचार को देखकर नाक-भौं नहीं सिकोड़ती, उसे अच्छा लगता है। उसे लगता है कि कहीं उसके पुरातन नारीत्व के पाषाण के नीचे दबा हुआ एक नया नारीत्व जागने को उत्सुक हो रहा है। शैल नारी की विवशता और नवीन चेतना दोनों को रूपायित करती है। विवशता नारी-मात्र की स्थिति है किन्तु वह नारी के संस्कार और परिस्थितियों के अनुपात में कमोबेश होती रहती है। विवश शैल भी है, यशोदा भी है, नैनसी भी, जमीला भी और फ्लोरा भी। यहाँ शैल और यशोदा को सुविधा के लिए लिया जा सकता है। शैल की पारिवारिक स्थिति बहुत सुविधाजनक है। वह बाप की इकलौती लाडली स्वच्छन्द पुत्री है किन्तु क्या वह सचमुच स्वतंत्र है? जब वह मजदूरों की सहायता के लिए बाप से सहायता माँगती है तब बाप की विचारधारा उसकी विचारधारा से मेल नहीं खाती, इसलिए बाप सहायता करने से इनकार करता है। वही आर्थिक मजबूरी, परतंत्रता यानी उसे किसी विचारधारा को चुनकर उसके लिए पैसे खर्च करने की स्वतंत्रता नहीं है गोकि वह पैसा उसी का होनेवाला है। दूसरी ओर वह सामाजिक परतंत्रता यानी पुरुष की दी हुई परतंत्रता से टकराती चलती है। जिसे भी वह प्यार करती है, वह उसे अपनी निजी सम्पत्ति समझने लगता है—यहाँ तक कि तेरह वर्ष का वह बालक भी यही समझता है जिसके सम्पर्क में वह पहली बार आती है। किन्तु उसकी जागरूक चेतना, मनोबल और क्रान्तिकारी दृष्टिकोण इसे स्वीकार नहीं करता और वह एक के बाद एक पुरुषों को छोड़ती चलती है, वह किसी पुरुष की क्रीत-दासी क्यों हो? किन्तु नारी का यह स्वाभिमान समाज को बर्दाश्त नहीं, वह शैल को स्वैरिणी-व्यभिचारिणी मानता रहता है। क्रान्तिकारी बी.एम. और कांग्रेसी अमरनाथ दोनों भिन्न-भिन्न दृष्टियों से उसे बुरा मानते हैं। शैल का जागृत स्वाभिमान समाज की इन नकली दीवारों की परवाह नहीं करता है और न मिथ्या आचारों, व्यवहारों से आतंकित होता है। वह एक सहज व्यक्ति की तरह पुरुषार्थ के साथ जीती है। एक बिन्दु ऐसा आता है जब उसे पिता से भी अलग होना पड़ता है और वह अलग होती है अपने भीतर नए हरीश को लिये हुए और चल देती है; दादा के सहारे एक जोत को जीवित रखने के लिए।

यशोदा पुराने संस्कार की नारी है परन्तु शैल और हरीश के सम्पर्क में जैसे उसका दमित नारी-तेज अपने को जागता हुआ पाता है। वह अपने संस्कारों तथा मनोबल की कमी के कारण हमेशा एक द्वंद्व से गुजरती है। जब उसका पति उस पर सन्देह करता है तब वह नवजागृत स्वाभिमान के कारण भीतर-भीतर खोई रहती है। वह पति से क्षमायाचना करने के लिए या सफाई देने के लिए आतुर नहीं होती किन्तु दूसरी ओर वह अपने न्यायोचित अधिकारों की रक्षा के लिए, अपमान का विरोध करने के लिए पति से सशक्त प्रतिवाद नहीं करती। और इसी द्वंद्व में वह रीत

जाती है। शैल से मिलने की भी उसे मनाही हो जाती है और वह चुपचाप इस निर्णय को भी सह लेती है।

फ्लोरा धर्म की रूढ़ियों से अन्धी एक ऐसी नारी है जो अपने साम्प्रदायिक उन्माद के कारण अपने उन्मुक्त विद्रोही विचारोंवाले पति को छोड़ देती है। धार्मिक रूढ़ियाँ भी नारी के संस्कारों को अपने में रँगकर उसे कितना विवश बना देती हैं, इसकी ओर संकेत है।

उपन्यास के सारे विचार घटनाओं और चरित्रों में अन्तर्भूत होकर व्यक्तित्व प्राप्त कर लेते हैं और उपन्यास को भी संश्लिष्ट व्यक्तित्व प्रदान करते हैं। लेखक के कुशल रचना-विन्यास के कारण उपन्यास और औपन्यासिकता कहीं क्षत नहीं होती।

मनुष्य के रूप (1949) : प्रस्तुत उपन्यास में प्रेम को केन्द्र-बिन्दु बनाकर मनुष्य के अनेक रूपों को उद्घाटित किया गया है। यशपाल प्रेम को कोई चिरन्तन स्थिर भाव नहीं मानते वरन् वह एक आचरण है जो व्यक्तियों को वर्गों के सामाजिक-आर्थिक ढाँचों के अनुरूप बदलता चलता है। सभी उपन्यासों की तरह इसमें भी यशपाल का समाजवादी दृष्टिकोण दो तरह से व्यक्त हुआ है—(1) व्यक्तियों और वर्गों के विश्लेषण के रूप में और (2) समाजवादी संस्थाओं तथा व्यक्तियों के आचरण और विचारों के खुलेपन, जीवन्तता तथा मानवता की अभिव्यक्ति के रूप में।

यशपाल की दृष्टि मूलतः नारी-पात्रों के केन्द्र पर ठहरी होती है क्योंकि वे ही अधिक शोषित और पीड़ित हैं, नए प्रकाश और पुराने संस्कार का तनाव उनमें ही अधिक मिलता है। सोमा का जीवन, जीवन के विविध और लम्बे अनुभवों को उद्घाटित करता चलनेवाला नारी-जीवन है।

सोमा एक छोटे से पहाड़ी गाँव की विधवा लड़की है जो अपनी सास-ससुर, जेठानियों के अत्याचारों से पीड़ित है। ड्राइवर धनसिंह एक दिन उसे बचाने के चक्कर में बस रोकता है तो बस खराब हो जाती है। दोनों में प्रेम होता है। धनसिंह उसे भगा ले जाता है। पुलिस पकड़ लेती है। धनसिंह जेल जाता है और सोमा कामरेड भूषण की सहायता से सेठ ज्वाला सहाय के यहाँ आश्रय पाती है। वहाँ पर वह जीवन के दूसरे अनुभवों से गुजरती है। उस धनी परिवार के लोग बहुत दयालु, शरीफ और सहानुभूतिशील हैं। उस परिवार की साम्यवादी लड़की मनोरमा से उसकी बहुत अच्छी दोस्ती हो जाती है। वह मनोरमा के भाई बैरिस्टर जगदीश प्रसाद के साथ लाहौर चली जाती है और धीरे-धीरे घर सँभाल लेती है। बैरिस्टर उसकी ओर झुकते हैं और वह आश्रय का मूल्य चुकाने के लिए अपने को समर्पित कर देती है। एक दिन बैरिस्टर की भाभी, पत्नी आदि के कारण घर में कलह मच जाता है, सोमा को इस परिवार के दूसरे रूप देखने पड़ते हैं। उसे निकाल दिया जाता है। जगदीश बैरिस्टर कुछ नहीं कर पाते, वे अपने को छिपाते फिरते हैं। इधर सोमा को बैरिस्टर के ड्राइवर बरकत के साथ भागकर बम्बई आना पड़ता है। बरकत का संग उसके लिए एक बड़ा ही बीभत्स अनुभव का द्वार खोलता है। धीरे-धीरे वह प्रसिद्ध फिल्म अभिनेत्री बन जाती है और सारे निम्नस्तरीय या सामान्यस्तरीय लोगों के साथ को कुचलती

हुई सुतलीवाला-जैसे व्यापारी के मधुर साहचर्य में आती है जो ऊपर से बहुत शरीफ, मधुर; परन्तु भीतर से बहुत कमीना और नपुंसक है, जो नारी का उपयोग अपने लिए नहीं, अपने व्यापार के लिए करता है और जो अपनी पत्नी मनोरमा (ज्वाला सहाय की लड़की) से अलग सा हो चुका है।

जब सोमा बैरिस्टर के यहाँ रह रही होती है तब धनसिंह छूटकर आता है परन्तु एक रात अपनी पत्नी सोमा के पीछे पड़े कुछ लोगों का खून कर फिर लापता हो जाता है और छिपता हुआ, जीवन के अनेक मोड़ों से गुजरता हुआ एक दिन बम्बई पहुँचता है और खोज करता हुआ सोमा के घर जाता है तब बरकत आदि से लड़ाई हो जाती है और वह बरकत अपने साथी को मार खाता देख धनसिंह पर करौली से वार करता है किन्तु बीच में कामरेड भूषण आ जाता है और करौली की चोट भूषण को लगती है, वह मर जाता है, बरकत भाग चलता है तथा धनसिंह भूषण के सम्मान पर आँच न आने देने के प्रयत्न में अपनी सारी कहानी कहकर पुनः जेल चला जाता है और धनसिंह पर मरनेवाली सोमा निरपेक्ष भाव से यह सब देखकर अन्दर चली जाती है।

इस प्रमुख कथा के साथ मनोरमा की भी कथा जुड़ी हुई है। वह कामरेड भूषण को प्यार करती है। किन्तु भूषण वर्गीय असमानता को प्रेम के मार्ग में बाधक समझकर मनोरमा से शादी करना स्वीकार नहीं करता। वह एक दिन पार्टी दफ्तर में काम करने के लिए लाहौर से बम्बई चला जाता है। गृहकलह से ऊबकर मनोरमा भी सुतलीवाला को तार देकर अपने विवाह की स्वीकृति दे देती है और ब्याह कर उसके साथ बम्बई चली आती है। यहाँ आकर उसे मधुर, सज्जन दीखनेवाले पति की नपुंसकता और नीचता का अनुभव होता है। वह उससे घृणा करने लगती है और पार्टी दफ्तर में भूषण से मिलती है। सुतलीवाला सोमा की ओर झुकता है और मनोरमा भूषण को अपनी जीवनसंगी के रूप में पाने का सहज प्रयत्न करती है। भूषण भी अब वर्ग असमानता, वर्ग-स्थिति को न पाकर उसके प्रति समर्पित होना चाहता है किन्तु धनसिंहवाली घटना में उसका अन्त हो जाता है।

इस उपन्यास का फलक बहुत वैविध्यपूर्ण है। एक तरह से समस्त तत्कालीन सामाजिक और राजनीतिक जीवन इसमें प्रतिध्वनित हो उठा है किन्तु ये सारे राजनीतिक और सामाजिक पहलू केवल राजनीतिक और सामाजिक यथार्थ का दस्तावेज बनकर नहीं आए हैं। वे अपने भीतर से गुजरते हुए व्यक्तियों के जीवन्त सम्बन्धों, मूल्यों, भावनाओं आदि को प्रभावित करते हैं, बदलते हैं और इस तरह परिवेश और व्यक्ति के घने सम्बन्धों को उद्घाटित करते हैं।

यशपाल ने सर्वत्र प्रेम जैसे सनातन, चिरन्तन, अपरिवर्तनीय, पवित्र, मानसिक माने जानेवाले भाव को यथार्थ के सन्दर्भ में देखा है। मनोरमा सोमा के लिए चिन्तित है, वह प्रेम को आदर्श मानती है। वह समझती है कि धनसिंह के न लौटने पर सोमा का बुरा हाल होगा। इस सन्दर्भ में भूषण बहुत व्यावहारिक ढंग से सोचता है। मनोरमा पूछती है, "क्यों, तुम ऐसी बात सोचते हो...क्या प्रेम स्वयं कुछ भी नहीं? यदि कोई

व्यक्ति एक आदर्श को चरितार्थ कर सके तो उसे क्यों गिराया जाए?" भूषण इस सन्दर्भ में प्रेम की व्याख्या करते हुए कहता है, "और सब चीजों की तरह जीवन में प्रेम की गति भी द्वंद्वात्मक है। प्रेम जीवन की सफलता और सहायता के लिए है। यदि प्रेम बिलकुल छिछला या थिथला रहे तो यह असंयत वासना-मात्र बन जाता है और यदि जीवन में प्रेम या आकर्षण का संयम विवेक से न हो तो वह जीवन के लिए घातक भी हो सकता है। जल को देखती हो। उसमें से उष्णता बिलकुल निकल जाए तो बर्फ बन जाता है, उसमें गति नहीं रहती। उष्णता एक सीमा से अधिक चढ़ जाए तो वह भाप बनकर उड़ जाता है।" इसी बात को आगे बढ़ाते हुए सोमा के सम्बन्ध में कामरेड भूषण कहता है, "इसका धनसिंह से प्रेम कुछ परिस्थितियों का परिणाम है और कुछ परिस्थितियों का कारण भी है। यदि इसका पति जिन्दा होता, शायद यह प्रेम हो ही नहीं सकता और होता तो तुम उससे सहानुभूति न करतीं। प्रेम जीवन में शरीर की अनुभूति और आवश्यकता से पृथक् क्या वस्तु है?"

कहना न होगा कि सोमा के प्रेम को इसी गतिशील और परिस्थिति सापेक्ष रूप में देखा गया है। सोमा धनसिंह को प्यार करती है, बैरिस्टर के यहाँ सुख और अधिकार पाकर एक-दूसरे मद से भर जाती है और बैरिस्टर के लिए अपने को समर्पित करने में कोई संकोच अनुभव नहीं करती। बम्बई आकर उसका प्रेम सन्दिग्ध रूप धारण कर लेता है और कई मनुष्यों के सहानुभूति-क्षेत्र से गुजरती हुई सुतलीवाला के आश्रय में चली जाती है। प्रेम के इस स्वाभाविक विकास के साथ उसके मूल्य की ओर भी लेखक ने दृष्टिपात किया है। मनोरमा का प्रेम कामरेड भूषण के लिए है—साहचर्य और मनोरमा का जीवनादर्श दोनों इसके लिए उत्तरदायी हैं। किन्तु भूषण वर्ग-असंगति के कारण इस प्रेम को व्यावहारिक रूप देने के स्थान पर उसे हतोत्साहित करता है। वह नहीं समझता कि असमान वर्गों के व्यक्तियों का प्रेम सन्तुलित हो सकता है क्योंकि प्रेम न तो सुविधा है, न भोग है, न आदर्श है, वह समानधर्मा व्यक्तियों के आचरण का, कर्म का, चिन्तन और बोध का धर्म है। मनोरमा साम्यवाद को आदर्शवादी ढंग से अपनाकर भी आचरण में नहीं उतार सकती, उसके संस्कार और परिस्थितियाँ बाधक होंगी। किन्तु लगता है, मनोरमा कहीं अधिक भीतर से भूषण और साम्यवाद को अपनाए हुए है, वह समृद्ध परिस्थितियों में रहते हुए भी उनसे बहुत कुछ निस्संग है। इसीलिए वह सुतलीवाला को अस्वीकार करती है और बहुत मजबूर होने की अवस्था में ही उससे शादी करती है। बम्बई जाकर उसका जीवन नया मोड़ लेता है, वह सुतलीवाला से विरक्त होती है, क्योंकि उसके संस्कार व्यापारी परिवार में रहकर भी भोग-विलास की वृत्ति से आक्रान्त नहीं है। उसका स्वाभिमान आहत हो उठता है। किन्तु वह भूषण को विराट कर्म-परिधि के बीच पाती है, इससे भूषण का आकर्षण और भी उभरता है और स्वयं पार्टी के व्यावहारिक कर्म में प्रवृत्त होती है। कर्म और आचरण दोनों को दोनों से बाँधते चले जाते हैं। प्रेम समानधर्मा होकर प्रगाढ़ होता चला जाता है। भूषण धनसिंह के लिए बलिदान हो जाता है, मनोरमा का प्रेम सोमा के प्रेम को बचाने में शहीद हो जाता है। सोमा अपने प्रेम को छोड़ चुकी

है, अब वह मात्र सुविधा रह गई है। मनोरमा अपने प्रेम को प्राप्त करने के उच्चतम बिन्दु पर पहुँच रही है और तब यह घटना घटती है। प्रेम बलिदान होता है, सुविधा मुँह फेर लेती है और अपने प्रेम को पहचानती भी नहीं। गरीब का प्रेम धन पाकर वासना बन जाता है और अपने रूप को पहचानने से इनकार करता है, अमीर का प्रेम सामाजिक कर्म से सम्पृक्त होकर उदात्त और गहरा बन जाता है और प्रेम की रक्षा में आत्मबलिदान करता है।

इसके अतिरिक्त और भी अनेक चेहरे उभरते हैं जो मनुष्य के अनेक रूपों को उद्घाटित करते हैं और सामाजिक विसंगतियों को प्रकट करते हैं। कहा जा चुका है कि इसका फलक बड़ा है—ड्राइवर, सिपाही, जेल के अधिकारी, बन्दी नेता, आजाद हिन्द फौज, व्यापारी, बैरिस्टर, पुलिस अधिकारी, कम्युनिस्ट पार्टी, ऑफिस के लोग, फिल्म जगत् के लोग आदि अपनी व्यक्तिगत, सामूहिक प्रवृत्तियों, विसंगतियों और चेतनाओं के साथ बहुत जीवित रूप में उभरते हैं। राजनीतिक-सामाजिक वास्तविकताएँ ज्वलन्त रूप में प्रकट होती हैं और सबके बीच से तथा सबके ऊपर उभरती हैं, लेखक की साम्यवादी जीवन-दृष्टि जो जीवन को उसके समस्त स्पन्दन और जीवन्तता के साथ प्रस्तुत कर उसकी समस्याओं, सम्बन्धों, मूल्यों आदि को नई व्याख्या प्रदान करती है।

झूठा सच (1958) : दो भागों में लिखित इस महाकाय उपन्यास में भारत के विभाजन की पूर्वपीठिका, विभाजन की विभीषिका और उसके उत्तर प्रभाव का बहुत विशद और जीवन्त चित्र उभारा गया है। उपन्यास अपने स्वरूप में महाकाव्यात्मक है किन्तु प्रकृति में भी महाकाव्यात्मक है या नहीं, इस पर आलोचकों में मतभेद है। कुछ की दृष्टि में यह सामयिक घटनाओं और तथ्यों का अम्बार है, कुछ की दृष्टि में स्वरूप और प्रवृत्ति में अपरिहार्य सम्बन्ध नहीं है, विचार और अनुभूति में सामंजस्य नहीं है, कुछ की दृष्टि में यह 'युद्ध और शान्ति', 'रंगभूमि' तथा 'गोदान' की परम्परा का बहुत ही सशक्त महाकाव्यात्मक उपन्यास है।

बातें बहुत सी हैं किन्तु मुझे लगता है कि लेखक ने तत्कालीन घटनाओं और परिस्थितियों के विस्तार तथा मानवीय अन्तर्सत्यों की गहनता, आधुनिक नियति और मूल्य का बहुत सुन्दर सामंजस्य किया है। यह शिकायत की गई है कि इस उपन्यास में लेखक की अपनी दृष्टि (यानी मार्क्सवादी दृष्टि) आर-पार व्याप्त नहीं है किन्तु मुझे लगता है कि यह लेखक की सर्जनात्मक दृष्टि के लिए शुभ लक्षण है कि वह यथार्थ के लोक की मुक्त यात्रा करती है, किसी पूर्वग्रह से आक्रान्त नहीं है। यह रचनात्मक दृष्टि एक ओर लेखक को यथार्थ के सही स्वरूप को देखने के लिए प्रेरित करती है, दूसरी ओर चूँकि यह सर्जन दृष्टि है, घटनाओं और तथ्यों को ज्यों-का-त्यों न देखकर उन्हें मानवीय सत्यों के सन्दर्भ में देखती है और उसके भीतर से कुछ निर्मित करती है।

प्रस्तुत महाकाव्यात्मक उपन्यास में यशपाल की दृष्टि ने कहीं साथ नहीं छोड़ा है, वह आर-पारदर्शी है और उसे इस बात की पहचान है कि क्या होकर भी झूठ है

और क्या न होकर भी सही है। लेखक मार्क्सवादी है किन्तु इस उपन्यास में उसकी मार्क्सवादी विचारधारा अपने-आप में हावी न होकर उसकी कलात्मक दृष्टि की सहायक है।

पूरे उपन्यास के यथार्थ को सुविधा के लिए दो भागों में बाँट सकते हैं—(यों ये दोनों यथार्थ एक-दूसरे से जुड़े हुए हैं, इन्हें अलग करना संश्लिष्ट रचना को तोड़ना है) एक तो उसका परिस्थितिगत यथार्थ है, दूसरा उसका परिस्थितिजन्य आन्तरिक सत्य। दोनों को यशपाल एक में जोड़कर चलते हैं। परिस्थितिगत यथार्थ में आता है देश के बँटवारे के पूर्व की, बँटवारे के समय की तथा उसके बाद की घटनाओं और परिस्थितियों का चित्रण, दूसरे में आता है उन परिस्थितियों और घटनाओं के परिप्रेक्ष्य में उभरते हुए विचार, संवेग, व्यक्ति और समाज के नए सम्बन्ध, टूटते हुए पुराने मूल्य, उगते हुए नए विश्वास अर्थात् बनता-बिगड़ता हुआ एक नया जन-मानस।

लेखक ने देश के बँटवारे के समय और उसके पूर्व-पश्चात् की साम्प्रदायिक विभीषिका में जलते हुए भारत और पाकिस्तान की जन-यातना का बड़ा मार्मिक चित्रण किया है। देखने में लगता है कि दोनों देशों की जनता स्वभावतः अपने साम्प्रदायिक विद्वेष की आग में धधक उठी थी। किन्तु यह होकर भी झूठ था। सच थी जनता को बरगलाकर अपने को तृप्त करनेवाली राजनीतिक नेताओं की अदम्य अमानवीय प्यास। जयदेव पुरी सच ही कहता है—"लीग के लीडर और जिन्ना मजहबी मुसलमान नहीं, पॉलिटिकल मुसलमान हैं, उन्हें हुकूमत करने का मौका चाहिए। और जब एक बार इन नेताओं ने अपने स्वार्थ के लिए जनता को बरगला दिया तो परिस्थिति स्वयं उनकी सँभाल के बाहर हो गई। किन्तु इससे क्या, जनता से इनका रागात्मक सम्बन्ध भी क्या? जनता तो इनके लिए पाँव रखने की सीढ़ी है। फिर जो कुछ हुआ वह बड़ा ही अमानवीय था। प्रगतिशील तत्त्वों के प्रयास के बावजूद जनता में तनाव बढ़ता ही गया और लूट-पाट, हत्या, स्त्रियों की अमानवीय दुर्दशा, सामूहिक पलायन, साम्प्रदायिक विद्वेष और आतंक बढ़ता ही गया। इस भयानक ज्वाला में प्रेम, करुणा, विश्वास, मूल्य सभी जलकर कुत्सित हो गए। विकलांग अर्द्धज्वलित मानवता की आह-कराह से दोनों देशों का वायुमंडल छटपटाने लगा। लेखक की यथार्थवादी दृष्टि ने कारणों और घटनाओं का बहुत जीवन्त चित्रण किया है। चित्र अतिरंजित हो सकते हैं किन्तु अयथार्थ नहीं।

ये घटनाएँ अपने-आप में सीमित यानी इतिहास के एक बिन्दु पर समाप्त हो जानेवाली घटनाएँ नहीं हैं वरन् इन्होंने दोनों देशों की जीवन-व्यवस्था और जीवन-मूल्यों को बहुत दूर तक प्रभावित किया है। शरणार्थियों की समस्या देश और समाज के लिए एक नई समस्या थी, उसने राजनीति को ही नहीं समाज-व्यवस्था को भी आन्दोलित किया। विस्थापन के बीच स्थापना एक बड़े संघर्ष और आत्मविश्वास की अपेक्षा रखती थी। पश्चिमी पाकिस्तान से आए हुए शरणार्थियों के संघर्ष और आत्मविश्वास का बड़ा सजीव चित्रण इस उपन्यास में हुआ है। पुरुष तो पुरुष, स्त्रियाँ भी नए आत्मविश्वास के साथ जीवन-संघर्ष में मुक्त भाव से कूद पड़ीं। जीविका की समस्या

ने उन्हें नए मार्ग बनाने के लिए प्रेरित किया। इस प्रकार परिस्थितिगत विवशता ने एक ओर नारी के भीतर आत्मविश्वास और आत्मसम्मान का भाव पैदा किया, दूसरी ओर उन्हें परिवारों की सीमा से मुक्त कर और दूसरे लोगों से मेल-जोल बढ़ाने का अवसर देकर स्वच्छन्द यौनाचार का भी रास्ता खोला। कैम्पों में पड़े शरणार्थियों का आपस में तो यह सम्बन्ध था ही, जीविका के लिए घूमती नारियाँ यौनाचार को बहुत अधिक नैतिक महत्त्व न देकर उसे आर्थिक जीवन के सन्दर्भ में देखने लगी और शरणार्थियों की सेवा के नाम पर निकले हुए लोग भी उनकी इस मजबूरी का लाभ उठाने से नहीं चूके। इस तरह छोटे-बड़े दोनों स्तरों पर नारी आचरण में एक खुलापन आया—बड़े स्तर पर आत्मसम्मान बनकर, छोटे स्तर पर स्वेच्छाचार बनकर। इतना ही नहीं, पुरुष और नारी दोनों में जहाँ कर्मठता उभरी, वहीं धूर्तता, असत्यप्रियता और चोरी का भी उदय हुआ और होते-होते यह एक स्थायी भाव बन गया। इस प्रकार नई परिस्थिति और परिवेश में नवीन आवश्यकताओं के कारण शरणार्थियों में जीवन-मान तो बदले ही, साथ-ही-साथ यहाँ के समाज के जीवन-मान को भी उन्होंने प्रभावित किया। यशपाल ने इन प्रभावों का बहुत सुन्दर अंकन किया है। उन्होंने बनते हुए नए परिवेश के नए सम्बन्धों और टूटते हुए नैतिक मानों को बड़ी गहराई से पहचाना है।

किन्तु क्या यह कथा केवल विभाजन की कथा है? नहीं, उस कथा के भीतर भी एक कथा चलती है जो विभाजन की कथा के न होने पर भी चलती है और जो प्रकारान्तर से यशपाल के अन्य उपन्यासों में चलती रहती है। वह है मानव-मन की कथा। यशपाल मानव को उसके परिवेश से अलग करके नहीं देखते, इसलिए उसके मन की कथा का अर्थ है—उसके ऊपर पड़े हुए उसके वर्ग, परिवेश, परम्परा और काल के संस्कार की कथा। तारा, कनक, शीलो, पुरी, गिल, सूद, सोमराज, चड्ढा, असद आदि पात्र तो विभाजन के पहले भी थे और विभाजन न होता तो भी होते किन्तु विभाजन की समस्याओं ने उनके चरित्रों को एक ऐसे विराट परिवेश में ला खड़ा किया जहाँ उनके असली रूप को खुलने के अपार अवसर प्राप्त हुए या परिस्थितिगत दबावों से उन्हें नया-नया मोड़ प्राप्त हुआ। वास्तव में लेखक की अपनी दृष्टि इन चरित्रों को देखने-परखने में ही दिखाई पड़ती है, ऐतिहासिक घटनाओं को यथातथ्य रूप में प्रस्तुत करने में नहीं। और कहा जा सकता है कि इन पात्रों को देखने में यशपाल की यथार्थवादी दृष्टि सजग है, मार्क्सवादी दृष्टि या दर्शन की बहस न करते हुए भी, उन्हें बाहर से आरोपित न करते हुए भी, यशपाल ने समूचे यथार्थ (तथ्य और सत्य दोनों) के स्वरूप और परिणतियों को समाजवादी दृष्टि से देखा है इसीलिए वे यह पहचान लेते हैं कि प्रगतिशीलता की बात करनेवाला मध्यवर्गीय संस्कारों का व्यक्ति प्रगतिशील नहीं हो सकता, वह भीतर से दकियानूस होता है और अवसर मिलने पर प्रतिक्रियावादी आचार-व्यवहार में डूब जाता है। जयदेवपुरी गरीब मध्यवर्गीय परिवार का एक व्यक्ति है, बहुत उदार और प्रगतिशील विचारों का व्यक्ति, गरीबी से जूझने के लिए अनेक छोटे-मोटे काम करता हुआ व्यक्ति। किन्तु बाद में सूद के सम्पर्क में आने पर बड़ा आदमी बनता जाता है, पैसा और मद उसे

अपनाते जाते हैं और उसकी सारी प्रगतिशीलता बुर्जुआ वर्ग की प्रतिक्रियावादिता में परिणति हो जाती है। वह अपनी बहन तारा को मुसलमान असद से ब्याह करने की अनुमति नहीं दे पाता और अपनी पत्नी कनक से भी दकियानूस व्यवहार करता है। अन्य पात्रों की भी विसंगतियों को लेखक ने बड़ी सचाई से उघाड़ा है। नारी-पुरुष के सम्बन्धों की अनेकता और उनकी संगति-विसंगति को गहराई से पहचाना है। इस अनेकता को व्यक्त करने के लिए ही वह कई युग्मों की अवतारणा करता है और उसकी प्रगतिशील दृष्टि प्रताड़ित, अपमानित और यातनाभोगी नारी की नियति तक ही सीमित नहीं रहती, बल्कि मान्य सम्बन्धों के नैतिक कठघरे को तोड़कर नारियों को बाहर लाती है, पुरुषों की चुनौती स्वीकार कर स्वतंत्र व्यक्तित्व बनाने की उनकी ऐतिहासिक माँग को पहचानती है और इस प्रकार होने के बीच न होने की स्थिति और न होने के बीच होने की स्थिति को परखकर झूठ और सच दोनों का चित्रण करती है। लेखक की दृष्टि युग-युग से शोषित नारी की यातना, विवशता तक ही सीमित नहीं, वह उसकी स्वतंत्रता का मार्ग भी आलोकित करती है किन्तु यह सब व्यक्तित्वों की शक्ति और संस्कार की परिधि में ही हुआ है। जहाँ तारा और कनक-जैसी स्वाभिमानी स्त्रियाँ पतियों को छोड़कर दूसरा ब्याह कर लेती हैं वहाँ बन्ती अपने पति से त्यक्त होकर उसकी दहलीज पर सिर पटक-पटककर रोती है और मर जाती है। इस प्रकार पूरा उपन्यास सामाजिक जीवन के संश्लिष्ट यथार्थ को बहुत गहराई से उभारता है। कुछ बातें आरोपित भी लगती हैं जैसे अन्त में सूद और पुरी जैसे पैसे और प्रभाववाले व्यक्तियों का पतन। आज के समाज को देखने से यह सम्भव नहीं प्रतीत होता। ऐसा करने में लेखक का मार्क्सवादी आदर्श ही अधिक सक्रिय लक्षित होता है।

जहाँ तक उपन्यास के शिल्प और स्वरूप का प्रश्न है, कहा जा सकता है कि यह यशपाल के अन्य उपन्यासों की परम्परा में ही है। यशपाल के उपन्यासों में न तो मनोवैज्ञानिक उपन्यासों का स्वानुभूत व्यक्ति-सत्य है और न आंचलिक उपन्यासों का स्वानुभूत अंचल सत्य। यशपाल अनुभव, जानकारी और सिद्धान्त तीनों के बल पर कथानक गढ़ते हैं। इससे यह प्रकट है कि सारा-का-सारा उपन्यास उपन्यासकार के अनुभवजन्य सत्यों से नहीं गुजरता। इतने बड़े देश और काल के कथानक को लेनेवाले उपन्यासकार के लिए यह सम्भव ही नहीं है। इसीलिए यशपाल में तीनों स्थितियाँ लक्षित होती हैं—पात्र और परिस्थितियाँ कहीं अनुभवजन्य होती हैं, कहीं विचारजन्य, कहीं ज्ञानजन्य। डॉ. इन्द्रनाथ मदान ने यह निर्देश किया है कि 'झूठा सच' में यशपाल का मुनि उनके ऋषि पर प्राय: हावी हो गया है और प्राय: दोनों के सम्बन्ध विच्छिन्न हो गए हैं। मैं समझता हूँ कि बड़े-बड़े सामाजिक उपन्यासों में इस बात की सम्भावना नहीं करनी चाहिए कि हर बात लेखक के अनुभव से ही पैदा होगी।

यशपाल की शैली भी किस्सागो की शैली है इसलिए उनमें सघन मानसिक आवर्तों, संश्लिष्ट बिम्बों और जटिल संकेतों के स्थान पर वर्णनात्मक बहाव है। 'झूठा सच' में यह वर्णनात्मक शैली अपनी पूरी गरिमा के साथ उभरी है। कथानक

को रचने, सँवारने, उसे अनुकूल भंगिमा, मोड़ और गठन देने तथा उसे रोचक बनाए रखने की अपार क्षमता यशपाल में है। प्रस्तुत उपन्यास में कथा के बीच-बीच में बहुत सी बातें आती हैं, उपदेश भी आते हैं, विवरण भी आते हैं, राजनीति पर बहसें भी आती हैं, और ऐसा लगता है कि अब नीरसता की अवतारणा होने जा रही है कि झट से कथानक एक नई भंगिमा ग्रहण कर लेता है—कोई पात्र आकर सारी ज्ञान-चर्चा को बदल देता है और जीवन बहने लगता है। हाँ, यह अवश्य है कि ये नीरस चर्चाएँ कम होतीं तो अच्छा ही होता।

(अन्य उपन्यास—'देशद्रोही', 'पार्टी कामरेड', 'अमिता', 'बारह घंटे', 'मेरी तेरी उसकी बात')

देवेन्द्र सत्यार्थी

दूधगाछ (1954) : दरअसल इस उपन्यास में माँ और शास्त्रीय संगीत को केन्द्रीय कथावस्तु के रूप में लिया गया है। जैसा ऊपर कहा गया है, यहाँ माँ, जन्मभूमि और कलाकार सभी माँ के रूप में आए हैं और लगता है कि कई माँओं के बीच आकर्षण का व्यापार चल रहा है। उसी में इस उपन्यास के पात्र बेचैन से इस ओर, उस ओर हो रहे हैं। केरल का एक समुद्र-तटीय स्थान है बरकला, कहानी वहीं शुरू होती है। बरकला में शास्त्रीय संगीत के बहुत बड़े कलाकार थे रुद्र पद्म जी। उनका शिष्य था शंखधरन जो मूर्तिकार मुक्कूवन मुत्तू का पुत्र था और जो मूर्तिकार न बनकर संगीतकार बन रहा था। गोविन्दन रुद्र पद्म जी का पुत्र था जो अपने पिता की इच्छा के प्रतिकूल जन्मस्थान बरकला में संगीत-साधना न कर, फिल्मों में संगीत-निर्देशक बनने बम्बई चला गया था। उसके साथ ही उसके गाँव की नीलू भी गई जो वहाँ एक नृत्य विद्यालय चलाने लगी और कालान्तर में गोविन्दन तथा नीलू का विवाह हो गया। रुद्र पद्म जी की साठवीं वर्षगाँठ पर फैयाज खाँ बरकला आए और रुद्र पद्म के सम्मान में जमकर गायन किया। उनके आग्रह से जब रुद्र पद्म गाने लगे तो संगीत में ऐसे डूबे कि फिर लौटे ही नहीं। उनकी मृत्यु से हाहाकार मच गया।

रुद्र पद्म जी ने अधूरी आत्मकथा लिखी थी। उसे लेकर शंख बम्बई चला गया—गोविन्दन के साथ, उसी के आग्रह पर। शंख का मन बम्बई में नहीं था। वह रास्ते में से ही लौट-लौट जाने को हो रहा था, किन्तु गोविन्दन था जो एक छोटे से क्षेत्र और अतीत का मोह छोड़कर एक बड़े क्षेत्र और वर्तमान में जीने की सार्थकता का तर्क देकर उसे बम्बई तक खींच लाया। शंख बेमन से ही बम्बई आया था और बेमन से ही रह रहा था। गोविन्दन उसे सबसे बड़ा प्रलोभन यह दे रहा था कि यहाँ तुम्हारे गुरुजी की आत्मकथा पर फिल्म बनाई जा सकती है। गोविन्दन के कारण शंख फिल्म अभिनेत्री इरा से जुड़ा। यह जुड़ाव आगे चलकर विवाह में बदल गया। इरा की माँ मैना एक अमीर की आश्रिता, प्रसिद्ध गायिका रह चुकी थी। वह चाहती थी कि इरा और शंख उसके साथ ही रहें। यह बात शंख के स्वाभिमान को सालती

थी। वह फिल्मी दुनिया की गलाजत को देख रहा था, अत: चाहता था इरा के साथ बरकला लौट आना। उर्वशी और उसके पति जयन्त ने रुद्र पद्म की आत्मकथा पर गुरुदेव नाम से एक फिल्म बनाई, उसमें संगीत दिया शंख ने। फिल्म चली नहीं (यों बाद में उसे बहुत सम्मान और प्रसिद्धि मिली) और एक दिन शंख चुपचाप बरकला लौट आया। इरा दुखी हुई। पुत्री पैदा हुई—जया। दस साल बीत गए। न इरा बरकला गई, न शंख बम्बई आया। पत्र-व्यवहार भी नहीं हुआ। रुद्र पद्म ने कहा था कि अगला संगीतकार बरकला में किसी पिछड़ी जाति में पैदा होगा। इसका यह अर्थ लिया गया कि गुरुदेव स्वयं किसी पिछड़ी जाति में पैदा होनेवाले अगले संगीतकार होंगे। मुत्तू बाबा के यहाँ लड़का पैदा हुआ तो समझा गया कि गुरुदेव ने जन्म ले लिया है और शंख उस बच्चे (पंचानन) को शिक्षा-दीक्षा देने बम्बई से आ गया था और उसे बहुत मनोयोग से शिक्षा दे रहा था।

जया के लगातार आग्रह से दस साल बाद इरा को शंख के पास बरकला लौटना पड़ा। दोनों मिले-जुले लेकिन इरा बरकला में ठहरना नहीं चाहती थी, वह शंख से बम्बई चलने का आग्रह करती रही। शंख नहीं माना तो इरा जया को यहाँ छोड़कर चुपचाप बम्बई लौट गई। जया अब बार-बार माँ के पास जाने का आग्रह करने लगी। उसी बीच बम्बई से शंख के मित्रों का सामूहिक हस्ताक्षरोंवाला एक पत्र उसे मिला जिसमें लिखा था कि वे सब मिलकर बरसोवा के मछुआरों पर फिल्म बना रहे हैं। यह एक सामाजिक उद्देश्यवाली अच्छी फिल्म होगी, उसमें शंख का संगीत रहेगा। फिर शंख जया के साथ बम्बई लौट गया। मुख्य कथा की स्थूल रूप-रेखा इतनी ही है। इसके साथ अन्य अनेक पात्र और सन्दर्भ जुड़े हुए हैं।

उस उपन्यास को यदि इसके शीर्षक के आधार पर समझा जाए (और समझा जाना चाहिए) तो उसे तीन बिन्दुओं पर पहचानना पड़ेगा और इन बिन्दुओं की ओर स्वयं उपन्यासकार ने संकेत किया है। दूधगाछ का अर्थ है—माँ। माँ यानी माँ, माँ यानी जन्मभूमि, माँ यानी कला को जन्म देनेवाला कलाकार। माँ दूध का गाछ है। अपने पुत्रों को जन्म देती है। अपने दूध, अपने रस, अपने संस्कार से उन्हें पालती-पोसती है। पुत्र को प्यार, ऊर्जा, आश्वस्ति अपनी माँ के सान्निध्य में ही मिलती है। हम माँ के पास रहें या दूर, हमारी जड़ें यदि वहाँ हैं तो हमारी एक पहचान बनती है। हमें एक जमीन मिलती है। शंख अपनी मातृभूमि बरकला नहीं छोड़ना चाहता। वह अपनी माँ को नहीं छोड़ना चाहता। उसे वहीं अपनी पहचान प्राप्त होती है, वहीं आश्वस्ति मिलती है। बम्बई जाकर भी माँ से खिंचा-खिंचा बरकला लौट आता है। इरा अपने पति और माँ के बीच माँ को ही चुनती है। जया अपने अनदेखे बाप के लिए हुड़कती है और जब बरकला में उसकी माँ उसे उसके बाप के पास छोड़ आती है, तब वह माँ के लिए तड़पती है और अन्त में शंख उसे लेकर बम्बई जाने के लिए विवश हो जाता है। कलाकार भी माँ है। उसकी कला जब उसके भीतर से उसी तरह फूटती है जैसे माँ के भीतर से बच्चा, तब वह भी सार्थक होती है, प्रामाणिक होती है। उस

कला को जन्म देने के लिए कलाकार माँ की तरह ही यातना झेलता है और माँ की भाँति ही उसे अपने भीतर के रस से पालता-पोसता है और कहीं इस कलाकार माँ का मातृभूमि माँ से गहरा रिश्ता जुड़ा होता है। कलाकार उस मातृभूमि से गहरे जुड़कर ही कला की सही माँ बनता है। गोविन्दन बरकला का होकर भी उससे नहीं जुड़ता, वह कलात्मक सन्तुष्टि के लिए नहीं, व्यावसायिक तृप्ति के लिए बम्बई का चुनाव करता है। उसकी कला बरकला की अपनी प्रकृति, अपने पिता की संगीत-साधना और माँ के वात्सल्य की जमीन से गहरे न जुड़ी होकर एक अनजान शहर बम्बई के व्यावसायिक फार्मूलों से जुड़ती है, इसलिए उसे कला की वह सही पहचान नहीं मिल पाती जो शंख की कला को मिलती है। अपनी जमीन से जुड़ा हुआ शंख बम्बई की नकली जिन्दगी और व्यावसायिक कला से जुड़ नहीं पाता, वह वहाँ से भाग खड़ा होता है। हाँ, वह बम्बई तब लौटता है जब ज्ञात होता है कि बम्बई के व्यावसायिक कलाकार बरसोवा के मछुआरों के जीवन पर फिल्म बना रहे हैं। उसे बरसोवा के मछुआरों की जिन्दगी में बरकला की जिन्दगी की धड़कन सुनाई पड़ती है और उसे लगता है कि उसकी कला का सही उपयोग होगा।

उपन्यास में 'दूधगाछ' से लगाव के साथ उससे सार्थक अलगाव का भी प्रश्न उठाया गया है। वास्तव में माँ से जुड़ा हुआ बच्चा यदि माँ के आसपास ही रह जाए तो क्या उसका और उसकी कला का सही उपयोग और विकास हो सकता है? हम जहाँ से रस और शक्ति ग्रहण करते हैं, उसी के दायरे में हम उस रस और शक्ति की अभिव्यक्ति करते हैं तो क्या यह माँ के लिए सन्तोष का विषय होगा? क्या पुत्र के व्यक्तित्व का सही विकास होगा? पुत्र को अपनी कला या अन्य प्रकार की मानवीय छवि का प्रकाश मातृ-वृत्त से निकलकर बाहर फैलाना पड़ता है, 'उपजहिं अनत अनत छवि लहहीं।' यह बात रुद्र पद्म जैसे बड़े कलाकार नहीं समझते किन्तु उनकी पत्नी अन्नपूर्णा समझती है जो गोविन्दन की बम्बई यात्रा का समर्थन करती है। नीलू जैसी सही नर्तकी बरकला छोड़कर बम्बई जाती है और वहाँ सिनेमा के चाकचिक्य से दूर रहकर नृत्योपासना करती और कराती है। शंख को इरा, नीलू तथा अन्य कलाकार समझाने का प्रयत्न करते हैं कि बम्बई अपने आप में बुरी नहीं है बल्कि बहुत सम्भावनापूर्ण है। एक बम्बई में कई बम्बई हैं, सिनेमावाली बम्बई तो बम्बई का एक बहुत छोटा सा हिस्सा है। बम्बई में शंख की कला का प्रसार होगा, उसकी कला की छवि दूर-दूर तक पहुँचेगी। अन्त में शंख इस भूमि पर पहुँच जाता है।

अमृतलाल नागर

बूँद और समुद्र (1956) : इस महाकाय उपन्यास में व्यक्ति और समाज के सम्बन्धों को चित्रित किया गया है। उपन्यास स्वातंत्र्योत्तर भारतीय जीवन की विसंगतियों, समस्याओं और सम्बन्धों को व्यक्त करने के लिए लखनऊ के एक मोहल्ले को कथा भूमि बनाकर चला है। यह सच है कि स्वाधीनता के बाद हमारा देश बहुत तेजी

से विघटित हुआ है, समाज टूटता गया है, देश खंडित होता गया है और व्यक्तियों तथा पार्टियों के स्वार्थ उभरते गए हैं। उपन्यास के अन्त में उपन्यासकार सज्जन के स्वर में कहता है—भारतीय यह भूल गया है कि वह भारतीय है। वह कांग्रेसी है, सोशलिस्ट, जनसंघी, कम्युनिस्ट, अकाली है, वह यश-सिद्ध वृद्धि, कलाकार नेता, डॉक्टर, बैरिस्टर, अफसर या समाज में कुछ है मगर अधिकांश में भारतीय नहीं, मानव भी? नहीं, ये लोग प्राय: दिन-भर देश और मानवता का नाम झींकते हैं पर यह नहीं जानते कि उनका देश क्या है?

पार्टियाँ अपने-अपने स्वार्थ में लिप्त होकर एक-दूसरे को बदनाम ही नहीं करतीं, वरन् मानवता और देश के हित को कुचलती भी हैं। व्यक्ति अपने परिवेश से टूटकर स्वकेन्द्रित होता जा रहा है। उपन्यास के अन्त में सज्जन सोचता है—'मनुष्य का आत्मविश्वास जागना चाहिए उसके जीवन में आस्था जागनी चाहिए, मनुष्य को दूसरे के सुख-दुख में अपना सुख-दुख मानना चाहिए। विचारों में भेद हो सकता है, विचारों के भेद से स्वस्थ द्वंद्व होता है और उत्तरोत्तर उसका समन्वयात्मक विकास भी। पर शर्त यह है कि सुख-दुख में व्यक्ति का व्यक्ति से अटूट सम्बन्ध बना रहे—जैसे बूँद-से-बूँद जुड़ी रहती है—लहरों-से-लहरें। लहरों से समुद्र बनता है—इस तरह बूँद में समुद्र समा गया है।'

'बूँद और समुद्र' की पारस्परिक अवलम्बिता से ही दोनों की सत्ता बनी हुई है इसी तरह समाज और व्यक्ति की भी। लेखक ने लखनऊ के एक मुहल्ले के जीवन के माध्यम से मानो पूरे देश के वर्तमान स्वरूप को उद्घाटित किया है। इसमें यथार्थ के दो स्वरूप हैं—एक तो वह यथार्थ है जिसे देश, समाज और व्यक्ति का बुनियादी यथार्थ कह सकते हैं जैसे पुरुष-स्त्री के सम्बन्ध और समाज के सम्बन्ध। दूसरा यथार्थ सतही है जो बुनियादी यथार्थ में रंग भरने के लिए आता है जिसे हम भाषा का यथार्थ भी कह सकते हैं या सामान्य जीवन की सामान्य घटनाओं का यथार्थ कह सकते हैं। वास्तव में कृति तभी गरिमावान और क्लैसिक होती है जब वह बुनियादी सत्यों अर्थात् बदलते हुए युगों के सन्दर्भ में गतिशील समाज के मूलभूत यथार्थों को पकड़ती है। कहा जा सकता है कि सतही यथार्थ को विस्तार देने के बावजूद 'बूँद और समुद्र' समाज के बुनियादी यथार्थ की रीढ़ पर खड़ा है। अर्थात् उसने आज के मनुष्य के भीतर उठते हुए भागवत, विचारगत परिवर्तनों, संक्रान्त मूल्यों और सम्बन्धों, राजनीतिक दलों की विभीषिकाओं से त्रस्त होती हुई मानवता को पहचाना है। लेखक ने समाज और व्यक्ति दोनों की विसंगतियों को तीव्र यथार्थवादी दृष्टि से देखा है, उसने समाज के विविध चरित्रों और उनके सम्बन्धों को पहचाना है। इस प्रकार इसमें आनेवाले सारे पात्र अपनी-अपनी सार्थकता प्रमाणित करते हैं। ताई, नन्दो, मिसेज वर्मा, वनकन्या, डॉ. शीला स्विंग आदि नारियाँ यदि हमारे समाज के अनेक नारी-रूपों को उद्घाटित करती हैं तो सज्जन, महिपाल, कर्नल, राजा साहब, सालिगराम, जगदेवसहाय, लाला जानकीसरन, बाबा रामजीदास, शंकरलाल सेठ, रूपरतन आदि हमारे समाज के पुरुषों के विविध रूप हैं। ये सारे पात्र अपनी व्यक्तिगत जिजीविषा

और वर्गगत विशेषताओं के कारण बहुत जीवन्त लगते हैं। व्यक्तियों के व्यक्तित्वों के साथ पूरे समाज का वर्तमान विघटनशील व्यक्तित्व भी बहुत सचाई से उभरा है। इस पूरे उपन्यास में दो बिन्दु ऐसे हैं जो अनेक सम्यक् सूत्रों से जुड़कर पूरी परिधि में व्याप्त हैं—वे बिन्दु हैं ताई और वनकन्या। ये दोनों ही नारियाँ पुरुष-अत्याचार से आहत हैं और इनके व्यक्तित्वों में पुरुष-अत्याचार की प्रतिक्रिया भिन्न रूपों में है। ताई अपढ़ हैं। पति द्वारा परित्यक्ता वे टोना-टोटके द्वारा सामाजिक विघटन करना चाहती हैं। वे सबसे रुष्ट हैं और सबसे उपेक्षित। किन्तु लेखक ने ताई को कहीं बहुत गहरे पहचाना है, उनके भीतर अब भी प्रेम की कुछ बूँदें सूखने से बाकी रह गई हैं और वे बिल्ली के बच्चों के प्रति स्नेह के रूप में अभिव्यक्त हो रही हैं। पतिवंचिता, पुत्रहीना ताई के भीतर सूखता हुआ प्रेम एकाएक तब जोर मारता है जब तारा को बच्चा हो रहा होता है। उसके पश्चात् तो ताई का प्रेम सामाजिक जीवन के बृहत्तर भाग को सींचता हुआ निरन्तर महान होता चलता है, वे अपना स्नेह तारा के बच्चों, कन्या, सज्जन और संस्थाओं के माध्यम से समाज को देती हैं। उनके जीवन का अन्तिम क्षण बड़ा मार्मिक है। बीमारी में पति को मारने के लिए टोटका करती हैं। एकाएक उनकी सारी घृणा मिट जाती है और टोटका अपने ऊपर वापस ले लेती हैं तथा समाप्त हो जाती हैं। ताई की उपेक्षा करनेवाला आसपास का सारा परिवेश उनके स्नेह से सिंचित होकर उनके लिए गहरा शोक मनाता है। लेखक ने बहुत मनोवैज्ञानिक ढंग से इस पात्र के घृणा और प्रेम को उभारा है। वास्तव में ताई में क्लैसिक कैरेक्टर होने की अपार क्षमता है किन्तु भीड़ में उस क्षमता का समुचित उभार नहीं हो सका।

प्रस्तुत उपन्यास की शक्ति है—सामाजिक जीवन-यथार्थ से लेखक का गहरा साक्षात्कार। इसलिए वह एक जीवन्त समाज को जीते-जागते रूप में प्रस्तुत करने में समर्थ हो सका है। इसे एक आंचलिक उपन्यास भी कहा जा सकता है क्योंकि इसमें लखनऊ शहर का एक मुहल्ला अपने संश्लिष्ट और सघन रूप में चित्रित हो उठा है और अपनी एकान्तता में भी समग्र समाज और राष्ट्र को प्रस्तुत करने की सामर्थ्य रखता है। आंचलिकता के आग्रह के कारण ही शायद लेखक गली-कूचों, परम्परा, रिवाजों, स्थानीय रंगत की गपशप आदि का विस्तार से चित्र अंकित करता है। कहीं-कहीं सतही विस्तार और किस्सागोई की शैली उपन्यास की गठन को शिथिल बना देती है। नागर जी की किस्सागोई की प्रवृत्ति उनके उपन्यासों में इतनी हावी हो जाती है कि उपन्यास बिम्बों से उभरनेवाले संश्लिष्ट भाव-सत्यों की अभिव्यक्ति के स्थान पर सतही रस की सृष्टि करने लगते हैं। इस उपन्यास में गठन सम्बन्धी दूसरी सीमा है। कथा-विन्यास में अपरिहार्य भाव से न जुड़कर जगह-जगह ज्ञान-विज्ञान की लम्बी-लम्बी व्याख्याओं का उभरना। ब्रजयात्रा का लम्बा विवरण भी इसके विन्यास को शिथिल करता है।

(अन्य उपन्यास—'महाकाल', 'सेठ बाँकेमल', 'अमृत और विष', 'नाच्यो बहुत गोपाल', 'खंजन नयन')

उपेन्द्रनाथ 'अश्क'

बड़ी-बड़ी आँखें (1955) : शायद यह आश्चर्यजनक ही लगे कि मैं अश्क के बहुचर्चित मोटे-मोटे उपन्यासों को छोड़कर उनके इस छोटे से उपन्यास को चर्चा के लिए चुन रहा हूँ। किन्तु मेरे सामने चुनाव की कोई द्विधा नहीं। 'गिरती दीवारें', 'गर्म राख' और 'शहर में घूमता आईना' भले ही मध्यवर्ग के विराट् फलक पर स्थित हों, किन्तु कथा-विन्यास की दृष्टि से बहुत ही फैले हुए, फूले हुए और यथार्थ की दृष्टि से बहुत ऊपरी हैं। कथा कहने का अनुपात ही नहीं दिखाई पड़ता। लेखक जब किसी पात्र को प्रस्तुत करता है और परिचय देता है तो इकट्ठे उसके दादा-परदादा से लेकर उस तक की कहानी कह जाता है। मध्यवर्ग की समस्याएँ जरूर उभरती हैं किन्तु वे व्यक्ति के गहन मन:सत्यों और संश्लिष्ट सामाजिक सम्बन्धों के बीच से यात्रा नहीं कर पातीं। बल्कि मन के हल्के-फुल्के रूमानी द्वंद्वों को स्पर्श करती हुई बनी-बनाई राहों से गुजरती हैं।

'बड़ी-बड़ी आँखें' का कथ्य इनके अन्य उपन्यासों के कथ्य से हटकर है। गांधी जी के प्रभाव से बहुत से स्वप्नजीवी लोग आधुनिक आश्रम-जीवन की कल्पना को साकार करने में संलग्न हुए किन्तु यह प्रत्यक्ष है कि गांधी जी की सचाई की प्रखरता इन्हें नहीं प्राप्त हो सकी और व्यवहार में उतरकर स्वप्नों ने अनेक विसंगतियों की सृष्टि कर दी। इस आधुनिक भावभूमि को लेकर 'अश्क' ने इस लघु उपन्यास की रचना की जिसमें आदर्श और यथार्थ के प्रत्यक्ष संघर्ष के साथ-साथ मानव-मन की अनेक छोटी भाव-लहरियाँ उठती हैं। यह उपन्यास 'अश्क' के अन्य उपन्यासों के विपरीत कथ्य को बड़ी चुस्ती और कौशल से बाँधता है। इसलिए यह उपन्यास अधिक पकड़ता है और अभिप्रेत प्रभाव की अन्विति से दीप्त है।

इसमें आधुनिक आश्रमों या सर्वोदयी संस्थाओं की विसंगतियों को उद्घाटित किया गया है। ये संस्थाएँ मानवप्रेम, शान्ति और सेवा के बड़े-बड़े स्वप्न पालती हैं किन्तु सच तो यह है कि ये उन सपनों का भीतर साक्षात्कार कम करती हैं पोस्टर की तरह उन्हें टाँगती अधिक हैं। साक्षात्कार के अभाव में इन पोस्टरों की छाया में कुछ और चलता रहता है। बाहर-भीतर की एक असंगति, एक विषमता उसे ग्रस्त करती रहती है। मूलत: वही सांसारिकता, वही स्वार्थपरता, वही चालाकी, वही असहिष्णुता भीतर-भीतर उसे चालती रहती है। आश्रम के केन्द्र में स्थित महापुरुष की अपनी निजी असंगतियाँ तो होती ही हैं, साथ-ही-साथ परिवेश के दबाव से उत्पन्न असंगतियाँ भी उसे घेरती रहती हैं। सेवा का व्रत लेकर गए हुए सांसारिक लोग अपने राग-द्वेष और चापलूसी की वृत्ति से आश्रम को भीतर-भीतर कुत्सित बनाते रहते हैं और सुखी होते रहते हैं, किन्तु सचमुच की शान्ति की खोज में गए हुए संवेदनशील लोग पग-पग पर आहत होते हैं और किसी तरह इस विसंगतिमय वातावरण से समझौता न कर सकने के कारण आश्रम छोड़कर चले जाते हैं।

इस उपन्यास का नायक संगीत इसी प्रकार का एक संवेदनशील व्यक्ति है। पत्नी

के मर जाने पर अशान्ति का अनुभव करता रहता है। वह शान्ति की खोज में देवनगर जाता है। देवनगर के संस्थापक देवा जी से वह बहुत प्रभावित होता है। वे देववाणी के सम्पादक तथा देवसेना के प्रधान सेनापति हैं। देववाणी में उनके सुन्दर विचार छपते हैं और वे स्वयं अपने व्यवहार में बहुत मधुर और विवेकशील हैं। किन्तु संगीत ज्यों-ज्यों आश्रम से परिचित होता है देवा जी और देवनगरवासियों की विसंगतियाँ और कुरूपताएँ उसके सामने खुलती जाती हैं। देवा जी उसी प्रकार चापलूसों से घिरे हैं जैसे सरकारी अफसर, बड़े-बड़े नेता या अन्य सांसारिक महत्त्वपूर्ण लोग घिरे होते हैं। देवा जी अपनी तथा अपने परिवेश की विसंगतियों को बहुत छद्म मुस्कान और शान्ति से छिपाते हैं। देववाणी में छपनेवाले विचार भी अनुवाद होते हैं और लोक-कल्याण, मानवप्रेम तथा नई शिक्षा प्रणाली के इनके सारे आदर्श व्यवहार के धरातल पर उतरते हैं तो उनमें दरारें पड़ जाती हैं।

देवा जी की लड़की वाणी देवनगर की सारी विसंगति की मानो तुला है। एक ओर देवा जी की पत्नी हैं जो देवा जी की सांसारिक चेतना की पक्षधर हैं, दूसरी ओर उनकी लड़की वाणी है जो उनकी अध्यात्म चेतना की अभिव्यक्ति है। संगीत देवा जी की पत्नी की उपेक्षा और वाणी के प्रेम के द्वंद्व से गुजरता है। वाणी देवा जी की शुद्ध प्रेम-कल्पना की साकार प्रतिमा है। वह संगीत को अपने से और आश्रम से लिप्त करती है। माताजी और उसके चापलूस कुत्सित लोग (तीरथराम, हरिमोहन, सुदर्शनसिंह आदि) उसे आश्रम से विरक्त करते हैं। वाणी आश्रम की और देवा जी की सुन्दर कल्पनाओं की वाणी ही नहीं है वह बड़ी आँख भी है जो आश्रम के सत्य को सही रूप में देख सकती है और जिसकी स्वच्छ गहराई में संगीत-जैसा संवेदनशील व्यक्ति आश्रम के सौन्दर्य को देख सकता है। किन्तु इसे ग्रसने के लिए तीरथराम, हरिमोहन-जैसे कुत्सित लोग चक्कर काटते रहते हैं। प्रकारान्तर से ये लोग देवा जी की सौन्दर्य-कल्पना को ग्रसने के लिए सक्रिय हैं। संगीत जो शान्ति की खोज में आया था इस कुत्सित वातावरण में अशान्त हो उठता है। वह कई बार इस्तीफा देता है मगर देवा जी अपने नम्र कौशल से उसे अस्वीकार कर देते हैं। अन्त में संगीत एक पत्र द्वारा देवनगर की सारी विसंगति को देवा जी तक पहुँचाता है। देवा जी यहाँ भी उत्तेजित नहीं होते और उसे आश्वासन देते हैं कि वह काम करे, उसे कोई तंग नहीं करेगा। तब हार मानकर वह त्यागपत्र लिखकर चुपके से देवनगर छोड़कर चला जाता है। वास्तव में वाणी एक प्रतीकात्मक अर्थ की अभिव्यक्ति करते हुए भी मूलत: एक सजीव पात्र है। और इस विसंगतिमय परिस्थिति में प्यार की प्रथम अनुभूति को झेलती हुई बहुत आकर्षक प्रतीत होती है। उसके सौन्दर्य, उसकी भंगिमा और उसकी मन:स्थिति की गहरी जटिल रेखाओं को लेखक ने बहुत स्पष्ट पर सूक्ष्म ढंग से व्यक्त किया है। संगीत उसे प्रेम करता हुआ भी प्रेम नहीं कर पाता क्योंकि वह अभी छोटी है तथा परिस्थितियाँ बड़ी विषम हैं, दूसरी ओर वाणी अपनी पूरी निश्छलता और वेग से संगीत का सामीप्य चाहती है। इन दोनों को लेकर अनेक विषाक्त चर्चाएँ चलाई जाती हैं, अन्त में संगीत वाणी से

बोलना-चालना छोड़ देता है और वाणी भी एक मौन अमर्ष से गुजरती है। उपन्यास का अन्त एक अद्‌भुत मधुर तनाव से भर जाता है। और कितनी बड़ी विडम्बना है कि देवा जी अपने ही आश्रम में अपनी बेटी के प्रति उठनेवाली कुत्सित चर्चाओं और दृष्टियों को रोक नहीं पाते, मानो स्वयं अपनी सौन्दर्य-कल्पना को कुत्सित दृष्टियों से बचा नहीं पाते और माताजी (देवा जी को घेरनेवाला असौन्दर्य-सत्य) इन कुत्सित दृष्टियों और विचारोंवाले व्यक्तियों को शह देती हैं। निश्चय ही यह पन्त जी के शब्दों में गीति उपन्यास हैं।

(अन्य उपन्यास—'सितारों के खेल', 'गर्म राख', 'पत्थर अल पत्थर' और 'शहर में घूमता आईना', 'एक नन्ही कन्दील')

भगवतीचरण वर्मा

भूले-बिसरे चित्र (1959) : यह भगवती बाबू के उपन्यासों की ही परम्परा में एक सामाजिक उपन्यास है। इसमें कथा पूरे राष्ट्रीय धरातल पर पीढ़ियों और वर्गों के संघर्षों के माध्यम से उभरती है। परिवार, वर्ग और राष्ट्र की गतिशील चेतना पचास वर्षों के काल की यात्रा करती हुई चुकते और उभरते हुए मूल्यों, सम्बन्धों तथा उनके द्वंद्वों को बहुत सचाई से रूपायित करती है।

परिवार की चार पीढ़ियाँ आती हैं, उनके प्रतिनिधि हैं क्रमशः मुंशी शिवलाल, ज्वालाप्रसाद, गंगाप्रसाद और नवल। वास्तव में परिवार की ये चार पीढ़ियाँ 1850 और 1930 के बीच के भारत की चार पीढ़ियाँ हैं जो ऐतिहासिक विकास की अनिवार्य परिणतियों को भोगती हुई नया-नया रूप ग्रहण करती हैं। पारिवारिक सन्दर्भ में संयुक्त परिवार का क्रमशः टूटते जाना, आधुनिक काल की प्रमुख ऐतिहासिक परिणतियों में से है। इसके लिए जिम्मेदार है नौकरी-पेशा—नौकरी में भी अफसरीपेशा। ध्यान देने की बात है कि ज्वालाप्रसाद जब नायब तहसीलदार नियुक्त होते हैं तब उनके साथ यमुना के जाने की बात मुंशी शिवलाल के मन में नहीं उठती, किन्तु छिनकी द्वारा जब इस बात की ओर ध्यान दिलाया जाता है कि ज्वाला अफसर हैं, उनके साथ यमुना का रहना जरूरी है तब शिवलाल इसे समझते हैं। यहीं संयुक्त परिवार के टूटने का बीज वपन होता है। जो एक घटना सहजभाव से घटी थी वह संयुक्त परिवार के विघटन का कितना बड़ा कारण बन जाती है। संयुक्त परिवार बहुत जोर से अपने बचाव का प्रयास करता है किन्तु ऐतिहासिक परिणति को झेल नहीं पाता, टूट ही जाता है। ज्वालाप्रसाद सिद्धान्ततः संयुक्त परिवार के विरोधी नहीं हैं, वे एक भले आदमी की तरह सब कुछ झेलते रहते हैं किन्तु चाचा के परिवार की चालाकियाँ, उससे उत्पन्न असुविधाएँ और उस परिवार के सदस्यों का निकम्मापन जब सीमा पार कर जाते हैं तब ज्वालाप्रसाद सहजभाव से ही नाराज होकर उन्हें अपने पास से हटा देते हैं, इसके भी मूल में चाचा-परिवार के लिए ज्वालाप्रसाद का हितचिन्तन ही काम करता है। किन्तु धीरे-धीरे परिवारों का अलगाव मध्यवर्ग की प्रवृत्ति बन जाता

है। परिस्थितियाँ ऐसी आती हैं कि अब बाप-बेटे भी अलग-अलग रहने लगते हैं। यदि गंगाप्रसाद के चरित्र के बारे में डर न रहा होता तो ज्वालाप्रसाद गंगाप्रसाद के पास रहने के लिए जौनपुर नहीं जाते।

इन पारिवारिक पीढ़ियों को राष्ट्रीय पीढ़ियों के रूप में भी देखा गया है। ऐतिहासिक सन्दर्भ में राष्ट्रीय चेतना का जो विकास हुआ है उसके प्रतीक हैं—मुंशी शिवलाल, ज्वालाप्रसाद, गंगाप्रसाद और नवल। मुंशी शिवलाल सामन्ती परम्परा और नौकरशाहीवाली परम्परा के मिलन-बिन्दु पर खड़े हैं। वे नौकरशाही की कचहरी में मुंशी हैं, मज़मून लिखते हैं और पैसे लेते हैं। कचहरी में उठने-गिरनेवाली सारी छायाएँ उन पर पड़ती हैं। दूसरे वे सामन्ती संस्कार के व्यक्ति हैं। दोनों के गुण-दोष से बने मुंशी मुंशीजी हैं। संयुक्त परिवार की चेतना तथा तज्जन्य आचरण उन्हें सामन्तवाद से जोड़ता है, घूसखोरी, चालाकी, स्वार्थजन्य मूल्यहीनता उन्हें नौकरशाही से सम्पृक्त करती है। एकदम टिपिकल मुंशीजी हैं। ज्वालाप्रसाद उगती हुई नौकरशाही तथा चुकते हुए सामन्तवाद के अनुभवबिन्दु पर खड़ा है। वह भी संयुक्त परिवार का समर्थक है लेकिन बाद में उसे इस परिवार से अपना सम्बन्ध तोड़ना पड़ता है। यहाँ उसे धारणा के रूप में नहीं, सुविधा के रूप में तोड़ता है अत: उससे सम्पृक्ति कहीं-न-कहीं उसमें शेष है। वह एक ईमानदार अफसर है जिसमें एक ओर सामन्तवाद के मूल्य शेष हैं, दूसरी ओर नौकरशाही की ईमानदारी, कर्मठता और न्यायप्रियता है। उसकी ईमानदारी में उसके व्यक्तिगत संस्कार तो काम करते ही हैं साथ-ही-साथ यह आतंक या गर्व भी कि वह ईमानदार अंग्रेज बहादुर के शासन का नौकर है। वह इस ऐतिहासिक विकास-धारा में निरन्तर पूँजीवाद की ओर झुक रहा है। उसे झुकना ही था। सामन्तवाद टूट रहा है—टूट रहे हैं जमींदार गजराजसिंह, बरजोरसिंह, सरोहन के राजा और उभर रहा है पूँजीवाद अर्थात्, प्रभुदयाल, उनके लड़के लक्ष्मीचन्द। इस विघटन और उदय के द्वंद्व में पूँजीवादी सभ्यता के प्रतीक, ब्रिटिश शासन के अफसर ज्वालाप्रसाद को पूँजीवाद के साथ रहना ही था। वह गजराजसिंह, बरजोरसिंह आदि के प्रति अपनी समस्त मानवीय करुणा के बावजूद प्रभुदयाल की ओर झुके बिना रह नहीं पाता। और एक बार जो झुका तो झुकता ही चला गया, यद्यपि वह प्रभुदयाल को राक्षस समझता है। जैदेई इस भौतिक पूँजीवाद के बीच निहित उसकी मानवता है जिसे निरन्तर विकसित पूँजीवाद निगलता जाता है और लक्ष्मीचन्द बनकर निगल लेता है।

भगवती बाबू मूलत: किस्सागो हैं—सहज रोचक ढंग से कथा को आगे बढ़ानेवाले, पात्रों को परिस्थितियों की सापेक्षता में विकसित करनेवाले, बीच-बीच में कुछ सामान्य जन-विश्वासों या रिवाजों या घटनाओं को देते चलनेवाले। इसलिए वे इस परम्परा के अन्य उपन्यासकारों की ही भाँति सामाजिक जीवन का वर्गीय सत्य रोचक ढंग से अवश्य प्रस्तुत कर लेते हैं किन्तु पात्रों के मानसिक आवर्त बहुत कम दीखते हैं। 'भूले बिसरे चित्र' में भी मानस की गहराइयों में उतरकर आवर्तों को नहीं पकड़ा गया है। यही बात भाषा के सम्बन्ध में कही जा सकती

है। इस प्रकार के उपन्यासों की भाषा में बड़ी फसाहत, प्रवाह और लोकोन्मुखता होती है किन्तु उसमें बारीक भाव-सत्यों को उभारनेवाले बारीक कोण नहीं उभरते, संश्लिष्ट बिम्ब-विधान के स्थान पर वर्णन की प्रधानता होती है। 'भूले-बिसरे चित्र' में भाषा के आवर्त, बिम्ब-विधान और प्रतीकात्मकता के उभार के स्थान पर वर्णनात्मक विस्तार है।

सबहिं नचावत राम गोसाईं (1970) : भाग्यवादी शीर्षकवाला यह उपन्यास एक यथार्थवादी कृति है जिसमें स्वाधीनता-पूर्व के कुछ वर्षों से लेकर आज तक के भारत के जीवन यथार्थ की तस्वीर खींचने का प्रयत्न किया गया है। भारतीय जीवन धनपतियों, नेताओं और गुंडों की मिली-जुली शक्तियों से आक्रान्त और बरबाद हो रहा है। उपन्यास में धन के विकास का बड़ा जीवन्त इतिहास दिया गया है। छोटी पूँजी कैसे फूलती-फलती है, कैसे वह धर्म और समाज का शोषण करती है, पनपती है, और इस विकास की प्रक्रिया में कैसे उसमें परिमाणात्मक परिवर्तन के साथ गुणात्मक परिवर्तन होता चलता है, आदि का सजीव अंकन इस उपन्यास में हुआ है। धन की प्रभुता हमारी राजनीति में भी बहुत गहराई तक धँसी हुई है। वह प्रच्छन्न और प्रत्यक्ष रूप से उसे शासित करती है। इसलिए राजनीति जन-जीवन के उत्कर्ष की चिन्ता करने के स्थान पर स्वार्थों की उठापटक में व्यस्त है। सत्ता और सम्पत्ति का पारस्परिक षड्यंत्र देश में चोर-बाजारी, घूसखोरी और अराजकता उत्पन्न करने का उत्तरदायी है। इस प्रकार पूरा-का-पूरा देश भयानक विसंगति से ग्रस्त है। सभी जाने-पहचाने सभ्य चेहरे अपने भीतर असभ्यता और नीचता की अनेक परतें छिपाए हैं। इस अन्धेर नगरी में जबरसिंह जैसे डाकू खानदान के लोगों का भाग्य उन्हें मंत्री बना देता है और वह विद्रोही बालक मंत्री बनकर राधेश्याम उद्योगपति से साँठ-गाँठ कर लेता है। मुख्यमंत्री त्याग मूर्ति जी की बाहरी शालीनता, उनके आन्तरिक अहंकार और निष्क्रियता को ढके रहती है। और रामलोचन-जैसा पुलिस का आदमी (जो अक्खड़ और बहुत पढ़ा-लिखा नहीं है) अपने भीतर सत्य की पहचान की सम्भावना लिये रहता है और वह समय पर अपने आश्रयदाता जबरसिंह से भी टकरा जाता है।

भगवती बाबू मूलतः किस्सागो हैं। इन्होंने प्रस्तुत उपन्यास में भी किस्सागोई को ही महत्त्व दिया है। इसमें कई तरह के पात्र हैं और सभी यथार्थ हैं, लेकिन लगता है भगवती बाबू ने इन सारे पात्रों की सम्पूर्ण रचना उपन्यास लिखने से पहले ही कर ली थी, उनके साथ गुजरते हुए और उन्हें रचते हुए नहीं चले हैं। इसलिए ये सारे पात्र पहले से ही गढ़े-गढ़ाए मालूम पड़ते हैं और किसी-न-किसी यथार्थ पक्ष के प्रतीक से लगते हैं। इन गढ़े-गढ़ाए प्रतीक पात्रों को उनके अपने-अपने स्थान पर 'फिट' करके रोचक ढंग से कथा गढ़ ली गई है। इसलिए पात्रों की रचना में और फिर उनके माध्यम से पूरे उपन्यास की रचना में उपन्यासकार की वह गहन अन्तर्दृष्टि नहीं दिखाई पड़ती जो व्यक्ति और समाज के विशिष्ट अनुभवों और चेतना स्तरों की पहचान कराती है, जो पाठक को यथार्थ की बहुत जटिल और आन्तरिक दुनिया

में ले जाती है। 'सबहिं नचावत राम गोसाईं' एक कटा-छँटा, साफ-सुथरा रोचक उपन्यास है, जो सामाजिक यथार्थ के कुछ जाने-पहचाने वर्गीकृत पहलुओं को लेकर एक साफ-सुथरी तस्वीर प्रस्तुत करता है।

(अन्य उपन्यास—'तीन वर्ष', 'टेढ़-मेढ़े रास्ते', 'आखिरी दाँव', 'रेखा', 'प्रश्न और मरीचिका', 'सामर्थ्य और सीमा')

धर्मवीर भारती

सूरज का सातवाँ घोड़ा (1952) : यह नई शैली में लिखा गया एक छोटा सा उपन्यास है। इसकी नई शैली इसके अत्याधुनिक होने में नहीं है परन्तु पुरानी कथा-शैली के नवीन विन्यासीकरण में है। मुल्ला सात दोपहरों में कथा कहते हैं। वे कथाक्रम के बारे में स्पष्टीकरण देते हुए कहते हैं—सात दोपहर तक चलनेवाला यह क्रम बहुत कुछ धार्मिक पाठ-चक्रों के समान है जिनमें एक किसी सन्त के वचन या धर्मग्रन्थ का एक सप्ताह तक प्रवचन होता है और रोज प्रसाद बँटता है, उसी प्रकार रोज उन्होंने हम लोगों को एक कहानी सुनाई और अन्त में निष्कर्ष बाँटा (यद्यपि इसमें आंशिक सत्य था क्योंकि कई कहानियों में उन्होंने निष्कर्ष बतलाया ही नहीं)। माणिक कथाचक्र में सात दिनों की संख्या रखने का कारण भी शायद बहुत कुछ सूरज के सात घोड़ों पर आधारित था।

वास्तव में पुरानी धर्मकथा-शैली को नए यथार्थ से जोड़कर उसे नवीन रूप दिया गया है। यह कथा बहुत आत्मीय, खुले वातावरण में व्यंग्य-विनोद तथा कभी-कभी श्रोताओं की टिप्पणियों से जुड़कर सहज भाव से बहती है। वह धर्मकथाओं के आतंकपूर्ण गम्भीर वातावरण से मुक्त है। सात दिनों में अलग-अलग कही जाकर भी ये सात कहानियाँ नहीं हैं, बल्कि सात कहानियों की एक कहानी है अर्थात् एक उपन्यास है। धर्मकथा की यह शैली क्यों अपनाई गई, यह भी एक प्रश्न उठता है। पहली बात तो यह है कि इस प्रकार की स्वीकृति-अस्वीकृति में लेखकों की रुचि काम करती है। भारती प्रकृति से पौराणिक प्रतीकों और ऐतिहासिक सन्दर्भों को पसन्द करते हैं, उन्होंने आज के यथार्थ के सन्दर्भ में उनका बहुत प्रयोग किया है। जहाँ तक इस कृति का सम्बन्ध है, कहा जा सकता है कि लेखक की प्रकृति के साथ-साथ इस कृति की भी प्रकृति इस प्रकार की शैली की उत्तरदायी बन गई है। इस लोक जीवन के यथार्थ तथा अपने विचारों को व्यक्त करने के लिए लेखक ने सूरज के घोड़ों के पौराणिक प्रतीकों तथा धर्म-कथावाचन की शैली को अपनाया है क्योंकि यह लोक जीवन की बहुत सुपरिचित और सहज प्रवाही शैली है तथा इस शैली से सूरज के घोड़ों का प्रतीक अधिक सहजता से अभिव्यक्ति पाता हुआ दीखता है। यह सहज कथा अनायास नहीं है, लेखक के लिए अभिप्रेत है यानी वह जानबूझकर इस सीधी-सादी शैली को अपनाए हुए है तभी तो प्रकाश मुल्ला से पूछता है, "लेकिन मुल्ला भाई, एक बात मैं कहूँगा, ये कहानियाँ जो तुम कहते

हो बिलकुल सीधे-सादे विवरण की भाँति होती हैं, उनमें कुछ कथाशिल्प, कुछ काट-छाँट, कुछ टेकनीक भी तो होनी चाहिए।" और मुल्ला कथ्य पर जोर देते हुए कहते हैं—"टेकनीक। हाँ, टेकनीक पर ज्यादा जोर वही देता है जो कहीं-न-कहीं अपरिपक्व होता है, जो अभ्यास कर रहा है जिसे उचित माध्यम नहीं मिल पाया।" बहरहाल यह स्पष्ट है कि लेखक का जोर कथ्य पर है और उसे कहने के लिए उसे उचित माध्यम मिल गया है और वह माध्यम यही है। किन्तु इसका अर्थ यह नहीं कि इस उपन्यास में कथाशिल्प नहीं है यानी कि वह मात्र विवरण है। विवरण सा दीखता हुआ भी यह कथाशिल्प की दृष्टि से बहुत गठा हुआ उपन्यास है। इन सीधी-सादी खुली हुई कहानियों में परस्पर एक सधी हुई बुनावट है जो उन्हें संश्लिष्ट रूप देती है। देखने में तो ऐसा लगता है कि ये सात कहानियाँ हैं। सात दोपहरों को सहज ढंग से कह दिया गया है किन्तु ऐसा नहीं है, वे आपस में अनुस्यूत हैं। किसी कथा को कहाँ से उठाया जाए, किस-किस से कहाँ सम्पृक्त किया जाए, किसे कहाँ रोककर कुछ व्यंग्य-विनोद जड़ दिए जाएँ या अभिप्रेत प्रतिक्रियाएँ व्यक्त कर दी जाएँ, इसका अद्‌भुत कौशल लेखक को प्राप्त है। लेखक के व्यंग्य-विनोद अनेक संस्थाओं, सिद्धान्तों और प्रवृत्तियों को छेड़ते चलते हैं, किन्तु कहीं भी किसी के प्रति लेखक की आसक्ति या विरक्ति नहीं उभरने पाती।

देखने में ये कहानियाँ प्रेम-कहानियाँ लगती हैं, किन्तु इनमें प्रेम-सम्बन्धों के माध्यम से हमारे समाज के समग्र जीवन के यथार्थ को प्रस्तुत किया गया है। हमारे आज के समाज का समूचा परिवेश अपने भीतर बनते-बिगड़ते व्यक्तियों और उनके सम्बन्धों को लेकर बड़ी सचाई से उभरा है। लेखक देखता है कि उसके समूचे परिवेश में जो जीवन है वह बहुत विसंगतिपूर्ण है, अप्रीतिकर है। एक ओर महेसर, दलाल, चमन, रामधन आदि हैं जो धूर्त हैं और सुखी हैं, दूसरी ओर तन्ना, सत्ती आदि हैं जो बेबसी के शिकार हो जाते हैं। जमुना, लिली आदि पात्र प्रेम-सम्बन्धों की जटिलता और उनकी अर्थ-सम्बद्धता को व्यक्त करते हुए भावुकता का मजाक उड़ाते से लगते हैं। अन्तिम अध्याय में मुल्ला कहते हैं—"देखो, ये कहानियाँ वास्तव में प्रेम-कहानियाँ नहीं वरन् उस जिन्दगी का चित्रण करती हैं जिसे आज का निम्न मध्यवर्ग जी रहा है। उसमें प्रेम से कहीं ज्यादा महत्त्वपूर्ण हो गया है आज का आर्थिक संघर्ष, नैतिक विशृंखलता, इसलिए इतना अनाचार, निराशा, कटुता और अँधेरा मध्यवर्ग पर छा गया है।"

लेखक ने निम्न मध्यवर्ग के इस अप्रीतिकर, टूटे हुए, विशृंखलित जीवन का सही चित्र उपस्थित किया है। "सूरज का रथ सदा आगे बढ़ रहा है। किन्तु उसके छह घोड़े काफी क्षत-विक्षत हो गए हैं, केवल एक घोड़ा—सातवाँ घोड़ा—ऐसा है जिसके पंख अब भी साबित हैं। वह घोड़ा है भविष्य का घोड़ा, तन्ना, जमुना और सत्ती के निष्पाप बच्चों का घोड़ा जिनकी जिन्दगी हमारी जिन्दगी से अधिक अमन-चैन की होगी।...वही सातवाँ घोड़ा हमारी पलकों में भविष्य के सपने और वर्तमान के नवीन आकलन भेजता है।"

इस प्रकार इस अन्धकार से भरे समाज के भविष्य के प्रति लेखक में अटूट आस्था है। यदि आप अतियथार्थवादी विश्वासों के हैं तो इसे रूमानी प्रवृत्ति भी कह सकते हैं।

(अन्य उपन्यास—'गुनाहों का देवता')

भैरवप्रसाद गुप्त

भैरव के उपन्यासों में—'गंगा मैया' और 'सती मैया का चौरा' उल्लेखनीय हैं। भैरवप्रसाद गुप्त उग्र समाजवादी लेखक हैं। इनके भीतर जो समाजवादी उग्रता है वह समाज-रचना की ऐतिहासिक भूमिका तक ही सीमित नहीं रहती वरन् आगे बढ़कर भविष्य की भूमिका भी निभाती चलती है। इसलिए ये जनजीवन की जागृत चेतना को तो व्यक्त करते ही हैं, साथ-ही-साथ उसकी उन परिस्थितियों को भी स्थापित करते हैं जो भविष्य में सम्भाव्य हैं। यह सम्भाव्यता वर्तमान स्थिति बनकर उपन्यास की यथार्थवादिता को आहत कर देती है। इससे लेखक की उग्र जनवादी चेतना को तोष भले ही होता है, स्वस्थ पाठक को नहीं होता।

गंगा मैया (1953) : उपन्यास लेखक की समाजवादी चेतना और समाजवादी यूटोपिया का मिश्रित रूप चित्रित करता है। मटरू गाँव का एक निर्भीक किसान है जो जमींदार और पुलिस के मिश्रित अत्याचारों को जीवन के साथ चुनौती देता हुआ अपनी जमीन पर डटा रहता है। दूसरी ओर गोपी है—दुखी किसान-परिवार का एक सदस्य। उसकी पत्नी मर चुकी है, उसके साथ बूढ़े माता-पिता और एक विधवा भाभी हैं। उसे जेल काटनी पड़ती है। वहीं मटरू से उसकी दोस्ती होती है। जमींदार के अत्याचारों, घातक रीति-रिवाजों से लड़ते हुए ये दोनों किसान चलते हैं। कालान्तर में मटरू के सहयोग से, सबके विरोध करने के बावजूद गोपी अपनी भाभी से ब्याह कर लेता है।

यह सच है कि किसानों में चेतना जगी है। वे अदम्य साहस के साथ जमींदारों के अत्याचारों तथा कुरीतियों का सामना कर रहे हैं किन्तु आवश्यक नहीं कि वे विजय भी होते हों, अभी भी देश का चित्र बहुत धूमिल है और अभी भी किसान पुराने रीति-रिवाजों से बहुत आक्रान्त हैं। किन्तु यह सच है कि सम्भावनाओं को पकड़ने में लेखक से चूक नहीं हुई है। समाज को यहीं पहुँचना है। 53 से न सही, कभी और सही। ये किसान गंगा माँ के पुत्र हैं, धरती माँ के पुत्र हैं, गंगा और धरती की शक्ति ही इनकी शक्ति है।

सती मैया का चौरा (1959) : अपनी गति और परिणति में 'गंगा मैया' से अधिक यथार्थवादी है। इसमें जाति और सम्प्रदाय की दूरियों पर मानव संवेदना का पुल बाँधा गया है। लेकिन यह पुल बचने नहीं पाता, असामाजिक और साम्प्रदायिक तत्त्वों तथा रूढ़ विश्वासों द्वारा तोड़ दिया जाता है। मुन्नी और मन्ने दो हिन्दू-मुसलमान मित्र हैं, दोनों की मैत्री मानवीय संवेदना पर आधारित है किसी स्वार्थ पर नहीं। दोनों एक-दूसरे का जूठा खाते हैं। इसे समाज सह नहीं पाता। मुन्नी बहुत मार खाता है।

और हिन्दू-बहुल गाँव को भला यह कैसे सहन होता कि वहाँ के इस स्कूल से एक मुसलमान लड़का प्रथम आता। इसलिए जब छमाही परीक्षा में मन्ने प्रथम आता है तब गाँव-भर में आग लग जाती है। बड़े मास्टर को धमकी दी जाती है। परिणाम यह होता है कि मन्ने फिर कभी प्रथम नहीं आता। प्रस्तुत उपन्यास समाज को अधिक यथार्थ रूप में पकड़ता है और उसकी आदर्शवादी परिणतियों को स्थापित करने के स्थान पर उसकी विसंगतियों और अमानवीय नग्नताओं को उद्घाटित करता है।

(अन्य उपन्यास—'शोले', 'मशाल', 'आदमी और जंजीरें')

कृष्ण बलदेव वैद

उसका बचपन (1956) : इस लघु सशक्त उपन्यास में परिवार के विषम वातावरण में बनते हुए एक छोटे से बच्चे बीरू के मनोभावों और अनुभवों का सजीव चित्रण है। बीरू अपने परिवार के लोगों के सम्बन्धों और आचरण को देखता है, घुटन अनुभव करता है। उसे लगता है कि यह घर पागलखाना है जहाँ अँधेरा, धुआँ और खामोशी का मिश्रित रूप जिन्दगी का पर्याय बन गया है। एक अवसर आता है जब उसके माँ-बाप दादी की मृत्यु पर उसे और उसकी बहन को अकेला छोड़कर चले जाते हैं तब मुक्ति के लिए छटपटाता बीरू बहुत राहत अनुभव करता है, वह बाहर की खुली दुनिया से जुड़कर बहुत ताजा अनुभव करता है। मुक्ति की खोज के क्रम में वह निरन्तर एक नियति से निकलकर दूसरी नियति में फँसता रहता है।

(अन्य उपन्यास—'गुजरा हुआ ज़माना')

मोहन राकेश

अँधेरे बन्द कमरे (1961) : राकेश का यह अति चर्चित उपन्यास नई दिल्ली के अभिजात जीवन पर आधारित उपन्यास है। यद्यपि इसमें दिल्ली के कस्साबपुरा-जैसे पिछड़े मोहल्ले के निम्न-मध्यवर्ग की गिरी हई, घटती हुई जिन्दगी के भी चित्र हैं किन्तु ये आंशिक हैं। मुख्य कथा तो नई दिल्ली में रहनेवाले हरबंस और उनकी सिगरेट और शराब पीनेवाली फैशनेबल पत्नी नीलिमा को ही घेरकर चलती है। राकेश उस पीढ़ी के कथाकार हैं, जो पीढ़ी समाजवादी उपन्यासों के सामूहिकतावादी आग्रहों तथा मनोविश्लेषणवादी उपन्यासों की परिवेश-विच्छिन्न ऐकान्तिकताओं से बचकर चलती है। वह ऐसे व्यक्ति या व्यक्तियों को पूरी प्रामाणिकता के साथ पेश करना चाहती है जो व्यक्ति होकर भी परिवेश से जुड़ा हो। प्रस्तुत उपन्यास अपने भारी-भरकम कलेवर के बावजूद न तो परिवेश को जीवन्तता से उभारता है और न व्यक्ति-मन की गहन पर्तों को ही खोलता है। लेखक ने उच्च मध्यवर्ग के जीवन को उसकी समूची विसंगतियों के साथ प्रस्तुत करना चाहा है किन्तु लगता है कि लेखक ने इस वर्ग को पूरी प्रामाणिकता के साथ नहीं परखा है। इसलिए वह हरबंस

और नीलिमा को संश्लिष्ट गहन व्यक्तित्व देने के स्थान पर चेतना की ऊपरी पर्तों पर जमी आकांक्षाओं और वासनाओं को ही पकड़ने में रह गया है। लगता नहीं है कि ये दोनों पात्र अपने परिवेश की वास्तविकता से जुड़े हुए प्रौढ़ चिन्तन या प्रौढ़ अनुभव या गहन संक्रान्त चेतना से गुजर रहे हैं। आदि से अन्त तक वे बचकाने ईर्ष्या-द्वेष, प्रतिक्रिया, संयोग-वियोग से पीड़ित हैं। उपन्यास में बार-बार यही पक्ष उभरता है। नीलिमा शौकीन नारी है। वह कभी चित्र द्वारा, कभी नृत्यकला द्वारा समाज में एक विशिष्टता प्राप्त करना चाहती है। हरबंस भी यह चाहता है। किन्तु वह भीतर-ही-भीतर नीलिमा से ईर्ष्या भी करता है या बुरा मानता है। शायद यह कलाकारों के सम्पर्क में नीलिमा का आना पसन्द नहीं करता। उच्च मध्यवर्ग या उच्चवर्ग की यह नियति है कि पुरुष स्त्रियों को छूट तो देता है, उन्हें विशिष्ट तो देखना चाहता है किन्तु एक सीमा तक। इस सीमा को वह स्वयं निर्धारित करना चाहता है किन्तु भीतर-भीतर वह चाहकर भी स्त्री से कह नहीं पाता। और भीतर-ही-भीतर कुछ क्रोध, कुछ अनमनापन, कुछ ईर्ष्या, कुछ अजनबीपन अनुभव करता है। हरबंस भी इस स्थिति से गुजरता है। किन्तु क्या इस वर्ग की मुख्य समस्या यही है, यह एक बड़ा सवाल 'अँधेरे बन्द कमरे' से किया जा सकता है। और क्या हरबंस की ईर्ष्या तथा नीलिमा की आकांक्षा और दोनों के बनते-बिगड़ते सम्बन्धों, आचारों-विचारों को बहुत सतही स्तर पर उसने नहीं प्रतिष्ठित किया है?

यह सच है कि लेखक ने इस वर्ग के भरे-पूरेपन के बीच की रिक्तता, स्वच्छन्दता के बीच के अवरोध और बनावटी प्रकाश के बीच के वास्तविक अन्धकार को पहचाना है, किन्तु उसने यह सब इस समाज की जिन्दगी की गहराइयों में प्रविष्ट होकर नहीं किया है। ऐसा नहीं लगता है कि लेखक ने गहन जीवन-अनुभव के आधार पर कोई विशिष्ट व्यक्तित्व उभारा है या सघन बिम्बों का निर्माण किया है। वह सामान्य परिवेशगत विसंगतियों और घटनाओं के बीच इन दोनों पात्रों के प्रेम-सम्बन्धों (जो पारस्परिक विश्वास की प्रगाढ़ता के अभाव में तथा ईर्ष्या के अस्तित्व के कारण भीतर-भीतर कमजोर हो गए हैं) को चित्रित करता चला है। हरबंस अपने ही घर और मन के अकेलेपन से ऊबकर विदेश जाता है। वहाँ जाते ही वह सामान्य कोटि के 'होमसिकनेस' से पीड़ित होता है और एक छिछले भावुक की तरह बार-बार नीलिमा को बुला भेजता है और नीलिमा मैसूर के लिए आयोजित अपनी नृत्य-यात्रा छोड़कर लन्दन पहुँचती है। वहाँ पहुँचने पर फिर दोनों की आपसी ऊब का, ईर्ष्या और खीज का वही पुराना दौर शुरू होता है। हरबंस के न चाहने पर भी नीलिमा एक भारतीय नृत्य-मंडली के साथ पेरिस चली जाती है। वहाँ प्रदर्शन समाप्त होने पर भी ऊबा नू नामक एक भोले-भाले बर्मी कलाकार के साथ कुछ दिन ठहर जाती है। इससे हरबंस की ईर्ष्या और भी बढ़ जाती है।

दिल्ली लौटने पर नीलिमा दिल्लीवासियों के सामने अपने नृत्य-प्रदर्शन की योजना बनाती है। हरबंस भी टिकट बेचने का काम सँभालकर इस योजना को सफल बनाना चाहता है और पत्रकार मधुसूदन प्रचार में सहायक बनता है। किन्तु इतना सब होने के

बावजूद नृत्य-समारोह असफल होता है। पत्रों में रिपोर्ट अच्छी नहीं आती। नीलिमा समझती है कि हरबंस के कारण ही उसे असफलता मिली है। दोनों में तनाव बढ़ जाता है। नीलिमा हरबंस का सदा के लिए साथ छोड़ने के विचार से कहीं और चली जाती है। हरबंस रात की तनहाई के बाद देखता है कि वह लौट आई है और चाय बना रही है। जो कहानी भारत से लेकर यूरोप तक मानव-सम्बन्धों और मानसिक यथार्थ की सतह पर बहती रही, वह सतह के ही एक सुखद-बिन्दु पर ठहर जाती है। लगता है 'अँधेरे बन्द कमरे' में एकाएक किसी ने सेंध मार दी हो। यह सेंध इसलिए नहीं है कि हम उसके गहन बन्द अन्धकार को देख सकें वरन् इसलिए है कि उसमें थोड़ा प्रकाश फैल सके और प्रकाश फैलाना लेखक का उद्देश्य कतई नहीं है, फिर भी उसके अनजाने ही प्रकाश तो हो ही गया। यह समझ में नहीं आता कि लेखक ने हरबंस और नीलिमा को लन्दन ले जाकर यथार्थ का कौन सा ऐसा आयाम उद्घाटित किया है जिसे वह यहाँ नहीं कर सकता था, या नहीं किया था।

मैं इलाचन्द्र जोशी की इस बात से सहमत हूँ—"उनके सारे उपन्यास की प्रमुख घटनाओं या नायक-नायिका की प्रतिदिन की मानसिक प्रतिक्रियाओं के चित्र पाठक के आगे परोक्ष रूप से उभारे जाते हैं—उन्हें प्रत्यक्ष देखने, सुनने, कल्पना करने और समझने का कोई अवसर नैरेटर नहीं देता।"

(अन्य उपन्यास—'न आनेवाला कल', 'अन्तराल')

लक्ष्मीनारायण लाल

बड़ी चम्पा, छोटी चम्पा (1961) : यह लघुकाय उपन्यास वेश्या-जीवन की एक समस्या को बहुत मार्मिकता से उभारता है। सरकारी आदेश से वेश्याओं को वेश्यालयों से हटाया तो गया किन्तु यह नहीं बताया गया कि वे कहाँ जाएँ। उन्हें एक सुनिश्चित जगह से तोड़कर अँधेरे में छींट दिया गया। यह सच है कि वेश्यालय समाज के अभिशाप हैं। उनका उन्मूलन होना चाहिए किन्तु दो समस्याएँ सामने आती हैं—क्या उनका उन्मूलन कर वेश्याओं के जीवन-निर्वाह और स्वस्थ विकास के लिए कोई स्वस्थ और मूर्त योजना सरकार के पास थी और क्या वेश्यालयों के उन्मूलन मात्र से समाज की वह वासना-वृत्ति या पुरुषों की अधिकार-भावना समाप्त हो जाएगी जिसने नारी को वेश्या बनने पर मजबूर किया है। वेश्यालयों के जबर्दस्ती उन्मूलन से भी उपर्युक्त दोनों समस्याएँ जहाँ-की-तहाँ खड़ी अट्टहास करती रहीं।

वेश्याओं के नए जीवन के लिए किसी मूर्त योजना के अभाव में अधिकारी उनसे इतना ही कहते हैं कि 'वे वसन्तपुर (गोरखपुर का वेश्यालय) खाली कर दें, और गोरखपुर से बस्ती तक में जहाँ चाहें, उतरकर नई जिन्दगी शुरू करें।' परिणाम यह होता है कि वेश्याएँ बीच-बीच में उतरकर चोरी-छिपे पुनः गोरखपुर लौट आती हैं और पूरे शहर में व्याप्त हो जाती हैं, पूरा शहर ही वेश्यालय बन जाता है। दूसरी ओर कुछ वेश्याएँ, अपने प्रेमियों के आग्रह पर उनकी पत्नियाँ बनकर उनके घर जाती

हैं जैसे बड़ी चम्पा। क्या चम्पा पत्नी बनने पाती है? वह अपने समूचे पूर्व-संस्कारों को मिटाकर गृहिणी बनना चाहती है। किन्तु उसका प्रेमी और अब पति फूल बाबू उसे वेश्या के रूप में ही (शरीर-भोग को उकसानेवाली, नाज-नखरेवाली प्रमदा के रूप में) देखना चाहता है। इस द्वंद्व में बड़ी चम्पा पिस जाती है और घर से निकल भागती है तथा दयनीय मृत्यु का भोग बनती है।

छोटी चम्पा पत्नी बनने के सारे प्रस्तावों को ठुकरा देती है। वह वेश्या है और वेश्या के रूप में रहना चाहती है—स्वच्छन्द व्यक्तित्वपूर्ण। वह अपने वेश्या-धर्म को पतिव्रता धर्म से अधिक पवित्र और गौरवपूर्ण मानती है, इसलिए वह महन्त सतीनाथ और उनके गुरु के समस्त झूठे धार्मिक अनुशासनों और आडम्बरपूर्ण विश्वासों को चुनौती देती हुई अहल्या की पूजा करती है। अहल्या, कलंकिनी अहल्या अपनी समस्त मानवीय सहजता और मूर्तता के कारण ही सामाजिक उपेक्षा का विष पीती हुई सदियों से जड़ बनकर पड़ी हुई है। उसकी जड़ें मिट्टी की गहराई में धँसी हुई हैं। दूसरी ओर गुरु गंगानाथ द्वारा पूजित गोरखनाथ का चमटा है। छोटी चम्पा अनेक विरोधों के बावजूद अहल्या की मूर्ति की पूजा करती है और जैसे चारों ओर आग लग जाती है। उसके दंडस्वरूप वह निकाली जाती है। अहल्या की मूर्ति के पीछे-पीछे चलती जाती है। रास्ते में पड़नेवाले गाँव-गिराँव अहल्या की मूर्ति को अपनी सीमा से बाहर निकालना चाहते हैं और मूर्ति एक निचाट ताल के पास छोड़ दी जाती है किन्तु चम्पा चिर उपेक्षिता, चिर कलंकिनी नारी है। उसे तो चलते ही जाना है और वह अब तक भटक रही है।

यह लघु उपन्यास वेश्याजीवन के सन्दर्भ में सामाजिक विसंगतियों को बहुत अच्छी तरह उभारता है। काव्यात्मकता, बिम्बात्मकता चरित्रों के मानस-मंथन को उभारने में बड़ी सहायक हुई।

(अन्य कृतियाँ—'काले फूल का पौधा', 'बया का घोंसला और साँप', 'धरती की आँखें', 'मन वृन्दावन', 'प्रेम : एक पवित्र नदी')

नरेश मेहता

यह पथ बन्धु था (1962) : मध्यवर्ग के टूटते हुए व्यक्ति की यातना और उसके मानसिक उद्वेलन का चित्र हिन्दी उपन्यास के लिए नई चीज नहीं। किन्तु हम यह देखते हैं कि अपनी समस्त जीवन-यात्रा में यह टूटता हुआ व्यक्ति या तो अन्तर्गुहावासी होकर अपने को अपने समूचे परिवेश से काट लेता है और अपने लिए एक नया संसार रच लेता है या वह परिवेश के प्रति अपने को समर्पित कर उसका अंग बन जाता है, अपने अन्तरंग सुख-दुख और सौन्दर्यबोध को परिवेश के सुख-दुख और सौन्दर्यबोध से एकाकार कर देता है या फिर उसे कोई दार्शनिक मोड़ दे देता है। जबकि सच यह है कि आज का एक ईमानदार, प्रबुद्ध और साधन-विहीन मध्यवर्गीय व्यक्ति अपनी निजता को बचाता हुआ अपने को अपने परिवेश से जोड़ता और जोड़ने

के क्रम में निरन्तर टूटता हुआ चलता है। उसके पास एक स्वप्न होता है, अभिमान होता है अपने को सार्थक करने का, जो पग-पग पर आहत होता है और टूटता है। मूल्य तथा सार्थकता का बहुत बड़ा स्वप्न लेकर चलनेवाला व्यक्ति अन्त में अपने को चारों ओर से हारा हुआ अकेला और अजनबी पाता है। वास्तव में भारतवर्ष में अकेलेपन और अजनबीपन का यही सही स्वरूप है, वह पश्चिम से लिया गया एक फार्मूला नहीं हो सकता।

'यह पथ बन्धु था' उपन्यास का पथ अनुभव का है, इसलिए वही बन्धु है। अनुभव ही बन्धु हो सकता है सुख का, दुख का। उसके बिना मूल्यवान-से-मूल्यवान दीखनेवाली जिन्दगी रीती है। श्रीधर उज्जैन के पास के एक कस्बे का निवासी है, वहीं के एक स्कूल में शिक्षक। वह अपने भाइयों के विपरीत बहुत गम्भीर, ईमानदार, संवेदनशील तथा चिन्तक है। उसने एक इतिहास की किताब लिखी है जिसमें राज्य के विरुद्ध कोई तथ्य दिया गया है। उस पर दबाव पड़ता है कि उस पुरस्कृत पुस्तक से वह तथ्य निकाल दे। वह समझौता नहीं कर पाता। त्यागपत्र देकर चुपचाप घर से निकल जाता है। उज्जैन और इन्दौर में बारी-बारी से ठहरता है। इन्दौर में क्रान्तिकारियों के सम्पर्क में आता है किन्तु उसका शान्त संस्कार क्रान्तिकारी बनने से उसे रोकता है। वह कांग्रेस के कार्यक्रमों में भाग लेकर राजनीति से अपने को सम्पृक्त अवश्य करना चाहता है। वहाँ जो घटनाएँ घटती हैं उनके कारण उसे भागकर बनारस पहुँचना होता है। वहाँ वह अपना श्रम बेचता है—कभी कचौड़ी गली के एक सस्ते प्रकाशक के यहाँ अनुवाद बेचकर, कभी साहित्य के प्रतिष्ठित आचार्य की पत्रिका में मुफ्त काम करके। वह वहाँ प्रकाशकों, साहित्यकारों, प्रतिष्ठित नेताओं के सम्पर्क में आता है लेकिन उसे सर्वत्र एक रीतापन, एक भयंकर विसंगति दिखाई पड़ती है। वह बार-बार अपने को सार्थक करने के लिए परिवेश से जोड़ना चाहता है, परन्तु हर बार परिवेश की कुरूपता, कठोरता उसे तोड़ जाती है। उसके मन में एक अखबार निकालने की इच्छा होती है। कुछ दिन तक एक प्रकाशक का सहयोगी बनकर अपार मेहनत से उसे निकालता है, किन्तु अनुभव करता है कि विचार व्यक्त करने की स्वतंत्रता वहाँ भी नहीं है। पैसा शोषण का अस्त्र है, वह चाहे प्रकाशक के हाथ में हो, चाहे स्वाधीनता की लड़ाई लड़नेवाले ठाकुर साहब-जैसे तपे हुए नेता के हाथ में, चाहे किसी के हाथ में। वह शोषण का अस्त्र बार-बार श्रीधर जैसे ईमानदार, असमझौतावादी, स्वप्नदर्शी व्यक्ति को तोड़ता है और श्रीधर अन्त में पाता है कि वह हारा हुआ, टूटा हुआ आदमी बनकर शेष रह गया है। उसके परिवेश में सुन्दर दिखाई पड़नेवाले सारे व्यक्ति—इन्दु, दीदी, मालती, विशन—समाप्त हो चुके हैं। 25 साल बाद घर लौटकर पाता है कि उसका परिवार टूट चुका है, भले माँ-बाप परिवार की टूटन में छटपटाकर मर चुके हैं, बेईमान बड़े भाई और उनकी कुटिल पत्नी परिवार से अलग होकर एक नए मकान में सुख से रह रहे हैं। उसकी पत्नी सरो क्षयग्रस्त हो चुकी है, बड़ी लड़की ससुराल में मार खाते-खाते लँगड़ी हो गई है, और अपनी माँ के साथ रह रही है। घर लौटकर वह स्थानीय राजनीति में रस लेता है किन्तु यहाँ भी

उसी अनुभव का दुहराव उसे घेरता है। सरो मर जाती है, गुनी ननिहाल चली जाती है, बच जाता है श्रीधर, अकेला श्रीधर—हारा हुआ, टूटा हुआ। यह उपन्यास अनुभवों का उपन्यास है—मध्यवर्ग के एक ईमानदार व्यक्ति के अनुभवों का इतिहास। लेकिन इस व्यक्ति का अनुभव केवल अपने भीतर से नहीं गुजरता बल्कि विराट परिवेश के बीच से गुजरता है। इसलिए इसमें एक साथ बड़े प्रामाणिक रूप में व्यक्ति का भी अनुभव गुजरता है और समाज का भी। सामाजिक जीवन के जिन सत्यों को लिया गया है वे फार्मूले नहीं मालूम पड़ते बल्कि अनुभव मालूम पड़ते हैं। 'गोदान' का निम्नवर्गीय होरी अपने समूचे अनुभव में जितना प्रामाणिक है, मध्यवर्गीय श्रीधर भी उतना ही प्रामाणिक है। होरी को घेरनेवाले परिवेश का स्वरूप थोड़ा दूसरा है, श्रीधर को घेरनेवाला परिवेश कुछ दूसरा। दोनों अपनी-अपनी तरह से टूटते और बिखरते हैं। 'यह पथ बन्धु था' 'गोदान' के समान अपने यथार्थ की प्रामाणिकता के कारण ही विशिष्ट है। कहीं-कहीं तो 'गोदान' में भी फार्मूले हैं परन्तु 'यह पथ बन्धु था' अपनी विराट काया में कहीं भी अनुभव के पथ से नहीं हटता।

श्रीधर के चेहरे के साथ अनेक चेहरे उभरते हैं जो समाज के रंग-बिरंगे सत्यों को उजागर करते हैं। लेखक की मानवीय दृष्टि ने बड़ी निस्संगता से इन सत्यों को परखा है और अंकित किया है। मानवता और निस्संगता दोनों का समन्वय कम हो पाता है। श्रीधर-जैसा कोमल, ईमानदार पात्र भी अपनी विसंगतियों और कमजोरियों के साथ उभरता है। कभी वह स्वयं अपनी व्याख्या करता है कभी लेखक। और तब लगता है कि श्रीधर अपनी सारी ईमानदारी, सत्यवादिता के बावजूद कहीं बहुत कमजोर है, कहीं बहुत निर्णयहीन है और कमजोर पात्र की जो अपनी नियति होती है श्रीधर भी उसे भोगता है। वह अपनी निर्णयहीनता, ईमानदारी तथा भद्रता में एक तरह से अमानवीय भी हो उठता है, नहीं तो परिवार में सरो की अवस्था से वह बेखबर कैसे रहता? उसकी असहायता का अनुमान करता हुआ भी घर क्यों छोड़ता और 25 वर्षों तक प्रवासी कैसे बना रहता? उसकी ईमानदारी और गम्भीरता उसके तेज को खा जाती है और इसी तेज के अभाव में वह अन्ततोगत्वा एक कमजोर आदमी बनकर रह जाता है। इसका दोषी स्वयं श्रीधर है या उसका स्रष्टा लेखक, यह एक प्रश्न उठता है। इस उपन्यास ने कुछ बड़े ही जीवन्त और जीवट के चरित्र दिए हैं। श्रीधर के माता-पिता अपने वात्सल्य, मौन पीड़ा-बोध तथा अन्य प्रश्नों के प्रति मौन आक्रोश के संश्लिष्ट प्रतीक हैं, किन्तु सबके ऊपर छा जाती है सरस्वती—श्रीधर की पत्नी। सरस्वती अपनी यातना, जीवट और धैर्य में अद्भुत है। वह मध्यवर्गीय ईमानदार नारी की पीड़ा और धैर्य, सहनशक्ति और टूटन के सजीव तत्त्वों से निर्मित एक क्लैसिक चरित्र है।

श्रीधर के टूटने के साथ-साथ परिवार के टूटने की बड़ी स्वाभाविक कथा इस उपन्यास में उभरती है। एक ही परिवार में उभरनेवाले मूल्यों की टकराहट, सम्बन्धों की विच्छिन्नता आदि का बड़ा निर्मम चित्र अंकित हुआ है और एक बड़े पैमाने पर समाज के भी टूटने की कथा इसमें है।

नरेश मेहता ने अपने इस उपन्यास में 'डूबते मस्तूल' से काफी आगे की यात्रा तय की है। 'डूबते मस्तूल' जहाँ काफी हद तक कृत्रिम, यांत्रिक और अवरुद्ध-सा जान पड़ता है वहाँ 'यह पथ बन्धु था' सहज जीवन्त और प्रवहमान है। उसमें 'डूबते मस्तूल' की तरह जगह-जगह अनावश्यक आवर्त नहीं, जो कथा-प्रवाह को अपने में लपेटकर देर तक घुमाता रहे। किन्तु अनावश्यक स्फीति से यह उपन्यास भी मुक्त नहीं है। स्थान-स्थान पर बहुत से अनावश्यक और उबाऊ विवरण उभरकर रचना को ढीला कर दे रहे हैं और आधे से अधिक भाग में उपन्यास पाठक को पकड़-पकड़कर छोड़ देता है। उत्तरार्द्ध में पकड़ बढ़ती गई है क्योंकि अनावश्यक स्फीति कम होती गई है। भाषा के स्तर पर नरेश के अपने प्रयोग हैं जो कहीं-कहीं बहुत निरर्थक लगते हैं। हाँ, जहाँ तक भाषा की रचनात्मकता का प्रश्न है, कहा जा सकता है कि इस उपन्यास की भाषा इनके अन्य उपन्यासों की भाषा की अपेक्षा अधिक जीवन्त और लोकोन्मुख है।

(अन्य उपन्यास—'डूबते मस्तूल', 'धूमकेतु : एक श्रुति', 'दो एकान्त')

राजेन्द्र यादव

उखड़े हुए लोग (1964) : इस उपन्यास के केन्द्र में देशबन्धु जी हैं जो पूँजीवादी नेता हैं और जो अपनी बाहरी शालीनता से अपने भीतरी कुरूप चरित्र को ढके हुए हैं। यह गीता और गांधी का भक्त बनता है, समाजसेवक के रूप में जाना जाता है किन्तु यह लम्पट है, व्यवसायधर्मी है, स्त्रियों की अस्मत खराब करता है और एक तरह उन्हें चुप रहने को मजबूर कर देता है। लेखक ने शरद, जया, पद्मा और सूरज जैसे युवा पीढ़ी के लोगों के माध्यम से देशबन्धु के ढोंग पर प्रहार किया है और वर्तमान की कुरूपता को देखते हुए भी युवा पीढ़ी के सुन्दर भविष्य के प्रति विश्वास व्यक्त किया है।

(अन्य उपन्यास—'सारा आकाश', 'मंत्रविद्ध', 'एक इंच मुस्कान')

शानी

काला जल (1965) : इस उपन्यास का वैशिष्ट्य उसकी घनीभूत वेदना में है। इसमें दो निम्नवर्गीय मुस्लिम परिवारों को उनकी समस्त यातना, विसंगतियों और टूटन में मूर्त किया गया है। यह उपन्यास आज के जीवन-प्रश्नों, मूल्य-संघर्षों और निरन्तर सामाजिक सम्बन्धों के बदलाव की चेतना को रूपायित करने के स्थान पर अपने को पारिवारिक समस्याओं तक सीमित रखता है और इन परिवारों का टूटना किसी भी तरह आज के परिवारों की नई-पुरानी पीढ़ियों के संघर्ष और उनकी चेतना की टकराहट का प्रतिनिधित्व नहीं करता गोकि इसमें तीन पीढ़ियाँ आई हैं (हाँ, अन्त में मोहसिन जरूर इस टकराहट का आभास देता है) लेखक तो व्यथा, अभाव, कुरीतियों आदि में घुलते हुए सामान्य निम्न मध्यवर्गीय परिवारों की नियति

का सजीव चित्र अंकित करना चाहता है। लेखक की सफलता इस बात में है कि वह मुस्लिम परिवारों के बीच जो काला जल फैला हुआ है उसकी पूरी गहराई का पूरा-पूरा अहसास उभार सका है। सारे-के-सारे पात्र मिर्जा करामत वेग, रज्जू मियाँ, बी-दारोगिन, फूफी, रोशन, सल्लो आपा, सोफिया और बब्बन के माँ-बाप परम्परित परिवारों के जाने-पहचाने पात्र हैं। उनकी घनीभूत वेदना और विकृतियाँ अपनी तीव्रता में उन्हें निश्चय ही विशिष्ट रूप देती हैं। सारे पात्रों का अपना-अपना व्यक्तित्व है। सभी एक-दूसरे से थोड़े अलग उभरते हैं। किसी में व्यथा के साथ विकृतियाँ अधिक उभरती हैं, जैसे—रज्जू मियाँ, बब्बन के पिता, बी-दारोगिन में, कोई अपने दकियानूसी रुआब में बेहद तना हुआ है जैसे रोशन फूफा, कोई अपनी व्यथा में अत्यन्त मौन है जैसे विलासपुरवाली, कोई अथाह यातना में निरन्तर पिघलती हुई और कहीं-कहीं उबलती हुई नारी है जैसे बब्बन की माँ और बुआ, कोई अपनी सारी खानदानी घुटन से बाहर निकलने के लिए तड़पती अदम्य प्रेम प्यासवाली लड़की है जैसे सल्लो आपा और सबके ऊपर मौन आतंक की तरह छाया रहता है बब्बन के पिता और फूफा के परिवारों का मनमुटाव। लेकिन बब्बन और सल्लो आपा जैसी छोटी-छोटी सहमी-सहमी जलधाराएँ इस मौन आतंक को यहाँ-वहाँ से तोड़कर रास्ते बना लेती हैं और बब्बन की माँ और फुआ का आत्मीय सम्बन्धों से बँधा हृदय दो किनारों पर चुपचाप एक-दूसरे की दूरियाँ सहता रहता है। धीरे-धीरे दोनों परिवार टूट से जाते हैं। चारों ओर बचती है—एक आहत खामोशी। और बुआ के यहाँ फातिहा पढ़ने तक को कोई नहीं बचता। बुआ का लड़का मोहसिन जिन्दा होकर भी जैसे जिन्दा नहीं है।

और सच पूछिए तो मोहसिन ही एक ऐसा पात्र है जो पूरी कथा को एक नई चेतना से जोड़ता है। वह जैसे अपने पूरे खानदानी या सामाजिक जड़ता या व्यवस्था के विरुद्ध उभरता हुआ एक नाराज स्वर है। बब्बन बचपन से बहुत शरीफ है, नेक है और मोहसिन बहुत दुष्ट, साम्प्रदायिक विष से सम्पृवत, गौरैया और गिरगिट मारनेवाला, बच्चों को मारने-पीटनेवाला। वह बब्बन से भी लड़ाई करता है और उसे लड़की की तरह डरपोक समझकर छोड़ देता है। अर्थात् वह शुरू से ही उग्र है, अस्वीकार शील है, लाइन से हटा हुआ है। उसकी वही शक्ति आगे चलकर उसे राष्ट्रीय चेतना से जोड़ देती है। वह राष्ट्रीय झंडे के लिए हेड मास्टर से बेंत खाता है, स्कूल से निष्कासित होता है और पिता से दंडित होता है। नायडू की राष्ट्रीय योजना में सहायक होता है। नायडू अपने कस्बे में नई चेतना पैदा करने के चक्कर में टूट जाता है, पागल हो जाता है, मर जाता है और मोहसिन भी हताश होकर एक छोटी नौकरी कर लेता है फिर उसे भी छोड़कर बेकार घूमता है। उपन्यास का अन्त हमारी सामाजिक और राजनीतिक विसंगतियों की ओर संकेत करता हुआ अपने को एक नए अर्थ से जोड़ने का प्रयत्न करता है।

उपन्यास अपने आप में बहुत गठा हुआ है किन्तु एक बात इसके शिल्प के सम्बन्ध में थोड़ी अखरती है। लेखक ने कथा कहने के एक नए प्रकार को अपनाया है। बब्बन फातिहा पढ़ता है और जिनके लिए फातिहा पढ़ता है उनके जीवन के

पृष्ठ-के-पृष्ठ उसकी स्मृतियों में उभरते जाते हैं किन्तु इससे दो परेशानियाँ पैदा होती हैं, एक तो यह कि फातिहा एक रस्मअदायगी है, बब्बन को कई लोगों के लिए फातिहा पढ़ना है और अकेले में नहीं, बुआ और बहन के सामने पढ़ना है। ऐसे अवसर पर यह सम्भव नहीं कि बब्बन एक-एक पात्र को लेकर काफी देर तक इत्मीनान से अपनी स्मृतियों में उनके जीवन-पृष्ठ खोलता और पढ़ता रहे। दूसरी परेशानी यह कि बब्बन सारी घटनाओं का द्रष्टा नहीं रहा है। उसने पूर्वजों के बारे में कहानियाँ सुनी होंगी और सुनी-सुनी कहानियाँ हमारे सामने खास-खास घटनाएँ लाती हैं, पात्रों के ऐकान्तिक क्षणों के सूक्ष्म क्रियाकलाप और मानसिक प्रतिक्रियाएँ नहीं। फिर बब्बन या कोई नैरेटर अदृष्ट पूर्वजों के इन सूक्ष्म आत्मीय क्षणों को हमारे सामने कैसे उभार सकता है? यह कार्य तो लेखक कर सकता है जब वह नैरेटर के रूप में हो क्योंकि वह सभी युगों को, सारे लोगों को देखता हुआ माना जाता है।

निर्मल वर्मा

वे दिन (1966) : 'वे दिन' की कथाभूमि चेकोस्लोवाकिया है। वैसे तो यह लेखक के लिए विदेशी भूमि है किन्तु चूँकि लेखक वहाँ रहा है इसलिए उसके साथ उसका अनुभवात्मक सम्बन्ध जुड़ा हुआ है इसलिए वहाँ की स्थितियाँ चरित्र, दृश्य सभी प्रामाणिक रूप में आए हैं। यह उपन्यास द्वितीय समरोत्तर यूरोप के जीवन में उत्पन्न होनेवाले अकेलेपन, निरर्थकता और विसंगति की पहचान कराता है। इसके लिए लेखक ने रायना जैसी पति-परित्यक्ता नारी को केन्द्र में रखा है। कथाप्रवक्ता और रायना के साहचर्य से लेखक एक ऐसी कथा बुनता है जो अवसाद और अजनबीपन की परतें खोलती चली जाती है। पहले के सारे मूल्य युद्ध के बाद छिन्न-भिन्न हो गए हैं। नैतिक मान्यताएँ अर्थहीन हो गई हैं। लेखक इन मूल्यों और मान्यताओं को टूटन और निरर्थकता को पात्रों की मानसिकता में अन्तर्भूत करके चित्रित करता है, ऊपर से आरोपित नहीं करता। निर्मल की बात कहने की अपनी कलात्मक शैली है। वे मुखर हुए बिना ही धीरे-धीरे संकेतों से बहुत कुछ कह देते हैं। किन्तु शराब और सम्भोग के प्रसंग निर्मल जैसे लेखकों के लिए रूढ़ि बन गए हैं। निरर्थक जिन्दगी की सार्थकता की खोज इन्हीं दो प्रसंगों में हो सकती हो या न हो सकती हो किन्तु 'वे दिन' में जरूर हुई है।

(अन्य उपन्यास—'लाल टीन की छत', 'एक चिथड़ा सुख', 'रात का रिपोर्टर', 'अन्तिम अरण्य')

गिरिराज किशोर

लोग (1966) यह भ्रम पैदा कर सकता है कि वह जनसामान्य की जिन्दगी की कहानी है। किन्तु इसके लोग कुछ विशिष्ट लोग हैं जो भारतीय स्वाधीनता-प्राप्ति की सम्भावना

के साथ असुरक्षा अनुभव करते हुए अपने छूटते हुए वर्तमान और अदृश्य भविष्य के बीच लटक रहे थे। 'लोग' इस मायने में एक विशिष्ट उपन्यास है कि इसने प्राय: एक अछूते थीम को लिया है। रायसाहब एक ओर अंग्रेजों के शीघ्र जाने की सम्भावना से परिचित हैं, और दूसरी ओर रायबहादुर बनने के लिए प्रयत्नशील एवं न बन पाने की आशंका से दुखी और तिलमिलाए हुए। राय साहब या ऐसे अनेक साहबों की तस्वीर हमारे उपन्यास-साहित्य में मिल जाती है, लेकिन यह एक खास तरह के फार्मूले से बनी हुई मालूम पड़ती है। किन्तु 'लोग' में रायसाहब एक प्रामाणिक व्यक्ति हैं—अपने आभिजात्य में तने हुए और घुले हुए। तनाव और आर्द्रता का, अहंकार और व्यथा का अभिजात सामंजस्य रायसाहब में है। वे अंग्रेजों के खैरख्वाह हैं, लेकिन इनके साथ-साथ उनका अपना जबर्दस्त व्यक्तित्व भी है जो धर्म के प्रसंग में अपमानित होने पर पुलिस कप्तान मिस्टर स्मिथ के सामने तनकर खड़ा हो जाता है और उसकी बदतमीजी पर पिस्तौल तक निकाल लेता है। रायसाहब अपने परिवार में अपने ही भीतर के रूपों से गुजरते हैं। अंग्रेज जा रहे हैं, नई जनशक्तियाँ उदित हो रही हैं, सामान्य लोग सामने आ रहे हैं, और वे समझते हैं कि यह सब होनेवाला है, एक अद्‌भुत मौन-द्वंद्व उनके भीतर से गुजरता है और अन्ततः मिस्टर ब्राउन के रूप में मानो अपनी रायसाहबी और उसके सारे प्रभावमंडल को विदा होते देख वे मौन पड़े हैं। रायसाहब के इर्द-गिर्द अनेक लोग हैं, अंग्रेज अफसर हैं, उनके झक्की, बेवकूफ भाई हैं, कुसंगति में पड़ा हुआ बेटा है, अकेली बहू है, हमेशा साथ रहनेवाला पोता है, नौकर-चाकर हैं, लाला चतरसिंह हैं, खान बहादुर इकरामुलहक हैं, राय नीलमणि कान्त हैं, कुँवर साहब हैं और सभी अपनी-अपनी जगह पर सार्थक हैं तथा परिवेश को घना बनाते हैं।

सारी कथा के केन्द्र में रायसाहब ही हैं। इसीलिए 'लोग' शीर्षक भ्रामक है। उन्हीं के चरित्र के समस्त अन्तरंग और बहिरंग सत्यों को प्रामाणिक रूप में पेश किया गया है। कथा कहलाई गई है रायसाहब के पोते से। पोता बाबा (रायसाहब) के साथ हमेशा रहता है। बाबा भीड़ में क्या हैं और एकान्त कक्ष में क्या हैं, अहंकार के तनाव के क्षणों में कैसे हैं और टूटने और पिघलने के क्षणों में कैसे हैं, इसे वह जानता है। शायद बाबा और बाबा के सम्पर्क में आनेवाले अन्य लोगों की सही तस्वीर देने के खयाल से ही लेखक ने रायसाहब के पोते को नैरेटर के रूप में रखा है। जहाँ पोते का इस रूप में आना कथा की प्रामाणिकता के प्रति विश्वास दिलाता है, वहीं अपने प्रति अविश्वास जगाता है। पोता नौ-दस साल का प्रतीत होता है। नौ-दस साल का लड़का बाबा के साथ रहता है, सो तो ठीक है, किन्तु वह तो अनेक स्थितियों में बाबा के चेहरे पर उभरनेवाली प्रतिक्रिया की सूक्ष्म रेखाओं को भी पहचानता है और उन्हें याद रखे हुए है। इतना ही नहीं, वह औरों के भी चेहरे पढ़ता रहता है। शिल्प के आग्रह के कारण उस बच्चे को हर जगह कथा के साथ-साथ रहना पड़ता है। वैसे यह शैली कोई नई तो है नहीं, फिर इसका इतने आरोपित रूप में प्रयोग करने की क्या आवश्यकता थी?

(अन्य उपन्यास—'जुगलबन्दी', 'इन्द्र सुनें', 'यथा प्रस्तावित', 'पहला गिरमिटिया')

भीष्म साहनी

तमस (1973) : भीष्म साहनी प्रेमचन्द परम्परा के एक महत्त्वपूर्ण हस्ताक्षर हैं और 'तमस' इस परम्परा की एक महत्त्वपूर्ण कृति है। 'तमस' भीष्म साहनी का तीसरा उपन्यास है। इससे पूर्व 'झरोखे' और 'कड़ियाँ' प्रकाशित हो चुके थे। ये दोनों ही उपन्यास सामाजिक यथार्थ और मनोवैज्ञानिक यथार्थ की पारस्परिक बनावट को बहुत सहजता से उभारते हैं। यों भी कह सकते हैं कि लेखक मानसिक सत्य को सामाजिक यथार्थ के दबाव में पहचानता है और सामाजिक यथार्थ को मानसिकता का एक स्पन्दन प्रदान करता है। इसीलिए भीष्म के कथा-साहित्य में दोनों की सहभागिता का बहुत सहज रूप लक्षित होता है। वे न तो सामाजिक यथार्थ की सपाट विराटता पर दौड़ लगाते हैं, न मानसिक सत्यों के गुंजलक में उलझते-उलझाते हैं। दोनों के पारस्परिक दबाव से निर्मित होनेवाली वस्तु उनकी रचना की अन्तर्वस्तु बनती है। 'झरोखे' में एक बालक की मानसिकता और उसके परिवार में घटित होनेवाली घटनाओं का अन्तर्तनाव है। 'कड़ियाँ' में पुराने संस्कारों और नए संस्कारों का द्वंद्व चित्रित किया गया है। लेखक ने एक ओर प्रमिला नाम की स्त्री को सामाजिक वातावरण द्वारा दिए गए संस्कार, उसकी भयावह परिणतियों और आर्थिक असहायता के कारण उत्पन्न उसकी लाचारियों, पीड़ाओं तथा विडम्बनाओं का चित्र खींचा है, दूसरी ओर उसके अन्तर से उगती हुई, स्वावलम्बिनी बनने के लिए संघर्ष करती हुई एक नई नारी को पहचाना है।

'तमस' की दुनिया इन दोनों उपन्यासों से भिन्न है और बड़ी है। इस उपन्यास में लेखक समय की दृष्टि से थोड़ा पीछे की ओर लौटा है यानी उसने स्वाधीनता-प्राप्ति से कुछ समय पूर्व का समय चुना है और उसके गर्भ में खलबलाती साम्प्रदायिक विभीषिका और उसके सहवर्ती तथा अनुवर्ती प्रभावों की संश्लिष्ट दुनिया की पहचान की है। लेखक ने इतिहास के इस सत्य को बहुत स्पष्टता और संश्लिष्टता से रचनात्मक रूप दिया है कि अंग्रेजों ने अपनी सत्ता कायम रखने के लिए हिन्दुओं और मुसलमानों में फूट डालने के षड्यंत्र किए हैं। वे लोभ और भय दोनों से देश की एकता खंडित करते रहे और जब देश छोड़ने की नौबत आई तब भी वे अपनी इस हरकत से बाज नहीं आए बल्कि उनकी हरकतें और तेज हो गईं। उन्हीं के छल का परिणाम था कि कांग्रेस हिन्दुओं की संस्था मान ली गई और जिन्ना के नेतृत्व में मुसलमानों के लिए एक अलग देश पाकिस्तान की माँग उठाई जाने लगी। हिन्दुस्तान में से पाकिस्तान का बन जाना अपने आप में एक सरल घटना नहीं है बल्कि वह अपने भीतर हिन्दुओं और मुसलमानों के पारस्परिक संशय, मारकाट और अनेक अमानवीय कृत्यों की कहानी छिपाए है। वह अपने पीछे एक ऐसी साम्प्रदायिक आग तथा मानवीय यातना छोड़ गया जो अभी तक रह-रहकर विषाक्त धुआँ फेंकती हैं और असहाय चीखें उठाती हैं। अंग्रेजों के इस ऐतिहासिक अमानवीय षड्यंत्र का हथियार बनते थे अपने ही देश के कुछ धर्मान्ध, अज्ञानी और लालची लोग। ये थोड़े से लोग भीड़ में पत्थर फेंककर छिप जाते थे और भीड़ परस्पर संशय, अविश्वास करती हुई लड़ने लगती थी, लहूलुहान होने लगती थी।

'तमस' में इसी समस्या से जुड़े हुए पात्र हैं, सन्दर्भ हैं, घटनाएँ हैं और माहौल है। एक बात स्पष्ट हो जानी चाहिए कि इस उपन्यास में सादगी तो है किन्तु वह इकहरी नहीं है। लेखक ने सरलीकृत तरीके से अपने पात्रों को खानाबद्ध नहीं किया है, वे पात्र अपनी सादगी के भीतर भी जटिल हैं। प्राय: सभी अन्तर्विरोधों का तनाव है जो उन्हें अधिक विश्वसनीय और जीवन्त बनाता है।

यह उपन्यास मूलत: राजनीतिक चेतना का उपन्यास है लेकिन यह अपने को राजनीतिक घटनाओं और क्रियाकलापों के विन्यास तक सीमित नहीं करता। यह राजनीति की विसंगतियों से उत्पन्न सामाजिक विभीषिकाओं तक जाता है। यह सामाजिक और धार्मिक सम्बन्धों को टूटने, चरमराने और एक बुनियादी मानवता के लहूलुहान होने के अनुभव तक जाता है। स्थूल रूप में कहानी इतनी ही है कि जिन्ना की सही-गलत सोच के कारण कांग्रेस हिन्दुओं की संस्था मान ली जाती है और मुस्लिम लीग मुसलमानों की रहनुमा संस्था के रूप में विकसित होती है। हिन्दुओं की अलग संस्था का भी उदय हो रहा था। वानप्रस्थी जी का भाषण इस नई तैयारी को उत्तेजना प्रदान करता है। मुरादअली नत्थू से सुअर मरवाकर मस्जिद के सामने फेंकवा देता है। फिर क्या था, धीरे-धीरे हवा में एक साम्प्रदायिक उत्तेजना भरने लगती है और अफवाह का बाजार गर्म होने लगता है। बिना किसी असलियत के हिन्दू-मुसलमान एक-दूसरे के प्रति सन्देह और भय से ग्रस्त होने लगते हैं। कांग्रेस, मुस्लिम लीग, हिन्दू संस्था के कई लोग मिलकर डिप्टी कमिश्नर रिचर्ड से मिलने जाते हैं और निवेदन करते हैं कि वे समय रहते हुए कुछ करें, नहीं तो शहर में उपद्रव हो जाएगा। रिचर्ड पहले तो कहता है, "यह आप लोगों का धार्मिक मामला है मैं क्या कर सकता हूँ?" फिर दबाव डालने पर गोल-मोल उत्तर देता है, "सरकार अपनी ओर से जो कार्रवाई कर सकती है जरूर करेगी।" लोग निराश होकर लौट आते हैं। दंगा फैलता है। मार-काट होती है। दंगा शहर से गाँव की ओर जाता है और सदियों से भाई-चारे के साथ रहते आए सिखों और मुसलमानों को तोड़-फोड़कर बरबाद कर रख देता है। आखिर सरकार का एक हवाई जहाज उस गाँव पर उड़ता है और उसके उड़ते ही गाँव में मची हुई मार-काट आतंक से खामोश हो जाती है। फिर शहर में भी एक अमन कमेटी बनती है और रिचर्ड की तरक्की के रूप में उसके तबादले की सूचना मिलती है।

इस कहानी को लेखक ने कई भीतरी और बाहरी आयाम दिए हैं और उन्हें परस्पर तानकर एक सघन कथानक की सृष्टि की है। इस कहानी का एक महत्त्वपूर्ण बिन्दु रिचर्ड है। वह सत्ता का प्रतिनिधि है। सत्ता के प्रतिनिधि तो बहुत से अंग्रेज रहे होंगे किन्तु यह एक विशेष प्रकार के अंग्रेजों का प्रतीक है। रिचर्ड भारतीय इतिहास का प्रेमी है। वह भारत के इतिहास और समाज के बारे में बहुत कुछ जानता है और निरन्तर उसकी खोज में लगा रहता है। उसकी इस खोजी प्रवृत्ति के कारण ही उसकी पत्नी लिजा ऊबती है। एक बार ऊबकर इंग्लैंड चली गई थी। दोबारा आई है। लिजा को लगता है कि 'इसमें (रिचर्ड में) बच्चों जैसा कौतूहल है डिप्टी कमिश्नर होने

के बावजूद एक प्रकार का भोलापन है।' वह सामान्यतः बहुत अच्छा आदमी है। उसके कर्मचारियों के साथ उसका सुलूक अच्छा है लेकिन अन्ततोगत्वा वह शासक है। शहर में तनाव का समाचार मिलने पर लिजा पूछती है, "फिर तुम क्या करोगे रिचर्ड?" "मुझे क्या करना चाहिए, लिजा? मैं शासन करूँगा और क्या करूँगा?" भारत प्रेमी रिचर्ड का भारत-प्रेम किताबी है, ऊपरी है। भीतर-भीतर वह चाहता है, यहाँ के हिन्दू-मुसलमान लड़ते रहें ताकि शासन सुचारु रूप से चलता रहे। लिजा पूछती है, "तुम्हें तो कोई खतरा नहीं है न रिचर्ड?" तो रिचर्ड उत्तर देता है, "नहीं लिजा, अगर प्रजा आपस में लड़े तो शासक को किस बात का खतरा है?" वह यह बात समझता है कि हुकूमत करनेवाले यह नहीं देखते कि प्रजा में कौन सी समानता पाई जाती है। उसकी दिलचस्पी तो यह देखने में होती है कि वे किन-किन बातों में एक-दूसरे से अलग हैं। भारत-प्रेम और भारतीय इतिहास की विशेषज्ञता का दावा करनेवाला रिचर्ड भी हुकूमत करनेवाले व्यक्ति के सारे गुर जानता है और उनका इस्तेमाल करता है। उसकी प्रशासकीय प्रच्छन्न क्रूरता, उसकी प्रत्यक्ष भलमनसाहत से तनकर और भी विसंगत और विडम्बनामयी हो उठती है। लेखक ने उसके निजी और वर्गीय चरित्र को तानकर एक संश्लिष्ट व्यक्तित्व ही निर्मित नहीं किया है, वरन् जनता पर उसके प्रभावों को भी जटिल बनाया है।

लेखक ने कांग्रेस, मुस्लिम लीग, हिन्दू संस्था और कम्युनिस्ट पार्टी के चरित्रों की संगतियों, असंगतियों को भी उजागर किया है। कांग्रेस के स्थानीय नेता बख्शी जी हैं। वे कुछ लोगों के साथ प्रभातफेरी लगाते हैं। उनके दल में विविध स्वभावों, पेशों और स्वार्थों के लोग हैं। वे परस्पर टकराते रहते हैं और फिर भी एक साथ प्रभातफेरी लगाते हैं और दलीय कार्यक्रमों की यांत्रिकता निभाते रहते हैं। उनमें एक जनरैल सिंह है जो पागल-सा है, क्योंकि वह सत्य के प्रति समर्पित है, वह बिना लाग-लपेट के सत्य बोलता है, सत्य कहता है और सत्य के लिए जान दे देता है। कम्युनिस्ट पार्टी के नवयुवकों को लेखक ने सही अर्थों में हिन्दू-मुस्लिम एकता के लिए प्रयत्नशील दिखाया है। इस उन्मादपूर्ण वातावरण में उन्हें कोई सुनता ही नहीं और उनकी सत्य के लिए त्रासद समाप्ति होती है। मुस्लिम लीग और हिन्दू संस्था की फिरकापरस्ती के चरित्र को भी उजागर किया गया है किन्तु वे लोग संशय और भय से त्रस्त होकर ही एक-दूसरे के विपरीत तैयारियाँ करते हैं यानी इनके परस्पर तन जाने का भी एक तर्क है। लेखक ने इन्हें भी अकारण उन्मादी नहीं दिखाया है, ये एक-दूसरे के भय से तनते हैं। लेकिन जहाँ कम्युनिस्ट पार्टी कर्म के स्तर पर और कांग्रेस भावना के स्तर पर इस भय को दूर कर उनमें संश्लेष उत्पन्न करने की कोशिश करती है वहाँ ये दोनों मजहबी पार्टियाँ भय के कारण टकराहट और विश्लेष की ओर बढ़ती हैं।

लेखक ने तत्कालीन साम्प्रदायिक विभीषिका और उसके क्रूर अमानवीय प्रभावों के यथार्थ को कलाकार की निस्संग दृष्टि से देखा और चित्रित किया है किन्तु उसकी मानवीय दृष्टि ने इस भयानक अराजकता और खूनी कोलाहल के बाद भी आदमी के वजूद को देखा है, उसने इनसानियत की धड़कन सुनी है—एक

वर्ग के बीच भी और एक आदमी के बीच भी। नत्थू अनजाने सुअर मार तो देता है लेकिन वह दंगा होने पर एक भयानक अपराधबोध से गुजरता है। एक मानवीय पीड़ा उसे लगातार सालती है। जहाँ एक ही गाँव के बाशिन्दा परस्पर लड़ रहे हैं, बहुसंख्यक अपने साथ सुख-दुख से जुड़े अल्पसंख्यकों का संहार कर रहे हैं, वहाँ कुछ अजनबी सहारा दे रहे हैं। हरनाम सिंह और बन्तो अपने गाँव से भागने के लिए मजबूर कर दिए जाते हैं, उनकी दुकान फूँक दी जाती है लेकिन अपने लीगी बेटे के भय के बावजूद राजो इन्हें शरण देती है इनकी रक्षा करती है और चुपके से आगे छोड़ आती है। ऐसे अनेक प्रसंग और चरित्र हैं। शहनाज भी ऐसा ही मुसलमान है जो अपने हिन्दू मित्रों की रक्षा करता है। लाला लक्ष्मीनारायण और शेख नूर इलाही दो छोरों के हिन्दू-मुसलमान थे लेकिन दोनों में बहुत बेतकल्लुफी थी। अन्त में अमन के प्रयत्नों के प्रसंग में उनका मजाक चलता है। उन्हें इतने प्यार से मिलते देख एक ओर खड़ा सरदार मोहन सिंह अपने ही साथी से बोला, "हम सबको यहीं रहना है जनून सिर पर चढ़ जाए लेकिन सच बात तो यही है कि हम सबको यहीं रहना है।" यही बुनियादी एकता का आधार है। मर-मिटकर भी, लहूलुहान होकर भी हमें परस्पर मिलना ही है। यह हम सबकी अस्मिता के लिए, बाहरी-भीतरी स्वास्थ्य के लिए जरूरी है। दंगे के बाद जब शहर में शरणार्थी आते हैं और अपनी विपत्ति-कथा कहते हैं तब साम्प्रदायिक विभीषिका के परिणामों का एक भयावह जंगल उग आता है। इस जंगल का अहसास कराते हुए भी लेखक कुछ मानवीय संवेदना के बिन्दुओं को उभारता है और कुछ नई परिस्थितियों से उत्पन्न नई चेतना की ओर भी इशारा करता है। लेखक मार्क्सवादी है किन्तु मार्क्सवाद का आरोप कहीं भी लक्षित नहीं होता। वस्तुस्थिति की सही समझ, नई चेतना के रेखांकन और मानवीय मूल्यों का पक्षधरता के रूप में ही उसकी मार्क्सवादी दृष्टि दिखाई पड़ती है। वस्तुस्थिति की राही समझ का एक बिन्दु शहर और गाँव के सम्बन्धों की पहचान है। दंगा शहर में उपजा और सर्वाधिक घायल हुए गाँव। मजदूरों और किसानों में रोजी-रोटी की एकता है चाहे वे किसी जाति के हों। लेकिन यह विभीषिका इतनी बड़ी थी कि इसने रोजी-रोटी के सम्बन्धों का भी खयाल नहीं किया। पाप करते हैं शहर, भोगते हैं गाँव।

शुरू में ही कहा गया है कि यह एक राजनीतिक उपन्यास है किन्तु राजनीति के ताने-बाने के भीतर यथासम्भव लेखक सामाजिक जीवन के यथार्थ की परतें भी खोलता है। वह मन के भीतर भी पैठता है, यद्यपि इसके लिए बहुत अधिक अवकाश नहीं था। इसलिए यह उपन्यास उन उपन्यासों का सा तो प्रभाव नहीं छोड़ता जो अपने समय के सामाजिक जीवन को केन्द्र में रखकर उसकी सामाजिक, आर्थिक, राजनीतिक, सांस्कृतिक और मनोवैज्ञानिक वास्तविकता की जटिल परतों को खोलते हैं और निरन्तर जी जाती हुई जिन्दगी की गहरी पहचान करते और कराते हैं। किन्तु यह उपन्यास जिस वस्तु को लेकर चला है उसका बहुत कुशलता से चित्रण करता है और उसकी दुनिया का गहरा अहसास कराता है।

भीष्म जी शुद्ध कथाकार हैं। कथानक-विन्यास, भाषा आदि में काव्यात्मक औजारों से वे काम नहीं लेते। उनकी कथा में परिवेश और मानव-मन के काव्यात्मक बिम्ब नहीं मिलते, किन्तु वे कथा बहुत सलीके से कहते हैं। उसमें एक अद्‌भुत सादगी होती है। कथानक में गठन होता है और अपनी गद्यात्मक पद्धति से ही जगह-जगह मानव-मन की उलझनों को और घटनात्मक या परिस्थितिगत नाटकीयता को सहजता से उभारते चलते हैं। 'तमस' में भी ये विशेषताएँ देखी जा सकती हैं।

(अन्य उपन्यास—'झरोखे', 'कड़ियाँ', 'मैयादास की माड़ी', 'नीलू नीलिमा नीलोफर')

गिरीश अस्थाना

धूपछाँही रंग (1970) : यह दो खंडों में विभक्त महाकाय उपन्यास है। पहले खंड में युद्ध की विभीषिका का चित्र है, दूसरे में शान्त सुविधापूर्ण जीवन की विसंगतियाँ चित्रित की गई हैं। हिन्दी में पहली बार युद्ध का इतना प्रामाणिक चित्र प्रस्तुत किया गया है और लगता है—जैसे स्वयं लेखक ही उपन्यास के नायक सुकान्त के रूप में द्वितीय महायुद्ध में एक सैनिक बनकर सम्मिलित होता है। लेखक न केवल युद्ध की समूची विभीषिका, उसके जीवन कार्य, व्यापार, उसके संत्रास आदि को मूर्तिमान करता है, बल्कि भारतीय सैनिकों के साथ किए जानेवाले ब्रिटिशों के दुर्व्यवहार को भी उभारता है। युद्ध में मारे जाते हैं भारतीय सैनिक और विजय का श्रेय मिलता है ब्रिटिश सैनिकों को अर्थात् लेखक ने ब्रिटिश लोगों के दम्भ, ऐंठ, अत्याचार आदि को भी सजीव किया है। दूसरे भाग में सुकान्त भारत लौट आता है। युद्ध समाप्त हो चुका है। देश आजाद हो चुका है। सुकान्त एक छोटा सा अफसर बन चुका है और शादी करके गृहस्थी बसा चुका है। इस भाग में स्वाधीनता प्राप्ति के पश्चात् देश में सम्पत्ति और भौतिक सुविधाओं की प्राप्ति की जो बीभत्स होड़ लगी हुई है और उस होड़ में सामाजिकता से कटकर जो क्रूर स्वन्यस्तता आती जा रही है, इसका चित्र प्रस्तुत किया गया है। सुकान्त एक चित्रकार है और वह चित्रकार भी इस होड़ की आकांक्षा से बच नहीं पाता। वह भी इस भौतिक सुख-सुविधा के प्रवाह में चलता है, किन्तु चूँकि वह कलाकार है, इसलिए उसका कलाकार व्यक्तित्व इस भौतिक समृद्धि की आकांक्षा और चेष्टा से टकराहट अनुभव करता है। और यह टकराहट ही सुकान्त को और उसके माध्यम से उपन्यास को एक सामाजिक मूल्य के प्रति सचेत करती है। किन्तु यह टकराहट बहुत गहरी नहीं है क्योंकि सुकान्त के व्यक्तित्व में आरम्भ से अन्त तक एक कलाकार की गहराई तथा सामान्य मुक्ति आकांक्षा का उद्‌दाम स्वाभिमान नहीं है। इसलिए वह शुरू से ही एक स्वाभिमानी कलाकार के विपरीत अधिक सुविधापरस्त मालूम पड़ता है। सुकान्त के व्यक्तित्व की यह सामान्यता पूरे उपन्यास की सामान्यता बन जाती है, इसलिए उपन्यास इतने बड़े समय और स्थान के फलक पर यात्रा करता हुआ उस यात्रा के अनेक दृश्यों, प्रसंगों, कार्य-व्यापारों, पात्रों,

संगतियों, विसंगतियों आदि का अत्यन्त प्रामाणिक दस्तावेज प्रस्तुत करता हुआ भी उस आन्तरिकता से काफी दूर तक वंचित रह जाता है, जिसकी इससे सम्भावना थी।

जगदम्बाप्रसाद दीक्षित

मुरदाघर (1974) : 'मुरदाघर' बम्बई की झोंपड़पट्टी में रहनेवाली अनेक पेशेवाली अभिशप्त औरतों की यातना की कहानी कहता है। इस शहर में जीवन जीने के लिए कहाँ-कहाँ से औरतें आती हैं और यहाँ आकर नरक की भट्ठी में दिन-रात जलने के लिए अभिशप्त हो जाती है। वे नगर के सर्वाधिक गन्दे और उपेक्षित इलाके में आकाश के नीचे या पीपे में रहती हैं और वहाँ भी रहने नहीं पातीं। तरह-तरह के लोग उन्हें नोचने के लिए घेरे रहते हैं, और सबसे अधिक भय रहता है पुलिसवालों का। उनके डर से ये भागती हैं, पकड़ ली जाती हैं और हवालातों में और भी नारकीय जीवन बिताती हैं। पुलिस घूस देनेवालों को नहीं पकड़ती। वह निरपराधों को पकड़ती है जो कुछ दे भी नहीं सकते। 'मुरदाघर' बम्बइया हिन्दी में इस यथार्थ का बहुत जीवन्त चित्र उपस्थित करता है। क्रूर निस्संगता से यथार्थ को उभारता हुआ यह उपन्यास कोई निर्णायक दिशा या वैचारिक भूमिका नहीं दे पाता किन्तु औरतों के इस अभिशप्त समाज के प्रति पाठक की मानवीय दृष्टि अवश्य जगाता है।

(अन्य उपन्यास—'कटा हुआ आसमान')

गोपाल उपाध्याय

एक टुकड़ा इतिहास (1975) : यह उपन्यास मुख्यतः हरिजनों की सामाजिक रागरया से जूझता है। सामाजिक विषमता से कहानी फूटती है और उससे ही जूझती हुई चलती रहती है। लेखक मानवीय आधार पर सवर्ण-अवर्ण के भेद को मिटाना चाहता है, मन्दिर में अवर्णों का प्रवेश कराना चाहता है, उन्हें हर जगह सवर्णों के साथ खड़ा करना चाहता है। संघर्ष मूलतः इसी बात पर केन्द्रित है। हाँ, कथा के अन्तिम भाग में आर्थिक संघर्ष का भी उदय होता है। प्रश्न हो सकता है कि हरिजनों की प्राथमिक समस्या आर्थिक है कि सामाजिक? लेखक मुख्य रूप से हरिजनों की आर्थिक समस्या से न जूझकर उनकी सामाजिक समस्या से ही क्यों जूझता है? हरिजनों के आर्थिक अभावों और संघर्षों का उतना गहरा अहसास क्यों नहीं उभार सका है जितना गहरा अहसास सामाजिक वैषम्य और संघर्ष का उभरा है।

उपन्यास अपने केन्द्रीय सामाजिक वैषम्य और संघर्ष को अनेक प्रगतिवादी रचनाओं की तरह सीधे-सपाट ढंग से निष्कर्षों की ओर नहीं ले जाता, वह उन्हें व्यक्ति के अन्तर्द्वंद्वों, व्यक्ति और समाज के गहरे अन्तर्विरोधों, धार्मिक-राजनीतिक व्यक्तित्वों, और संस्थाओं की विसंगतियों के बीच मूर्त करता है। इसलिए वैषम्य और संघर्ष की कथा जटिल मानवीय अनुभवों से स्पन्दित होती चलती है। कान्तमणि ने

सवर्णता प्राप्त करने के लिए चनुली (चन्दा देवी) को निकाल दिया है किन्तु निकालते समय और निकालने के बाद भी उसके भीतर चन्दा को लेकर क्या तूफान चलता रहा, इसका अहसास बार-बार उपन्यास कराता है। चन्दा कान्तमणि से छूटकर एक घृणा से छटपटा उठती है किन्तु इस घृणा के बीच भी कान्तमणि के प्रति कितना प्यार पाले हुए है इसका अनुभव पाठक को होता रहता है। चन्दा अपने यश और शक्ति के भीतर कितनी खाली है, कितनी अशक्त है, कितनी मानवीय विवशता से भरी है, पति और पुत्र के प्रति कितने ममत्व से लदी है, लेखक यह दिखाता रहता है। वह अपनी सारी उठान और शक्ति के बीच गिरकर टूट जाती है फिर उठती है फिर गिरती है और अन्त में तो मर ही जाती है। लेखक ने कहीं भी ऐतिहासिक सचाई के ऊपर अपने मनोवांछित निर्णयों को लादा नहीं है। इसीलिए सही अर्थों में यह एक प्रगतिशील सार्थक और प्रभावशाली उपन्यास बन पड़ा है।

महीपसिंह

यह भी नहीं (1976) : यह उपन्यास बम्बई के मध्यवर्गीय जीवन से सम्बन्धित है। लेखक ने उस वर्ग और यथार्थ को चुना है जिससे उसका सम्बन्ध रहा है। इस उपन्यास में घटनाओं के दो स्थल हैं—(1) होटल, (2) कॉलेज। असल में मुख्य कथा सोहन और शान्ता की ही है जो होटल में घटित होती है। कॉलेज की जिन्दगी इसके समानान्तर चलती है और पंकज दोनों ही कथाओं को जोड़ता है। दोनों ही अभिशप्त जीवन की कथाएँ हैं—एक में पारिवारिक जीवन की टूटन है, दूसरी में सामाजिक जिन्दगी की टूटन। शान्ता और सोहन पारिवारिक जीवन में मिसफिट होते हैं। इसके मूल में प्रकारान्तर से अर्थ ही है। सोहन का होटल है जो उसकी समृद्धि का द्योतक है। समृद्धि में वह भीतर से कुरूप हो जाता है और शान्ता की इच्छाएँ भी निखरने लगती हैं। शान्ता पहले एक वक्त खाना बनाती है फिर खाना बनाना छोड़ देती है, उसकी महत्त्वाकांक्षाएँ बढ़ने लगती हैं और वह फ्लर्ट बन जाती है। इनके सम्बन्धों में व्यावसायिकता और टूटन आ जाती है। इनके सम्बन्धों की टूटन का असर उनके पुत्र टोनी पर पड़ता है। वह यातना और आक्रोश से गुजरने लगता है। इस कथा को लेखक ने होटल के गन्दे परिवेश में स्थित कर उसकी तल्खी बढ़ा दी है।

दूसरी ओर कॉलेज की जिन्दगी है—सामाजिक और नैतिक कही जा सकनेवाली जिन्दगी जो अनेक विसंगतियों से ग्रस्त है। उसकी यातना भोगते हैं पाठक और पंकज जैसे लोग। पंकज संवेदनशील है। वह पाठक, शान्ता और सुमी सभी का दर्द अनुभव करता है और स्वयं एक भावी आशंका में जी रहा है। उसका निरन्तर अनिश्चय की स्थिति में जीना अधिक यातनापूर्ण है और छुट्टी से लौटकर तो उसे कई मोर्चों पर जूझना होगा।

इधर शान्ता के जीवन में रोज एक मोर्चा खुलता है। सोहन भाग गया है। उसके अलावा और कई लोग उसे धोखा दे गए हैं। वह लगातार विश्वास और विश्वासघात के द्वंद्व में जी रही है। पारिवारिक और सामाजिक जीवन के अभिशाप एक साथ मिलकर

कथा के अन्त को अधिक सघन बनाते हैं। इन दोनों कथाओं से जुड़े हुए बम्बई के परिवेश के अनेक पहलू उभरते हैं और वे सभी मूल कथाओं के प्रभाव को गहराते हैं।

बम्बई के जीवन पर यह एक प्रभावशाली उपन्यास है फिर भी उसकी कुछ कमियों की ओर सहज ही ध्यान चला जाता है। यह कहा जा सकता है कि पात्रों को और गहराने की सम्भावना इस उपन्यास में थी जिसका उपयोग नहीं किया गया है। शान्ता की कथा बहुत तार्किक क्रम नहीं पा सकी है। उसका द्वंद्व ढंग से नहीं उभर सका है। उसके प्रति पाठक की सहानुभूति नहीं होती, क्योंकि उसे लगता है कि शान्ता अपनी नियति की जिम्मेदार स्वयं है अर्थात् वह अपनी महत्त्वाकांक्षाओं के कारण फ्लर्ट बनती जा रही है। सोहन के प्रति सहानुभूति होती है। सहानुभूति का यह इकहरापन कहीं चरित्र-विन्यास में लेखक की चूक की ओर संकेत करता है। इस उपन्यास में फालतू प्रसंग (जैसे पंड्या का) भी कई हैं और चुटकलेबाजी का अरचनात्मक स्तर पर काफी उपयोग किया गया है।

(अन्य उपन्यास—'अभी शेष है', 'बीच की धूप')

राही मासूम रज़ा

कटरा बी आर्ज़ू (1979) : उपन्यास आपातकाल की घटनाओं और प्रभावों पर आधारित है बल्कि यह कहना ज्यादा सही होगा कि उन्हीं पर लिखा गया है। इसके लिए इलाहाबाद के एक मोहल्ले कटरा मीर बुलाकी उर्फ कटरा बी आर्जू की कल्पना की गई है। लेखक उस मोहल्ले के अनेक सामान्य लोगों के सुख-दुख की जिन्दगी का चित्रण करता हुआ उन्हें आपातकाल के दबाव से गुजारता है और आपातकाल की भयानक विसंगतियों और राजनीति के छल-छद्मों का उद्घाटन करता है। 'कटरा बी आर्जू' सरकारी नाम नहीं है, एक कवि द्वारा दिया गया नाम है। कवि बदरुल हसन नायाब शहनाज के साथ अपनी सगाई के दिन यानी अपनी एक आर्जू के पूरा सा होने के दिन कटरा मीर बुलाकी नाम के नीचे चाकू से यह नाम लिख देते हैं। सवाल उन्हीं की आर्जू का नहीं है, यूँ भी वह बहुत दिनों से देखते चले आ रहे थे कि उनके कटरेवालों के पास और तो कुछ नहीं पर आर्जुएँ बहुत हैं।

इस जिन्दगी के कई पहलू हैं। एक है इसका सामाजिक और मानवीय पहलू। सामाजिक सम्बन्धों की दृष्टि से यह मोहल्ला बहुत ही संश्लिष्ट और समृद्ध है। एक मानवीय संवेदना इसके भीतर बहती रहती है। यहाँ हिन्दू-मुसलमान में कोई भेदभाव नहीं। सामाजिक सम्बन्धों के साथ-ही-साथ पारिवारिक और मैत्रीगत सम्बन्ध भी बहुत मूल्यवान और मानवीय हैं। मियाँ शम्सू अपने सारे अभावों के बावजूद अपनी बच्चियों को अपना गहरा प्यार देते हैं, शहनाज के सम्पन्न होने पर उसकी लाख कोशिशों के बावजूद उसका कोई सामान नहीं लेते। पहलवान अपनी दिवंगता बहन की बेटी बिल्लो और मित्र के लड़के देश को न केवल प्यार से पालते हैं वरन् उनके लिए अपनी शादी भी नहीं करते। बिल्लो और देश के सम्बन्धों में स्वस्थ मानवीयता

दिखाई पड़ती है। शहनाज और मास्टर बदरुल हसन के सम्बन्धों में भी वही मानवीय तीव्रता लक्षित होती है। इस प्रकार राही ने एक छोटे से गरीब व उपेक्षित मोहल्ले को उसकी भीतरी छवि में पकड़ा है।

इस जिन्दगी का दूसरा पहलू है—राजनीति, जो जाने-अनजाने उसके सामाजिक मानवीय पहलू को आक्रान्त करता है, तोड़ता है, कुरूप बनाता है—कभी व्यक्ति के स्तर पर, कभी पूरे सामूहिक तौर पर। राजनीति का दबाव पहले व्यापक है और फिर धीरे-धीरे इमरजेंसी की सीमा में सिमट जाता है। यानी राजनीति के दबाव की यात्रा सामान्य से विशेष की ओर दिखाई पड़ती है। उसका सारा ध्यान इन्दिरा और उनके द्वारा लगाई गई इमरजेंसी पर टिक जाता है यानी कथा इमरजेंसी की ही कथा बन जाती है।

विष्णु प्रभाकर

कोई तो (1980) : यह उपन्यास मध्यवर्ग की यौन नैतिकता का प्रश्न उठाता है। इसके लिए लेखक ने अनेक घटनाएँ, अनेक चरित्र और अनेक सन्दर्भ सर्जित किए हैं। वे सभी हमारे आसपास के लगते हैं और अपनी प्रामाणिकता तथा सर्जनात्मक अनिवार्यता के कारण विश्वसनीय ही नहीं, बेहद प्रभावशाली भी हो उठे हैं। गाँव तो गाँव, महानगरों में भी लोगों की मानसिकता वही है। लोग हिन्दू और मुसलमान, बड़ी जाति और छोटी जाति के सम्बन्धों के प्रति अत्यन्त असहिष्णु हैं और जहाँ सम्बन्ध नहीं केवल सम्बन्धों का आभास होता है वहाँ भी कितनी कुरूप कल्पनाएँ कर लेते हैं। अफवाहें फैलाते हैं और अफवाहों में रस लेते हैं। मध्यवर्गीय यौन नैतिकता का सबसे बड़ा शिकार होती है नारी। एक गलती नहीं, बल्कि कल्पित गलती उसके जीवन को सामाजिक उपेक्षा, आत्मग्लानि और सतत यातना से भर देती है। वर्तिका अपने बाप के मुसलमान साथी के बेटे के साथ परीक्षा की फीस जमा करने देहरादून से ग्वालियर के लिए रवाना होती है। हिन्दू समाज एक मुसलमान के साथ हिन्दू लड़की को देखकर सनाका खा जाता है और षड्यंत्रपूर्वक दोनों को रास्ते में ही अलग कर देता है। वर्तिका को बालिग होने में अभी तीन महीने बाकी हैं अत: उसे पुलिस कचहरी और मातृमन्दिर की हवा खानी पड़ती है और यह बदनामी जीवन-भर के लिए उस पर चिपका दी जाती है कि वह मुसलमान लड़के के साथ भाग रही थी।

वर्तिका चाहती तो अपने ऊपर लगे इस कलंक को छिपा सकती थी किन्तु उसका नारी-स्वाभिमान इसे छिपाकर किसी पुरुष का प्यार पाना नहीं चाहता। उसके माँ-बाप चाहते हैं कि वह किसी से अपनी यह कहानी न कहे और शादी कर ले। वर्तिका को यह स्वीकार्य नहीं हो पाता और एक के बाद एक पुरुष उसके प्यार की परिधि में आते रहते हैं और उसे पूरे मन से स्वीकार नहीं पाते और वर्तिका भी उनके व्यामोह में नहीं फँसती। अन्त में वह दक्षिणी नारायन को और नारायन उसे निश्छल मन से स्वीकारता है। नारायन अनाथ रहा है और नाजायज सन्तान रहा है। लगता है यह दर्द या अभिशाप ही दोनों को मिलाता है।

दरअसल यह उपन्यास नारीप्रधान है। इसमें समाज और पुरुष से प्रताड़ित अनेक नारियों की व्यथा-कथा है और उसके माध्यम से पुरुष समाज के कुरूप चेहरे पर से नकाब हटाया गया है। पुरुषों की यौन पिपासा और नकली नैतिकता के आतंक से बरबाद की गई कितनी औरतें यहाँ से वहाँ तक बिखरी हैं। उच्चवर्गीय लड़के से शादी करने के कारण समाज द्वारा बरबाद कर दी गई चन्दा तथा गुंडों द्वारा आहत कुन्तल की शारीरिक और मानसिक व्यथा को लेखक ने बहुत गहराई से उभारा है। इसके अलावा अखबारों में छपे समाचारों के द्वारा अनेक नारियों की यातना चित्रित की गई है।

लेखक ने नारी चरित्रों की पहचान करने में बहुत सफलता प्राप्त की है। मधु जैसी उच्छृंखल सी लगनेवाली लड़की के भीतर की सहजता की पहचान बहुत ही आकर्षक है। स्त्रियों की वर्गीय मानसिकता के साथ उनके निजी वैशिष्ट्य की पकड़ से उनकी सृष्टि में वर्तुलता आ गई है, साथ ही ये चरित्र व्यापक राजनीति और सामाजिक सन्दर्भ से जुड़े हुए हैं। उस समय देश में व्याप्त राजनीति के अनेक दाँव-पेच सामाजिक जीवन को अपने में लपेटते चलते हैं और इस प्रकार चरित्रों की सृष्टि और विकास में उनका प्रभाव दिखाई पड़ता है। समाज के मूल्यों के बनने-बिगड़ने में उनकी साझेदारी दिखाई पड़ती है। यद्यपि यह उपन्यास मध्यवर्गीय नैतिकता के नीचे फैली सड़ाँध को बहुत बेबाकी से उद्घाटित करता है किन्तु उसकी अन्तर्दृष्टि इस सड़ाँध के पार जाकर यह आशा भी करती है कि कोई तो इससे मुक्ति दिलाएगा।

यह उपन्यास अपने अनेक चरित्रों, घटनाओं, सूचनाओं, बहसों के बावजूद अपने कथानक विन्यास में बहुत गठा हुआ और पठनीय है। चीजें ठीक अनुपात में परस्पर जुड़ती चली हैं और दूसरी बात यह है कि लेखक बाहरी जगत् का इतना विस्तार करने के बावजूद उसे अन्तर्जगत् से स्पन्दित रखता है। दोनों एक-दूसरे के सहारे चलते रहते हैं।

(अन्य उपन्यास—'निशिकान्त', 'अर्धनारीश्वर', 'ढलती रात', 'तट के बंधन, 'स्वप्नमयी', 'परछाईं दर्पण का व्यक्ति')

हिमांशु जोशी

समय साक्षी है (1977) : यह एक राजनीतिक उपन्यास है। यद्यपि इसमें सामाजिक जीवन की संक्षिप्त गहरी धमस है किन्तु मूलतः इसकी कथा राजनीति की उठापटक षड्यंत्रों और मूल्यहीन असुन्दर क्रियाओं से बुनी गई है। दरअसल जिस समय का यह उपन्यास है वह समय भारतीय राजनीति का बहुत कुरूप अध्याय कहा जा सकता है। वह समय लेखक के सामने था। वह उफनकर उसके अनुभव में उतर रहा था। उपन्यास के सारे पात्र, घटनाएँ कल्पना प्रसूत नहीं हैं। वे उसी समय के सत्य से पैदा हुई हैं। उस समय के सारे राजनीतिक खिलाड़ियों के चेहरे पाठक पहचान सकता है किन्तु लेखक ने सत्य कथा नहीं लिखी है उपन्यास लिखा है इसलिए उसने तमाम वास्तविक चरित्रों को कल्पना के सहारे रचनात्मक रूपान्तरण प्रदान कर दिया।

अतः इस उपन्यास का कथानक एक ओर इतना प्रामाणिक लगता है दूसरी ओर सर्जनात्मक अभिप्रायों से स्पन्दित।

कथा के केन्द्र में तिमिर बरन हैं? किन्तु कथा केवल उनकी नहीं है, प्रधानमंत्री की भी है, गृहमंत्री की भी है, सत्तादल के अध्यक्ष की भी है, विरोधी दलों की भी और तमाम दल बदलू, स्वार्थी मंत्रियों और नेताओं की है जो मिल-जुलकर या ठहरकर देश को खा रहे हैं, बहू-बेटियों की अस्मत लूट रहे हैं, इंजेक्शन लेकर अपने बुढ़ापे को भी बेटियों जैसी लड़कियों के साथ चिपकाए हुए हैं। इन्हें देश और समाज की बिलकुल चिन्ता नहीं है, वे तो केवल उनका भोग करने के लिए हैं और भोग करके इस चिन्ता में डूबे रहते हैं कि कैसे कुर्सी पाई जाए, कैसे वह बचाई जाए और इस प्रक्रिया में किसे-किसे कैसे-कैसे नष्ट किया जाए?

तिमिर बरन तो राजनीतिक गलाजत की प्रतिमूर्ति हैं। वे इतने नीच हैं कि अपने भाई की पत्नी की राजनीतिक महत्त्वाकांक्षा को सहलाते हुए उसका भोग करते हैं। अपने विद्रोही भाई को मरवा देते हैं और न जाने कितने अमानवीय कृत्यों में अपने को लिप्त किए रहते हैं। समग्रतः तिमिर बरन तथा अन्य राजनेताओं के माध्यम से राजनीति का बड़ा कुरूप और भयानक चेहरा उभरता है। कहना न होगा कि उस समय उभरा हुआ उसका यह कुरूप चेहरा निरन्तर कुरूपतर होता गया है और आज हम समय के जिस दौर में हैं वहाँ तो इस भयानक कुरूपता और मूल्यहीनता का अहसास और भी गहरा हो गया है।

किन्तु हिमांशु के मूल्यवादी रचनाकार ने इस कुरूपता से लड़नेवाली कुछ छवियों की पहचान भी की है। स्वयं तिमिर बरन का भाई अजित बरन अपने भाई और कुरूप राजनीति के विरुद्ध तनकर खड़ा होता है एक अकेले मसीहा की तरह और उसका अन्त कर दिया जाता है किन्तु जब शिव सुन्दरम् के नेतृत्व में जन आन्दोलन खड़ा होता है तो पूरी सत्ता काँप जाती है। उस सामूहिक विद्रोह को दबा पाना किसी भी राजनेता के वश का नहीं होता। शिव सुन्दरम् तो अपनी आहुति दे देते हैं, किन्तु आग ठंडी नहीं होती और अन्त में राष्ट्रपति अपनी मानवीय भूमिका निभाते हुए मंत्रिमंडल को बर्खास्त करते हैं तथा सत्ता स्वयं सँभाल लेते हैं। अन्त में तिमिर बरन के सारे ताम-झाम की चमक बुझ जाती है और वे थके-हारे से, डरे-डरे से गाँव की ओर प्रस्थान करते हैं। प्रधानमंत्री भी दूसरों के लिए व्यूह रचते-रचते स्वयं असहाय हो उठते हैं। राजनीतिक जटिलताओं से भरा हुआ यह उपन्यास बहुत पठनीय है और मन पर एक गहरा प्रभाव छोड़ता है।

अब्दुल बिस्मिल्लाह

झीनी-झीनी बीनी चदरिया (1986) : यह उपन्यास बनारस के बुनकरों के जीवन पर लिखा गया है। बनारसी साड़ी अपनी खूबसूरती के लिए विश्व-भर में प्रसिद्ध है लेकिन यह खूबसूरत साड़ी बनानेवाले बुनकरों की जिन्दगी कितनी फटेहाल है

उपन्यासकार इस सत्य को बहुत बेबाकी से पहचानता है। बनारसी साड़ियाँ बुननेवालों की औरतें एक बनारसी साड़ी पहनने की आकांक्षा लिये मर जाती हैं। लेखक इन अभावग्रस्त और शोषित बुनकरों की जिन्दगी के अनेक आयाम उद्घाटित करता है और दिखाता है कि शोषण के कितने चक्र हैं, साम्प्रदायिकता के कितने रंग हैं और ये मामूली लोग चालाक लोगों की शोषक साम्प्रदायिक और राजनीतिक चालों के शिकार कैसे होते हैं। इस यथार्थवादी उपन्यास में भाषा का यथार्थ प्रकृतिवाद की हद में पहुँच गया है। लेखक ने खुलकर भद्दी-भद्दी गालियों का प्रयोग किया है। ये गालियाँ उसके यथार्थ की निर्मिति में कितनी सर्जनात्मक भूमिका अदा करती हैं, यह बहस का विषय है।

(अन्य उपन्यास—'समर शेष है', 'मुखड़ा क्या देखे')

सुरेन्द्र वर्मा

मुझे चाँद चाहिए (1993) : महत्त्वाकांक्षाओं के चाँद को चाहनेवाली, वर्षा वशिष्ठ की संघर्ष कथा है। शाहजहाँपुर के एक सामान्य परिवार में जन्मी यशोदा शर्मा कैसे वर्षा वशिष्ठ बन जाती है और वह कैसे एक नई नारी अस्मिता की चेतना लिये हुए अपने परिवार के पारम्परिक नियमों और व्यवहारों से लड़ती हुई, उनका निषेध करती हुई शाहजहाँपुर से दिल्ली, दिल्ली से बम्बई के जीवन से जुड़ती चली जाती है, इसकी संकुल और संश्लिष्ट कथा बहुत रोचक ढंग से कही गई है। वह कस्बाई जीवन से निकलकर दिल्ली के नाट्य-कला जगत् से जुड़ती है। इस प्रक्रिया में उसके जीवन में आनेवाले परिवर्तनों, उसके नारी-चरित्र में उभरनेवाले नए साहसिक रंगों की कथा तो चलती ही है, राष्ट्रीय नाट्य विद्यालय की कहानी भी खुलती रहती है।

वर्षा वशिष्ठ एक बार भौगोलिक और संस्कारगत सीमाओं को जब लाँघती है तब कभी रुकने का नाम नहीं लेती। वह दिल्ली से बम्बई पहुँचती है और सिने जगत् में प्रवेश करती है। यहाँ आकर उसकी आकांक्षाएँ और भी मुक्त हो उठती हैं। यहाँ का तो परिवेश ही ऐसा है। लेखक वर्षा वशिष्ठ की आकांक्षाओं की दौड़ के साथ-साथ सिने जगत् की चमक-दमक के नीचे छिपी हुई गलाजत, मूल्यहीनता, सम्बन्धों की कुरूपता की बहुत सघन और प्रामाणिक तस्वीर प्रस्तुत करता है।

वर्षा के जीवन के और जहाँ-जहाँ भागा करती है वहाँ-वहाँ की दुनिया के अनेक रंग हैं, अनेक आर्थिक-सामाजिक समस्याएँ हैं, अनेक सांस्कृतिक और मूल्यगत प्रश्न हैं संस्कारों और सम्बन्धों की टकराहटें हैं। लेखक ने बड़े कौशल से सबको कथा के भीतर समेटा है। वह मूलत: सिद्धहस्त नाटककार है अत: उपन्यास के कथा-विन्यास में नाटकीयता का बहुत रचनात्मक उपयोग किया है। कथा बाहर और भीतर व्यक्ति और समाज के तनाव से बनती चलती है अत: एक ओर वह कथ्यगत सघनता तथा संश्लिष्टता प्राप्त करती है दूसरी ओर रोचकता तथा पठनीयता। इतना मोटा उपन्यास इसीलिए इतना पठनीय बन पड़ा है।

प्रकाश मनु

कथा सर्कस (1995) : 'कथा सर्कस' एक विशिष्ट उपन्यास है—अपने आकार में बड़ा और प्रवृत्ति में संश्लिष्ट। बड़ा उपन्यास समाज के एक बड़े परिदृश्य से गुजरता है, उसके अनेक बाहरी-भीतरी बिन्दुओं को पहचानता है, अनेक समस्याओं के पारस्परिक सम्बन्धों एवं टकराहटों का अनुभव करता है, विभिन्न प्रकार के चरित्रों की वास्तविकताओं की पहचान करता है और इस तरह वह अपने समय के एक बड़े हिस्से को मूर्त कर देता है। 'कथा सर्कस' साहित्यिक परिदृश्य की चिन्ता लेकर अपनी यात्रा शुरू करता है किन्तु यह उससे जुड़ी पत्रकारिता और व्यापार की दुनिया में भी आता-जाता है, राजनीतिक दुनिया की भी धमस महसूस करता है। साहित्य, पत्रकारिता, व्यापार, राजनीति की आपसी टकराहटों से जो एक दुनिया बनती है, वह 'कथा सर्कस' की दुनिया है।

लेखक ने सुधाकर की डायरी को औपन्यासिक रूप दिया है। सुधाकर अपने फक्कड़पन, सचाई, प्रतिभा, संघर्ष और अभावग्रस्त स्थितियों में लेखक का प्रतिनिधि है और उसका प्रवक्ता लगता है। कैसी विडम्बना है कि इस देश के एक प्रतिभाशाली लेखक को जीविकोपार्जन के लिए बड़ियों की दुकान पर काम करना पड़ता है। लेखक ने बड़ियों की दुकान पर काम करते हुए साहित्यकारों, पत्रकारों और अन्य लोगों के रिश्तों की गहरी पहचान की है। यह रिश्ता साहित्यिक ही नहीं है, सामाजिक भी है, आर्थिक भी है। यानी जीविका के लिए संघर्ष करते लोगों का है, उसी में से साहित्यिक रिश्ता भी बनता-उभरता दिखाई पड़ता है। यानी लेखक ने साहित्य को जीविका के ठोस जगत् के भीतर देखा है—उसके अनेक जीवन्त सन्दर्भों के बीच देखा है। साहित्यकार पत्रकार, स्त्री और पुरुष न जाने कितने आर्थिक, साहित्यिक और मनोवैज्ञानिक टकराहटों के भीतर से गुजरते हुए दिखाई पड़ते हैं।

बड़ियों की दुकान के साथ-साथ पत्र-पत्रिकाओं की अनेक दुकानें हैं। वहाँ पत्रकारों और साहित्यकारों की दुनिया के रंग उभरते हैं। लेखक ने अखबारों की राजनीति का बहुत जीवन्त विधान किया है। मूल्यहीन होती जा रही पत्रकारिता के चेहरे का उद्घाटन करते हुए मूल्यवादी पत्रकारिता और उसके लिए चुकाए जाते हुए मूल्य की पहचान भी उभारी गई है। मनु ने 'यह जो दिल्ली है' उपन्यास में पत्रकारिता जगत् के घिनौने चेहरों को भली-भाँति उजागर किया था। इस उपन्यास में भी साहित्यिक परिदृश्य की सम्पूर्णता के लिए पत्रकारिता जगत् की सचाइयों का विधान किया है। साहित्य और पत्रकारिता का बड़ा गहरा सम्बन्ध है। साहित्यकार जीविका के लिए तो पत्र-पत्रिकाओं से जुड़ते ही हैं, अपनी रचनाओं के प्रकाशन के लिए भी उन्हें वहाँ होना पड़ता है। कुछ लोग स्वयं पत्र के सम्पादक बनकर तरह-तरह की अच्छी-बुरी भूमिकाएँ निभाते हैं और लेखक-आलोचक के रूप में भी वे पत्र-पत्रिकाओं का सही-गलत इस्तेमाल करते हैं। वास्तव में साहित्य का भला या बुरा माहौल पत्र-पत्रिकाओं के माध्यम से ही बनता है। के., राजा बाबू, शर्मिष्ठा, उमेश श्रीवास्तव जैसे पत्रकार

मूल्यहीन पत्रकारिता के प्रतिनिधि होते हैं, जो अपने-अपने स्वार्थों के लिए प्रतिमान गढ़ते और बदलते रहते हैं तथा अखबारों की राजनीति गरमाए रहते हैं।

किन्तु इस उपन्यास के केन्द्रीय पात्र साहित्यकार हैं—वे चाहे गैंडामल की बड़ियों की दुकान पर काम कर रहे हों, चाहे पत्र-जगत् से सम्बन्धित हों, चाहे अन्य किसी नौकरी से जुड़े हों, चाहे फ्रीलांसर हों। साहित्यकारों की इस दुनिया में एक ओर डॉ. नीलाम्बर, राजा राघवेन्द्र प्रताप, धुन्ध आचार्य, कार्तिक अवस्थी, पवनदूत, शुभंकर, उमेश श्रीवास्तव, शर्मिष्ठा, औरांगउटांग आदि साहित्य-व्यवसायी और पैंतरेबाज लोग हैं—दूसरी ओर जितेन बाबू, गलहोत्रा साहब, विद्याधर, सदाशिव, मनोहर थपलियाल, विनायक भूषण अत्रे (चित्रकार) जैसे मूल्यवादी और जेनुइन सर्जक हैं जो साहित्य से सुविधाएँ नहीं प्राप्त करते, बल्कि उसे जीने की प्रक्रिया में लहूलुहान होते हैं।

लेखक ने साहित्य जगत् से जुड़े अनेक प्रसंगों की कुरूपता का पर्दाफाश किया है। पुरस्कार, साहित्यिक शोकसभाएँ, साहित्य अकादमी, गोष्ठियाँ आदि न जाने कितने प्रसंग हैं जो इस उपन्यास में आते हैं। कुछ सवाल उठाते हैं, कुछ गलाजत खोलते हैं और उनके भीतर छिपी इनसानियत और कला की किसी मूल्यवान छवि की ओर इशारा करते हैं। वैसे बेवजह किसी का मजाक उड़ाना, नंगा करना, गलाजत बिखेरना मनु का स्वभाव नहीं। उनका मूल्यवादी मन हमेशा एक सौन्दर्य खोजता है। इनसानी दर्द ढूँढ़ता है। इसलिए जहाँ उन्हें जितेन बाबू, गलहोत्रा साहब जैसे ऊँचे कदवाले लोग मिल जाते हैं, वहाँ वे उनकी छवि में डूब जाते हैं। भावुकता की हद तक डूब जाते हैं। इसी प्रकार सदाशिव, मालविका, नीरजा, मनोहर थपलियाल, विनायक भूषण अत्रे जैसे कलाधर्मी पात्रों की विसंगतियों से गुजरते हुए भी उनके घने दुख-दर्द की आँच और मानवीय तथा कलात्मक छवि की रोशनी में नहाते से प्रतीत होते हैं। इन पात्रों की कलात्मक उपलब्धियों की सम्भावनाएँ उनके जीवन के अभावों, संघर्षों एवं विशेषताओं से छनकर और भी मूल्यवान हो उठती हैं। मनु ने माफिया दल के साहित्यकारों और पत्रकारों के भी भीतर पैठकर उनकी धनात्मक छवियों को पकड़ने की कोशिश की है।

साहित्य की प्रत्यक्ष दुनिया के पीछे पारिवारिक दुनिया भी होती है जिसमें लेखक की बुनियाद बनती है, जहाँ उसकी साधना चलती है। वहीं अनेक विवशताओं तथा आर्थिक समस्याओं के जाल के भीतर उलझे हुए साहित्यकार को केवल साहित्य की ही नहीं, अपने-अपने परिवार के सदस्यों और आत्मीयों के जीवनयापन तथा योग-क्षेम की भी चिन्ता होती है, बनते-बिगड़ते सम्बन्धों, संवेदनों और मूल्य-प्रक्रियाओं से गुजरता होता है। सुधाकर, जितेन बाबू, नीरजा आदि अनेक पात्रों की विषम पारिवारिक स्थितियों के भीतर से यात्रा करता हुआ लेखक उनके संश्लिष्ट चरित्र को पहचानने का प्रयत्न करता है। अतः इस उपन्यास में पारिवारिक पीड़ा और संघर्ष के अनेक मार्मिक तथा दर्दनाक चित्र भरे पड़े हैं। पशु-प्रेम के भी मर्म-चित्र हैं।

उपन्यास के बीच-बीच में साहित्य, जीवन और समाज के सम्बन्ध में अनुभवजन्य चिन्तन दिखाई पड़ता है। यह चिन्तन कभी कला में रच-बसकर आता है, कभी सीधे

आता है। मनु की भाषा में वक्रता और ताप है। वह बहुत गहरे मार करना चाहती है, वह बहुत अनौपचारिक ढंग से कथ्य के साथ हो लेना चाहती है इसलिए वह चलती-चलती कभी रुक जाती है, और कभी चुप होकर कुछ कहना चाहती है, कभी नाटकीय क्रम और संवाद-वक्रता की ओर मुड़ जाती है। कभी-कभी लेखक पात्रों के साथ चलने लगता है और भाषा कोष्ठकों में बन्द होने लगती है। यानी इस उपन्यास की भाषा उपन्यास परम्परा की प्रचलित भाषा से थोड़ा हटकर है और उसकी अपनी अस्मिता है।

'कथा सर्कस' अपने समय के एक यथार्थ खंड को उसकी पूरी जटिलता और विविधता में पहचानने का प्रयत्न करता है, लेखक के अनुभव में उतरे हुए जीवन के ताप को, उसकी सोच में खलबलाते अनेक सवालों और मूल्य-चिन्ताओं को एक प्रखर और प्रभावशाली भाषा में प्रस्तुत करता है। यह उपन्यास अपने समय के यथार्थ का दस्तावेज तो है ही, रचनात्मक सौन्दर्य की कथा भी है।

(अन्य उपन्यास—'यह जो दिल्ली है', 'पापा के जाने के बाद')

अमृतराय

धुआँ (1976) : वाराणसी को केन्द्र बनाकर देश में व्याप्त निराशा, अभाव, स्वार्थपरता, भ्रष्टाचार, मूल्यपतन आदि के धुएँ की व्यथा कहनेवाला उपन्यास है। इसमें नक्सलियों के आक्रोश और असन्तोष की भी कथा है। साथ ही हमारे आधुनिक से दिखाई पड़नेवाले धनी वर्ग की भोंड़ी पश्चिमपरस्ती का भी उद्घाटन हुआ है। चाहे 'बीज' हो चाहे 'धुआँ', अमृतराय ने सामाजिक समस्याएँ तो उठाई हैं किन्तु उनका औपन्यासिक विन्यास पारम्परिक और सपाट है। प्रगतिवाद की स्थूलता उनमें प्रमुख हो उठी है, अन्तरंग गहरे भाव-आवर्त कम ही आ पाए हैं।

(अन्य उपन्यास—'बीज', 'नागफनी का देश', 'हाथी के दाँत', 'सुख-दुख')

गिरिधर गोपाल

चाँदनी के खँडहर (1954) में मध्यवर्गीय परिवार की टूटन का बड़ा ही सजीव अंकन हुआ है। टेकनीक की दृष्टि से नया यह उपन्यास चौंकाता नहीं, बल्कि अपनी संवेदनशीलता के कारण अपने में बाँधता है। उपन्यास का नायक बसन्त पाँच वर्ष बाद विदेश से लौटने के बाद देखता है कि उसका परिवार आर्थिक भार से भयानक रूप से टूट गया है। उसके माँ-बाप, भाई-बहन सभी तन और मन से रुग्ण हो गए हैं। उपन्यास जिस समय का है उस समय समाज में और लेखकों के यहाँ एक मूल्य-आस्था थी। इसीलिए इस उपन्यास का नायक बसन्त स्वयं को अपने परिवार की टूटन का जिम्मेदार समझता है और उस टूटन को दूर करने के लिए संघर्ष करता है।

रमाकांत

छोटे-छोटे महायुद्ध (1977) में एक निम्न-मध्यवर्गीय क्लर्क लल्लन बाबू की आर्थिक विवशताओं, उनके बीच पलते हुए एक सपने तथा सपने की टूटन की मार्मिक कहानी है। लल्लन बाबू नहीं चाहते कि उनका लड़का भी उन्हीं की तरह क्लर्क बने। वह पढ़ने में होनहार है किन्तु उसकी भी नियति क्लर्क बनने की ही होती है। वह लड़का अपने लहूलुहान अरमान लिये हुए एक क्लर्क बनकर रह जाता है। लल्लन बाबू और उसके पुत्र राजेन की निम्न-मध्यवर्गीय स्थितियों और मन:स्थितियों को सुविधासम्पन्न नेताओं और उनके लम्पट पुत्रों के कारनामों के साथ तानकर और संक्रान्त बनाया गया है।

(अन्य उपन्यास—'तीसरा देश', 'खोई हुई आवाज', 'जुलूस वाला आदमी', 'समाधान', 'टूटते जुड़ते स्वर')

मनोहर श्याम जोशी

कुरु-कुरु स्वाहा (1980) : यह मनोहर श्याम जोशी का प्रयोगात्मक उपन्यास है। इसका कथानक मुख्य रूप से बम्बई के अपराध जगत् से सम्बन्धित है। इस जगत में काल गर्ल और उनके साहसिक कृत्य तथा फिल्मवालों की झूठी-सच्ची घटनाएँ मुख्य रूप से सम्मिलित हैं जो अन्तत: हमारे पतनशील समाज का कच्चा चिट्ठा प्रस्तुत करती हैं। इसकी प्रयोगशीलता विशेषत: इसके शिल्प में है जहाँ एक ही नायक तीन स्तरों पर चलता है—(1) बुद्धिवादी जोशी, (2) किशोर मानसिकतावाला मनोहर, (3) तटस्थ नैरेटर। यह उपन्यास एक अलग प्रकार की औपन्यासिक रुचि की माँग करता है।

(अन्य उपन्यास—'कसप', 'ट-टा प्रोफेसर', 'हरिया हरक्यूलीज की हैरानी', 'हमजाद')

कमलेश्वर

कमलेश्वर ने सातवें दशक में 'लौटे हुए मुसाफिर' उपन्यास में पाकिस्तान के नाम पर छले गए आम मुसलमानों की हताशा को चित्रित किया था। 'कितने पाकिस्तान' (2000) एक व्यापक परिप्रेक्ष्य में साम्प्रदायिकता के विस्फोट और उसके फलस्वरूप देशों और दिलों के विभाजन की विडम्बना की प्रभावपूर्ण प्रस्तुति है। इतिहास, मिथक, फैक्टेसी के माध्यम से कमलेश्वर ने ऐसा कथालोक रचा है, जिसमें धर्म, राजनीति और स्वार्थ के चलते देशों को बाँटने, बल्कि मनुष्यता को बाँटने का जघन्य अपराध कठघरे में है। उपन्यास के अदीब के सामने वक्त खुद इज़हार करता है। "अदीबे आला, वक्त न हिन्दू है न मुसलमान। इतिहास गवाह है कि रजवाड़ों और सल्तनतों

के लोग हिन्दू या मुसलमान तो थे लेकिन इनके स्वार्थ और महत्त्वाकांक्षाओं ने ही इन लोगों को और ज्यादा हिन्दू या मुसलमान बनाया। उपन्यास के केन्द्र में स्थित दारा शिकोह की कथा बहुत ही शक्तिशाली है और वह चारों ओर अपना प्रभाव फेंकती रहती है। अपनी संरचना में यह अपने ढंग का उपन्यास है।

(अन्य उपन्यास—'डाक बँगला', 'लौटे हुए मुसाफिर', 'एक सड़क सत्तावन गलियाँ', 'काली आँधी', 'आगामी अतीत', 'तीसरा आदमी')

कामतानाथ

कालकथा (1998) इस वृहद उपन्यास में 1918 और 1929 के बीच व्याप्त समाज और देश के बहुआयामी यथार्थ की कथा कही गई है। सामंतीय जीवन यथार्थ के साथ स्वाधीनता-संग्राम के विविध स्वर और प्रयत्न चित्रित हुए हैं। परिवेश की विविध सांस्कृतिक छवियों और लोक चेतना का प्रभावशाली विधान हुआ है।

(अन्य उपन्यास—'समुद्र तट पर खुलने वाली खिड़की', 'एक और हिन्दुस्तान', 'तुम्हारे नाम')

पंकज विष्ट

लेकिन दरवाजा (1982) में स्वातंत्र्योत्तर हिन्दी लेखकों की विसंगतियों का चित्रण है। लेखक एक ओर साहित्य स्रष्टा होने का दम भरता है दूसरी ओर वह तमाम सांसारिक सुख-सुविधाओं के पीछे भागता है। उपन्यास का केन्द्रीय साहित्यकर्मी पात्र अपनी तमाम अन्धी लिप्साओं को महिमामंडित करता है। उसे वह व्यक्ति-स्वातंत्र्य का नाम देता है।

(अन्य उपन्यास—'उस चिड़िया का नाम')

विनोद कुमार शुक्ल

नौकर की कमीज (1996) दफ्तरी जीवन पर आधारित उपन्यास है। दफ्तर में अफसर है, हेड क्लर्क है, कुछ क्लर्क हैं, एक चपरासी है। इन्हीं के बीच चलने वाली गतिविधियों का जीवन्त चित्रण है। बड़ों द्वारा छोटों के शोषण की क्रिया आद्योपान्त व्याप्त है।

(अन्य उपन्यास—'फिर खिलेगा तो देखेंगे', 'दीवार में एक खिड़की रहती थी')

विभूति नारायण राय

शहर में कर्फ्यू (1988) साम्प्रदायिकता की विभीषिका की कहानी कहता है। साम्प्रदायिक दंगों के कारणों की गहरी पहचान की गई है। दंगा भड़काने

वाले तो अपने घरों में बैठकर चैन की वंशी बजाते हैं और मारे जाते हैं निर्दोष आम लोग।

गंगा प्रसाद विमल

मृगांतक (1978) : विमल कुछ प्रयोगवादी स्वभाव के लेखक हैं। उनका यह स्वभाव इस उपन्यास में भी भरपूर लक्षित होता है किन्तु समग्रत: इस उपन्यास का मूल स्वर सामाजिक चेतनामूलक है। तंत्रसाधना से जुड़ी कथा के माध्यम से लेखक ने जलोड (तंत्रसाधना की भूमि) के उस शोषण की कथा कही है जिसकी निर्मिति में राजनीति, समाज, अर्थव्यवस्था और धर्म के नेता शरीक हैं। तंत्रसाधना की अमानवीय क्रियाओं के माध्यम से अन्य अमानवीय कृत्यों की परतें खुलती हैं और जलोड समाज का प्रतीक बन जाता है। लेखक ने इस शोषण से मुक्ति के भी संकेत दिए हैं जिससे उपन्यास एक मूल्यधर्मिता से जुड़ जाता है। रहस्यमय तांत्रिक क्रियाओं के वातावरण में पाठक को भरमाकर भी यह उपन्यास धीरे-धीरे उसकी सामाजिक चेतना पर आघात करता है।

(अन्य उपन्यास—'अपने से अलग', 'कहीं कुछ और', 'मरीचिका')

ख्वाजा बदीउज्जमा

एक चूहे की मौत (1970) भी फंतासी के माध्यम से समकालीन दफ्तरी जिन्दगी की विसंगतियों को खोलनेवाला एक प्रयोगधर्मी उपन्यास है। दफ्तर को चूहाखाना और क्लर्कों तथा साहबों को छोटे चूहेमार, बड़े चूहेमार के रूप में प्रस्तुत कर लेखक ने एक नया प्रयोग किया है। किन्तु यह प्रयोग, यह रूपकधर्मिता दफ्तारी जीवन की यातना और विसंगतियों को धुँधला देती है और घटित सन्दर्भों के स्थान पर बार-बार एक तरह के वर्णनों में उलझ जाती है। मेटामारफोसिस का प्रयोग अपने आप में बहुत सशक्त होते हुए भी पूरे उपन्यास के सन्दर्भ में अपनी रचनात्मक अनिवार्यता सिद्ध नहीं कर पाता।

(अन्य उपन्यास—'छाको की वापसी', 'अपुरुष', 'छठा तंत्र', 'सभापर्व')

प्रभाकर माचवे

किसलिए (1970) : इस उपन्यास में दिल्ली के एक उपनगर के एक ऐसे बड़े चालनुमा घर की कल्पना की गई है जिसमें पाँच हिस्से हैं और सबमें मध्यवर्ग के विविध पेशों के लोग रहते हैं। जाहिर है कि यह मकान हमारे मध्यवर्गीय समाज का प्रतीक है जहाँ भिन्न-भिन्न स्वभाव और पेशे के लोग रहते हैं। वे अलग-अलग भी हैं और उनकी सामूहिक इकाई भी है। लेखक ने इस समाज की कथा 'अ-धर्म', 'अ-नर्थ' और

'अ-काम' तीन खंडों में बाँटकर कही है। धर्म, अर्थ, काम—इन तीन पुरुषार्थों के आगे 'अ' उपसर्ग लगाकर यह कहना चाहा है कि ये तीनों अपना सही अर्थ खो चुके हैं। अधर्म, अनर्थ और अकाम से पीड़ित इस समाज के विविध सन्दर्भों और पात्रों को उपस्थित कर लेखक ने हमारी आज की जिन्दगी का यथार्थ रूपायित किया है।

(अन्य उपन्यास—'सौचा', 'द्वाभा', 'जो')

ठाकुर प्रसाद सिंह

कुब्जा सुन्दरी आत्मकथा-शैली में लिखा गया व्यक्ति के संघर्ष और टूटन का उपन्यास है। लेखक जगह-जगह फैंटेसी, लोककथा, कविता आदि का बड़ा कुशल उपयोग कर उपन्यास की कथा को तो सांकेतिकता और मार्मिकता प्रदान करता ही है, साथ-ही-साथ उपन्यास के क्षेत्र में शिल्पगत प्रयोगों की परम्परा को भी समृद्धि प्रदान करता है।

(अन्य उपन्यास—'सात घरों का गाँव')

देवेश ठाकुर

भ्रमभंग (1975) : इस उपन्यास में मध्यवर्गीय युवक के मन में पाले गए अनेक भ्रमों को टूटता हुआ दिखाया गया है। चन्दन इसकी कथा के केन्द्र में है। वह महत्त्वाकांक्षी और अध्यवसायी है। वह अपने परिवार और समाज और स्वयं अपने बारे में बहुत से सपने पाले हुए है। वे सपने सत्य होने की जगह भ्रम बनते चले जाते हैं और आर्थिक अभावों से जूझता हुआ चन्दन लगातार अनुभव करता जाता है कि अर्थ ही एकमात्र रिश्ता रह गया है। वही ठोस रिश्ता है, बाकी रिश्तों के सपने तो भ्रम थे। वे टूट गए और उन्हें अपने शरीर से गैंग्रीन की तरह काटकर फेंकना ही होगा। इस प्रकार यह उपन्यास आज की सभ्यता, सम्बन्ध और मूल्यों के भीतर अन्तर्निहित अर्थ के दबाव की पहचान कराता है।

हृदयेश

सफेद घोड़ा काला सवार (1976) : न्याय-व्यवस्था की विसंगतियों को खोलनेवाला उपन्यास है। न्यायालयों में न्याय के नाम पर आद्योपान्त जो काली करतूतें व्याप्त हैं उनका प्रामाणिक चित्र इस उपन्यास में प्राप्त होता है।

(अन्य उपन्यास—'गाँठ', 'हत्या', 'साँड़', 'पूर्वजन्म', 'दंड नायक', 'पगली घंटी')

रामदरश मिश्र

अपने लोग (1976) : इस उपन्यास में गोरखपुर को बहाना बनाकर समूचे पूर्वांचल को जीवन्त रूप में चित्रित कर दिया गया है। इसके पात्र बिलकुल परिचित जान पड़ते हैं। यथार्थवादी दृष्टि से इसके प्रत्येक पक्ष को देखा गया है और फिर भी सहानुभूति और संवेदना सर्वत्र विद्यमान है। संज्ञा जैसे पात्र की सृष्टि करके मानवी के रूप में एक ऐसी देवी को चित्रित किया गया है जिसे साधारणतः यथार्थवादी लोग भूल जाया करते हैं। शिक्षा और राजनीति के क्षेत्र की स्वार्थपरता अत्यन्त स्पष्ट होकर उभरी है। इस प्रदेश के सांस्कृतिक धरातल का पलायन भी प्रकट हो गया है। सन् 1970 के आसपास की चारित्रिक शिथिलता को इतने यथार्थ और जीवन्त रूप में शायद चित्रित नहीं किया गया। इस उपन्यास ने निस्सन्देह एक बड़े अभाव की पूर्ति की है (हजारीप्रसाद द्विवेदी)।

गोविन्द मिश्र

लाल-पीली जमीन (1976) : छोटे शहरों की जिन्दगी के अनेक मुख्य पहलुओं को उभारनेवाला उपन्यास है। किशोर और युवक भ्रष्ट हो गए हैं, उनके अभिभावक भ्रष्ट हो गए हैं, सारे सम्बन्ध और मूल्य भ्रष्ट हो गए हैं। चारों ओर अराजकता और चरित्रहीनता की व्याप्ति लक्षित होती है, लड़कियों की इज्जत खतरे में है, पुलिस या तो निकम्मी है या भ्रष्ट है। इन तमाम अमानवीय हरकतों के दबाव में कुछ मानव-मूल्यों के पक्षधर आहत हो रहे हैं। उपन्यास का विशेष बल युवा पीढ़ी की दिशाहीनता को रेखांकित करने पर है। परिवेश की रंगत की सजीव साझेदारी कथा को वैशिष्ट्य प्रदान करती है। यथार्थ के इस क्रूर स्वरूप की पहचान के साथ लेखक यदि उस जीवन के साथ आत्मीय सम्बन्ध बना सका होता तो उपन्यास में अधिक गहराई और संवेदनात्मकता आई होती।

(अन्य उपन्यास—'वह अपना चेहरा', 'उतरती हुई धूप', 'तुम्हारी रोशनी में', 'पाँच आँगनों वाला घर', 'धीर समीरे', 'फूल इमारतें और बन्दर')

योगेश गुप्त

उनका फैसला (1977) : इस उपन्यास का नायक सुरेश है। वह मध्यवर्गीय चेतना का संवेदनशील युवक है। उसका परिवार अनेक बाहरी-भीतरी प्रताड़ना का शिकार होता है और उसका विस्फोटक प्रभाव उस पर पड़ता है। सुरेश अनेक स्थितियों से गुजरता है और असफल होता है। वह पूरा ईमानदार होने के बावजूद लोगों द्वारा गलत समझा जाता है। वह मजदूरों की अगुवाई करता है किन्तु वहाँ भी वह अपने कार्य में असफल रहता है। वह अपनी पत्नी और बच्चों की ठीक

से देखभाल नहीं कर पाता, अतः उनकी मृत्यु हो जाती है। अपने को इन तमाम असफलताओं का उत्तरदायी समझनेवाले सुरेश की मानसिकता का कुशल उद्घाटन इस उपन्यास में हुआ है।

(अन्य उपन्यास—'अकारण', 'अनायास')

यादवेन्द्र शर्मा 'चन्द्र'

हजार घोड़ों का सवार (1981) : यादवेन्द्र शर्मा 'चन्द्र' का यह उपन्यास दो दृष्टियों से महत्त्वपूर्ण है—एक तो यह राजस्थान के पिछड़े अंचल में जनतांत्रिक मूल्यों के प्रवेश और सामन्ती रूढ़ियों से उनकी टकराहट को बहुत विस्तार से आँकता है, दूसरे यह कि समाज में दलित चेतना के उभार को यह एक अनिवार्य परिणति के रूप में रेखांकित करता है। इसका केन्द्रीय चरित्र गीधू जिस परिवेश में संघर्षरत है वह आज भी दलितों-अस्पृश्यों को किसी कुएँ से पानी भरने की इजाजत नहीं है। उपन्यास के अन्त में ठाकुर की गोली से सांसद गीधू का मरना इस बात का सूचक है कि अभी पिछले अंचलों में सामन्ती शक्तियाँ अत्यन्त ताकतवर हैं। लेकिन उनकी ताकत को चुनौती देती दलित शक्ति एक वास्तविकता बन चुकी है। इस उपन्यास में गीधू का प्रतिवाद इन शब्दों में व्यक्त हुआ है—'आपको यह जरूर मालूम होना चाहिए कि हम भी माणस हैं, आदमी हैं। हमें भी इस धरती पर सुख से साँस लेने का हक है।' लेकिन 'हजार घोड़ों का सवार' में दलितों की नियति को उत्साह-अतिरेक में प्रस्तुत न करके उनके बुनियादी सवालों और अन्तर्विरोधों के सन्दर्भ में उभारा गया है। मसलन एक जगह छुआछूत मिटाने की शुरुआत खुद दलितों से शुरू हो, यह विचार सटीक और सन्तुलित लगता है, "देख गीधू, तू यदि छुआछूत को मिटाना चाहता है तो पहले अपने लोगों के बीच की छुआछूत मिटा। पहले साँसी, कापड़िया साँसी, सारिया नायक, मेहतर कंजर आदि को एक थाली में बैठकर जिमा।"

(अन्य उपन्यास—'गुलबड़ी', 'पोस्टमैन', 'बहुरुपिया')

सुरेन्द्र तिवारी

अन्ततः : इस उपन्यास में सातवें-आठवें दशक में कलकत्ता में मची हुई उथल-पुथल का बहुत ही मर्मस्पर्शी चित्रण है। चन्द्रप्रकाश नाम का एक ग्रामीण युवक गाँव से कलकत्ता पहुँचता है और वहाँ अपने चाचा (जो पुलिस के बड़े अधिकारी हैं) के साथ रहकर कॉलेज में पढ़ता है और नौकरी भी करता है। इन दिनों नक्सलवाद का आन्दोलन तेजी पर है और चन्द्रप्रकाश की दोस्ती एक नक्सलवादी युवक विवेक से हो जाती है और यह युवक बिना किसी अपराध के पकड़ा जाता है। उसकी नौकरी छूटती है। लेखक ने बहुत प्रामाणिकता के साथ उस समय के कलकत्ता की राजनीतिक उथल-पुथल को चित्रित किया है। अनेक प्रभावशाली चरित्रों की सृष्टि की है और कहना चाहा है कि

पुलिस के अत्याचार से गाँव से आनेवाले भोले-भाले युवक बिना किसी अपराध के पीड़ित होते हैं और नक्सलवाद जैसे आन्दोलन में ढकेल दिए जाते हैं।

रमेशचन्द्र शाह

गोबर गणेश (1978) में आर्थिक अभाव से ग्रस्त मध्यवर्ग की व्यथा-कथा है। मध्यवर्ग के एक परिवार में सपनों के बनने-टूटने की त्रासदी चलती रहती है। उसके आदर्श परिस्थितियों से टकराकर चकनाचूर होते रहते हैं। मुख्य एवं संवेदनशील पात्र विनायक की कहानी के माध्यम से मध्यवर्गीय जीवन सत्य के अनेक आयाम उभरते चलते हैं।

(अन्य उपन्यास—'किस्सा गुलाम', 'पूर्वापर')

असग़र वजाहत

सात आसमान (1996) : डॉ. गोपाल राय के शब्दों में—सात आसमान में मुगल साम्राज्य के पतन के दिनों में अस्तित्व में आए नवाब सामंतों की शान-शौकत, फिजूलखर्ची, सनक और दीवानगी की इतिहास-कथा आरम्भ कर धीरे-धीरे उनके टूटने और नष्ट होने की कथा कही गई है।

(अन्य उपन्यास—'कैसी आगी लगाई')

श्रवण कुमार गोस्वामी

जंगल तंत्रम (1979) में पच्चीस रातों में जंगल-परिवेश की पच्चीस कहानियाँ कही गई हैं किन्तु ये कहानियाँ जंगल के माध्यम से स्वतंत्रता-प्राप्ति के पश्चात् के भारत के 25 वर्षों के यथार्थ की कहानियाँ हैं। जंगली पशुओं के रूप में हमारे ही समाज के विभिन्न वर्गों के लोग हैं। सिंह राजनेता का, मोर प्रशासक का, नाग पूँजीपति का और चूहा आम आदमी का प्रतीक है। नेता प्रकाशक और पूँजीपति के मिले-जुले अत्याचार की चक्की में आम आदमी पिस रहा है किन्तु वह निरुपाय है, कुछ कर नहीं पा रहा है।

(अन्य उपन्यास—'भारत बनाम इंडिया', 'चक्रव्यूह', 'आदमखोर', 'एक टुकड़ा सच')

अभिमन्यु अनत

लाल पसीना (1977) : मॉरिशस की भूमि पर लिखा गया एक प्रभावशाली उपन्यास है। अंग्रेज सोने का लालच देकर भारतीय मजदूरों को मॉरिशस तथा अन्य अनेक देशों में ले गए थे। मॉरिशस में उनके साथ होनेवाले अत्याचार तथा उनके गहरे दुख-दर्द

की कथा इस उपन्यास में है। लेकिन हम सबको ज्ञात है कि वहाँ जानेवाले मजदूर अंग्रेजों के जुल्मो सितम के नरक में गुम नहीं हुए। उन्होंने अपने अधिकारों और अच्छा जीवन जीने के लिए सतत संघर्ष किया और सफलता प्राप्त की। इस सफलता का प्रतीक है होलिकोत्सव। अनत ने बहुत प्रभावशाली ढंग से उनके सुख-दुख, संघर्ष और सफलता की कहानी कही है।

(अन्य उपन्यास—'लहरों की बेटी', 'गांधीजी बोले थे', 'अपनी-अपनी सीमा')

संजीव

सावधान नीचे आग है (1986) की कथा झरिया क्षेत्र की कोयला खान में घटित दुर्घटना पर आधारित है। लेखक ने खान में कार्यरत मजदूरों की नियति और संघर्ष की कथा तो कही ही है शोषक अधिकारियों और दलालों के अत्याचार का भी अनावरण किया है।

(अन्य उपन्यास—'सर्कस', 'धार', 'पाँव तले की दूब', 'जंगल जहाँ शुरू होता है', 'सूत्रधार')

ललित शुक्ल

शेष कथा : प्रस्तुत उपन्यास एक गँवई आश्रम को बहाना बनाकर गाँव के यथार्थ के अनेक स्तरों और आयामों को खोलता है। सई नदी के किनारे चँगोटा घाट पर स्वरूपानन्द का आश्रम है। उससे कुछ दूरी पर गाँव है जिससे लोगों से कथा बनी है। गाँव के तरह-तरह के लोग आश्रम पर आते हैं और स्वामी जी से बातचीत के सिलसिले में उनकी बाहरी-भीतरी समस्याओं की परतें खुलती रहती हैं। तूफान तब आता है जब कुछ श्रद्धालुओं द्वारा भंडारे का प्रस्ताव रखा जाता है। भंडारे को लेकर गाँव के लोगों की तरह-तरह की प्रतिक्रियाएँ होती हैं। कुछ लोग पिछले अनुभवों के आधार पर साधुओं को पाखंडी कहते हैं, लम्पट कहते हैं किन्तु इन तमाम टिप्पणियों के बावजूद स्वरूपानन्द के चरित्र के सम्बन्ध में सद्भाव की लहर प्रधान दिखाई पड़ती है। कथा कहने के क्रम में लेखक ने समाज में व्याप्त धार्मिक अन्धविश्वासों, बाबाओं, आकाओं की कुरूप क्रियाओं को पर्दाफाश किया है।

शिव सागर मिश्र

अक्षत (1976) : अपने आसपास की जिन्दगी से जुड़ा उपन्यास है। यह उपन्यास मूलतः पारिवारिक समस्या को उठाता है किन्तु वह बड़े कौशल के साथ जीवन के अन्य आयामों का भी स्पर्श करता है। यह उपन्यास परिवार के बीच बनते-बिगड़ते सूत्रों को ही नहीं पहचानता वरन् प्रभावशाली ढंग से यह भी उभारता है कि गाँव के

लोग किस तरह कुटिल और कुचक्री होते जा रहे हैं। लेखक ने गाँव को गाँव के माध्यम से समझा है। वह गाँव के मूल्यवान और मूल्यहीन दोनों पक्षों को तानता है। रूढ़ि और प्रगतिशीलता, स्वार्थ और त्याग, क्रूरता और सहनशीलता की टकराहटों से वह समकालीन गाँव की पहचान कराता है। लेखक मन के जटिल भाव-बोधों, रूपों और परिस्थितियों का विधान समान कुशलता से करता है।

ज्योतिष जोशी

सोनबरसा (2000) : साम्प्रदायिकता की समस्या से जूझता उपन्यास है। बालेश्वर चौधरी नामक घटिया और प्रभावशाली आदमी के माध्यम से लेखक ने भ्रष्टतम गतिविधियों का पर्दाफाश तो किया ही है यह भी दिखाया है कि कैसे भ्रष्ट लोग नेता बनने के लिए, वोट लेने के लिए गाँव में व्याप्त साम्प्रदायिक सौहार्द को साम्प्रदायिक भेदभाव और उत्पात में बदल देते हैं।

हरिसुमन विष्ट

बसेरा (2010) : उन लोगों की तड़प की कथा कहता है जो बसेरे के लिए छटपटाते रहते हैं और छटपटाते ही रह जाते हैं। इसमें झोंपड़पट्टी में रहनेवाले लोगों की कथा है। ये लोग जीवनयापन के लिए बहुत मेहनत करते हैं, परन्तु उन्हें बसेरा नहीं मिलता। परिवार के वयस्क पुरुष रेहड़ी और रिक्शा चलाते हैं और स्त्रियाँ सेक्टरों के घरों में झाड़ू-पोंछा और खाना बनाने का काम करती हैं। बच्चे जब तक खेलने की उम्र होती है नालियों और गन्दी जगहों पर खेलते हैं, और जब थोड़ी समझ आती है तो कूड़ा बीनने का काम करने लगते हैं। जितना कमाते हैं वह सब खर्च हो जाता है और बीमार पड़ जाएँ तो दया पर निर्भर रहना पड़ता है। झोंपड़पट्टी के नजदीक सेक्टर हैं जिनके चारों तरफ चहारदीवारी है, जिसमें सेक्टरवालों की मर्जी के खिलाफ झोंपड़ीवालों के घुसने की मनाही है।

(अन्य उपन्यास—'आसमान झुक रहा है', 'होना पहाड़')

अमर गोस्वामी

इस दौर में हमसफर (2002) में सहज स्त्री विमर्श है। डॉ. प्रकाशमनु के शब्दों में—"अगर गोस्वामी बगैर दिखावटी स्त्री-विमर्श के शोरशराबे के अनन्या के रूप में हमें ऐसी विलक्षण और शक्तिशाली स्त्री से मिलवाते हैं जो अपनी बेबनाव शख्सियत में अति आधुनिक ही नहीं, नई पीढ़ी भी नारी लगती है जिसकी धमक आगे आने वाले युगों में और ज्यादा साफ सुनी जा सकेगी।"

भगवानदास मोरवाल

काला पहाड़ (1999) : एक चर्चित उपन्यास है। उत्तर प्रदेश और राजस्थान की सीमा पर स्थित मेवात के गाँव नगीना को कथा-क्षेत्र बनाया गया है। यहाँ बहुसंख्यक इस्लामधर्मी और अल्पसंख्यक हिन्दू आपसी प्यार से रहते हैं। उनमें गहरा भाईचारा है किन्तु सम्प्रदायवादी राजनीति साम्प्रदायिक विद्वेष की आग पैदा कर देती है। अनेक विशिष्ट चरित्रों, रीति-रिवाजों, आपसी प्रेम भावना, जीवन-प्रसंगों और छोटे-बड़े क्रिया-कलापों से स्पंदित यह उपन्यास अन्त में दूषित राजनीति की भयावहता में जलने लगता है और उस भयावहता में अनपढ़ सलेमी की मानववादी आवाज गूँजती रहती है।

(अन्य उपन्यास—'बाबल तेरा देस में')

काशीनाथ सिंह

अपना अपना मोर्चा (1972) : राजनीति से प्रेरित एक सामाजिक प्रसंग उठाता है और उसे उसके सही परिप्रेक्ष्य में पहचानने की कोशिश करता है। छात्र आन्दोलन आज की बड़ी ज्वलंत घटना है। लेखक ने छात्र आन्दोलन के सही चेहरे की पहचान करनी चाही है।

(अन्य उपन्यास—'रेहन पर रग्घू')

राजकृष्ण मिश्र

दारुलसफा (1981) में विधायकों और मंत्रियों की कृत्य कथा है। यह एक राजनीतिक उपन्यास है। राजनीति कितनी मूल्यहीन हो गई है। उसका चेहरा कितना विकृत हो गया है इसी यथार्थ से यह उपन्यास हमें परिचित कराता है।

(अन्य उपन्यास—'सचिवालय')

मंज़ूर एहतेशाम

सूखा बरगद (1986) में मंजूर एहतेशाम ने विभाजन के बाद की मुस्लिम साइकी को अनावृत किया है। उपन्यास के केन्द्रीय चरित्र अब्बू कट्टरपंथियों से जूझनेवाले, धर्मांधता से मुक्त, उदार, राष्ट्रवादी मुसलमान हैं। उनके चरित्र में बरगद जैसी गहराई और सघनता है। वे प्रतिकूल अनुभवों के बावजूद साम्प्रदायिक उन्माद का शिकार नहीं होते। इसके विपरीत सुहैल जैसे युवा आसानी से भटकाव की अँधेरी गली में मुड़ जाते हैं। 'बरगद' इस उपन्यास में साझी संस्कृति के सूखने का छीजने की त्रासदी की ओर भी इंगित करता है।

(अन्य उपन्यास—'दास्तान-ए-लापता')

द्रोणवीर कोहली

नानी (2000) : इनका एक सशक्त उपन्यास है। जैसाकि प्राय: होता है भारतीय माँ-बाप प्रसन्न होते हैं कि उनकी बेटी या बेटा अमेरिका में है किन्तु बाद में जब इसका परिणाम देखते हैं तब उनकी प्रसन्नता अवसाद में बदल जाती है। सरस्वती अमेरिका स्थित अपनी बेटी के माँ बनने के समय अमेरिका चली जाती है और पहले तो नानी बनी रहती है किन्तु शीघ्र ही घर की नौकरानी बना दी जाती है। बुजुर्गों के साथ होनेवाली इस अप्रिय कहानी की व्याप्ति सार्वभौम है।

प्रताप सहगल

'अनहद नाद' (1999) आत्मकथात्मक उपन्यास है जो देश-विभाजन से उत्पन्न शिवा के जीवन के संघर्ष की कथा कहता है। वह देश-विभाजन के पश्चात् अपने परिवार के साथ भारत आता है और कुछ करने की प्रक्रिया में अनेक खट्टे-मीठे अनुभवों से गुजरता है और अपनी पहचान बनाने के लिए खूब जद्दोजहद करता है।

महिला कथाकार

महिला कथाकारों द्वारा इधर जो उपन्यास लिखे गए हैं उनका विशेष महत्त्व है। उन्होंने अपने अनुभवों के आधार पर आज की नारी की नियति और मानसिकता को बड़ी गहराई से उभारा है। लेखिकाएँ पुरुष लेखकों की तरह नारी को न साहित्याम्बित करती हैं, न नकली रूप में पीड़िता दिखाती हैं। अपनी समूची परिणतियों के साथ एक विशेष दायरे की जो नारी है उसकी पहचान वे उभारती हैं। एक विशेष दायरा है पढ़ा-लिखा मध्यवर्ग—यानी ये लेखिकाएँ जिस वर्ग की हैं वह वर्ग। कुछ ही लेखिकाओं ने निम्नवर्ग की स्त्रियों के दुख-दर्द की पहचान की है।

वास्तव में यौन-सम्बन्धों की उन्मुक्तता की ओर यात्रा भी स्वातंत्र्योत्तर साहित्य की एक विशेषता है। यौन-सम्बन्धों की उन्मुक्तता दो रूपों में दर्शनीय है। एक तो नारी-पुरुष के प्रेम-सम्बन्धों के औदात्य और पवित्रता की टूटन के रूप में, दूसरे शारीरिक यौन-व्यापार के नग्न और अतिशय चित्रण के रूप में। पहला रूप हमारे विकसित सामाजिक यथार्थ का रूप है और दूसरा हमारी बदली हुई साहसपूर्ण मानसिकता का परिचायक। नारी और पुरुष के प्रेम-सम्बन्धों में आध्यात्मिक पवित्रता नहीं रही। प्रेम धीरे-धीरे सामाजिक सुविधा-सुरक्षा तथा शारीरिक आवश्यकता का पर्याय बनता गया है। वह बहुत दूर तक भावुकता न रहकर एक ठोस आवश्यकता रह गया है और आवश्यकता बदलती रहती है तथा आवश्यकता के उपकरण भी बदलते रहते हैं। नारी-पुरुष के नए सम्बन्धों की शुरुआत अज्ञेय के 'नदी के द्वीप' से ही हो चुकी थी। वह आदर्श और यथार्थ के दबाव से गुजरती हुई आज यथार्थ के कठोर धरातल

पर पहुँच चुकी है। कुछ तो आज का यथार्थ और कुछ आधुनिकता के फार्मूलों से बना हुआ आज के लेखक का नग्नतावादी आग्रह, दोनों के संयोग से आज के अनेक आधुनिकतावादी उपन्यासों में सेक्स के कच्चे-पक्के, झूठ-सही सम्बन्ध उतरा पड़े हैं। सेक्स के खुले प्रसंगों की अवतारणा बुरी है या भली, यह इस पर निर्भर है कि रचना-विशेष की प्रभाव-निर्मित में उसकी क्या सार्थकता है। मुझे लगता है, आज की कविता, कहानी और आधुनिकतावादी उपन्यासों में सम्भोग और उसके उपादानों का चित्रण बहुत दूर तक रचनात्मक सार्थकता से असम्बद्ध होता है और लेखक यह हरकत या तो अपना साहस (जिसे वह आधुनिकता का पर्याय मानता है) दिखाने के लिए करता है या चौंकाने के लिए या स्वयं उसमें लिप्त होने के लिए।

कृष्णा सोबती

कृष्णा जी ने नारी की बेबसी के बीच ही उसकी ऊर्जा और यौन साहसिकता की पहचान की है। 'डार से बिछुड़ी' में आकस्मिक घटनाओं के संघात से उत्पन्न नारी-दुर्भाग्य और विगलित पीड़ा के भावुक चित्र हैं तो 'मित्रो मरजानी' में 'मित्रो' की उद्दाम काम-पिपासा के सन्दर्भ में उसके साहसी चरित्र को उठाकर रख दिया गया है, उसे कोई रचनात्मक रूप नहीं दिया गया है। काममूलक साहसिकता 'सूरजमुखी अँधेरे के' में और बढ़ गई है। 'ज़िन्दगीनामा' में उपन्यास के स्वरूप में जाने जीवन का कितना कुछ कहा गया है। कृष्णा जी की भाषा की प्रारम्भिक तरलता धीरे-धीरे ठोस और उद्दाम बनती गई है।

(अन्य उपन्यास—'समय सरगम')

शशिप्रभा शास्त्री

परछाइयों के पीछे (1979) : एक विवश स्त्री की यातनाओं और संघर्षों की कथा कहता है। इस यातना के लिए उसकी नारीगत परम्परावादी सोच भी उत्तरदायी है। पुरुष नारी को ताड़ित करते रहने को अपना अधिकार मानता है और स्त्री उसे चुपचाप सह लेने को ही स्त्रीत्व समझती है।

(अन्य उपन्यास—'नावें', 'सीढ़ियाँ', 'ये छोटे महायुद्ध', 'मीनारें')

मन्नू भंडारी

मन्नू भंडारी ने 'आपका बंटी' (1971) में तलाकशुदा पति-पत्नी के प्रश्न को बच्चे की समस्या के बिन्दु से उठाया है। यह एक नया प्रश्न है। लेखिका ने बच्चे, पत्नी

और पति तीनों की मानसिकता चित्रित करते हुए बच्चे के जीवन की अनिश्चितता और उसकी ट्रेजेडी का अहसास उभारा है। किन्तु यह अनुभव का ही प्रभाव है कि लेखिका केन्द्र में बच्चे के होने के बावजूद पत्नी के दर्द को अधिक संक्रान्त और प्रामाणिक रूप से उभार सकी है। बच्चे का मनोविज्ञान और उसके बिम्ब जगह-जगह आरोपित हो गए हैं। इसके बावजूद बच्चों की मानसिकता का बहुत सजीव चित्रण हुआ है। कुछ बिम्ब तो बहुत ही सहज और सशक्त हैं। वे बिम्ब बच्चे के आक्रोश, बेबसी और मूक वेदना को बहुत ही सही अभिव्यक्ति दे सके हैं। यह सही है कि नारी और पुरुष के बीच के तनाव का कोई-न-कोई तर्क तो होता ही है किन्तु बच्चे के माँ-बापविहीन हो जाने का क्या तर्क हो सकता है? यह बहुत बड़ी समस्या है जिसे उपन्यास में उभारा गया है। बड़े लोगों के खोखले दम्भ और अविवेक से उत्पन्न त्रासदी झेलनी पड़ती है बच्चे को। कौन किसका बोझ ढोता है यह एक विचारणीय प्रश्न बन गया है।

मन्नू जी का दूसरा उपन्यास 'महाभोज' (1979) राजनीतिक परिदृश्य का है। इसमें राजनीति के जटिल क्रियाकलापों का बहुत जीवंत चित्रण है। उपन्यास स्पष्ट करता है कि राजनीतिक व्यवस्थाएँ बदलती हैं किन्तु चरित्र नहीं बदलता। हर व्यवस्था में जन-हितैषी का मुखौटा लगाये शैतान राजनीतिज्ञ छाये रहते हैं और आम जन पिसता रहता है।

उषा प्रियंवदा

रुकोगी नहीं राधिका (1967) उषा का विशिष्ट उपन्यास है। इसमें आधुनिक नारी राधिका की जटिल मानसिक और क्रियाकलापों का जीवंत चित्रण है। राधिका का स्वच्छन्द आचरण अपने भारतीय संस्कारोंवाले पिता से टकराता है और वह डैन से विवाह करके अमेरिका जाना चाहती है। डैन के अस्वीकार करने के बाद अक्षय और मनीष नामक दो युवकों के बीच अनिश्चय की अवस्था में भटकती है। यहाँ भी पिता की इच्छा से टकराहट अपनी भूमिका अदा करती है और वह पिता को सताने के लिए ही मनीष का वरण कर लेती है। स्वच्छंद आधुनिक नारी के अनेक प्रकार के मनोभावों और व्यवहारों में झूलती हुई राधिका से सवाल उठता है—"रुकोगी नहीं राधिका?"

(अन्य उपन्यास—'पचपन खम्भे लाल दीवारें', 'शेष यात्रा')

चित्रा मुद्गल

एक जमीन अपनी (1990) से चित्रा मुद्गल ने जहाँ उपन्यासकार के रूप में अपनी पहचान बनाई है, वहीं नारी-मुक्ति सम्बन्धी अपने दृष्टिकोण को भी स्पष्ट कर दिया है। मुक्ति की चाह में नीता सुधीर द्वारा छली जाती है, लेकिन अंकिता पति से अलग

होकर ससम्मान स्वावलम्बी जीवन बिता रही है। 'औरत बोनसाई का पौधा नहीं है'—इस कथन में नारी की प्रतिवाद-चेतना स्पष्ट है। चित्रा मुद्गल का 'आवाँ' (2001) बहुचर्चित उपन्यास है। इसमें नमिता के माध्यम से मध्यवर्गीय युवती के कठिन संघर्ष की कथा है। बचपन में बलात्कार की यातना, युवा होने पर इच्छा के विरुद्ध स्थापित यौन-सम्बन्ध की पीड़ा और एक उद्योगपति के अनचाहे गर्भ को धारण करने की विवशता नमिता को मजबूत और आत्मनिर्भर बनाती है। ममता, गौतमी, स्मिता आदि अनेक नारी चरित्रों के माध्यम से नारी-चेतना के उस उभार को संकेतित किया गया है जिसमें नारी सम्बन्धी रूढ़ियों और अवमूल्यों का निषेध है।

(अन्य उपन्यास—'गिलिगड्डु')

मृदुला गर्ग

मृदुला गर्ग ने 'चित्तकोबरा' और 'कठगुलाब' आदि कृतियों में नारी-मुक्ति को देह-मुक्ति के रूप में मुख्यतः चित्रित किया है। यौन शुचिता जैसी अवधारणाओं में उनका विश्वास नहीं है और 'जिन्दगी की असली नेमत है औरत की दोस्ती' जैसे कथनों में समलैंगिकता का समर्थन माना जा सकता है। नारी सर्वत्र शोषित है और पुरुषप्रधान व्यवस्था में उसके श्रम और देह का शोषण आम बात है—इस कटु सत्य को मृदुला गर्ग ने 'कठगुलाब' में विस्तार से कहा है।

(अन्य उपन्यास—'उसके हिस्से की धूप', 'मैं और मैं', 'वंशज', 'अनित्य')

नासिरा शर्मा

'शाल्मली' और 'ठीकरे की मँगनी' में घर और घर के बाहर, सर्वत्र नारी के संघर्ष का बयान है। जहाँ कई लेखिकाएँ घर और पति के परित्याग को नारी की स्वतंत्रता के लिए जरूरी मानती हैं, नासिरा शर्मा ने शाल्मली के माध्यम से पृथक् नारी-दृष्टि से परिचय कराया है—'मेरा विश्वास न घर छोड़ने पर है न अपने को किसी एक के लिए स्वाहा करने में है, मैं तो घर के साथ औरत के अधिकार की कल्पना भी करती हूँ और विश्वास भी।' 'ठीकरे की मँगनी' में मुस्लिम समाज में नारी की दयनीयता का चित्रण हुआ है।

(अन्य उपन्यास—'सात नदियाँ एक समन्दर', 'जिन्दा मुहावरे', 'अक्षयवट', 'कुइयाँजान')

मैत्रेयी पुष्पा

प्रारम्भिक उपन्यासों—'स्मृति दंश' और 'बेतवा बहती रही' में मैत्रेयी पुष्पा ने नई सम्भावनाओं की जो आस जगाई थी, वह 'इदन्नमम' में सर्जनात्मक उपलब्धि बनी।

बुंदेलखंड के परिवेश में एक युवती मंदा का संघर्ष विश्वसनीय ढंग से वर्णित है। इसकी रूढ़ि और अन्याय विरोधी जीवन-दृष्टि संवेदनशीलता से सम्पृक्त है, अतः पाठकीय मर्म को स्पर्श करती है।

(अन्य उपन्यास—चाक, झूलानट, अल्मा कबूतरी)

कृष्णा अग्निहोत्री

कृष्णा जी के सभी उपन्यास नारी-पुरुष के लिए अलग-अलग नैतिक प्रतिमानों को चुनौती देते हैं। 'नीलाफर' में उन्होंने दर्शाया है कि चाहे आदिवासी स्त्री हो या महानगर की युवती उसे अन्याय और अत्याचार सहने पड़ते हैं। 'बित्ताभर की छोकरी' उपन्यास इन्दिरा गांधी के जीवन पर केन्द्रित है और राजनीति में स्त्री की मुश्किलों से अवगत कराता है।

(अन्य उपन्यास—'बात एक औरत की', 'टपरे वाले', 'अभिषेक', 'मैं अपराधी हूँ', 'बौनी परछाइयाँ', 'टेसू की टहनियाँ', 'कुँआरी माँएँ')

चन्द्रकांता

उपन्यास चन्द्रकांता के कश्मीर की पृष्ठभूमि में लिखे गए! 'ऐलानगली जिन्दा है' (1984), 'वितस्ता बहती है' (1992) और 'कथासतीसर' (2001) विशेष चर्चित हुए हैं। कश्मीर में स्वार्थ और साम्प्रदायिकता के चलते जो हिंसक वातावरण बनता है उसमें केवल हिन्दू समाज क्षत-विक्षत नहीं होता, शताब्दियों पुरानी साझी संस्कृति भी आहत होती है।

(अन्य उपन्यास—'अर्थान्तर', 'अन्तिम साक्ष्य', 'अपने-अपने कोणार्क', 'बाकी सब खैरियत है')

ममता कालिया

बेघर (1971) : ममता का प्रख्यात उपन्यास है। इसमें यौन-शुचिता से सम्बन्धित सवाल उठाए गए हैं। पुरुष के सन्दर्भ में यौन-शुचिता का कोई महत्त्व नहीं है। महत्त्व है केवल नारी के सन्दर्भ में। वह यौन-शुचिता की कसौटी पर नारी को पवित्र न पाकर सम्बन्ध तोड़ लेता है। इस उपन्यास में भी यही हुआ है। जड़ संस्कारग्रस्त परमजीत संजीवनी को इस कसौटी पर सही न पाकर उससे सम्बन्ध तोड़ लेता है और एक अन्य मामूली लड़की से विवाह कर लेता है, फिर दाम्पत्य जीवन में जो त्रासदी आनी थी उसे झेलता है और अन्त में समाप्त हो जाता है।

(अन्य उपन्यास —'प्रेम कहानी', 'एक पत्नी के नोट्स', 'नरक दर नरक')

अलका सरावगी

कलि कथा बाई पास (1998) में मारवाड़ी समाज की पाँच पीढ़ियों की संघर्ष-कथा है। किशोर बाबू की बाईपास सर्जरी हुई है। इसी क्रम में उनके सिर में चोट लगती है और उनका दिमाग असामान्य हो जाता है। लेखिका ने इसी कौशल से अनेक मन:स्थितियों, अनेक स्थानों, घटनाओं, अनेक काल-आयामों की कथा कही है। मारवाड़ी समाज की विसंगतियाँ परत-दर-परत खुलती जाती हैं।

(अन्य उपन्यास —'शेष कादम्बरी', 'और कोई बात नहीं')

कमल कुमार

अपार्थ (1986) से अपनी उपन्यास यात्रा प्रारम्भ करके कमल कुमार ने 'आवर्तन' (1992), 'हैमबरगर' (1996) में अपनी पहचान बनाई है। सभी उपन्यास नारी की मुक्ति के विभिन्न आयामों से सम्बन्धित हैं। प्राय: सभी उपन्यास इस व्यवस्था में नारी की मुश्किलों से साक्षात् करते हुए स्त्री-पुरुष की बराबरी और स्त्री की असली शर्तों पर जीने की आजादी की माँग करते हैं।

(अन्य उपन्यास—'यह खबर नहीं', 'मैं घूमर नाचूँ', 'पासवर्ड')

उषा यादव

उषा यादव के नारी-विमर्श में उग्र नारीवाद नहीं है। 'प्रकाश की ओर', 'कथान्तर', 'एक और अहल्या', 'अमावस की रात' आदि उपन्यासों में उनके नारी चरित्र भरसक संघर्ष करते हैं, अधिकारों को पाना चाहते हैं, लेकिन यौन-शुचिता का उल्लंघन प्राय: नहीं करते हैं।

नमिता सिंह

अपनी सलीबें (1995) : उपन्यास में वर्तमान भयावह समय में नारी की नियति का वर्णन करते हुए नमिता सिंह ने लिखा है—"यह जिन्दगी जैसे घने अँधेरे जंगल से निकलने वाली पगडंडी का नाम है। कब किधर से बाघ या भेड़िया हमला कर दे।" हर स्थिति में मुकाबला करने के लिए नारी के सम्भावित प्रतिरोध पर नमिता सिंह ने बल दिया है। उपन्यास में मीना की हत्या के बाद जनजागरण समिति की अगुआई में निकला जुलूस न्याय की माँग कर रहा है। 'लेडी क्लब' में मुस्लिम स्त्रियों के संघर्ष को विशेषत: उभारा गया है।

प्रभा खेतान

छिन्नमस्ता (1993) : प्रभा खेतान के उपन्यासों में यह कटु सत्य बार-बार उभरा है कि शिक्षा, नौकरी, आर्थिक स्वावलम्बन के बावजूद नारी का जीवन त्रासद

है। चाहे अमेरिका हो या भारत, चाहे गरीब नारी हो या मारवाड़ी परिवार की सेठानी, स्त्री पीड़ित है, दमित है। अपने चर्चित उपन्यास 'छिन्नमस्ता' में प्रभा खेतान ने प्रिया के द्वारा जो वस्तुस्थिति दर्शायी है, उसमें आज भी बहुत बदलाव नहीं आया है—औरत कहाँ नहीं रोती? सड़क पर झाड़ू लगाते हुए, खेतों में काम करते हुए, एयरपोर्ट पर बाथरूम साफ करते हुए या सारे भोग-ऐश्वर्य के बावजूद पलंग पर रातभर अकेले करवटें बदलते हुए...हजारों सालों से इनके ये आँसू बहते आ रहे हैं।

(अन्य उपन्यास—'आओ पेपे घर चलें', 'पीली आँधी', 'तालाबन्दी', 'अपने-अपने चेहरे')

मंजुल भगत

अनारो (1977) : अनारो नाम की कामकाजी महिला की कथा कहता है। अनारो महानगर के मध्यवर्गीय घरों में चौका-बर्तन का काम करती है। लेखिका ने अनारो के माध्यम से चौका-बर्तन करनेवाली तमाम औरतों के सुख-दुख की पहचान की है। उसने उनकी ही भाषा में अनारो को मूर्त किया है।

(अन्य उपन्यास—'बेगाने घर में', 'खाहुल', 'तिरछी बौछार', 'गंजी')

मृणाल पाण्डेय

पटरंग पुराण (1983) में पहाड़ के एक गाँव पटरंगपुर के माध्यम से पहाड़ के जीवन का प्रभावशाली चित्रण किया गया है। इसमें एक कुल की कई पीढ़ियों की कथा चली है और वह वास्तव में परिवर्तन से गुजरते हुए पहाड़ी अंचल के सामाजिक-सांस्कृतिक जीवन की कथा है। उसमें जनसामान्य का दुख-दर्द तो है ही, सत्ता सम्पन्न लोगों की निर्मम गतिविधियों की हलचलें भी हैं।

(अन्य उपन्यास–'रास्ते घर भटकते हुए')

सूर्यबाला

'सुबह के इंतजार तक' और 'मेरे संधिपत्र' सूर्यबाला के प्रारम्भिक उपन्यास हैं। उनका लघु उपन्यास 'यामिनी कथा' पति और पुत्र के बीच झूलती नारी की मार्मिक कथा है। विभक्त माँ और विभक्त पत्नी की बहुस्तरीय यातना और उस यातना से निथरता प्रतिवाद बहुत मूल्यवान है। पुरुषों की दुनिया में नारी की अपनी अस्मिता की तड़प यामिनी के इस कथन में व्यंजित है—'तुम लोग अनुमति दोगे तो मैं तुम्हारी सीमा में आऊँगी और दुत्कार दोगे तो भिखारिन याचना की मुद्रा लिये खड़ी रहूँगी कि तुम पसीजो, मेरी जगह बहाल करो। मेरे पास अपनी जमीन का भी तो हाथ भर

का ही सही, एक टुकड़ा होना चाहिए...।' 'दीक्षान्त' में सूर्यबाला ने शिक्षा संस्थाओं के अन्तर्विरोधों को रेखांकित किया है।

गीतांजलि श्री

हमारा शहर उस बरस (1998) में साम्प्रदायिकता की समस्या से रूबरू हुआ है। इसमें साम्प्रदायिकता के विष के चित्रण के साथ साम्प्रदायिक सौहार्द का उजास भी चित्रित है। उन लोगों की मानसिकता का पर्दाफाश भी किया गया है जो सैद्धान्तिक रूप से बनते तो प्रगतिशील हैं किन्तु दंगे के समय हिन्दू या मुसलमान बन जाते हैं।

(अन्य उपन्यास—'माई')

सिम्मी हर्षिता

सम्बन्धों के किनारे (1984) नारी-यातना और संघर्ष का प्रभावशाली उपन्यास है। इसकी कथा-नायिका घर-बाहर सब जगह से तिरस्कृत होती है किन्तु उसकी जिजीविषा और आस्था उसे उबार लेती है और उसकी अपनी पहचान की निर्मिति और रक्षा करती है।

(अन्य उपन्यास—'यातना शिविर')

नीरजा माधव

यमद्वीप (2002) : किन्नरों के जीवन पर आधारित एक विशिष्ट उपन्यास है। बड़ी अन्तरंगता से किन्नर जीवन के बाहरी-भीतरी यथार्थ की पहचान की गई है। उपन्यास ने किन्नरों के जीवन को एक नई और मानवीय दृष्टि से देखने की पेशकश की है। प्रेम-कथा भी चलती रहती है और नारी-दलित-विमर्श भी।

(अन्य उपन्यास—'अभी ठहरो अन्धी सदी', 'तेभ्य: स्वधा', 'गेशे जम्पा')

इन्दिरा राय

लक्ष्यबेध विश्वविद्यालयी परिवेश में पारिवारिक कथा है। लेखिका उस परिवेश में रही है अत: बहुत प्रामाणिकता तथा गहराई से उस परिवेश की विविध गतिविधियों और पात्रों की मानसिकता की पहचान की है। संवेदना के बिम्ब भी खूबसूरती से उभरे हैं।

राजी सेठ

तत्सम (1983) : एक प्रेमकथा है। कथा बहुत छोटी है किन्तु अत्यन्त संवेदन-सघन और सूक्ष्म। पति के मरने के बाद वसुधा बहुत जद्दोजहद के साथ एक ऐसे जीवन-

साथी की तलाश करती है जो उसे सच्चे मन से स्वीकार कर सके। अन्ततः आनन्द को पा लेती है। उपन्यास में मनोवैज्ञानिक यात्रा बहुत प्रभावशाली है।

(अन्य उपन्यास—'निष्कवच')

जगन सिंह

इच्छा पत्र में सुखवन्त बड़े पैतृक परिवार के सुख को ढोती हुई अविवाहित रह जाती है किन्तु धीरे-धीरे उसे मोहभंग होता है और विरासत अपनी मित्र तथा दत्तक पुत्री के नाम लिख देती है जो उसे सुख और स्नेह देती है।

(अन्य उपन्यास—'अस्वीकार')

अरुणा कपूर

धूप आती है में झोंपड़पट्टी में जीवन जीते हुए मध्यवर्गीय परिवार की गहरी व्यथा-कथा है। अरुणा कपूर की लेखकीय दृष्टि इस विषम स्थिति में से इन्दु को उठाती है और उसे संघर्षशील नारी अस्मिता प्रदान करती है।

समकालीन उपन्यास : दलित विमर्श

दलितों की नियति और संघर्ष चेतना पर हिन्दी उपन्यासकार बहुत पहले से लिखते रहे हैं। प्रेमचन्द की 'रंगभूमि' का नायक एक दलित चरित्र ही है। 1935 ई. में इन्द्र बसावड़ा कृत 'घर की राह' शीर्षक उपन्यास पूरी तरह से दलितों पर सवर्णों के अत्याचार और प्रतिक्रियावश धर्म-परिवर्तन की समस्या पर केन्द्रित है। इस उपन्यास के 'दो शब्द' में प्रेमचन्द ने इसकी यथार्थ-दृष्टि को सराहा था। बाद में 'नाच्यो बहुत गोपाल' (अमृतलाल नागर), 'मोरी की ईंट' (मदन दीक्षित), 'आखिरी साँस तक' (यादवेन्द्र शर्मा 'चन्द्र'), 'बबूल' (विवेकी राय), आदि कई उपन्यास दलितों के जीवन पर लिखे गए। आज दलित चिन्तक केवल दलित लेखकों द्वारा रचित साहित्य को दलित विमर्श के अन्तर्गत मानते हैं। इस दृष्टि से 'छप्पर' (जयप्रकाश कर्दम) पहला दलित चेतना सम्पन्न उपन्यास है। 'जस तस भई सबेर' (सत्यप्रकाश), मुक्तिपर्व (मोहनदास नैमिशराय) अन्य प्रमुख उपन्यास है। ये उपन्यास डॉ. बी.आर. अम्बेडकर के जीवन-दर्शन से पुष्ट और प्रेरित हैं तथा कथित ब्राह्मणवाद का खुला विरोध करने वाले हैं। ये निर्भ्रांत हैं कि लड़कर ही दलितों को उनके अधिकार मिल पाएँगे।

ऐतिहासिक उपन्यास

जीवन्त साहित्य सदैव अपने युग और समाज से रस ग्रहण करता है। कथावस्तु पुरानी हो या नई, जीवन्त साहित्य में उसका संयोजन नवीन दृष्टि से किया जाता है। वह दृष्टि आधुनिक युग-बोध से निर्मित होती है। आधुनिक युग-बोध के बिना प्राचीन और नवीन सामग्रियाँ किसी व्यापक या गहरे सत्य के सूत्र से समन्वित नहीं हो पातीं। आधुनिकबोध वाला साहित्यकार इतिहास की सामग्रियों को नए सन्दर्भों में स्वीकार करता है। ये नए सन्दर्भ इतिहास की मृत सामग्री को नया स्वर प्रदान कर उन्हें वर्तमान का जीवन देते हैं, उन्हें इतिहास के गह्वर से निकालकर गतिमान जीवन के मैदानों में ला खड़ा करते हैं।

ऐतिहासिक उपन्यास हो या इतिहास की सामग्रियों पर आधारित कोई साहित्यिक विधा, सभी को यह सत्य पाना ही होता है कि इतिहास वर्तमान के लिए ही है। साहित्यकार सर्जक है, जीवन का सर्जन करना ही उसका लक्ष्य होता है। वह इतिहासकार की भाँति तमाम बीती बातों को उनकी अनेक स्थूल रंग-रेखाओं में पुनः प्रस्तुत नहीं करता। वह सर्जक के गहन दायित्व को समझकर उन्हें एक गहरे मानवीय सत्य से जोड़ता है। अत: जो लोग यह कहते हैं कि ऐतिहासिक उपन्यासों का आदर्श स्वरूप इतिहास को उसकी सारी सचाइयों के साथ प्रस्तुत करने में है, वे लोग सत्य को ऐतिहासिक घटनाओं, पात्रों तथा अन्यान्य स्थूल आँकड़ों से ही जोड़ते हैं। उपन्यासकार चाहे इतिहास की बहुत सी घटनाओं और पात्रों को ले या कुछ ही पात्रों या घटनाओं को या केवल वातावरण को, यदि वह कलाकार है तो वह इन सबका नियोजन इस ढंग से करेगा कि वर्तमान जीवन के प्रश्न और मानव-मूल्य मुखर हो जाएँ। या यों कहें कि वह इतिहास के उन्हीं अंशों को चुनता है जो काल की मार खाकर भी जीवित बच गए रहते हैं और जो व्यापक सत्यों से दीप्त होने के नाते वर्तमान जीवन-सत्यों में जुड़ जाते हैं। मानव-मूल्यों और जीवन-छवियों की ज्योति उजागर करने के लिए कलाकार इतिहास या वर्तमान के अन्धकार और प्रकाश, आस्था और अनास्था, पाप और पुण्य, हीनता और महत्ता को अन्तर्ग्रंथित रेखाओं से निर्मित समग्र परिवेश को उभारता है। इतिहास के अन्धकार काल में यदि कोई ऐतिहासिक पात्र मानव-मूल्यों की ज्योति जलाने में समर्थ नहीं दीखता तो उपन्यासकार काल्पनिक पात्रों की सृष्टि करता है। इस प्रकार ऐतिहासिक उपन्यासों में लेखक ऐतिहासिक परिवेश को उसकी सचाई में

मूर्तिमान तो करता ही है, साथ-ही-साथ उस परिवेश के भीतर से वह ऐसे प्रश्न, ऐसे मूल्य, ऐसे सौन्दर्य उभारता है जो अधिक व्यापक और गहन होने के नाते वर्तमान जीवन को भी अपनी परिधि में समेट लेते हैं।

जयशंकर प्रसाद

इरावती प्रसाद जी का अधूरा ऐतिहासिक उपन्यास है। अधूरी कृति पर कुछ कहना सम्भव नहीं प्रतीत होता, फिर भी जितना अंश उपलब्ध है उससे सम्भावनाओं की ओर संकेत किया ही जा सकता है। इस उपन्यास में वर्तमान जीवन-चेतना को चित्रित करने के प्रयास नहीं हैं। यह उस परम्परा का ऐतिहासिक उपन्यास है जिसमें इतिहास के एक खंड को उसकी समस्त संगति-विसंगति में मूर्तिमान कर दिया जाता है। प्रस्तुत उपन्यास में जीवन-रस को सोखनेवाले बौद्ध धर्म की कठोर, ठंडी व्यवस्था, ऊष्मा को निगलनेवाली उसकी खोखली अहिंसा-नीति तथा विलासी कमजोर राजा के राज्य में उत्पन्न होनेवाली अव्यवस्था, असुरक्षा के भाव, षड्यंत्र आदि का जीवन्त चित्रण हुआ है। तत्कालीन समाज अपने राजनीतिक, सांस्कृतिक और आर्थिक परिवेश में सजीव हो उठा है। लेखक समकालीन जीवन-चेतना की अभिव्यक्ति के लिए प्रयत्नशील नहीं है किन्तु पूरे उपन्यास में उसकी मानवीय जीवन-दृष्टि व्याप्त है। समस्त बन्धनों से जीवन-रस को मुक्त करना उसका उद्देश्य प्रतीत होता है।

उपन्यास बहुत ही गठा हुआ, सरस और प्रवाहशील है। ऐतिहासिक उपन्यासों के लिए अनिवार्य सा लक्षित होनेवाला जासूसी तत्त्व भी है इसमें बहुत रोचक और सन्तुलित रूप में गृहीत है।

वृन्दावनलाल वर्मा

वर्मा जी ने अन्य लोगों की तरह शौकिया तौर पर एकाध ऐतिहासिक उपन्यास लिखकर छुट्टी नहीं पा ली वरन् ऐतिहासिक उपन्यासों की रचना ही इनका प्रधान साधना-क्षेत्र है। अब तक इन्होंने 'गढ़कुंडार', 'विराटा की पद्मिनी', 'कचनार', 'मुसाहबजू', 'लक्ष्मीबाई', 'मृगनयनी', 'माधव जी सिन्धिया', 'भुवन विक्रम' आदि उच्चकोटि के ऐतिहासिक उपन्यास लिखे हैं। वर्मा जी के उपन्यासों की ऐतिहासिक सामग्री प्रायः मुस्लिम काल की है जिसे उन्होंने स्वयं के अध्ययन, जनश्रुतियों और परम्पराओं द्वारा ग्रहण किया है।

वर्मा जी ने ऐतिहासिक सामग्रियों का उपयोग अपेक्षाकृत मानवीय कोमल प्रवृत्तियों के सफल अंकन के लिए ही किया है। इन्होंने इतिहास की उन्हीं सामग्रियों को ग्रहण किया है जिनके चयन से उपन्यास की मनोरंजकता तो बनी ही रही, साथ-साथ जीवन के विविध पक्षों का पारस्परिक संघर्ष और उदात्त वृत्तियों की विजय भी अंकित होती चली गई।

वर्मा जी ने अपने उपन्यासों की कथा बुन्देलखंड की पहाड़ियों में निवास करनेवाली जनता में से चुनी है। बुन्देलखंडी जीवन की पृष्ठभूमि पर निर्मित वर्मा जी के उपन्यासों के कथानक बड़े ही प्राकृतिक और अल्हड़ वेग से उन्मुक्त सौन्दर्य लिये हुए चलते हैं। बुन्देलखंड की ऊँची-ऊँची पहाड़ियों पर उठे हुए हरे-भरे पेड़ों को देखकर यह प्रश्न होता है कि इन्हें रस कहाँ से मिलता है? इस सौन्दर्य के स्रोत का पता अन्यत्र न पाकर यह विश्वास करना पड़ता है कि ये पेड़ वहाँ की हवा से हरीतिमा प्राप्त करते हैं। इसी प्रकार वर्माजी के कथानक और चरित्र अपने आसपास के सहज वातावरण में स्वाभाविक गति से इस प्रकार फूट पड़ते हैं कि उनके प्राकृतिक सौन्दर्य में पाठकों को अपूर्व रस मिलने लगता है। यह कहा जा सकता है कि वर्मा जी के कथानकों के सजाव-शृंगार में बुन्देलखंडी जीवन की प्रतिच्छाया है। जिस प्रकार बुन्देलखंड के लोगों के पहनावे—घुटने तक की धोती, लम्बा कुर्ता, सिर पर बड़ा सा पग्गड़ एवं हाथ में लम्बी सी लाठी—में असामंजस्य एवं ढीलापन दिखाई पड़ता है वैसा ही असामंजस्य वर्माजी के कथानकों में दिखाई पड़ता है। वे कुशल शैलीकार की भाँति उन्हें छाँटते-सँवारते नहीं हैं। लेकिन इन तमाम असामंजस्यों में भी इनके कथानक अपूर्व आकर्षण से भरे हैं। इसका रहस्य है उनमें सहज, वन्य और स्वच्छन्द जीवन-शक्ति का प्रवाहित होना।

वर्मा जी रोमांटिक परम्परा के लेखक हैं। अतः इनके वर्णनों में जादू है। कहानी कहने की आकर्षक शक्ति होने पर भी वर्मा जी कहीं-कहीं विस्तृत विवरणों में उलझ जाते हैं। कहीं-कहीं—जैसे मृगनयनी में—इतिहास के अनेक तथ्यों की भीड़ हो गई है जिससे उपन्यास का गठन आद्योपान्त बड़ी मुश्किल से बना रह पाता है। तो भी मुख्य कथा और प्रासंगिक कथा का सम्बन्ध कहीं विच्छिन्न नहीं होने पाता।

वर्मा जी के चरित्र मनुष्य हैं अर्थात् जो साधारण कोटि के और खल प्रकृति के पात्र हैं, वे तो मनुष्य हैं ही, इनके देवोपम उदात्त-पात्र भी अपने अन्तःसंघर्षों के कारण मिट्टी की ही उपज मालूम पड़ते हैं। वर्मा जी के समस्त पात्रों को हम कुछ वर्गों में बाँट सकते हैं किन्तु इन्होंने प्रत्येक वर्ग में दिखाई पड़नेवाले अनेक प्रकार के चेहरों को मार्मिकता से पहचाना है, दूसरे जिस प्रकार के पात्र को लिया है उसके बाहर और भीतर की अनेक सूक्ष्म रेखाओं को उभारकर अंकित किया है। इनके उदात्त पुरुषों में राजे भी आते हैं और उनमें भी सामान्य विशेषताएँ लक्षित होती हैं। वे सभी पात्र प्रेम की गरिमा को पहचाननेवाले होते हैं। उन सबके प्रेम की सिद्धि में सामाजिक परिस्थितियाँ बाधा स्वरूप खड़ी हो जाया करती हैं। ये पात्र अपने अद्भुत शौर्य, पराक्रम और मानसिक उल्लास के कारण युद्ध में या अन्यत्र भयंकर से भयंकर शक्तियों का दमन करने को तैयार रहते हैं। ये युद्ध के लिए युद्ध नहीं करते, वरन् जीवन के उच्चादर्शों—कला, संस्कृति, धर्म, मानव की कोमल वृत्तियों, प्रेम, परोपकार एवं सतीत्व—की रक्षा तथा विकास के लिए करते हैं। वे अपने अधिकारों की सुरक्षा आवश्यक समझते हैं और उन अधिकारों पर आँख उठानेवाले आततायियों का दमन करते हैं।

इसी प्रकार इनके उदात्त नारी-पात्रों में रानियाँ तथा सामान्य वर्गों की नारियाँ भी आती हैं और उनकी भी कुछ वर्गगत विशेषताएँ साफ तौर पर लक्षित होती हैं। उदाहरणस्वरूप ये प्यार की देवी होती हैं, उनमें अपने प्यार का दमन करने की अद्भुत क्षमता होती है, सभी शस्त्र-संचालन में कुशल होती हैं, उनमें आत्मबल इतना होता है कि वे मृत्यु से भी भय नहीं खातीं। ये 'वज्रादपि कठोर' तथा 'मृदुनि कुसुमादपि' होती हैं। त्याग की भावना इनमें ओतप्रोत होती है। किन्तु इन वर्गीय विशेषताओं के बीच भी पाठक बड़ी सरलता से दिवाकर, कुंजर, दलीपसिंह, मानसिंह, अटल, अग्निदत्त, रघुनाथसिंह, मृगनयनी, लाखी, कचनार, तारा, कुमुद आदि पात्रों को उनकी व्यक्तिगत विशेषताओं की रेखाओं के कारण पहचान सकता है। दुष्ट राजाओं, खल रानियों, छलछन्दी मंत्रियों, रूढ़िवादी पंडितों, लुटेरे बादशाहों, बुरे-भले सेवकों आदि के चित्र वर्मा जी ने बड़ी बारीकी से अंकित किए हैं। सभी पात्र मिट्टी से फूटते हुए जान पड़ते हैं। मृगनयनी जैसी उदात्त नारी भी सौतिया डाह का जवाब देने से नहीं चूकती। कुमुद-जैसी देवी सदैव अपनी कमजोरियों का विश्लेषण करती है। बोधन पंडित तो बड़ा ही स्वाभाविक पात्र है। इतना होने पर भी 'गढ़कुंडार' के नागदत्त और अग्निदत्त-जैसे सुन्दर चरित्र लेखक के पूर्वनियोजित उद्देश्य में फँस जाने के कारण स्वाभाविक विकास न पाकर राक्षस बन जाते हैं। वर्मा जी के पात्रों में यथार्थ और रोमांस का सुन्दर मेल है। कथावस्तु के समान ही इनके चरित्रों में भी कुछ अनावश्यक भरती हो जाती है। 'लक्ष्मीबाई' (झाँसी की रानी) में तो इतने अधिक पात्र आ गए हैं कि उपन्यास पढ़ चुकने पर सबके नाम भी याद नहीं रह पाते। नाम भूलने का मुख्य कारण होता है उस उपन्यास में उस पात्र का कोई मुख्य कार्य न होना।

वर्मा जी के कथानकों और चरित्रों के स्वाभाविक वेग के समान इनकी शैली भी सहज और व्यावहारिक है। भाषा बुन्देलखंड की नदियों के वन्य-प्रवाह की तरह ही स्वच्छन्द गति से चलती है। प्राकृतिक वर्णनों, काव्यात्मक चित्रणों और पात्रों के कथोपकथनों में सर्वत्र भाषा प्रसंगानुकूल, कोमल अथवा परुष रूप धारण करती हुई छोटे-बड़े वाक्यों की माला पहने, भोली-भाली पहाड़ी बालिका की तरह गतिशील रहती है। निश्चय ही वर्मा जी की शैली में व्यक्तित्व है।

ऐतिहासिक उपन्यासों या नाटकों में एक मुख्य बात देखने की यह होती है कि लेखक ने उनमें कल्पना और इतिहास का कहाँ तक सामंजस्य उपस्थित किया है। यहाँ पर लेखक के उद्देश्य की बात का प्रश्न खड़ा हो जाता है। लेखक पाठकों को केवल इतिहास की मनोरंजक घटनाओं से अवगत कराना चाहता है या इतिहास के घटना-चक्रों को लेकर उनमें अपने युग की प्राण-प्रतिष्ठा करना चाहता है। जो लेखक निरुद्देश्य भाव से इतिहास के मनोरम घटना-चित्र देना चाहते हैं उनके लिए कल्पना के ग्रहण का सवाल विशेष रूप से उत्पन्न नहीं होता। वे मनोरंजन उत्पन्न करनेवाली किन्हीं भी घटनाओं को ले सकते हैं और उनके बीच के अवकाश को वे मानवीय व्यापारों से भर सकते हैं। किन्तु दूसरे प्रकार के लेखकों का उत्तरदायित्व

बड़ा गम्भीर होता है। वे इतिहास की उन्हीं घटनाओं को लेंगे जिनसे उनके उद्देश्य की सिद्धि में सहायता मिले। वे या तो स्वतः इतिहास से ऐसी घटनाओं और पात्रों को चुनेंगे जो अपनी ऐतिहासिक सचाई के साथ-साथ किसी भी युग को उच्च-से-उच्च मानवीय गुणों का सन्देश देने में सक्षम हों, जैसे—राम, कृष्ण, झाँसी की रानी, शिवाजी, महाराणा प्रताप, गांधी आदि। अथवा वे क्रूर-कुरूप और पतनशील ऐतिहासिक घटनाओं और पात्रों के समानान्तर कुछ ऐसी कल्पित कथाओं और पात्रों की सृष्टि करेंगे जो कठोर कुरूपताओं से लड़कर जीवन के उदात्त वैभव की प्रतिष्ठा कर सकें। यों तो कल्पना का उपयोग सर्वत्र अपेक्षित है किन्तु ऐसे अवसरों पर उसकी आवश्यकता बढ़ जाती है। वहाँ लेखक इतिहास के बिखरे खँडहरों में से अपने काम की चीज चुन लेता है और उन्हें कल्पना में पिरो-पिरो कर मनोनुकूल नई सृष्टि करता है। जयशंकर प्रसाद ने अपने नाटकों में सर्वत्र इतिहास की पृष्ठभूमि पर राष्ट्रीयता और नव-जागरण का स्वर मुखर किया है। राहुल जी ने अपने उपन्यासों में बहुत खुले रूप में साम्यवादी व्यवस्था की प्रतिष्ठा और सामाजिक रूढ़ियों के दमन की आवाज उठाई है। वृन्दावनलाल वर्मा के उपन्यासों में अपने युग की कोई ज्वलंत समस्या नहीं खड़ी होती। जैसाकि ऊपर कहा जा चुका है, वर्मा जी रोमांटिक परम्परा के लेखक हैं अतः उन्होंने अपने उपन्यासों में समाज के नए प्रश्नों को न उठाकर उसके चिरन्तन उन्मुक्त भावों का ही चित्र देना पसन्द किया है। वे प्रेम के उदात्त और कोमल स्वरूप की व्यंजना में ही रत दिखाई पड़ते हैं। लेकिन इस प्रेम का स्वरूप निष्क्रिय नहीं है, वह त्यागशील है, संयम जानता है, शौर्यमय है, जाति-पाँति के बन्धनों को अस्वीकार करनेवाला है, वह अनेक विषमताओं, ईर्ष्या-द्वेषों और कुचक्रों के काँटों से भरी डाल के मस्तक पर मुस्करानेवाला गुलाब का फूल है। 'झाँसी की रानी' की लक्ष्मीबाई इतिहास का सत्य है, लेखक की कल्पना नहीं। 'गढ़कुंडार' की ऐतिहासिक घटनाएँ बड़ी कुचक्रपूर्ण तथा अन्त दानवीय है, अतः लेखक को अपने उद्देश्य की सिद्धि के लिए कल्पना से तारा और दिवाकर-जैसे प्रेमी पात्रों की सृष्टि करनी पड़ी। 'कचनार' में भी इसी प्रकार की दो समानान्तर कथाओं की सृष्टि की गई है। 'विराटा की पद्मिनी' और 'कचनार' में लेखक ने कल्पना का अत्यधिक आश्रय लिया है। ऐतिहासिक घटनाएँ कम और कल्पित वातावरण अधिक होने से कला की दृष्टि से ये दोनों उपन्यास अधिक सफल बन पाए हैं। 'गढ़कुंडार', 'लक्ष्मीबाई' और 'मृगनयनी' में ऐतिहासिक तथ्य अपेक्षाकृत अधिक हो गए हैं और कल्पना के सुन्दर समन्वय के बावजूद ये उपन्यास कुछ भारी जान पड़ते हैं।

गढ़कुंडार (1929) में मुख्य कथा खंगारों का नाश एवं बुन्देलों का कुंडार पर आधिपत्य स्थापन ही है। परन्तु इस कथा के साथ-साथ अग्निदत्त और मानवती एवं दिवाकर और तारा का प्रेम-प्रसंग भी चलता है। साथ-साथ अन्य छोटी-छोटी उपकथाएँ उठ-उठकर विलीन होती चलती हैं, जैसे पवारों और पड़िहारों का आपस में युद्ध के लिए आह्वान, मुसलमानों का भरतगढ़ी पर आक्रमण आदि।

सोहनपाल अपने भाई से प्रवंचित होकर खंगार राजा हुरमतसिंह से सहायता माँगता है। खंगार राजकुमार नागदत्त सोहनपाल की लड़की हेमवती पर मुग्ध है तथा उससे विवाह-सम्बन्ध चाहता है। सोहनपाल आदि बुन्देले अपने जातीय गौरव में खंगारों को नीच समझते हैं। अतः हुरमतसिंह के इस प्रस्ताव पर कि हेमवती नाग से ब्याह दी जाए तब खंगार सोहनपाल की सहायता करेंगे, सोहनपाल जल-भुन जाता है। अन्त में विवाह-प्रस्ताव के छल द्वारा खंगारों को शराब पिलाकर उनका वध किया जाता है तथा कुंडार पर बुन्देलों का राज्य स्थापित होता है। यही तो मुख्य कथा है।

अब देखना यह है कि प्रासंगिक कथाओं का इस मुख्य कथा के योग में क्या स्थान है? खंगार नरेश का मंत्री-पुत्र अग्निदत्त खंगार कुमारी मानवती से प्रेम करता है। वह भी उसे प्रेम करती है किन्तु उसका विवाह कुंडार के मंत्री-पुत्र राजधर से होना निश्चित होता है। इसी क्रम में अग्नि, नागदत्त से प्रताड़ित होकर कुंडार से निष्कासित किया जाता है और वह प्रतिक्रिया के आवेश में अपने छल और धन से बुन्देलों की सहायता करके खंगारों के नाश और बुन्देलों के राज्यारोहण का कारण बनता है। अतः इस कथा का मुख्य कथा के साथ प्रधान योग है किन्तु यह योग इतना अनिवार्य नहीं कि इसके बिना कथानक अपने लक्ष्य की ओर न बढ़ पाता। अग्निदत्त न भी होता तो भी इन्हीं बुन्देलों में से कोई छल का प्रस्ताव कर सकता था। हाँ, धन से सेना एकत्र करने की बात जरूर छूट जाती किन्तु लेखक इसकी भी योजना कहीं से कर सकता था। इसके लिए आदि से अन्त तक एक लम्बी कथा की सृष्टि की क्या आवश्यकता थी? इस प्रश्न का उत्तर देने के लिए हमें लेखक के इस स्थूल उद्देश्य—बुन्देलों का राज्य-स्थापन—पर ही अपनी दृष्टि नहीं रखनी चाहिए, बल्कि इस ऐतिहासिक कथा के साथ-साथ उसने जो जीवन के अन्तःदर्शन एवं विभिन्न मानवीय प्रवृत्तियों का मार्मिक विश्लेषण किया है उसे भी अपने दृष्टिकोण में रखना होगा।

तारा और दिवाकर का प्रणय-व्यापार दूसरी प्रासंगिक कथा है। वास्तव में इस कथा का मुख्य कथा के साथ कोई खास सम्बन्ध नहीं है। उसके न रहने से कथा में कोई बाधा नहीं पड़ती किन्तु लेखक का ध्यान इस कथा को सजाने में अधिक रहा है। इसका कारण है प्रेम के उज्ज्वल स्वरूप के स्थापन की मनोवृत्ति, जो लेखक की अपनी खास विशेषता है। वास्तव में यदि इस कथा को इस उपन्यास में से निकाल दें तो कथा के प्रवाह में कोई बाधा तो नहीं पड़ेगी किन्तु सारे उपन्यास में जो एक भव्य आकर्षण है, जो एक करुण सौन्दर्य है वह फीका पड़ जाएगा।

पड़िहारों और पवारों का जो युद्ध-उद्घोष है वह कथा की दृष्टि से व्यर्थ है, वह केवल तत्कालीन वातावरण प्रस्तुत करने में सहायक मात्र है। यद्यपि उसी क्रम में मुसलमानों के आक्रमण की बात ज्ञात होती है और वहीं अवसर पाकर नागदत्त हेमवती के प्रणय की भिक्षा माँगता है, किन्तु ये कार्य अवसर निकालकर कहीं भी कराए जा सकते थे। मुसलमानों के प्रथम आक्रमणवाली कथा अवश्य

कथा को अग्रसर करती है किन्तु उसका बहुत अनावश्यक विस्तार हो गया है। हाँ, वातावरण की सृष्टि करने के लिए भी कुछ घटनाओं का सृजन होता है। यह भी एक सार्थकता है।

ऊपर कहा जा चुका है कि इस उपन्यास में बुन्देलों के राज्य-स्थापन के साथ-साथ मानव-जीवन—विशेषतया उसके प्रेम-तत्त्व—की व्याख्या करना भी उद्देश्य रहा है। अतएव इस दृष्टि से भी कथा की उपयोगिता पर विचार कर लेना चाहिए। बात यह है कि इस उपन्यास का जो उद्देश्य है वह कोरा ऐतिहासिक है और उस उद्देश्य के पीछे जीवन की कोई ऊँची नैतिकता नहीं है बल्कि एक सामाजिक मर्यादा का विकृत रूप है। खंगार कितने भी अत्याचारी रहे हों किन्तु उनका अत्याचार बुन्देलों के जातीय अहंकार एवं छल द्वारा उनकी वधक्रिया के सामने फीका पड़ जाता है। इसीलिए लेखक को इसके समानान्तर एक उच्च आदर्श की स्थापना करनी पड़ी। यह आदर्श है भयंकर कोलाहल के बीच तारा और दिवाकर के प्रेम की पवित्र प्रतिमा का स्थापन। प्रेम की व्याख्या के लिए ही अग्निदत्त और मानवती की अवतारणा की गई है। चूँकि मुख्य कथा में प्रेम भी एक जातीय समस्या बनकर कथा को आगे बढ़ाता है अतएव प्रेम के ये प्रसंग भी सापेक्षिक रूप से अपना महत्त्व रखते हैं। तारा-दिवाकर, अग्नि-मानवती और नाग-हेमवती में प्रेम के तीन दृष्टिकोण हैं। ये तीनों एक-दूसरे को स्पष्ट करने के लिए ही आए हैं। उनका अपना महत्त्व है।

विराटा की पद्मिनी (1936) : पालर में एक दाँगी के घर कुमुद नामक अनुपम सौन्दर्यवाली एक कन्या थी। पालरवालों ने उसे देवी का अवतार माना था। उसके लावण्य की ख्याति दूर-दूर तक फैली। समय पाकर कुमुद और कुंजर का साक्षात्कार हुआ। दोनों के हृदय में दोनों के प्रति एक मधुर भाव का उदय हुआ। अलीमर्दान कुमुद को प्राप्त करने का प्रयास करने लगा। अलीमर्दान विराटा पर चढ़ दौड़ा। वहीं कुंजर मारा गया और कुमुद ने जल-समाधि ले ली। यही मुख्य कथा है।

अलीमर्दान और नायकसिंह की कथाओं की मुठभेड़ देवीसिंह का राज्य पाना, छोटी रानी का अलीमर्दान के साथ सहयोग, रामदयाल और गोमती का सम्बन्ध आदि कथाएँ प्रासंगिक हैं। किन्तु 'विराटा की पद्मिनी' की कथाएँ 'गढ़ कुंडार' की अपेक्षा एक-दूसरे से अधिक गुँथी हुई हैं। वे एक-दूसरे का कारण बनकर कथा को आगे ढकेलती चलती हैं। जैसे पहुँज के किनारे पहुँचने से कुंजर कुमुद के दर्शन को जाता है। वह अकेला भी जा सकता था किन्तु पहुँज पहुँचने के कारण राजा के सिपाही भी वहाँ पहुँचते हैं। वहीं अलीमर्दान के सिपाहियों से मुठभेड़ का सूत्रपात होता है। फिर वहीं देवीसिंह अपनी सेवाओं से राजा को आभारी करके राज्य का मालिक बन बैठता है। इसके कारण कुंजर का निष्कासन होता है। कुंजर का सम्बन्ध मुख्य कथा से है, अतः ये सब पहले की घटनाएँ इस कथा को क्रमशः आगे बढ़ाती गई हैं। फिर परिस्थितिवश वह अलीमर्दान की सेना में छोटी रानी के साथ जा मिलता है और देवीसिंह की सेना को हराता है, किन्तु अलीमर्दान के सहयोग से राज्य प्राप्त करने

का वह पक्षपाती नहीं है। अतः वहाँ से भी निकाला जाता है। कुमुद भी अपने पिता के साथ अलीमर्दान के डर से विराटा पहुँचती है। यहीं कुंजर से उसकी भेंट होती है। फिर मुख्य कथा में बड़ा बल आ जाता है। घटनाचक्र के प्रवाह में अलीमर्दान, देवीसिंह तथा विराटा की सेनाओं में मुठभेड़ हो जाती है। हाँ, रामदयाल के गोमती से सम्बन्धवाली कथा भी इसमें बड़ा योग प्रदान करती हैं। उसी से वह सारा भेद मालूम करता है और षड्यंत्र रचता है जिससे अन्त में कुंजर की मृत्यु और कुमुद का आत्मोत्सर्गवाला लक्ष्य पूर्ण होता है। इसके पश्चात् तो प्रेम की इस शुद्ध धारा में सब कुछ शान्त हो जाता है। इस प्रकार इस उपन्यास की घटना अधिक स्वाभाविक वेग से बहती हुई अपने लक्ष्य तक पहुँचती है। कहीं जोड़ नहीं मालूम पड़ता, इसलिए इसमें अधिक चुस्ती है।

झाँसी की रानी (1946) : इसकी भी कथा सरल ही है। मैं शिवनारायण लाल जी के शब्दों में कह सकता हूँ कि एक तरह से यह उपन्यास महारानी लक्ष्मीबाई का जीवन-चरित्र है। ठीक-ठीक जीवन-चरित्र कहना अनुचित होगा, इसे औपन्यासिक जीवन चरित्र कह सकते हैं। इसमें घटनाएँ तो बहुत आती हैं किन्तु इन्हें हम प्रासंगिक कथा नहीं कह सकते। वे छोटी-छोटी कथाएँ राजनीतिक समाज में उत्पन्न होती हैं किन्तु वे रानी के लिए किसी नए कार्य की रचना नहीं करतीं। वरन् देशकाल की एक झलक देकर या रानी के किसी गुण की पुष्टि करके बीच में लुप्त हो जाती हैं। रानी अपने भावी कार्यक्रम को पहले ही से सोच-विचारकर बैठी रहती है, अनुकूल स्थितियों के आने पर उन्हें कार्यान्वित करने के लिए अग्रसर होती है। कथानक उषा, उदय, मध्याह्न और अस्त चार भागों में विभाजित है और चारों में रानी के जीवन का क्रमिक विकास दिखाया गया है। रानी के चरित्र की दृढ़ता देखकर भावी परिणामों की कल्पना पहले ही से हम किए रहते हैं। एक तो घटनाएँ इतिहाससम्मत हैं, दूसरे रानी के स्वभाव में अपरिवर्तनीय दृढ़ता है, तीसरे कल्पना का सहारा कम लिया गया है। इसलिए इस उपन्यास में औपन्यासिक कौतूहल की सृष्टि प्रायः नहीं हो पाती है। रानी के चरित्र में कहीं द्वंद्व है ही नहीं, इसलिए भावी परिस्थितियों के साथ उनके क्रिया-व्यापार की अनिश्चितता की जिज्ञासा मन में उठती ही नहीं। कुछ घटनाएँ ऐसी हैं जिनको निकाल देने से रानी के चरित्रोद्घाटन या कथा-प्रवाह का कुछ बनता-बिगड़ता नहीं। जैसे सागर सिंहवाली कथा केवल उस समय की डाका-चोरी आदि की स्थिति प्रदर्शित करने के लिए ही वर्णित है। बाबा गंगादास की कुटी तथा उनसे रानी का आशीर्वाद ग्रहण करनेवाली घटना की आयोजना भी व्यर्थ है। रानी में तो यों ही शौर्य तथा आत्मबल है। उसमें अपने ऊँचे आदर्शों के प्रति पूर्ण चेतना है।

रानी के चरित्रोद्घाटन में ही लेखक का उद्देश्य निहित है। रानी का चरित्र कर्तव्य की भावना, त्याग और ग्रहण, प्रेम और युद्ध का अद्भुत मिश्रण है। वह जीवन की कोमल भावनाओं, कलाओं एवं संस्कृतियों की रक्षा के लिए स्वाधिकार की रक्षा अनिवार्य समझती है, और उसी अधिकार की रक्षा के लिए जीवन-भर तलवार से

प्यार करती है और भारतीय नारियों के हृदय में एक दिव्य ज्योति भरती हुई त्याग और बलिदान से स्वातंत्र्य रक्षा का अमर गीत लिख जाती है जो युग-युग तक त्रस्त और निराश लोगों के पथ का सम्बल बनता रहेगा। वास्तव में इस उच्च उद्देश्य की पूर्ति के लिए ही इस उपन्यास की सारी कथाएँ आई हैं। रानी के जो गुण हमें उसके बचपन में दीख पड़ते हैं उन्हीं का क्रमशः विकास होता है। वे ही अन्त में उद्देश्य की पूर्णता को पहुँचकर अमर हो उठते हैं। उपन्यासकला की दृष्टि से यह उपन्यास भले ही खरा न उतरता हो लेकिन इसकी शक्ति अदम्य है, इसकी आत्मा में बहुत बल और वेग है।

मृगनयनी (1950) : मृगनयनी की कथावस्तु अधिक जटिल हो गई है। ग्वालियर का राजा मानसिंह अपने राज्य के अन्तर्गत राई ग्राम की अपूर्व सुन्दरी तथा तीरन्दाज बालिका से शादी कर लेता है। अन्त में वह अनेक युद्धों को जीतता है, कला की उन्नति करता है। जीवन और कला का, स्वसुख और जन-सेवा का सम्यक् मेल ही इस उपन्यास का मुख्य उद्देश्य ज्ञात होता है। इस भव्य आदर्श की परख के लिए विपत्तियों की कसौटियाँ आती हैं, किन्तु अनेक प्रकार की विभीषिकाओं की ज्वाला में मृगनयनी और मानसिंह का वह उच्चादर्श दीप्त हो उठता है। इस कथा के साथ-साथ कई प्रासंगिक कथाएँ आई हैं, वे अन्त तक चलती गई हैं।

मृगनयनी का भाई अटल लाखी से प्रेम करता है और अन्त में जाकर दोनों प्रेमियों का देश की सेवा के लिए बलिदान हो जाता है। अटल और लाखी की प्रेम-कथा को मुख्य कथा के साथ बड़ी कुशलता से जोड़ा गया है। अटल गूजर है और लाखी अहीर। दोनों का प्रेम-सम्बन्ध गाँववालों को स्वीकार नहीं, अतएव गाँववालों के डर से इन दोनों को नटों के साथ भागना पड़ता है। इस प्रकार इस कथा का सम्बन्ध एक ओर मानसिंह की कथा से है, दूसरी ओर यह कथा गयासुद्दीन की प्रासंगिक कथा से जुड़कर कथानक में एक उलझन, कौतूहल तथा मोड़ पैदा करती है। इस कथा से मुख्य कथा के बढ़ाव में कोई विशेष सहायता नहीं मिलती। यदि इस कथा को निकाल दिया जाए तो भी मुख्य कथा अपने स्वाभाविक रूप में आगे बढ़ सकती है किन्तु इसके द्वारा सामाजिक कुरूपताओं तथा मानसिंह और निन्नी की महानताओं का बोध स्पष्ट रूप से होता है। यद्यपि इस कथा के द्वारा कथानक में एक जिज्ञासोत्पादक चमत्कार उत्पन्न हो गया है किन्तु प्रासंगिक कथा को इतना स्वतंत्र महत्त्व दे देना वांछनीय नहीं है। गयास की वासना को चित्रित करने में सहायक होने पर भी यह कथा आवश्यकता से अधिक है।

इसके अतिरिक्त दिल्ली के सुलतान सिकन्दर, मालवा के सुलतान गयासुद्दीन और गुजरात के सुलतान महमूदबघर्रा की कथाएँ भी आई हैं। महमूदबघर्रा की कथा तो सर्वथा निरर्थक जान पड़ती है। मुख्य कथा में उसका कोई स्पष्ट योग नहीं है। हाँ, वह प्रासंगिक कथाओं को अवश्य कुछ बल देती हुई जान पड़ती है। गयास की कथा दो रूपों में सार्थक है। एक ओर तो गयास ग्वालियर और नरवर पर चढ़ाई करके मानसिंह को सदैव युद्ध के लिए तत्पर करता रहता है, दूसरी ओर

वह लाखी और अटल को निन्नी और मानसिंह से मिलाता है। गयास की वासना की तृप्ति के लिए नट-नटनियाँ लाखी और अटल को नरवर किले से बाहर ले जाना चाहती हैं किन्तु लाखी तत्परता से नटों का रस्सा काट देती है और किले को तुर्कों के हाथ में जाने से बचा लेती है। वहीं मानसिंह आता है और दोनों को ग्वालियर ले जाता है।

गयास के बेटे नसीर के परिस्तान की कथा बिलकुल बेकार है। उपन्यासकार को वातावरण का चित्र खींचने की स्वतंत्रता है परन्तु कथा से दूर हटकर नहीं। भूडोलवाली घटना भी व्यर्थ है। राजसिंह और कला की कथा की सार्थकता यह दिखाने में है कि नरवर का किला मानसिंह के हाथ से सिकन्दर के हाथ में राजसिंह के कारण ही गया। राजसिंह राजपूती प्रतिशोध का प्रतीक है। कला मानसिंह के परिवार में गड़बड़ी मचाने का उपक्रम करती है, जिससे मुख्य कथा कुछ विक्षुब्ध होती है किन्तु कोई विशेष मोड़ कथा में नहीं आता। कला मानसिंह की महानता को अवश्य घोषित करती है। हाँ, वह बैजू नायक के साथ मिलकर कलात्मक वातावरण प्रस्तुत करने में सहायिका होती है। बैजू नायक का मुख्य कथा के साथ पर्याप्त योग है। वह कलाकार की मस्ती का चित्र उपस्थित तो करता ही है, मानसिंह के हृदय को कलापक्ष के विकास की प्रेरणा देकर कर्तव्य और कला के द्वंद्व में सहायक होता है।

सिकन्दर की कथा का मुख्य कथा के साथ संघर्ष है। सूच्य से मालूम पड़ता है कि वह संघर्ष कई बार हो चुका है और सिकन्दर बार-बार असफल हो चुका है किन्तु अन्तिम बार युद्ध पाठक के सामने होता है। युद्ध से मानसिंह की वीरता, रणकुशलता तथा नीतिकुशलता का परिचय मिलता है। इसी में अटल और लाखी बलिदान होते हैं। मानसिंह की शानदार विजय सिकन्दर को सदा के लिए खदेड़ देती है।

नटोंवाली कथा का विस्तार उचित नहीं है। कौन सी घटना अधिक महत्त्वपूर्ण है कौन कम, इसका चुनाव आवश्यक होता है। इस उपन्यास का उद्देश्य मानसिंह के स्वर्ण युग का चित्र उपस्थित करना ही मालूम पड़ता है। इसके लिए ही इन अनेक अवान्तर कथाओं की सृष्टि की गई है। ये कथाएँ इस उद्देश्य में सहायक तो होती हैं परन्तु ये अपनी सारी सीमाओं को नहीं पहचान सकी हैं।

वर्मा जी की कथावस्तु में बड़ा आकर्षण है। ये कथाएँ बुन्देलखंड के ऐतिहासिक पृष्ठों के जीते-जागते चित्र हैं। उन चित्रों में इतिहास के सत्यों को मानव-जीवन की विभिन्न भावात्मक प्रतिक्रियाओं के साथ सजाकर रखा गया है। वर्मा जी के कथानक का रोमांस अपने स्वाभाविक अल्हड़पन में बड़ा मोहक जान पड़ता है। उसमें कृत्रिम प्रसाधनों में रच-रचकर सँवारा हुआ नागरिक सौन्दर्य नहीं है वरन् अपने सहज स्वास्थ्य की शक्ति से उद्‌भूत ग्राम-छवि है। उपन्यासों में जिस रोचकता को बहुत महत्त्व दिया गया है वह पर्याप्त मात्रा में इनके उपन्यासों में विद्यमान है। ये कथानक के मार्मिक स्थलों को पहचानते हैं और उन्हें प्रस्तुत करने की भी कला इनमें है।

विवरण की मात्रा कहीं-कहीं अधिक विस्तार में जाकर अनुचित सिद्ध होने लगती है। 'गढ़कुंडार' के प्रारम्भिक कई अध्यायों में विवरण इतना प्रधान हो उठा है

कि उससे लेखक की ऐतिहासिक सत्यों का लेखा-जोखा लेने की प्रवृत्ति अस्वस्थ शरीर की हड्डी की भाँति उभर आई है। तमाम गढ़ियों का वर्णन अनावश्यक-सा जान पड़ता है। 'कुंडार की चौकियाँ' में विभिन्न वंशों का विवरण दिया गया है। 'अर्जुन पहरेदार' में नागदत्त को चामुसी के देवरा से भरतपुरी की गढ़ी तक यात्रा न कराकर तथा अर्जुन पहरेदार से बहुत लम्बा-चौड़ा विवाद न कराकर किसी बहाने से कथानक को भरतपुरी की गढ़ी से ही प्रारम्भ कराया गया होता तो कथानक अधिक चुस्त होता है। मैं कह सकता हूँ कि प्रारम्भ से चार-पाँच अध्यायों को समेटकर एक या दो अध्यायों में कर दिया गया होता तो कथानक की स्पष्टता में कोई बाधा न उपस्थित होती।

कचनार (1948) में डरू जब भागता है तब किस प्रकार वह जंगल में रात-भर रहा, किस प्रकार बन्दरों और शेर से उसका सामना हुआ, इन सभी बातों को लिखने का लोभ लेखक संवरण नहीं कर सका। इतना तो पाठकों की कल्पना के ऊपर छोड़ देना चाहिए। 'झाँसी की रानी' में भी कथा का अनावश्यक विस्तार प्रदर्शित है। मृगनयनी में भी निन्नी और लाखी के विहार, गयास का उन पर आकर्षित होकर इतना बड़ा तूल कलाम करना, नसीर की विलासिता के चित्र मात्रा में अधिक हो गए हैं। नदी-नालों, पर्वतों में लेखक की वृत्ति इतनी रमी हुई है कि वह स्थान-स्थान पर अवसर निकालकर उनके चित्रण में तल्लीन हो उठता है जो कथानक के प्रवाह की दृष्टि से कुछ अवश्य व्याघातक सिद्ध होते हैं। किन्तु इन सभी विवरणों के विषय में एक बात ध्यान रखने की है, वह यह कि वर्मा जी के वर्णनों में जादू है। रोमांस उनकी मूल वृत्ति होने के कारण उनके वर्णन कथानक की दृष्टि से कुछ अनावश्यक होते हुए भी इतने मोहक तथा आकर्षक लगते हैं कि उनमें काव्य का एक स्वतंत्र आनन्द मिलने लगता है। विवरणों में वर्णनात्मकता और प्रकृति तथा मानवीय संवादों या अन्य स्थितियों के चित्रण में भावात्मकता या चित्रात्मकता का आनन्द प्राप्त होता है। इसलिए नीरसता या अरुचि का प्रसार नहीं होता, फिर भी उपन्यास काव्य नहीं।

कहीं-कहीं वर्मा जी ने निरीक्षण में दोष भी आ गया है। जैसे 'विराट की पद्मिनी' में 'स्वर्ण को लजानेवाली लट' कहकर भारतीय केशों के सौन्दर्य के प्रति उन्होंने अनभिज्ञता प्रकट की है। भारतीय केशों का सौन्दर्य उनकी श्यामता में है। सुनहलापन इंग्लिशवालों के लिए ही सुन्दर माना गया है। 'गढ़कुंडार' में 'अमरूद के बाग' की चर्चा आई है। यह भी ऐतिहासिक दृष्टि से काल-दोष है, किन्तु ऐसी भूलें बहुत अल्प मात्रा में हुई हैं।

(अन्य उपन्यास—'मुसाहिबजू', 'अचल मेरा कोई', 'अमरबेल', 'लगन', 'प्रत्यागत', 'प्रेम की भेंट', 'कुंडली चक्र', 'संगम', 'सोना', 'भुवन विक्रम', 'माधव जी सिन्धिया', 'टूटे काँटे', 'अहिल्याबाई' (उदय किरण), 'आहत')

भगवतीचरण वर्मा

चित्रलेखा (1934) : यह उपन्यास ऐतिहासिक पृष्ठभूमि को लेकर निर्मित हुआ है। इसकी कथावस्तु ऐतिहासिक नहीं, वरन् वह तो पुण्य और पाप की एक शाश्वत समस्या को लेकर चली है। यदि इस कथानक में ऐतिहासिक वातावरण निकालकर किसी भी काल का वातावरण प्रस्तुत कर दिया जाए तो उपन्यास के सौन्दर्य और उद्देश्य में कोई विशेष अन्तर नहीं पड़ेगा, किन्तु लेखक ने जिस काल के वातावरण को प्रस्तुत किया है उसका निर्वाह करने का प्रयत्न किया है। सामन्ती भोग-विलास, तपस्वियों का आधिक्य, नर्तकियों का समाज में स्थान, उत्सवों में पुरुष और महिला वर्ग का अलगाव आदि बातें गुप्तकाल के अनुरूप ही हैं। चन्द्रगुप्त के दरबार में चाणक्य और कुमारगिरि का जो विवाद हुआ वह किसी काल में किसी के दरबार में हो सकता था। अत: इस उपन्यास को हम सच्चा ऐतिहासिक उपन्यास नहीं कह सकते हैं।

'चित्रलेखा' में समस्या आ जाने के कारण चरित्रों के विश्लेषण या उनके विकास की योजना नहीं है। कुमारगिरि और बीजगुप्त जीवन के दो रूप हैं और चित्रलेखा इन दोनों को नापने की तुला है। समस्या में सीमित होने पर भी 'चित्रलेखा' के संवाद बड़े सजीव तथा आकर्षक हैं। 'चित्रलेखा' की भाषा प्रांजल तथा दार्शनिक विचारों से कहीं-कहीं बोझिल है। चित्र-विधान बड़े स्वाभाविक तथा प्राणवान हैं।

राहुल सांकृत्यायन

राहुल जी ने चार ऐतिहासिक उपन्यास लिखे हैं—'सिंह सेनापति', 'मधुर स्वप्न', 'जय यौधेय' और 'विस्मृत यात्री'। 'सिंह सेनापति' (1947) अधिक महत्त्व का है। इसका कथानक बुद्ध-काल का है। इसमें आए हुए नाम बुद्ध, महावीर, बिम्बसार, अजातशत्रु ऐतिहासिक हैं। सिंह का नाम 'अंगुत्तर निकाय' में मिलता है। उसमें सिंह का वैशाली का सेनापति होना वर्णित है। उसका पहले जैनधर्म, फिर बौद्धधर्म में दीक्षित होना भी प्रामाणिक है। 'सिंह सेनापति' की कथावस्तु ठोस नहीं है। सच पूछा जाए तो मुख्य कथा इसमें बहुत अल्प है और उसी थोड़ी कथा को लेखक ने विश्राम करा-कराकर बहुत देर में मंजिल तक पहुँचाया है। बीच-बीच में अनावश्यक बातचीत और विनोद बहुत लम्बे रूप में चलते रहते हैं। उद्देश्य विशेष की सिद्धि के लिए उसमें बहुत सी ऐसी घटनाओं का समावेश है जो एकदम अनावश्यक और अप्रासंगिक हैं। अत: घटनाओं की सम्बद्धता में भी कमी आ गई है। इसमें अवान्तर घटनाएँ मूल कथा में कोई विशेष योग नहीं देतीं। कथानक में कौतूहल का भी एकदम अभाव है। आगे आनेवाली घटनाओं का स्पष्ट आभास पहले ही मिल जाता है क्योंकि इसमें मनोवैज्ञानिकता तो नहीं के बराबर है, विरोधी घटनाएँ भी बहुत कम आती हैं तथा लेखक के पात्र, जिनके प्रति उसकी सहानुभूति है, हार खाना जानते ही नहीं।

इस उपन्यास के सभी चरित्रों में सजीवता और स्वाभाविकता है। सिंह सेनापति का अपना स्वतंत्र व्यक्तित्व है। वह उस युग का प्रतिनिधि लिच्छवि सेनापति है। उस युग के अनुकूल ही उसका स्वाभाविक चित्र खींचा गया है। यही बात रोहिणी के सम्बन्ध में भी कही जा सकती है। बहुलाश्व तत्कालीन सच्चे आचार्य के प्रतिनिधि हैं। भामा के चरित्र में ऐकान्तिकता अवश्य है परन्तु वह है हमारे बीच की। इस उपन्यास के जो पात्र सद्‌श्रेणी के हैं, उनमें कहीं किसी क्षण स्खलन नहीं आता। इनके पात्र जो सोचते हैं उसकी पूर्ति निर्विघ्न कर डालते हैं। इन पात्रों के दूसरे यथार्थ पहलू—कुरूप पक्ष—को छोड़ सा दिया गया है। सच बात तो यह है कि लेखक ने गणराज्यों को इस प्रकार सद्‌वृत्तियों पर आधारित माना है कि मानवता के विरुद्ध वहाँ कोई आवाज उठा ही नहीं सकता। प्रायः सभी प्रमुख पात्र गणराज्यों के ही हैं। जहाँ तक ऐतिहासिक पात्रों का सम्बन्ध है उनमें मनमाना हेर-फेर करने का अधिकार लेखक को नहीं है परन्तु जो अन्य पात्र आए हैं, उनको सिंह और रोहिणी के मार्ग में बाधा स्वरूप खड़ा कर लेखक उनके चरित्रों की कहीं-कहीं परीक्षा कर सकता था, जिससे उपन्यास में जान आ जाती। अन्तर्द्वंद्व के अभाव में पात्रों के मन की मनोवैज्ञानिक व्याख्या का अवसर नहीं आ सका है। घटनाएँ सीधी-सीधी चलती हैं।

इस उपन्यास में कथोपकथन का मुख्य उद्‌देश्य देश-काल का चित्र चित्रित करना ही मालूम पड़ता है। ये न तो कथा को आगे बढ़ाते हैं और न नई घटना की सृष्टि ही करते हैं। वे किसी देश की स्थिति, खान-पान, रहन-सहन बतलाने के लिए ही दूर तक चलते रहते हैं। कहीं-कहीं तो केवल विनोद के लिए, तीन-तीन, चार-चार पेज तक रँग दिए गए हैं। इससे उपन्यास की सजीवता नष्ट होती है। संवादों में पात्रों के स्वभाव के अनुकूल ही सरलता है। संवाद मोहक हैं।

ऐसा जान पड़ता है कि लेखक का मूल उद्‌देश्य उस काल के वातावरण, रहन-सहन, संस्कृति और सभ्यता का चित्र खींचकर उसका नए युग के साथ सामंजस्य करना है। उस काल में गणराज्यों की कैसी दशा थी, उनमें क्या सुख वैभव था, व्यक्ति के व्यक्तित्व का समाज के साथ कैसा समन्वय था, राजतंत्रों की प्रजाओं की कैसी त्रस्त दशा थी, राजाओं की लोलुप दृष्टि कैसे स्वतंत्र गणराज्यों का सुख-साम्राज्य छीनने को तत्पर थी, उनके राज्य में मनुष्य किस प्रकार दास बनाकर पशु से भी दलित समझा जाता था, गुरुकुलों के आचार्यों और विद्यार्थियों का कैसा सम्बन्ध था, उनका आचरण कैसा था, उस समय की विवाह-पद्धति, प्रेम-प्रणाली, युद्ध-शैली कैसी थी, कलाओं का क्या रूप था—इनके विशद चित्र लेखक ने खींचे हैं। परन्तु लेखक ने असभ्यावस्था के नैतिक आदर्श का आरोप उस काल में किया है। बुद्ध काल में समाज बहुत कुछ नैतिक बन्धनों में बँधकर संयत हो गया था। लेखक ने स्थान-स्थान पर चुम्बन-आलिंगन की भरमार-सी कर दी है। 'उत्तर-कुरु' में तो लेखक ने इस सभ्यता की सीमा को छू दिया है। वहाँ कोई भी स्त्री किसी पुरुष के अधीन नहीं, प्रत्येक पुरुष प्रत्येक रमणी से रमण कर सकता है।

लेखक ने विषय-प्रवेश में ही लिख दिया है कि वह आज के संकीर्ण हिन्दू

मनोवृत्ति की परवाह नहीं करता। इससे स्पष्ट है कि लेखक को आधुनिक हिन्दू मनोवृत्ति से असन्तोष है। पुस्तक पढ़ जाने पर यह स्पष्ट विदित होता है कि लेखक इतिहास के कंकाल में साम्यवाद की साँस भरना चाहता है। साम्यवाद में जहाँ तक मानवीय आदर्शों की स्थापना का प्रश्न है वहाँ तक किसी को विरोध नहीं, वे आदर्श तो सभी कालों और सभी देशों की सम्पत्ति होते हैं, किन्तु आधुनिक वाद के रूप में वह एकदम नवीन वस्तु है। अहिंसा का तत्त्व बौद्ध धर्म और ईसाई धर्म दोनों में है परन्तु दोनों दो चीजें हैं। यदि गणराज्यों की सामाजिक व्यवस्था मार्क्सवादी व्यवस्था से किसी हद तक मिले तो दोनों को एक ही कह देने का साहस दुस्साहस है। मार्क्सवाद की प्रतिष्ठा अभी नवीन वस्तु है। सुदूर अतीत काल में उसे ज्यों-का-त्यों पहुँचा देना अपने बाद की प्रतिष्ठा का दुराग्रह है। बौद्ध धर्म की अनात्मवादिता का प्रसंग लेखक ने भौतिकवाद के समर्थन के निमित्त ही ग्रहण किया है। यदि लेखक ने शुद्ध रूप से आधुनिक जर्जर रूढ़ियों को तोड़ने, उदार सामाजिक सम्बन्धों के प्रचार एवं व्यापक मानवता की प्रतिष्ठा का प्रयास किया होता तो सचमुच ही उसका प्रयास स्तुत्य रहता। 'जय-यौधेय', 'मधुर स्वप्न' और 'विस्मृत यात्री' के सम्बन्ध में भी ये ही बातें कही जा सकती हैं।

(अन्य उपन्यास—'जय यौधेय' और 'मधुर स्वप्न')

चतुरसेन शास्त्री

शास्त्री जी ने 'वैशाली की नगरवधू', 'वयं रक्षामः' और 'सोमनाथ' तीन ऐतिहासिक उपन्यास लिखे हैं। शास्त्री जी इतिहास को अपने ढंग से स्वीकारते हैं, अर्थात् इतिहास के सत्यों के प्रति इन्हें बड़ी निष्ठा नहीं है। ये उसका केवल रस ग्रहण करते हैं। अथवा यों कहें कि ये इतिहास के विशिष्ट सत्य के स्थान पर चिर सत्य को चित्रित करते हैं। इन्होंने अपना दृष्टिकोण स्पष्ट करते हुए कहा है, "चिरन्तन मानव-समाज में चरित्र और परिस्थिति की जो विकृति होती है वही चिर सत्य है। ऐसे कथानकों में साहित्यकार उसी चिरसत्य को चित्रित करता है। इतिहास की विशिष्ट सत्य घटनाओं का उसे पूर्ण ज्ञान नहीं होता। होने पर भी वह जानबूझकर उनकी उपेक्षा कर सकता है क्योंकि उसका काम तात्कालिक घटनाओं की सूची देना नहीं, तात्कालिक समाज का वेग दिखाना होता है।" इसलिए चतुरसेन जी ने अपने सारे ऐतिहासिक उपन्यासों में अपने उद्देश्य की पूर्ति के लिए कल्पना का खुलकर प्रयोग किया है। कल्पना के नए पात्र, नई घटनाएँ और नए प्रसंग तो गढ़े ही हैं, ख्यात पात्रों के चरित्रों को भी नया मोड़ दिया है, नई भंगिमा दी है। ये पात्र ऐतिहासिक दृष्टि से सत्य नहीं जान पड़ते किन्तु लेखक की सामाजिक दृष्टि और उद्देश्य को सफलता से प्रतिफलित अवश्य करते हैं। लेखक अपने को मानवता का नहीं, मानव का पुजारी मानता है और वे घृणित, पापी, अपराधी, खूनी, डाकू-हत्यारे, व्यभिचारी तथा पागल मनुष्यों को अपना देवता मानते हैं। मनुष्य के प्रति यह दृष्टि भी है। उपेक्षित मनुष्य के भीतर

सौन्दर्य देखने की यह प्रवृत्ति नवीन युग की देन है। शास्त्री जी ने आधुनिक जीवन-मूल्यों से प्रेरित होकर एक ओर हमारे इतिहास की कुलीन और धर्मोज्ज्वल कही जानेवाली सभ्यता और मान्यता की कुरूपता और बीभत्सता को उद्घाटित किया है, दूसरी ओर उपेक्षित, घृणित, पापी मनुष्यों के भीतर सौन्दर्य देखा है। शास्त्री जी इसलिए अश्लीलता की परवाह न करते हुए या उसे अश्लीलता न मानते हुए हर एक वस्तु को अपने प्रकृत रूप में खुलने देते हैं।

वैशाली की नगर वधू (1949) में बुद्धकालीन भारत की उस गणतंत्र व्यवस्था का चित्र है जो समृद्ध थी किन्तु विलासिता और कुछ अमानवीय प्रथाओं के कारण ह्रासोन्मुख हो रही थी। मूलतः इसमें अम्बपाली के माध्यम से नारी की महिमा प्रतिष्ठित की गई है। उस समय की नारी का कितना बड़ा अपमान था कि नगर की सर्वश्रेष्ठ सुन्दरी को गणिका का जीवन व्यतीत करने के लिए बाध्य किया जाता था। वह गणराज्य के समस्त लोगों की सम्पत्ति मानी जाती थी। नारी के रूप में अम्बपाली की महिमा की स्थापना ही इस उपन्यास की मूल वस्तु है, मगर इसके साथ-ही-साथ लेखक ने अनेक राजनीतिक, धार्मिक और सामाजिक परिस्थितियों के चित्र और प्रसंग प्रस्तुत किए हैं जिससे उस काल का वातावरण सजीव हो उठा है।

सोमनाथ (1954) में सोमनाथ पर महमूद गजनवी के आक्रमणवाली घटना चित्रित है। इस मुख्य कथा के साथ न जाने कितनी और घटनाएँ और प्रसंग आए हैं। इस उपन्यास में लेखक ने महमूद के चरित्र को अपनी कल्पना से काफी सँवारा है। महमूद खूँखार लुटेरे और बहादुर सैनिक के रूप में प्रख्यात है। वह हिन्दू मूर्तियों का भंजक था। उसने अपनी बर्बरता से भयंकर रक्तपात कराया। किन्तु लेखक ने उसमें इतना ही नहीं देखा, उसमें उसने कवि, सहृदय और भावुक मनुष्य का हृदय भी पाया और उसे हिन्दुओं की अन्ध-मूर्तिपूजा, अन्ध-देवश्रद्धा और सामाजिक असंगठन के प्रति क्रान्ति करनेवाली एक शक्ति समझा। सोमनाथ के लोग और पुजारी सामाजिक मानवीय शक्तियों को संगठित न कर, उन पर विश्वास न कर अपने-अपने देवताओं पर विश्वास किए बैठे थे और रूढ़ियों और विचित्र-विचित्र साधना-पद्धतियों से देवाराधना कर जीवन की वास्तविक शक्ति को भूल बैठे थे। महमूद ने इस जीवन-मूल्य को ठोकर मारकर तोड़ दिया। कोई भी देवता महमूद से अपने को और भक्तों को बचा नहीं सका। इस उपन्यास में लेखक ने अनेक प्रकार के गुण-धर्मवाले पात्रों की सृष्टि कर इतिहास के परिवेश में जीवन की विचित्र छवि अंकित की है।

वयं रक्षामः (1955) में लेखक ने प्राग्वेद काल की कथाएँ ली हैं। उस काल का सजीव वातावरण प्रस्तुत कर तत्कालीन जीवन के समस्त सम्बन्धों को कथाओं में बाँधने का प्रयत्न किया है। लेखक की दृष्टि तत्कालीन जीवन-मूल्यों का उद्घाटन करना नहीं भूलती।

चतुरसेन जी के उपन्यासों का मूल स्वभाव घटनात्मक है। घटना-प्रधान उपन्यासों की घटना-बहुलता, चमत्कारवादिता, पात्र-संकुलता, दृश्य-प्रसंग-अधिकता, कौतूहलवर्धिनी घटनाओं की नियोजना इनके उपन्यासों में खूब मिलती है। घटनाप्रधान

उपन्यासों का भरपूर रस इनके उपन्यासों में प्राप्त होता है। यद्यपि सामाजिक सोद्‌देश्यता और पात्रों का मनोवैज्ञानिक विश्लेषण इनके उपन्यासों से कहीं छूटा नहीं है परन्तु उनका मूल सौन्दर्य तो घटना-रस में ही दिखाई पड़ता है। घटना-प्रधान उपन्यासों में घटनाओं का कुशल संयोजन बहुत आवश्यक होता है। शास्त्री जी के उपन्यासों की गठन लचर है क्योंकि घटनाओं का कुशल संयोजन उनमें नहीं है। वे मुख्य कथा के साथ-ही-साथ अनेक घटनाओं को बहुत विस्तार से समेटते हैं और चमत्कारी ढंग से उनका विशद विवरण प्रस्तुत करते हैं। अत: इनके उपन्यास असन्तुलित ढंग से चारों ओर फैल जाते हैं और घटनाएँ अपना सापेक्षिक मूल्य न पहचान कर अनियंत्रित रूप से अपने को प्रतिष्ठित कर लेती हैं। एक ही कथा पर आधारित होने के बावजूद कन्हैयालाल मुंशी का 'जय सोमनाथ' शिल्प की दृष्टि से अधिक गठित और प्रभावपूर्ण है। 'सोमनाथ' फैल गया है। दूसरी बात कल्पना और इतिहास के समन्वय की है। शास्त्री जी की कल्पना इतिहास के छूटे हुए अंशों को खोजने, उन्हें अभिप्रेत कथा तथा कथा के माध्यम से व्यक्त होनेवाले जीवन-मूल्यों के साथ जोड़ने तक ही सीमित नहीं रहती, वह इतिहास के मान्य तथ्यों को तोड़ने-मरोड़ने और कल्पित सत्यों को स्थापित करने में भी प्रवृत्त होती है।

(अन्य उपन्यास—'सोना और खून', 'धर्मपुत्र', 'मोती')

यशपाल

दिव्या (1945) : 'दिव्या इतिहास नहीं, ऐतिहासिक कल्पना-मात्र है। ऐतिहासिक पृष्ठभूमि पर व्यक्त और समाज की प्रवृत्ति और गति का चित्र है।' लेखक की इस स्वीकृति के पश्चात् भी 'दिव्या' में ऐतिहासिक तथ्यों और घटनाओं की छानबीन करना, उनके सत्यासत्य के विवेचन को प्रमुखता देना न्यायसंगत नहीं कहा जा सकता। इतिहास के प्रसिद्ध विद्वान् डॉ. भगवतशरण उपाध्याय ने 'हंस' के प्रगति अंक में प्रकाशित अपने निबन्ध में इस उपन्यास की अनेक ऐतिहासिक भूलों की ओर निर्देश किया है। आधिकारिक रूप से इसके सम्बन्ध में कुछ कह पाना मेरे लिए न तो सम्भव है और न अपेक्षित ही। लेखकीय वक्तव्य से ही स्पष्ट है कि वह इतिहास न लेकर ऐतिहासिक वातावरण ले रहा है और ऐतिहासिक वातावरण की सृष्टि करना उसका लक्ष्य नहीं, उसका लक्ष्य है उस वातावरण के द्वारा व्यक्ति और समाज की प्रवृत्ति और गति का चित्र अंकित करना।

यह स्पष्ट है कि यशपाल व्यक्ति और समाज को एक विशेष दृष्टिकोण (मार्क्सवादी दृष्टिकोण) से देखते हैं। मनुष्य और समाज की परिस्थिति सापेक्ष गतिशीलता और प्रवृत्तियाँ उनकी दृष्टि में होती हैं। "वास्तव में मनुष्य ही श्रेष्ठ है और वह भोक्ता नहीं, कर्ता है। सम्पूर्ण माया मनुष्य की ही क्रीड़ा है।" मनुष्य के जीवन्त और स्रष्टा रूप को परखने के लिए इतिहास का विश्वास करने के स्थान पर उसका विश्लेषण करना चाहिए। इतिहास की उपेक्षा भी नहीं हो सकती क्योंकि वह वर्तमान

और भविष्य से जुड़ा रहकर उन्हें प्रभावित करता रहता है, उन्हें अनुभव प्रदान करता है किन्तु तभी, जब वह विश्लेषण द्वारा ग्रहण किया जाए।

'दिव्या' इतिहास का विश्लेषण है, इसलिए ईसापूर्व दूसरी शती की कथा आज भी हमसे कहीं-न-कहीं जुड़ती हुई अनुभव होती है। सामाजिक सम्बन्धों, परिस्थितियों, मूल्यों तथा व्यक्ति की नियति और जिजीविषा का जो स्वरूप इतिहास के इस अंचल में उभरा है वह समय की लम्बी दूरियाँ पार करता हुआ हमें छू लेता है, हमारी निकट पहचान का मालूम पड़ता है। इतिहास के रूप की तात्कालिकता तो केवल उस चेतना को विश्वस्त आधार देने का काम करती है जो इतिहास के एक बिन्दु से उठकर मनुष्य मात्र के मानवीय अनुभव से जुड़ जाती है। लेखक ने व्यक्ति और समाज के ढाँचे, वेशविन्यास, आकार-प्रकार का बड़ा जीवन्त चित्र खींचा है किन्तु उसका मूल उद्देश्य है सामाजिक सम्बन्धों, मूल्यों आदि की विसंगतियों और व्यक्ति की यातना, संघर्ष तथा गति का जीवन्त रूप प्रस्तुत करना।

मद्र यों तो गणराज्य है किन्तु उसकी सारी प्रवृत्ति सामन्ती राज्य की-सी है। राज्य-व्यवस्था प्रणाली में गणराज्य दीखनेवाला मद्र अपने सामाजिक सम्बन्धों और मूल्यों की विसंगतियों तथा अभिजात रूढ़ियों में सामन्ती ही प्रतीत होता है। वहाँ कोई राजा नहीं है। महाराज मिलिन्द ने पौरव राजवंश को पराजित कर मद्र देश पर अपना साम्राज्य स्थापित किया था। जब मिलिन्द ने धर्मचक्र में दीक्षित हो राजसिंहासन त्याग दिया तब उत्तराधिकारी के अभाव में मद्र के सम्मानित, सम्पन्न और सशक्त कुलों ने गण-रूप में मद्र देश का शासन सँभाला। महासेनापति, गणपति, मंत्री, धर्मस्थ—ये सभी अधिकारी अभिजात वंश के ही लोगों में से चुने गए। इससे स्पष्ट है कि गणराज्य अपने संस्कारों में सामन्ती ही रहा। इसलिए सामान्य जनता का यह अनुभव बहुत स्वाभाविक है कि इस देश में तो कई राजे हैं इससे तो वह राजतंत्र ही अच्छा था। जनता इसीलिए देश के सुख-दुख के साथ अपने को एक नहीं कर पाती। वह देश को अपना नहीं, सामन्तों का समझती है।

लेखक ने सामन्ती समाज-व्यवस्था की सारी विसंगतियों को उभारा है, मिलिन्द ने दासों को मुक्त किया था, वे पुनः दास बना लिये गए हैं। यह दासत्व दोहरा अभिशाप सहन कर रहा है—अर्थ का और कुलीनता का। इसीलिए प्रेस्थ धनसंचय कर श्रेष्ठी बन जाने पर भी कुलीन न होने के कारण गणपरिषद् का सदस्य नहीं बन सका और उसका लड़का पृथुसेन सर्वश्रेष्ठ खड्गधारी का सम्मान पाकर भी कुमारी दिव्या की शिविका को कन्धा देने का अधिकार नहीं प्राप्त कर पाता। भरी सभा में उसका अपमान होता है। वह दिव्या के प्रपितामह धर्मस्थ से इस अन्याय की शिकायत करता है, दिव्या उसका साथ देती है। धर्मस्थ चारों ओर से विषमताओं और असंगतियोंमय परिवेश से घिरे रहकर भी अपनी चेतना में निष्कलुष हैं और वे न्याय करते हैं। पृथुसेन का अपमान करनेवाले रुद्रधीर को सहस्र दिवस के लिए देशनिकाला का दंड देते हैं। उनका यह न्याय अभिजात वर्ग में तरह-तरह की प्रतिक्रियाएँ पैदा करता है। स्वयं धर्मस्थ का कुलीन ब्राह्मण परिवार सामन्ती संस्कारों और विसंगतियों से ग्रस्त है।

उपन्यास में सामन्ती समाज और राज्य व्यवस्था के अनेक दोषों, प्रवृत्तियों आदि का मार्मिक अंकन किया गया है किन्तु इस व्यवस्था में नारी के स्वरूप को दिखाना जैसे उसका मुख्य लक्ष्य है। 'दिव्या' नाम से ही प्रतीत होता है कि उसी के जीवन को लेकर एक व्यक्ति (नारी) की समस्या, यातना, बेबसी, प्रवृत्ति को गतिशील रूप में दिखाना लेखक का लक्ष्य रहा है। व्यक्ति के माध्यम से या उसके सन्दर्भ में समाज के मूल्यों, सत्यों, सम्बन्धों के अनेक संगत-असंगत पहलू खुलते जाते हैं। कहना न होगा कि व्यक्ति और समाज के निरीक्षण, विश्लेषण और चित्रण में उपन्यासकार ने मार्क्सवादी दृष्टि से काम लिया है। इतिहास उसकी दृष्टि पाकर एक नए अर्थ से भर उठा है। नारी युगों से शोषित रही है, वह चाहे शोषक वर्ग की हो या शोषित वर्ग की। 'दिव्या'-जैसी उच्चकुलीन, गुणमयी, कलाकर्त्री, सुन्दरी बालिका का जीवन कितने मोड़ों और अनुभवों से गुजरता है। वह अपने मनपसन्द, वीर, पराक्रमी, पृथुसेन से प्रेम नहीं कर पाती। कुलीनता बीच में आती है और उसे बन्दी बना देती है। पृथुसेन का अंश अपने भीतर छिपाए वह बेचैन किए रहती है। पृथुसेन युद्ध के मोर्चे पर होता है तब तक तो उसकी प्रतीक्षा में सन्तोष धारण किए रहती है। घायल पृथुसेन लौटता है तो उसे यह भ्रान्ति ग्रस लेती है कि दिव्या उसकी उपेक्षा कर रही है और वह सीरो से प्रेम करने लगता है। दिव्या—असहाय नारी, चिरन्तन काल की पीड़ित नारी चारों ओर से निराश होकर दासी को लेकर घर से निकल पड़ती है और फिर बेसहारा होकर यहाँ-वहाँ तिनके-सी बहती फिरती है तथा सामाजिक सम्बन्धों और विसंगतियों के अनेक तटों को छूती हुई उन्हें प्रकाशित करती रहती है। एक बूढ़ी कुटनी की आत्मीयता उसे एक बालिका-विक्रेता के हाथ बेच देती है। फिर वह मथुरा के एक ब्राह्मण के यहाँ बिकती है, जहाँ वह भयंकर ताड़नाओं से गुजरती है, वहाँ से भागकर महास्थविर से भिक्षुणी बनने का निवेदन करती है और वहाँ से ठुकराई जाती है। आत्महत्या करने का प्रयत्न करती है और शूरसेन प्रदेश की राजनर्तकी देवी रत्नप्रभा द्वारा बचा ली जाती है। रत्नप्रभा उसे अंशुमाला नाम देती है और बड़े प्यार से रखती है। अंशुमाला के रूप में दिव्या को बहुत ख्याति मिलती है। लेकिन वह संयम और उदासीनता को धारण किए केवल नर्तकी बनी रहती है। अन्त में वह देवी मल्लिका से भेंट होने पर मद्र लौटती है और मल्लिका उसे अपनी उत्तराधिकारिणी बनाने की घोषणा करती है किन्तु ब्राह्मण वंश विरोध करता है—"मद्र में द्विज-कन्या वेश्या के आसन पर बैठकर उनके लिए भोग्या बनकर वर्णाश्रम को अपमानित नहीं कर सकती।" दिव्या फिर वहाँ से निकलती है। पृथुसेन सत्वहीन होकर भिक्षु हो जाता है तथा वह इस समय दिव्या को भिक्षुणी बनने का उपदेश देने आता है। रुद्रधीर उसे कुलवधू बनाना चाहता है। दिव्या दोनों को ठुकरा देती है और कलाकार मारिश को स्वीकार करती है जो किसी सांसारिक या दैवी जीवन की उच्चता का प्रलोभन न देकर सहज जीवन जीने का पक्षपाती है।

इस प्रकार इस कथा-यात्रा में कुलीन समाज के सम्बन्धों और मूल्यों की रिक्तता तो स्पष्ट होती ही है, साथ-ही-साथ शोषित नारी का शोषण करनेवाले व्यक्तियों,

समुदायों और संस्थाओं का भी कुरूप चेहरा उभरता है। व्यक्ति और समाज का एक ऐसा यथार्थ उगता है जो हमें आज भी कहीं अपने से जोड़ लेता है।

गरीब ब्राह्मण जो स्वयं गरीब है, शोषित है, अपनी सेविका का शोषण करने में नहीं चूकता। दासप्रथा और सामन्तप्रथा में शोषण की तमाम छोटी-बड़ी सीढ़ियाँ हैं जो क्रमशः एक-दूसरे पर सवार होती हैं। बौद्ध धर्म गरीब, दुखी, दास 'दिव्या' को दीक्षित नहीं कर सकता किन्तु चारों ओर से हारे हुए सांसारिक दृष्टि से निराश हो गए (सद्भाव से आए हुए नहीं) पृथुसेन को दीक्षित कर लेता है क्योंकि वह पुरुष है। और पृथुसेन भिक्षु उसी दिव्या को भिक्षुणी बनाना चाहता है जैसे कहीं उसके मन में यह वासना छिपी हुई है कि दिव्या उसकी रही है, किसी और की न होने पाए।

मारिश चारवाकवादी है वह संसार को छोड़ने का नहीं, भोगने का पक्षपाती है। अपने भौतिक यथार्थवाद में चारवाक सम्प्रदाय मार्क्सवाद के करीब जान पड़ता है इसलिए लेखक-कलाकार मारिश के भौतिक दर्शन में कहीं स्वयं अपने दर्शन की निकटता अनुभव करता है। वह युग-युग से प्रताड़ित नारी को मारिश के साथ लगा देता है—भोग के लिए रुद्रधीर के साथ नहीं, मोक्ष के लिए पृथुसेन के साथ नहीं। मारिश अन्त में जो कहता है वह उसके जीवन-दर्शन का निचोड़ मालूम पड़ता है—'मारिश देवी को राजप्रासाद में महादेवी का आसन अर्पण नहीं कर सकता। मारिश देवी को निर्वाण के चिरन्तन सुख का आश्वासन नहीं दे सकता। वह संसार के सुख-दुख अनुभव करता है। अनुभूति और विचार ही उसकी शक्ति है। उस अनुभूति का ही आदान-प्रदान वह देवी से कर सकता है। वह संसार के धूलि-धूसरित मार्ग का पथिक है। उस मार्ग पर देवी के नारीत्व की कामना में वह अपना पुरुषतत्त्व अर्पण करता है। वह आश्रय का आदान-प्रदान चाहता है। वह नश्वर जीवन में सन्तोष की अनुभूति दे सकता है...सन्तति की परम्परा के रूप में मानव की अमरता दे सकता है।'

सामन्ती प्रथा में विसंगतियों की एक लम्बी परम्परा होती है। स्वयं दास प्रेस्थ पैसे कमा-कमाकर कुलीनों की पाँति में बैठना चाहते हैं और उन्हीं की तरह आचरण करना चाहते हैं, वे अपने वर्ग से छूटकर उसी के मूल्यों, सम्बन्धों और हितों के शत्रु बन जाते हैं। गरीब अपने से कम गरीब का शोषण करता है। बड़प्पन शौर्य और गुण पर आधारित नहीं होता, कुलीनता पर होता है। धर्म भी शक्तिशालियों की रक्षा की ढाल बन जाता है, अशक्तों को ठुकरा देता है। लेखक ने समाज की मूल्यगत और सम्बन्धगत विसंगतियों का पर्दाफाश कर तथा व्यक्ति और समाज के बहुमुखी संघर्षों का चित्रण कर अपने समाजवादी दृष्टिकोण का तो परिचय दिया ही है, साथ-ही-साथ मारिश जैसे पात्र की अवतारणा करके स्थान-स्थान पर उसके द्वारा भौतिक विचार व्यक्त कराकर तथा उसी में सारे संघर्ष की समाहिति करके उसे प्रत्यक्ष रूप भी दिया है।

उपन्यास अपनी यथार्थवादी जीवन-दृष्टि, गतिशील व्यक्तियों तथा परिवेश-सम्पृक्त उनके विचारों, भावों, सम्बन्धों की पहचान और सजीव चित्रण की अद्भुत

क्षमता के कारण बहुत मर्मस्पर्शी तथा प्रभावशाली बन पड़ा है। हाँ, आरम्भिक अध्यायों में ऐतिहासिक तथ्यों के परिचय की कुछ भीड़-सी लग जाने के कारण बोझिलता बढ़ गई है।

हजारीप्रसाद द्विवेदी

बाणभट्ट की आत्मकथा (1946) : द्विवेदी के सारे उपन्यास ऐतिहासिक या पौराणिक हैं। किन्तु उन्होंने इतिहास या पुराण के तथ्यों का औपन्यासिक शैली में प्रस्तुतीकरण नहीं किया है, उन्हें वर्तमान के सन्दर्भ में रचा है।

द्विवेदीजी मूलतः एक सर्जक हैं। सर्जक तथ्य से अनुशासित नहीं होता, उस पर आधारित होता है। वह सत्य से अनुशासित होता है। वह तथ्यों को परस्पर नियोजित कर उनसे एक मनचाही दुनिया रचता है। उसकी अपनी दृष्टि एक नया संसार गढ़ती है जिसमें तथ्य तो होते हैं किन्तु उनके आपसी सम्बन्ध और तारतम्य बदले होते हैं। इस बदलाव के कारण ही वे भिन्न-भिन्न रचनाओं में भिन्न-भिन्न प्रभाव पैदा करते हैं। हजारीप्रसाद द्विवेदी मानववादी रचनाकार हैं। वे अपने समय की तमाम चिन्ताओं से गुजरते हुए एक ऐसे संसार की सृष्टि करते हैं जिसमें परिवर्तनशीलता शोषित लांछित और अभावग्रस्त समाज तथा व्यक्ति की पीड़ा रेखांकित करती हुई उसकी नई जागृति की सूचना देती है, उसकी अस्मिता के महत्त्व की ओर ध्यान खींचती है। इस प्रकार ये इतिहास या पुराण के तथ्यों को लेकर समकालीन सत्य की रचना करते हैं और साथ ही उसके चिरन्तन होने का आभास पैदा करते हैं। ऐतिहासिक या पौराणिक तथ्यों के कठोर अनुशासन में न बँधकर उन्हें अपने ढंग और क्रम से नियोजित करने के कारण ही वे अपने उपन्यासों को गप्प कहते हैं।

द्विवेदी जी मानववादी कथाकार हैं किन्तु उनका मानववाद अमूर्त नहीं है वह ठोस परिस्थितियों से पैदा होता है। वह अनेक विषम परिस्थितियों के साथ मनुष्य से टकराते चलने से पैदा होता है इसलिए द्विवेदी जी ने अपने उपन्यासों में जिस समय की कथावस्तु ली है उस समय के समाज के विविध परिवेशों का विधान किया है उनकी टकराहट में से ही मानववादी पात्र निकलते हैं और अपनी आभा बिखेरते हैं। 'बाणभट्ट की आत्मकथा' द्विवेदी जी का पहला किन्तु अत्यन्त प्रभावशाली उपन्यास है। यह द्विवेदी जी के औपन्यासिक व्यक्तित्व की वास्तविक पहचान है। ऐतिहासिक उपन्यास के ही क्षेत्र में नहीं, उपन्यास के क्षेत्र में भी यह एक नई उपलब्धि के रूप में आया। इसलिए इसके माध्यम से द्विवेदी जी के औपन्यासिक व्यक्तित्व की चर्चा अच्छी तरह की जा सकती है।

उपन्यास के नाम से ही ज्ञात है कि वह बाणभट्ट की आत्मकथा है। वास्तव में बाणभट्ट की आत्मकथा नहीं है, उसके समय की कथा है। बाणभट्ट आत्मरति प्रधान पात्रों की तरह अपने में डूबकर केवल अपने जीवन के तथ्यों की या अपनी आन्तरिक दुनिया की कहानी नहीं कहता है, वह तो अपने समय

की और उसके माध्यम से शोषक समाज से संघर्ष करते अभिशप्त लोगों की कहानी कहता है। वह तो केन्द्रीय सूत्र के रूप में है। मूल कथा बाणभट्ट और भट्टिनी (चन्द्रदीधित) तथा निउनिया के बीच तनी है किन्तु मनोवैज्ञानिक स्तर पर परस्पर तनी हुई यह कथा भीतर-भीतर घुर्ची नहीं मारती, वह बाहरी दुनिया से सघनता से टकराती चलती है।

बाहर से टकराकर स्वयं को तो रचती चलती ही है, बाहरी दुनिया की भी परतें खोलती और उसे प्रभावित करती है। इसलिए इसका तनाव पात्रों से परिवेश का भी है और पात्रों की पारस्परिक मानसिकता का भी है। व्यक्ति का व्यक्ति से तनाव है और उसका स्वयं अपने से भी तनाव है। बाण, भट्टिनी और निउनिया के बीच का तनाव ही कथा का केन्द्रीय तत्त्व है किन्तु यह तनाव अद्भुत है, यह तनाव टकराहट मूलक नहीं है, साहचर्य मूलक है। निउनिया बाणभट्ट के प्रति गहरा राग अपने भीतर छिपाए जी रही है, बाणभट्ट उसके राग को मोह समझकर उसके इस भाव के प्रति उदासीन है। निउनिया अपने गहरे राग भाव के बावजूद बाण को भट्टिनी से जोड़ती है। धीरे-धीरे भट्टिनी के प्रति बाण का राग भाव गहराता जाता है किन्तु उस राग को वह भट्टिनी के प्रति पूज्यभाव में बदलता रहता है। वह अपने को भट्टिनी का सेवक समझता है। उसके अद्भुत सौन्दर्य के प्रति उसका मन कहीं उद्दाम नहीं होता, बल्कि उपासना भाव से भरता रहता है। भट्टिनी उसे अपना प्रकटतः अभिभावक मानती है, किन्तु उसके अटूट संयम और चरित्रगत गाम्भीर्य के पीछे से उसकी रागाभा झाँक-झाँक जाती है। निउनिया इन दोनों के बीच सेतु बनती रहती है और अपने निजी राग को पाने को देने में, वासना को उपासना में, हाथ थामने को दो हाथों को मिलाने में बदलती रहती है अर्थात् उसका निजी राग विश्वराग बनने की साधना में लीन रहता है और एक दिन वह रत्नावली नाटिका के मंचन के समय वासवदत्ता का अभिनय करती हुई समाप्त हो जाती है।

निपुणिका (निउनिया) वासवदत्ता का अभिनय कर रही थी। भट्टिनी इस नाटक में बहुत रस ले रही थी। भट्ट ने पूछा, "देवि, इस नाटक में ऐसा क्या है जो तुम्हें इतना मुग्ध किए हुए है?" भट्टिनी तो हँसकर टाल गई किन्तु निपुणिका बोली, "यह तुम नहीं देखते कि वासवदत्ता ने किस प्रकार दो विरोधी दिशाओं में जानेवाले प्रेम को एक सूत्र कर दिया है। प्रेम एक और अवियोज्य है। उसे केवल ईर्ष्या और असूया ही विभाजित करके छोटा कर देते हैं।"

बाण पश्चात्ताप की मुद्रा में सोचता है—"वासवदत्ता की भूमिका में निपुणिका ने तो उन्माद बरसा दिया। उसके हर्ष, शोक और प्रेम के अभिनय में वास्तविकता थी। मैं हतभाग्य बराबर उसे अभिनय ही समझता रहा, पर वह अभिनय से कहीं अधिक था, भिन्न था वह। वास्तव में निपुणिका ने अपने को ही खोलकर रख दिया। अन्तिम दृश्य में जब वह रत्नावली का हाथ मेरे हाथ में देने लगी तो सचमुच विचलित हो गई। वह सिर से पैर तक सिहर गई। उसके शरीर की एक-एक शिरा शिथिल हो गई। भरतवाक्य समाप्त होते-होते वह धरती पर लोट गई। नागर जन जब साधु-साधु की

आनन्द ध्वनि से दिगन्तर कँपा रहे थे उस समय यवनिका के अन्तराल में निपुणिका के प्राण निकल रहे थे।"

इतना ही नहीं भट्टिनी भी निउनिया के वास्तविक मर्म को समझते हुए चिल्ला उठी—"हाय यह अभागिनी का अभिनय आज समाप्त हो गया। उसने प्रेम की दो दिशाओं को एक सूत्र कर दिया।" यह वह बिन्दु है जहाँ भट्ट, निउनिया और भट्टिनी के पारस्परिक रागात्मक सम्बन्ध मुखर होते हैं उनकी अनुगूँज तो पूरे उपन्यास में भरी पड़ी है किन्तु मुखर अभिव्यक्ति ऐसे ही कुछ स्थलों पर हुई है। निउनिया भट्ट को चाहती हुई भी उसे भट्टिनी से मिलाने का प्रयत्न करती हुई चली गई और भट्टिनी का भी सारा संयम इस स्वीकृति में फूट पड़ता है, "उसने प्रेम की दो दिशाओं को एक सूत्र कर दिया।"

बाण निउनिया और भट्टिनी की सम्बन्ध-कथा अत्यन्त संयत होने के कारण बहुत जटिल और मार्मिक है। यह राग-कथा ऊपरी धरातल पर कभी-कभी ही आती है अन्यथा वह सदा इन पात्रों के भीतर उमड़ती-घुमड़ती रहती है और त्याग तथा सेवा की क्रियाओं में उतरती रहती है। संयम और त्याग से इन पात्रों का प्रेम वह महिमा प्राप्त कर लेता है जो आध्यात्मिक स्तर को छू लेती है। इन पात्रों का (विशेषतया बाण और निउनिया का) प्रेम इसलिए और महिमाशाली हो उठता है कि ये पात्र संसार में बदनाम होते हैं। यानी संसार की दृष्टि में स्थापित पात्रगत चरित्रहीनता से उनकी वास्तविक चारित्रिक महिमा टकराकर और भी जटिल और आभावान हो उठती है। इसे विरुद्धों का सामंजस्य भी कह सकते हैं। या दृश्य से वास्तविकता की ओर (from appearance to reality) जाना भी कह सकते हैं। बाण संसार की दृष्टि में बदनाम है। वह आवारा और लम्पट माना जाता है क्योंकि घर से भागा हुआ है और अपने मर्यादा-सम्पन्न पंडित कुल का पुत्र होकर नाटक करता फिरता है और इस प्रक्रिया में तमाम लड़कियाँ उसके साहचर्य में आती हैं। उनमें से एक निउनिया भी है। पंडित कुल के किसी व्यक्ति का यह आचरण निश्चय ही संसार की दृष्टि में निन्दनीय है। इतनी लड़कियों के साहचर्य में आनेवाला व्यक्ति क्या लम्पट होने से बचा रहेगा? संसार तो चरित्र के बारे में बहुत सरल तरीके से सोचता है। इसलिए बाण लम्पट मान लिया जाता है। यहाँ तक कि राजा हर्ष भी उसे भुजंग कहते हैं। और संसार की दृष्टि में बाण का यही वह बिम्ब है जिससे लेखक उसके असली रूप को तानता है। यह तनाव इसलिए और भी जटिल हो उठता है कि बाण दुनिया द्वारा आरोपित बिम्ब का प्रतिवाद नहीं करता बल्कि वह भी अपने को धिक्कारता है कि वह इतने बड़े कुल का होकर अयोग्य निकला। वास्तव में वह अपने किए हुए को नीच कर्म नहीं मानता और इसके लिए वह पश्चात्ताप नहीं करता बल्कि उसे लगता है कि वह कुछ कर ही नहीं सका, इतने मूल्यवान कुल का होकर भी मूल्यहीन जीवन जी रहा है। दुनिया की सोच और आत्मधिक्कार के भीतर से बाण का यह स्वभावगत सौन्दर्य उसके कर्मों के द्वारा फूटता रहता है जो उसे पाठक की दृष्टि में अत्यन्त मूल्यवान और महिमावान बना देता है।

बाण पंडित वंश का है किन्तु वह कवि है। पंडित और कवि का मौलिक अन्तर यह है कि पंडित किताबी ज्ञानवाला होता है और कवि जीवन जीकर उसकी खट्टी-मीठी संवेदनाओं से गुजरता है। वह राग तत्त्व का पुजारी होने के कारण संसार के संश्लेषक तत्त्वों से जुड़ता है। इस प्रक्रिया में वह संवेदना, दृष्टि और मूल्य की जड़ परतों को तोड़ता है और नई परतें खोलता है। उसकी दृष्टि में किताबी ज्ञानजन्य नैतिकता प्रधान नहीं होती, प्रधान होता है कर्म के प्रवाह में पड़े हुए जीवन की उठती-गिरती बनती-बिगड़ती संवेदनाओं और मर्यादाओं का अटूट सिलसिला। सब कुछ परिवर्तनशील कर्ममय जीवन की सापेक्षता में ही प्रासंगिक है। कवि बाण अपने को धिक्कारता हुआ भी वही जीवन-कर्म करता है जो एक कवि को करना चाहिए। वह मुक्त मन है। वह महान से महान मानी जानेवाली झूठी मर्यादा से आतंकित न होकर वही करता है जो उसका मुक्त कवि-मन कहता है। इसीलिए वह नाटक-मंडली बनाता है और उसमें लड़कियों को भी रखता है किन्तु हम देखते हैं कि वह दुनिया की रूढ़िवादी दृष्टि में बदनाम कर्म करता हुआ भी कितना संयत है। अपने प्रति मोहासक्त निउनिया के प्रति भयानक उदासीनता दिखाता है जिसके फलस्वरूप निउनिया वहाँ से भाग आती है। दुबारा जब वह मिलता है तब फिर बाण के प्रति उसका सोया हुआ राग जाग उठता है हालाँकि उसे वह कभी कहकर व्यक्त नहीं करती और बाण फिर उसके प्रति संयत बना रहता है। भट्टिनी जैसी महीयसी और अपूर्व सुन्दरी का उद्धारक और अभिभावक होने का उसे गौरव प्राप्त होता है और भट्टिनी के राग का आभास भी उसे मिलता रहता है किन्तु वहाँ भी वह अपूर्व आत्म संयम से काम लेता है। वह भट्टिनी के सौन्दर्य और व्यक्तित्व के बारे में सोचता है तो लगता है उसके मन में प्रेम नहीं, उपासना का भाव पैदा हो रहा है। वह भट्टिनी के जीवन और मान-मर्यादा की रक्षा के लिए मर मिट सकता है। क्यों? क्या इसलिए कि वह प्रेम के चालू मुहावरे में उस पर जान देता है? नहीं, वह जान तो देता है किन्तु भट्टिनी को अपनाने के लिए नहीं, उसे मुक्त रखने के लिए। भट्टिनी सामन्ती व्यवस्था की कुरूपता का शिकार है। उसमें कैद है। बाण इस महीयसी को उससे मुक्त करना चाहता है और इस मुक्ति के प्रयास के पीछे बाण का सामाजिक मूल्यबोध तो है ही उसके व्यक्तित्व का प्रभाव भी है।

द्विवेदी जी ने प्रेम या राग तत्त्व का प्रबल समर्थन किया है। उनकी आधुनिक दृष्टि मनुष्य के महत्त्व को रेखांकित करती है और मनुष्य का केन्द्रीय तत्त्व है राग। बल्कि यह समूची सृष्टि का केन्द्रीय तत्त्व है और इस राग की पूर्णता स्त्री और पुरुष के मिलन में ही होती है। इसलिए राग या प्रवृत्ति का निषेध अवांछित है। द्विवेदी जी ने बाबा और बाण के संवाद की योजना कर मानवीय प्रवृत्तियों के महत्त्व पर बल दिया है। बाबा ने कहा, "प्रवृत्तियों से डरना भी गलत है, उन्हें छिपाना भी ठीक नहीं और उनसे लज्जित होना वालिशता है।—त्रिभुवन मोहिनी ने जिस रूप में तुझे मोह लिया है उसी रूप की पूजा कर, वही तेरा देवता है।" इसीलिए बाबा विरातिवज्र से कहते हैं, "इस मार्ग में शक्ति के बिना साधना नहीं चल सकती।"

बाबा बाण से पछते हैं, "क्यों रे, उस लड़की (भट्टिनी) पर तेरी ममता है न?"

बाण असमंजस में पड़ गया। सोचा—क्या जवाब दूँ। चुप रहना ही ठीक समझा।

बाबा ने फिर पूछा, "क्यों रे, बताता क्यों नहीं?"

बाण ने हाथ जोड़कर कहा, "उस कन्या का सेवक होना गौरव का विषय है, आर्य! मैं उसके मंगल के लिए प्राण तक दे सकता हूँ।"

बाबा हँसते रहे। बोले, "ना रे पागल, प्राण मैं नहीं माँगता। मैं जानना चाहता हूँ कि उस कन्या पर तेरी ममता है या नहीं। सीधा क्यों नहीं कहता कि है। तेरी जाति ही टेढ़ी है। हाँ रे, महावराह पर तेरी ममता है?"

"है आर्य।"

"मान ले कि एक निशाचर अचानक आकर तुझे धर दबाए और अपने बाएँ हाथ में तेरी स्वामिनी और दाहिने हाथ में महावराह की मूर्ति को लेकर बोले कि तू अपना प्राण देकर किसी एक को बचा सकता है। तो तू किसे बचाने के लिए अपना प्राण देना पसन्द करेगा?"

बाण ने सोचा, "बाबा बेढब जीव है। ऐसा भी प्रश्न किया जाता है," थोड़ी देर सोचकर बोला, "मैं दोनों को बचाना चाहूँगा।"

बाबा क्रोध से काँप उठे, "फिर झूठ बोलता है, जन्म का पातकी, कर्म का अभागा, मिथ्यावादी, पाखंड। महावराह को बचाएगा तू दम्भी?"

बाण हतचेष्ट रह गया। फिर बोला बल्कि उसकी इच्छा के विरुद्ध किसी ने उससे कहलवा दिया, "प्राण देकर मैं भट्टिनी को बचाऊँगा।"

बाबा हँसने लगे। बोले, "—क्यों रे डर लगता है? दुत् पगले, उस मायाविनी के जाल में फँस रहा है? क्या बुरा है रे। त्रिपुर सुन्दरी ने जिस रूप में तेरे मन को भुलाया है, उसे साहसपूर्वक स्वीकार क्यों नहीं करता?—तेरे मन में महावराह से अधिक पूज्य भावना उस लड़की के प्रति है। है न रे?"

बाबा और बाण के संवाद में द्विवेदी जी ने मानव राग की महिमा प्रतिष्ठित करते हुए शुष्क शास्त्र-ज्ञान का निषेध किया है। बाबा कहते हैं, "देख रे, तेरे शास्त्र तुझे धोखा देते हैं। जो तेरे भीतर सत्य है, उसे दबाने को कहते हैं, जो तेरे भीतर मोहन है, उसे भुलाने को कहते हैं, जिसे तू पूजता है उसे छोड़ने को कहते हैं।"

बाबा निर्भीक भाव से भीतर के सत्य को स्वीकार करने के लिए कहते हैं और कहते हैं, "किसी से न डरना, गुरु से भी नहीं, मंत्र से भी नहीं, लोक से भी नहीं, वेद से भी नहीं। मंत्र याद है न।"

द्विवेदी जी प्रेमकथा प्रेमकथा कहने के लिए नहीं कहते, उसके माध्यम से हमारे समाज की तथाकथित गलाजत में से सौन्दर्य और तथाकथित भद्रता में से गलाजत की पहचान कराते हैं। यानी उनकी मानववादी दृष्टि प्रेम के विधान के साथ-साथ हमें मनुष्य के असली रूप की पहचान भी कराती है। यह आकस्मिक नहीं है कि उनके प्रेमी पात्र समाज के अभिशप्त लोग होते हैं, जो समाज की ऊँचाई पर बैठे हुए गर्वोन्नत लोगों से अधिक महान सिद्ध हो जाते हैं। निउनिया तथाकथित छोटी

जाति की औरत। शादी के साल-भर बाद विधवा हो गई। ससुराल की यातना से ऊबकर घर से भाग निकली और उज्जयिनी में बाणभट्ट की नाटक मंडली में उसे अभिनेत्री की जगह मिल गई। वह बाण के प्रति अनुरक्त हो उठी किन्तु बाण की उदासीनता से उज्जयिनी छोड़कर भाग निकली और पता नहीं कहाँ-कहाँ क्या दुख सहती हुई स्थाण्वीश्वर आ गई और वहाँ पान बेचने लगी। जवान सुन्दर आँखोंवाली स्त्री, अकेली स्त्री अनजाने शहर में पान बेचती हो तो कल्पना की जा सकती है कि उसके आसपास कैसे-कैसे लोगों का जमघट लगता होगा और उसके बारे में क्या-क्या झूठी-सही रसमयी कथाएँ गढ़ी और प्रचारित की जाती होंगी। बदनाम छोटे राजकुल में उसका आना-जाना भी लगा रहता है। दुनिया उसे क्या समझती है इसकी एक झलक स्वयं निपुणिका के अपने वाक्य से मिलती है। निपुणिका बाण से कहती है कि तुम्हें एक काम करना होगा। बाण कहता है, मैं आशा करता हूँ कि तू मुझे अनुचित कार्य में कभी प्रवृत्त नहीं होने देगी। तब निउनिया कहती है, "तुम बचने का रास्ता खोज रहे हो। मेरी जैसी स्त्री से तुम उचित कार्य में सहायक बनाने की आशा रखते हो। तुम बहुत भोले हो।"

यहाँ निउनिया के चरित्र के असली और नकली दोनों पक्षों के संकेत मिलते हैं। निउनिया अपनी छोटी जाति, दुर्भाग्य और संसार द्वारा प्रचारित अपयश के कारण अपने को तुच्छ मानती है इसीलिए अपने को 'मेरी जैसी स्त्री' कहती है किन्तु दूसरी ओर बाण कहता है कि तू मुझे अनुचित कार्य में प्रवृत्त नहीं होने देगी। यानी निउनिया का चरित्र उचित या अनुचित के रूढ़ खाने में नहीं अटता। पाठक को निउनिया के असली चरित्र की एक झलक मिलती है और यहाँ से लगातार वह उसके भीतर से खुलते हुए देवता का साक्षात्कार करता चलता है। वह बाण को प्यार करती है किन्तु, सदा प्यार समर्पणमय है, त्यागमय है। यह समर्पण केवल प्रेमी के प्रति नहीं है, मानव मूल्यों के प्रति भी है। इसलिए वह बाण को छोटे राजकुल में बन्दिनी भट्टिनी के उद्धार में नियोजित करता है। देवमन्दिर स्वरूप भट्टिनी को राजकुल बन्दी बनाता है, उसे भोग्या बनाने के लिए सारे हथकंडे अपनाता है वहाँ नीच जाति की कही जानेवाली लांछिता निउनिया उसके देवत्व का साक्षात्कार कर उसके उद्धार की तड़प पालती है और भट्ट को इस कार्य में लगाती है। वह जानती है कि यह कार्य केवल भट्टिनी के उद्धार का नहीं है, यह भट्टिनी और बाण के रागात्मक सम्बन्ध जुड़ने का भी है किन्तु इस रागात्मक सम्बन्ध के लिए ईर्ष्यालु होने के विपरीत वह इसकी निर्मिति की योजना बनाती है। उसके विकसित होने में सहयोग देती है और अन्त में अपने को निःशेष भाव से देकर समाप्त हो जाती है। भट्टिनी भी अभिशप्ता है। वह तुवर मिलिन्द जैसे प्रतापी राजा की कन्या होकर भी छोटे राजकुल में बन्दिनी है और छोटे महाराज की भोग्या बन सके, इसके अनेक प्रयत्न होते हैं। यह देव मन्दिर सरीखी स्त्री अपने तेज से अपनी रक्षा करती हुई इस राजकुल के बीभत्स परिवेश में आतंक झेल रही है और एक भयावह तथा कुरूप भविष्य को सामने पा रही है। निउनिया के उद्योग से बाण उसका राजकुल से उद्धार तो करता है किन्तु उसके बाद इस राजकन्या

को असुविधाओं, असुरक्षा और आशंकाओं से लदे-फँदे कितने ही दिन देखने पड़ते हैं किन्तु इन सबके बीच उसे सुख है मुक्ति का और बाण के साहचर्य का। यानी बाणभट्ट की आत्मकथा अभिशप्तों के बीच तनी हुई राग कथा है।

द्विवेदी जी के उपन्यासों की प्रेम-कथा बनी-बनाई नहीं होती, उसके पात्र स्थितियों से निरन्तर टकराते हुए चलते हैं और इस प्रक्रिया में वे स्वयं विकसित होते हुए अपने भीतर का रहस्य खोलते चलते हैं। यानी दृश्य से सत्य (from appearance to reality) की ओर की यात्रा होती रहती है। सामाजिक स्थितियों से टकराने और अनेक समस्याओं से जूझने की प्रक्रिया में ये पात्र परस्पर जुड़ते रहते हैं यानी वे जुड़े हुए रूप में ही पाठक को नहीं मिलते, जीवन जीने के क्रम में वे जुड़ते चलते हैं। इसलिए उनका प्रेम मात्र भावात्मक नहीं होता, वह कर्म के आचरण से अत: सामाजिक जीवन-मूल्यों से जुड़ा होता है।

रागात्मक सम्बन्ध सामाजिक जीवन-कर्म से जुड़ा होने के कारण एक ओर अपने को अधिक प्रामाणिक, जीवन्त और सघन बनाता है दूसरी ओर समाज की अनेक विकृतियों और छवियों का उद्घाटन करता चलता है। इसी प्रक्रिया में परम्परागत मान्यता प्राप्त मूल्यों के खोखलेपन का निषेध करता हुआ कुछ नए मूल्यों की स्थापना करता है। उपन्यास के आरम्भ में बाण से हमारी पहचान स्थाण्वीश्वर के एक जुलूस में होती है। लेखक जुलूस का काव्यात्मक चित्रण करता हुआ उसकी कुरूपता और वर्गीय विषमता की ओर संकेत करना नहीं भूलता और यह क्रम पूरे उपन्यास में चलता है। "जुलूस में राजमहल में रहनेवाले बौने, कुबड़े, नपुंसक, मूर्ख लोग उद्धत नृत्य से विह्वल होकर भागे जा रहे हैं।" यह जुलूस महाराजाधिराज श्री हर्षदेव के छोटे भाई कुमार कृष्णवर्धन के पुत्र-जन्म के उपलक्ष्य में निकला था। इस जुलूस के बारे में जब बाण को यह ज्ञात हुआ तब उसका चेहरा उतर गया। "मुझे अपनी दशा याद आ गई। एक ऐसे भाग्यवान हैं जिनके जन्म पर इतना उत्सव मनाया जा रहा है और एक मैं अभागा हूँ जो देश-विदेश मारा-मारा फिर रहा हूँ।" बाण अपने बचपन के सारे अभाग्य और अभाव को याद करता है।

लेखक राज परिवेश की तमाम विसंगतियों और कुरूपताओं का उद्घाटन करता है। श्री हर्षदेव बहुत प्रतापी और उदात्त राजा माने गए हैं किन्तु लेखक जगह-जगह अपने पात्रों के माध्यम से उनकी महानता पर चोट करता है। श्री हर्षदेव चाहे कितने उदात्त हों किन्तु जिसके आश्रय में छोटे राजकुल जैसा अपराधी, विलासी और घृणित राजवंश पलता हो वह महान कैसे हो सकता है। वह छोटे राजकुल के बारे में जानता हो या न जानता हो, दोनों अवस्थाओं में वह अपराधी है। घोर लम्पट को शरण देनेवाला राजा हर्ष सुने-सुनाए आधार पर लम्पटता के जाल से नारी का उद्धार करनेवाले बाण को लम्पट कहता है। तत्त्व का ज्ञान हुए बिना अपनी टिप्पणी देना सामान्य जन के लिए भले ही क्षम्य हो किसी सम्राट के लिए तो अक्षम्य ही है। इस बीभत्सता को लेखक ने चित्रित करके छोड़ नहीं दिया है वरन् उसके विरुद्ध बाण का सात्त्विक आक्रोश भी व्यक्त किया है। बाण का कवि और मानवीय व्यक्तित्व

जगह-जगह राजकीय और सामाजिक कुरूपता से लड़ता हुआ मानवीय मूल्य की आहट पैदा करता है।

राजवंश के सर्वाधिक भद्र कहे जानेवाले कृष्णदेव से भी बाण की टकराहट होती है। भद्र कृष्णदेव भी कवि बाण की सत्य-प्रेरित ओजस्वी वाणी को सुनकर तिलमिला जाता है और उसका सामन्ती संस्कार एक बार फुफकार उठता है किन्तु शीघ्र ही उसका विवेक उसके संस्कार पर काबू पा लेता है। श्री हर्ष से शासित कान्यकुब्ज की तत्त्व-ज्ञान शून्यता और बाह्याचार पूजा को स्पष्ट करते हुए सामनेर बाण से कहता है, "कान्यकुब्ज विचित्र देश है भट्ट। यहाँ ऊपरी आचार को बहुत महत्त्व दिया जाता है और भीतर से तत्त्व को समझने का कम प्रयत्न किया जाता है। क्या ब्राह्मण और क्या श्रमण सभी बाह्य आचारों को ही बहुमान देते हैं। स्वयं महाराजाधिराज श्री हर्षदेव भी इस बात से अस्पृश्य नहीं कहे जा सकते।"

लेखक इस बाह्याचार के विरुद्ध अपने पात्रों को खड़ा कर गतिशील भीतरी तत्त्वों की पहचान कराता है। बाह्याचार पूजा का सबसे बड़ा शिकार होती है स्त्री। इसलिए लेखक ने बार-बार इस बाह्याचार के आवरण को फाड़कर स्त्री के महत्त्व को उभारा है। सामाजिक तो सामाजिक, धार्मिक और आध्यात्मिक सोच को भी नारी के पक्ष में नियोजित किया गया है। अघोर पन्थ शास्त्रीय विधि-विधानों में बँधकर चलनेवाले राग विरोधी धर्मों के विपरीत मुक्त और प्रवृत्ति समर्थक है। बाबा विरति वज्र से कहते हैं, "इस मार्ग में शक्ति के बिना साधना नहीं चल सकती।"

सुचरिता अपने साधक पति से मिलती है तो लांछित होती है। इस लांछना-क्रिया में सामान्य जन ही नहीं स्वयं महाराज भी शामिल हैं। लेखक उसके पति विरति वज्र को झूठी उदासीन साधना से लौटाकर शक्ति के राग से जोड़ता है और इसे महिमान्वित करता है और उधर रूढ़िगत सोचबद्ध समाज और राजतंत्र सुचरिता और विरति वज्र को लांछित और दंडित करना चाहता है। लेखक ने समाज द्वारा लांछित-शोषित स्त्रियों को शक्ति के रूप में उपस्थित कर एक ओर उनका सम्मान किया है दूसरी ओर पुरुषों की वैराग्यमूलक और स्त्री के प्रति हीनतामूलक प्रवृत्ति का निषेध कर उनमें मानवधर्मी सोच का नियोजन किया है। महामाया, सुचरिता, निउनिया, भट्टिनी सभी सताई हुई स्त्रियाँ हैं और सभी अपने-अपने ढंग से पुरुष की शक्ति बनती हैं, पुरुष की ही नहीं वरन् पूरे समाज और राष्ट्र की शक्ति बनती हैं। विदेशियों के आक्रमण की आशंका के समय महामाया प्रजा को जगाती है, भट्टिनी अपने मान-अपमान को भूलकर राष्ट्र की एकता के लिए हर्षवर्धन के नगर में फिर लौटना स्वीकार करती है। द्विवेदी जी ने अपने कई उपन्यासों में राजसत्ता की शक्ति प्रजा को माना है।

लड़ाई में केवल राजा ही शरीक नहीं होता, प्रजा भी शरीक होती है। प्रजा को इस बात का बोध कराना होता है कि यह लड़ाई दो राजाओं की नहीं है, दो राष्ट्रों की है। यह नई चेतना है। महामाया इसी चेतना के तहत प्रजा को जगाती है। वह सामन्तवाद की कुरूपता का उद्घाटन करती हुई देश की रक्षा के लिए प्रजा को

सम्बोधित करती है। प्रजा का पक्ष उठाकर कर्म को जातिगत खानों से मुक्त करने की नई चेतना भी व्यक्त की गई है। मानवीय दृष्टि से कोई भी कर्म किसी जाति पर नहीं चिपकाया जा सकता। विडम्बना यह रही है कि अब तक नासमझी के कारण बाह्य आचरण को धर्म मान लिया गया और सामाजिक तथा राष्ट्रीय हित साधक कार्यों के साथ उसे नहीं जोड़ा गया। बड़े-बड़े लोग अपनी शक्ति और परम्परागत गौरव के कारण अपने अन्यायी आचरण के बावजूद कर्म और न्याय के रक्षक माने जाते रहे और सामान्य प्रजा उपेक्षित होती रही। इसी तरह इस प्रेमकथा में अनेक सन्दर्भ हैं जो द्विवेदी जी की नई सोच और आधुनिक चेतना से सहज भाव से स्पन्दित हैं। यह चेतना मन:स्थितियों के विधान में भी लक्षित होती है और सामाजिक, राष्ट्रीय, धार्मिक सन्दर्भों की नई व्याख्या में भी।

यह उपन्यास बाणभट्ट की आत्मकथा के रूप में लिखा गया है। अत: द्विवेदी जी को भाषा और शैली की रचना में बाण बनना पड़ा है। इसलिए भाषा संस्कृत-गर्भित हो गई है। बाण की भाषा आलंकारिक है। किसी दृश्य या सौन्दर्य को देखते ही बाण उच्छ्वसित होकर उपमानों की झड़ी लगा देते हैं। द्विवेदी जी ने बाण की इस भाषा-शैली का निर्वाह किया है।

उपसंहार में द्विवेदी जी ने बाण की शैली से इस कथा की शैली को अलगाने की प्रक्रिया में तीन बातें कही हैं—(1) "यह आज की डायरी शैली जैसी शैली में लिखा गया है। जैसे-जैसे जो-जो बात याद पड़ती है लिखी जाती गई।" वास्तव में यह उपन्यास शैली है जिसमें पूर्वदीप्ति का बड़ा महत्त्व होता है। किस बात को कहाँ कब कहा जाए कितना कहा जाए, कितना छिपाया जाए गहरे प्रभाव की सृष्टि के लिए अच्छे लेखक को यह बात जाननी पड़ती है। 'बाणभट्ट की आत्मकथा' में (और द्विवेदी जी के सारे उपन्यासों में) इस शैली का अद्‌भुत निर्वाह किया गया है। इससे उत्सुकता तो बनी ही रहती है अतीत और वर्तमान के तनाव से गहरे प्रभाव की सृष्टि होती है। एक क्रमानुसारी उपन्यास में यह बात नहीं आ पाती। (2) दूसरी बात यह कही गई है कि 'भावावेश में लेखक जमकर लिखता है और दुख के आवेग में अपने में खो जाता है।' (3) तीसरी बात यह है कि कादम्बरी में प्रेम के जिन शारीरिक विकारों—अनुभावों का, हावों का, अयत्नज अलंकारों का—प्राचुर्य है, उनके स्थान पर कथा में मानस विकारों का—लज्जा का, अवहित्था का, जड़िमा का—अधिक प्राचुर्य है।'

ये तीनों ही बातें यह सिद्ध करती हैं कि लेखक बाणभट्ट की आत्मकथा में अपनी ओर से कुछ जोड़कर बाण की जगह पर अपनेपन को स्थापित करना चाहता है यानी यह बाण की शैली के वेश में स्वयं द्विवेदी जी की शैली है और स्वयं उनके संस्कारों और दृष्टि का इसमें प्रतिफलन हुआ है। भट्टिनी और बाण की आन्तरिकता और आत्मदमनशीलता स्वयं द्विवेदी जी की देन है। इसके लिए लेखक ने एक बहाना ढूँढ़ा है दीदी का। यानी पूरी कथा दीदी का दिवास्वप्न है। दीदी का दिवास्वप्न ही भट्टिनी और बाण के प्रेम के रूप में अभिव्यक्त हुआ है इसलिए इतना संयत और

दमित है। शायद अपने प्रेममूलक संयत संस्कार के कारण ही द्विवेदी जी ने दीदी के दिवास्वप्न की सृष्टि की है।

चारुचन्द्र लेख (1963) : मध्यकाल का भारतीय जीवन बड़ा ही विघटित और अन्धकारमय रहा है। अन्धकारमय इस अर्थ में कि शक्तियाँ सामूहिक जीवन की सृष्टि या संघ-शक्ति के चिन्तन में रत न होकर बल्कि उससे उदासीन होकर व्यक्तिगत शौर्य-प्रदर्शन, व्यक्तिगत धर्म-साधना और तंत्रसाधना में डूबी रही हैं और देश की रक्षा में असमर्थ रही हैं। बाहर की संघ-शक्तियाँ बार-बार इस देश को पदाक्रान्त करती रही हैं। और अन्धकारमय इस अर्थ में भी कि इसका बहुत कुछ वास्तविक इतिहास अँधेरे में डूबा हुआ है। द्विवेदी जी ने मध्यकालीन भारत के इतिहास को अँधेरे में से उबारा है। उसके विच्छिन्न विघटित जीवन के व्यक्तिवादी स्वर को संघ-शक्ति के आलोक की ओर उन्मुख कर उसे सामाजिक मूल्य से जोड़ना चाहा है और तत्कालीन साहित्य, किंवदन्तियों, कथाओं और उपलब्ध इतिहासों के अध्ययन, चिन्तन और नवीन व्याख्याओं के द्वारा बिखरे हुए, लुप्त जीवन को एक विराट् फलक पर मूर्तिमान किया है। 'चारुचन्द्र लेख' उपन्यास को इसलिए मध्यकालीन भारत का दर्पण भी कहा जा सकता है।

किन्तु इस उपन्यास को मध्यकाल का दर्पण कहकर अनजाने ही हम इसे एक काल की सीमा में बाँध देंगे जबकि सत्य यह है कि द्विवेदी जी इतिहास को इतिहास के रूप में नहीं देखते, उसे एक जीवन्त काल के व्यक्तित्व के रूप में देखते हैं जो अपनी समस्त शक्तियों, अशक्तियों, विसंगतियों, छवियों से हमारे वर्तमान को प्रभावित करता है। दर्पण उतना ही देता है जितना बिम्ब से पाता है। सर्जन मात्र दर्पण नहीं हो सकता। मध्यकालीन जीवन-कथा भी ज्यों-की-त्यों नहीं है, उसमें लेखक की सर्जन-शक्ति से नई जीवन-छवि उभरी है और दूसरे उसने उन मूल्यों, प्रश्नों और संवेदनाओं को उद्भासित किया है जो मध्यकाल से फूटकर भी मध्यकाल के ही नहीं, वर्तमान जीवन के भी हैं, बल्कि वर्तमान जीवन को प्रभावित करने के लिए ही आधुनिक दृष्टिकोण से उनका संयोजन किया गया है। अतीत तो जैसे अपनी जीवन्तता के साथ इसी जीवन-मूल्य की पृष्ठभूमि बना है। कहना न होगा कि मानव-जीवन के सामूहिक विकास में लेखक की अदम्य आस्था है, किन्तु यह आस्था काल्पनिक नहीं है बल्कि समाजशास्त्रीय और वैज्ञानिक विश्लेषण पर आधारित है। मानव-जीवन की महत्ता और उसके सुन्दर भविष्य के प्रति अदम्य विश्वास लेखक की हर कृति में प्राप्त होता है। यह विश्वास लेखक के लिए रचना की सामग्री नहीं है वरन् स्वयं रचना-शक्ति है। लेखक की दृढ़ धारणा है कि सामाजिक यथार्थ से असम्पृक्त साहित्य सशक्त साहित्य नहीं हो सकता, वह हमारे प्राणों को आन्दोलित नहीं कर सकता। और सामाजिक यथार्थ क्या है? क्या सतह पर दिखाई पड़नेवाली विकृतियाँ ही, पशुसुलभ वासनाएँ ही यथार्थ हैं? नहीं, इन विकृतियों और वासनाओं से हजारों साल से लड़ते हुए मानव की जिजीविषा, और ऊपर उठने का संघर्ष सत्य है। सिसृक्षा इसी का परिणाम है। इस विश्वास, इस जिजीविषा के अभाव में रचना की सार्थकता ही क्या?

हाँ, चारुचन्द्र लेख मध्यकाल का दर्पण मात्र नहीं है, वह प्रकारान्तर से हमारे राष्ट्र (और वृहत्तर रूप में समस्त मानव) की सार्वकालिक चेतना का वह प्रकाश है जो अँधेरे से लड़ता हुआ उसे तोड़ने को व्याकुल है। मध्यकाल की विकृतियाँ दूसरे रूप में आज भी हैं और उनसे छूटने की चेष्टा आज भी है। हमारा मध्यकाल अनेक असंगतियों और बाह्याडम्बरों का शिकार हो गया था। जीवन की मूल स्वच्छन्द चेतना बाह्याचार, कर्मकांड, कृच्छ्रतंत्र साधना, अन्धविश्वास, अहंकार, भेदभाव के पाटों में दबकर मर रही थी। राष्ट्र की शक्ति संघटित होकर देश की रक्षा में तत्पर होने के स्थान पर तांत्रिक सिद्धियाँ और वैयक्तिक प्रतिष्ठा पाने में डूबी हुई थी। सीदीमौला उस काल की परिस्थिति और उसके प्रति सामाजिक चेतना की प्रतिक्रिया को बहुत जीवन्त रूप में प्रस्तुत करते हुए कहते हैं, "आध्यात्मिक शक्ति का सन्धान पाकर भी यदि मनुष्य अन्त:करण और बाह्य जगत् का सामंजस्य नहीं खोज सका तो भयंकर तमोगुण का शिकार हो जाता है।" सीदीमौला को यह सत्य मिला है, यह उस काल के योगियों और तांत्रिकों को नहीं मिला। सीदीमौला देश-विदेश घूमे हैं, उन्होंने मध्य एशिया के तुर्कों का सामूहिक जीवन देखा है और देखा है कि वे अपनी संघ-शक्ति और साहस से देश-पर-देश परास्त करते चले जाते हैं और हमारा इतना बड़ा देश भारतवर्ष अपनी अन्तर्मुखी साधना और विघटन के कारण बार-बार परास्त होता है। जिस प्रकार आध्यात्मिक शक्ति के अभाव में संघ-शक्ति तमोगुणी बन जाती है उसी प्रकार संघ-शक्ति के अभाव में आध्यात्मिक शक्ति।

लेखक तरह-तरह से अनेक पात्रों के माध्यम से मध्यकालीन अन्धकार में से देश की चेतना को उद्‌बुद्ध करता है। व्यक्तिगत साधना कितनी भी बड़ी क्यों न हो, वह समूह के किस काम की? और समूह के नष्ट होने पर उसका भी अस्तित्व कहाँ? भारत अध्यात्म का देश है, योगियों, साधुओं और महात्माओं का देश है। यह आध्यात्मिक साधना पूरे देश के प्रति उदासीन रही है और देश विदेशियों द्वारा पदाक्रान्त होता रहा है। इस सत्य को लेखक ने बड़ी स्पष्टता से देखा है और चाहा है देश की आध्यात्मिक ज्योति के साथ-साथ उसके संघटित शौर्य को जगाना। इस सत्य को लेखक ने अपने अनेक पात्रों के माध्यम से जगह-जगह उभारा है। भदन्त अमोघवज्र राजा से कहते हैं—"बहुत साल तक मैं अपने मन को सन्तोष देता रहा हूँ कि सभी मार्गों का मूल लक्ष्य एक है—चित्तत्व का उन्मेष, अचित का पराभव। परन्तु पिछले एक-दो वर्षों से मेरा मन सन्देहवादी हो गया है। मैं देख रहा हूँ कि सिद्धियों के पीछे पागल बने लोगों ने देश को निर्वीर्य और कायर बना दिया है। माया को पराभूत करने का ढोंग रचनेवाले लोग माया का मजबूत वाहन सिद्ध हुए हैं। काम-क्रोध को शत्रु घोषित करनेवाले उनके क्रीतदास सिद्ध हुए हैं। सारा समाज पाखंड और मिथ्याचार से अभिभूत हो गया है...। व्यक्तिचित्त का परिष्करण केवल असफल प्रयास ही नहीं है अनावश्यक भी है। मैं समाज-चित्त के परिष्करण को मानने लगा हूँ। मैं और मिसिलपाद नाना देशों, पर्वतों, जंगलों के बीच ऐसे नेता के सन्धान में घूमते फिरे हैं जो समाज-चित्त को स्फूर्ति दे सके और इन वैयक्तिक साधनाओं की

माया झाड़ सके।" इसी प्रकार ज्योतिष शास्त्र में विश्वास रखनेवाले विद्याधर भट्ट भी ग्रह नक्षत्रों के प्रति विद्रोह का स्वर व्यक्त करते हैं और सीदीमौला भी संघ-शक्ति की महत्ता पर बार-बार बल देते हैं।

उपन्यास इतिहास पर आधारित नहीं है, इतिहास के उन सत्यों पर आधारित है जो उस काल के जीवन में व्याप्त थे। मध्यकाल के साहित्य और इतिहास से उस काल के जीवन का जो ज्ञान प्राप्त होता है उससे प्रतीत होता है कि वह काल बड़ा विघटित और व्यक्ति-केन्द्रित था। लेखक ने अपनी विराट कल्पना-शक्ति से उस काल का बड़ा ही यथार्थ चित्र अंकित किया है और देश-काल का बड़ा विराट फलक लिया है। इसलिए तत्कालीन जीवन के सघन अन्धकार को बहुत दूर तक और नाना रूपों में फैलने का अवसर मिला है। तत्कालीन साहित्य और धर्म के आधार पर काल का चित्र उभारने के कारण लेखक जीवन के गहन वैविध्य में अधिक उतरा है, कुछ महत्त्वपूर्ण ऐतिहासिक पात्रों के जीवन की सीमाओं में ही सीमित न रहकर जनजीवन की ओर यात्रा की है और तभी उसे यह बड़ा सत्य मिला है कि देश की रक्षा केवल राजा नहीं कर सकता, सामान्य प्रजा को जगाना चाहिए ताकि वह देश की हार-जीत को राजा की हार-जीत न समझकर अपनी हार-जीत समझे और प्राणपण से शत्रु का सामना करे। राजा और रानी जनता के मन में जागरण का यह भाव भरने के लिए देश की जनता के बीच जाते हैं, उसे जगाते हैं किन्तु यह उस काल की असंगति ही तो है कि प्रजा को जगाने का मंत्र देनेवाली रानी बाद में स्वयंसिद्धियों के चक्कर में पड़ जाती है और एक बार पड़ जाती है तो अन्त तक उसकी चेतना एक विचित्र प्रकार के रहस्य से आच्छन्न ही दिखाई पड़ती है। बीच-बीच में उसे अपने सामाजिक कर्तव्य का बोध अवश्य चौंका जाता है किन्तु इस ज्वलन्त व्यक्तित्व की परिणति एक निष्क्रिय अवसाद में ही होती है। इसका जिम्मेदार कौन है? लेखक या उस काल की संघ-चेतना-ग्रासिनी द्विधाग्रस्त वास्तविकता? शायद कालगत वास्तविकता ही अधिक जिम्मेदार है।

इस उपन्यास में उस काल के मिथ्या दर्प और विसंगतियों का बड़ा जीता-जागता चित्र प्रस्तुत हुआ है। इससे बड़ी असंगति और क्या हो सकती है कि धर्म के नाम पर संगठित अपने ही लोग धर्म की महत्ता को भूलकर देश में ही लूट-मार करें और दिल्ली के सुलतान को प्रसन्न रखने के लिए स्वदेशी राजाओं पर आक्रमण करें, मन्दिरों तक को रक्तपात से अपवित्र करें। अमोघवज्र के स्वर में जैसे लेखक बोलता हुआ कहता है—इस देश की राजनीति विच्छेद की नीति पर खड़ी हुई है...अर्थशास्त्र और धर्मशास्त्र हर समय साथ नहीं चलते। देवी के चरणों पर सिर रखकर शपथ कर कि तू सीधे जनता से सम्पर्क रखेगा, किसी को छोटा, किसी को बड़ा नहीं मानेगा। धरती को बपौती नहीं, धरोहर समझेगा, सामन्ती प्रथा का उच्छेद करेगा, ऐसा करके ही तू वीर विक्रमादित्य की परम्परा का उत्तराधिकारी बनेगा।

लेखक स्पष्ट देखता है कि जनजीवन से कटकर कोई राष्ट्र या समाज न तो पनप सकता है और न कायम रह सकता है। लेखक ने जनता की शक्ति और महत्त्व की

स्थापना करने की भरपूर चेष्टा की है, इसीलिए 'चारुचन्द्र लेख' में ऐसे अनेक पात्र उभरे हैं जो सामान्य जीवन से लिये गए हैं—सीदीमौला, मैना, बोधा, मंगल बघेला, अमोघवज्र सीधे जीवन ये फूटे हैं, इसलिए जीवन के सत्य को बड़ी प्रत्यक्षता से बिना किसी लाग-लपेट के देख लेते हैं। जब कोई द्विधा का क्षण आता है, जब राजा अपने निष्क्रिय आभिजात्य से आच्छादित रहता है, तथा जब विद्याधर भट्ट कोई जटिल योजना बना रहे होते हैं तब मैना या बोधा बड़ी सहजता से अपना कर्तव्य निश्चय कर लेते हैं। आच्छादन जितना कम होगा, सत्य की सहज प्रतीति उतनी ही अधिक होगी। इसीलिए लेखक ने सामान्य जीवन से लिये गए पात्रों को बड़ी ऊष्मा से उभारा है, उनके भीतर उमड़ती संवेदना, द्वंद्व, निश्चय और सत्य के प्रति समर्पण के भाव को बहुत सजीव रूप से अंकित किया है। ये पात्र अपनी सामान्यता में भी महान हो उठते हैं और इसी प्रकार राजा सातवाहन, चन्द्रलेखा, विद्याधर भट्ट तथा पहुँचे हुए सिद्धों को भी उनके गौरव के कठोर कवच से न जकड़कर लेखक ने उन्हें सामान्य मानव-सुलभ चिन्तन, अनुभव और आत्म-स्वीकृतियों की आँच में तपाया है। राजा सातवाहन तो देश और रानी को लेकर यहाँ से वहाँ तक विकल्पों और द्वंद्वों के उद्वेलन से आन्दोलित हैं। वह चन्द्रलेखा को पाकर भी नहीं पाता और खोकर भी नहीं खो पाता। चन्द्रलेखा और देश के सन्दर्भ में एक अद्‌भुत यातना उसे डसती रहती है। इसी प्रकार नटी माता की शान्ति को लेखक ने कहीं अतल गहराई में उद्वेलित किया है और जीवन-यातना के भीतर से विकास कर उन्हें बड़ी महिमा प्रदान की है। द्वंद्व की लीला हर जीवन्त पात्र के साथ चलती रहती है। इसीलिए बड़े-से-बड़ा पात्र भी हमें अपने बीच का दिखाई पड़ता है और व्यथा, कलंक और अवमानना के मंथन से निकली हुई नारी की जीवन्त गरिमा-सत्ता से तो लेखक कहीं बहुत गहरे परिचित और प्रभावित है। नटी माता, मैना, विष्णुप्रिया, चन्द्रलेखा, सभी समाज के लांछनों के भीतर से उभरी हैं और लेखक की मानववादी दृष्टि ने इन पात्रों को कीचड़ में लपेटने के स्थान पर उन्हें उनकी अन्तरस्थ जीवनी शक्ति के बल पर उठाया है। यह कहा जा सकता है कि लेखक की दृष्टि सम्मानपूर्ण होकर भी विद्रोहात्मक नहीं है। ये नारियाँ अपने महत्त्व में भी मूलतः समर्पणमयी हैं। ऐतिहासिक सन्दर्भ में शायद इतना ही हो सकता था।

इस जीवन्त उपन्यास को पढ़ते समय पाठक जहाँ मध्यकालीन जीवन की धाराओं में बहता है तथा आज की झकझोरनेवाली कुछ समस्याओं के परिवेश में लेखक की संघ-चेतना, देश-प्रेम और नवीन मानवतावादी दृष्टि से प्रभावित होता है वहाँ वह यह सहज ही जिज्ञासा भी कर सकता है कि सातवाहन राजा में ऐसा क्या है कि वह जनता का इतना प्यारा बना हुआ है और राज्य के सत्ताधिकारियों में वह इतना श्रद्धेय है। क्यों उसका बार-बार जय-जयकार होता है। जनता की शक्तियों में अटूट आस्था रखनेवाले लेखक ने सातवाहन जैसे निश्चयहीन, पर-संचालित और भोले-भाले राजा को राजा के रूप में इतना महत्त्व क्यों दिया कि सारी प्रजा उसके प्रति अपने को समर्पित करती रहती है। सातवाहन अपने-आप में बहुत प्यारा और मनुष्य के रूप में

बहुत संवेदनशील व्यक्ति है किन्तु एक प्रिय राजा की विशेषताएँ कुछ और होती हैं। सातवाहन कोई निर्णय ले ही नहीं पाता, वह सदैव दूसरों की इच्छाओं और निश्चयों से संचालित होता है। अपनी प्रिया, चन्द्रलेखा से भी वह दूसरों की योजना के अनुसार मिलता-बिछड़ता है, वह जैसे विराट रहस्य में भटकता हुआ एक प्राणी है जिसकी बागडोर स्वयं उसके हाथ में नहीं। राजा स्वयं अपनी इन कमजोरियों से परिचित है। वह स्वयं अपने से पूछता है कि उसमें ऐसा क्या है कि लोग जय-जयकार करते हैं।

जीवन से ऊष्म इस उपन्यास में धाराएँ तो बहुत हैं किन्तु संश्लिष्ट होकर एक संगठित व्यक्तित्व की रचना करने के स्थान पर अनियंत्रित भाव से फैल जाती हैं अर्थात् वस्तु संघटन की दृष्टि से यह उपन्यास 'बाणभट्ट की आत्मकथा' की सी गरिमा नहीं पा सका है। राजा अपनी निष्क्रियता और निश्चयहीनता को लेकर उपन्यास के आदि से अन्त तक एक ही प्रकार की जिज्ञासा से पीड़ित है। समूह जीवन की ओर उन्मुख होने का सत्य वह बार-बार पाता है, हर जीवन्त पात्र उसे यह सत्य देता है और उसे हर बार लगता है कि उसे नया सत्य मिला है। यह निश्चय करना कठिन हो जाता है कि वह पात्र जो बात कह रहा है, वह बात उसी तरह की बातें करनेवाले अन्य पात्र क्यों नहीं कर सकते थे? इस दुहराव का बोध अधिक इसलिए भी होता है कि सबका लक्ष्यीभूत श्रोता राजा है जैसे यहाँ से वहाँ तक सुनने के लिए ही हो और थोड़े-बहुत अन्तर से एक सी बातें।

और स्वभावत: ध्यान चला जाता है 'बाणभट्ट की आत्मकथा' की ओर। और तुलना का भाव उपजने लगता है। लगता है कि 'चारुचन्द्र लेख' अपने विराट फलक के बावजूद अपने संगठन और प्रभाव में उतना तीव्र नहीं है जितना कि 'बाणभट्ट की आत्मकथा'। किन्तु दोनों उपन्यास मानवीय गरिमा से मंडित होकर भी बहुत यथार्थवादी हैं और दोनों का प्रभावशाली अन्त यथार्थवादी ढंग से यातना की एक कौंध के साथ हुआ है।

पुनर्नवा (1972) : किसी उपन्यास के केन्द्र में या तो घटना का चमत्कार होता है या सामाजिक समस्याओं का विधान होता है या मनोवैज्ञानिक सत्य का निरूपण होता है या किसी अंचल का चित्रण होता है। पुनर्नवा इनमें से किसी से नहीं बँधता। यह ऐतिहासिक उपन्यास है। इतिहास की अनेक घटनाएँ इसमें हैं। संयोगों का विधान भी भरपूर है, कौतूहल भी खूब है। लोग मिलते हैं, बिछड़ते हैं, मिलने के करीब आकर दूर हो जाते हैं और पाठक की जिज्ञासा शमित होते-होते तन जाती है लेकिन ऐसा नहीं लगता कि इतिहास को उसकी पूरी प्रामाणिकता के साथ प्रस्तुत करना इसका उद्‌देश्य है। यानी वह इतिहाससम्मत रूप में समुद्रगुप्त या आर्यक की जीवन घटनाओं को देते हुए उन्हें तत्कालीन ऐतिहासिक घटनाओं से गुजारते हुए किसी ऐतिहासिक निर्णय तक ले जाना नहीं चाहता और न घटना-जाल बुनकर मात्र मनोरंजन करना चाहता है। लगता है लेखक का उद्‌देश्य है पूरी जिन्दगी प्रस्तुत करना—वह जिन्दगी जो काल से बँधकर भी कालातीत है, जो जिन्दगी सम से बनती है—व्यक्ति और समूह, स्त्री और पुरुष चिन्तन और व्यवहार, क्षमा और विद्रोह के सम से।

लेखक सम्पूर्ण जीवन को चित्रित करना चाहता है। इसमें स्थान का महत्त्व नहीं समय का महत्त्व है किन्तु समय से भी वह बँधा हुआ नहीं है उसका भी अतिक्रमण करता है। उसकी मांसलता और मूर्तता लेकर अपनी चेतना में उसका अतिक्रमण करता है। उसकी गति रूप से सत्य की ओर (From appearance to reality) है। पूर्ण जीवन सत्य का जीवन है लेकिन सत्य सरल नहीं है इसलिए इसकी पहचान भी सरल नहीं है। सत्य अविभाज्य है लेकिन हमारी सीमित बुद्धि उसका विभाजन कर लेती है। ऊँच-नीच, पाप-पुण्य, चिन्तन-आचार इन अनेक कठघरों में हम उसे बाँध देते हैं लेकिन यह सत्य नहीं सत्याभास है। लेखक पूर्ण समंजन में ही सत्य को देखता है। सत्य को बाँटने का एक बहुत चालू पैमाना है व्यक्ति और समाज का पैमाना। व्यक्ति का आचरण और सामाजिक मर्यादा ये दोनों प्राय: एक-दूसरे के सामने तन जाते हैं। शायद यही बँटवारा उपन्यास की समस्या के केन्द्र में आ गया है। इसका बोध समुद्रगुप्त भी करते हैं, आर्यक भी करता है, अनजाने देवरात भी करते हैं और प्रजा भी करती है।

समुद्रगुप्त ने आर्यक की भर्त्सना की है। क्यों की है? इसलिए कि उसने खंडित सत्य को खंडित ढंग से पकड़ा है। वह सम्राट है—प्रजा का प्रतिनिधि। उसे कोई अधिकार नहीं है कि वह अकेले-अकेले सत्य का निर्णय ले ले। उसके पास जो आधार है वह खंडित है, रूढ़ है। वह चन्द्रा के साथ रहने के कारण आर्यक की भर्त्सना करता है किन्तु न वह चन्द्रा को ठीक से जानता है न व्यक्ति और समाज के सम्बन्धों को। वह व्यक्ति की इयत्ता पर जोर न देकर उसे एक बनी-बनाई सामाजिक मर्यादा का साधन मात्र मानता है। इसका परिणाम यह होता है कि आर्यक अपने को अपराधी मानकर जीवन-भर भागता फिरता है। हम एक बने-बनाए निर्णय के आधार पर व्यक्ति को देखकर उसका भी अहित करते हैं और समाज का भी। यानी हम सत्य की पहचान नहीं कर पाते। चन्द्रा जिस-जिसके सम्पर्क में आती है उसे अपने गुणों से अपने बारे में निर्णय बदल देने के लिए मजबूर कर देती है। अर्थात् सत्य का एक छिपा हुआ पक्ष उजागर होता रहता है। सुमेर काका अपने अनुभव के आधार पर, आचार्य पुरगोभिल शास्त्र के आधार पर व्यक्ति और समाज के सम में सत्य को देखते हैं। आचार्य पुरगोभिल सम्राट के प्रतिनिधि अमात्य को इस सत्य की पहचान कराते हैं और अमान्य समुद्रगुप्त को। जब सामाजिक विधि व्यक्ति को बाँधकर रखना चाहती है तब लोक चित्त में सामाजिक विधि-व्यवस्थाओं की अवमानना की प्रवृत्ति बढ़ती है। समुद्रगुप्त अन्त में इस सत्य का अनुभव करता है और अनुभव तथा शास्त्र, व्यक्ति और समाज का सम उपस्थित करना चाहता है।

इसी प्रकार आचरण और ज्ञान का सम उपस्थित किया गया है। देवरात ने अपने पत्नी के मरने पर वैराग्य धारण कर लिया है। सुमेर भी अकेले हैं किन्तु वे कर्मी पुरुष हैं। उन्होंने पोथियाँ नहीं, आदमी पढ़े हैं। देवरात शास्त्रार्थ में सुमेर काका को हरा देते हैं किन्तु उनकी बुद्धि प्रखर है। वे सत्यासत्य को सीधे जान लेते हैं। वे हिंसा और प्रेम का समन्वय करते हैं। वे मैना को लहुरावीर का उपासक होने की शिक्षा देते

हैं। देवरात पंडित हैं, पंडित होना अच्छा है। पांडित्य भूत, वर्तमान और भविष्य को एक श्रृंखला में जोड़ता है। वह इतिहास के एक बिन्दु तक उपलब्ध समस्त मनीषा का अध्ययन कर उसे सबको सुलभ कराता है किन्तु जब पांडित्य सत्य को सीधे न देखकर घुमाकर देखे, अनुभव के स्थान पर शास्त्रीय ज्ञान को सब कुछ मानने लगे, मनुष्य के ओज की उपेक्षा करे, तब वह खंडित बन जाता है और सत्य का एक पहलू ही देख पाता है। देवरात महिलाओं को सिंहवाहिनी की उपासिका होने की सलाह तो देते हैं किन्तु महिषामर्दिनी की उपासिका होने की नहीं। उनकी दृष्टि में वह नारियों के क्षेत्र से बाहर की चीज है किन्तु सुमेर काका निर्भ्रान्त रूप से इस सत्य को पा लेते हैं कि नारियों को अपने सम्मान की रक्षा के लिए महिषामर्दिनी की उपासिका होना चाहिए। सुमेर काका देवरात के बारे में टिप्पणी करते हुए कहते हैं, "वह बातों को तैयार माल की तरह देखता है। मगर ज्ञान या रस तैयार माल की तरह नहीं होता। वे इतिहास में पलते हैं और इतिहास को बनाते हैं मगर मेरे मन में जो कुछ है उसे मैं प्रकट नहीं कर पाता।" वास्तव में देवरात और सुमेर मिलकर एक पूरे सत्य की सृष्टि करते हैं।

इस क्रम में उज्जयिनी के पासवाला अशिक्षित बालकों का सन्दर्भ भी देखा जा सकता है। भिल्ल जाति के कई छोटे-छोटे गरीब अपढ़ बालक उज्जयिनी से भागते हुए चन्द्रमौलि और माढव्य की निस्पृह रूप से सेवा करते हैं तो माढव्य को आश्चर्य होता है। उन्होंने (माढव्य ने) पहली बार अनुभव किया कि अशिक्षा के कारण कोई सुसंस्कृत होने से वंचित नहीं रह जाता। शिक्षा से जानकारियाँ बढ़ती हैं अवश्य, पर चित्त का संस्कार तो घर और परिवेश के संस्कारों से ही होता है।

स्त्री और पुरुष का सम जीवन की पूर्णता के लिए आवश्यक है। दोनों ही अधूरे हैं, दोनों एक-दूसरे के पूरक हैं। पुरुष में अहं होता है। स्त्री उसे अपने प्रेम और समर्पण से तोड़ती है। देवरात भीतर से खाली है—चन्द्रमौलि खाली है, शार्विलक खाली है, आर्यक खाली है। पुरुष के विरह में मैना और चन्द्रा अधूरी हैं। वह खालीपन या अलगाव अहंकार के कारण भी है और नियति के कारण भी। नियति बाहरी भी है और स्वभाव से उत्पन्न भी। देवरात और चन्द्रमौलि बाहरी नियति के शिकार हैं और आर्यक तथा शार्विलक अपनी स्वभावज नियति से। मैना और चन्द्रा बाहरी नियति से पीड़ित हैं और मंजुला अपने स्वभावज अहं से। अपनी भीतरी नियति और अहं से लड़कर स्त्री-पुरुष एक होते हैं और पूरे सत्य की सृष्टि करते हैं।

अधूरे सत्य की पकड़ से पूरे उपन्यास में एक विडम्बना व्याप्त है। यह विडम्बना व्यक्ति के स्तर पर भी है और सामाजिक स्तर पर भी। व्यक्ति के स्तर पर आर्यक की विडम्बना देखी जा सकती है। इतना बड़ा वीर होकर भी वह एक कल्पित सत्य से आक्रान्त होकर भाग खड़ा होता है। वह मैना, चन्द्रा और स्वयं अपने को पहचानने की कोशिश नहीं करता। वह अपने से नहीं, लोकापवाद से डरता है। वह मैना और चन्द्रा के बारे में नहीं सोचता, लोकापवाद के बारे में सोचता है। वह प्रेम करके भी उसे लोकभय से छिपाता है और पीड़ित रहता है।

उसके इस अज्ञान को तोड़ती है श्रेष्ठ पत्नी धूता। यह विडम्बना एक सम की सृष्टि करती है।

सामाजिक स्तर पर विडम्बना देखी जा सकती है समुद्रगुप्त के सन्दर्भ में। समुद्रगुप्त व्यवस्था में सम उपस्थित करना चाहता है किन्तु वह स्वयं विषमता और अज्ञान का शिकार होता है। सत्य के साक्षात्कार से ही सम पैदा होता है और समुद्र गुप्त सत्य का अधूरा साक्षात्कार करता है। वह उसे पारम्परिक सामाजिक मर्यादा में देखता है। वह समाज का उत्थान करना चाहता है, वह समाज में एक सुखद व्यवस्था स्थापित करना चाहता है किन्तु वह यह व्यवस्था व्यक्तित्वों की उपेक्षा करके या उनकी सही पहचान न करके स्थापित करना चाहता है। एक ओर पूरे समाज में सम उपस्थित करने की उसकी बेचैनी, दूसरी ओर अपने निकटस्थ लोगों को ही उनके सही परिप्रेक्ष्य में पहचानने का अभाव। ये दोनों एक विडम्बना की सृष्टि करते हैं और अन्त में समुद्रगुप्त को यह अहसास होता है कि समकालीन चिन्तनधारा से कटी हुई सामाजिक परम्परा और व्यक्ति की निजी इच्छा-अनिच्छा, सुख-दुख, राग-विराग से कटी हुई सामाजिक मर्यादा अधूरी है। वह सत्य नहीं, खंड सत्य है। स्त्री और पुरुष, शास्त्र और व्यवहार, व्यक्ति और समाज, क्षमा और विद्रोह का सम उपस्थित करने के लिए यह आवश्यक है कि हमारी सामाजिक व्यवस्था में सम उपस्थित हो। किसी प्रकार का भय या दबाव या अत्याचार मनुष्य के विकास में बाधक न हो। समुद्रगुप्त इसी सुखद व्यवस्था के साधक के रूप में उपस्थित किया गया है। वह केवल सत्ताधारी नहीं, वरन् मानव-मूल्यों का वरण करनेवाला राजा है। वह अपने राज्य के विस्तार के लिए नहीं, वरन् सत्य की रक्षा के लिए अधर्म का दमन कर धर्म के विस्तार के लिए दूसरे राज्यों पर आक्रमण करता है। यह भी दर्शनीय है कि वह जिस राज्य को जीतता है उसे उसी राज्य के किसी सुयोग्य और सत्यवादी व्यक्ति को सौंप देता है। मथुरा या उज्जयिनी तक की उसकी विजय यात्रा वास्तव में सत्य यात्रा है। वह समाज के भीतर अनन्त छोटे-छोटे सम उपस्थित करने के लिए राज्य व्यवस्था में एक वृहत् सम उपस्थित करना चाहता है। इस प्रकार यह उपन्यास सम्पूर्ण सत्य के साक्षात्कार का उपन्यास है।

इस उपन्यास की इस केन्द्रीय चेतना की पहचान के साथ-साथ उसकी कुछ अन्य विशेषताओं की भी पहचान की जा सकती है—(1) द्विवेदी जी की नारी-दृष्टि अत्यन्त मानवीय और गहरी है। वे प्राय: सांसारिक दृष्टि से उच्छृंखल या पदच्युत दीखनेवाली नारियों के भीतर अद्भुत सौन्दर्य देख लेते हैं। इस उपन्यास में चन्द्रा इसी प्रकार की नारी-पात्र है। वैसे नारी के प्रति उनकी दृष्टि बड़ी ही पवित्र है। चन्द्रा, मैना, धूता आदि को उन्होंने केवल सम्मान ही नहीं दिया है, वरन् उनकी आन्तरिकता की गहरी पहचान भी की है। (2) दुष्ट पात्रों की रचना में द्विवेदी जी को अरुचि है। दुष्टता केवल एक व्यवस्था के रूप में ही आती है। पालक का साला दुष्ट है किन्तु वह उपन्यास में सीधे कहीं उपस्थित नहीं हुआ है, उसकी हरकतों की सूचना बार-बार दी गई है। (3) मूल कथा या कथाएँ लोकजीवन के बीच गुजरती हैं और इस

तरह लोकजीवन अपने सामाजिक, सांस्कृतिक और आर्थिक आयामों को खोलता चलता रहता है। (4) भाषा की प्रवहमानता और जीवन्तता दर्शनीय है। लोक भाषा और शास्त्रीय भाषा के संयोग से एक ऐसी भाषा बनती है जो केवल द्विवेदी जी की भाषा होती है। उस क्रम में वे अनेक शब्दों की व्युत्पत्तियाँ देते हुए भाषा के माध्यम से संस्कृति के विकास की पहचान कराते चलते हैं। (5) सौन्दर्य-दृश्यों की योजना पारम्परिक होते हुए भी नए चमत्कार से दीप्त होती है। (6) द्विवेदी जी लौकिक जीवन में अटूट आस्था रखते हुए भी अलौकिक चमत्कारों की सृष्टि करते हैं। प्रस्तुत उपन्यास में बाबा के माध्यम से इसकी सृष्टि हुई है।

(अन्य उपन्यास—'अनामदास का पोथा')

रांगेय राघव

मुर्दों का टीला (1948) प्रगतिशील लेखक रांगेय राघव का ऐतिहासिक उपन्यास है। इसमें मोहनजोदड़ो की संस्कृति और सभ्यता को उपन्यास का आधार बनाया गया है। श्रेष्ठि ईरान आदि से दास-दासियाँ क्रय करते थे। दास-दासियों के साथ पशुओं का-सा व्यवहार करते थे। दासियाँ उनकी सेवा भी करती थीं और उनकी पाशव कामलिप्सा की तृप्ति भी। और फिर भी उनका जीवन नदी की धारा में बहते हुए तिनके-सा कम्पित और अनिश्चित रहता था। लेखक ने इन विलासी व्यापारियों की घृणित वासना और अत्याचार का नंगा रूप अनावृत किया है। कथानक सुदूर अतीत का है, अत: लेखक की कल्पना को अभिप्रेत रूप से विहार करने का अवकाश मिलता है। लेखक ने अपनी कल्पना से तत्कालीन सभ्यता और सामाजिक सम्बन्धों के आधार पर श्रेष्ठि मणिबन्ध, दासी (फिर स्वामिनी) नीलूफर, आमेन-रा, विश्वजित, कलाकार विलिमित्तूर, उसकी प्रेयसी वीणा, हेका और उसकी प्रेमी अपाप, राजकुमारी चन्द्रा का अद्‌भुत रूप और मानस-सौन्दर्य चित्रित किया है। उस काल के सभी सामाजिक सम्बन्ध मुखर हो उठे हैं। जनता इस घृणित अत्याचार के विरुद्ध युद्ध करती है जिसके नेता विलिमित्तूर और विश्वजित हैं। शोषक संस्कृति इस भयानक युद्ध में अट्टहास करती है और अन्तिम दम तक उसका प्रतीक मणिबन्ध वीणा को आलिंगनपाश में बाँधने के लिए दौड़ता है। प्राकृतिक नियम भी जैसे इस अत्याचार के विरोधी हैं, इसलिए प्रकृति बार-बार गर्जन-तर्जन करती है। अन्त में अत्याचारी मणिबन्ध अकेला रह जाता है। प्रस्तुत उपन्यास में कथानक बहुत ही रोचक और वेगवान होकर आया है। वह शोषक व्यवस्था से जनजीवन के संघर्ष की कहानी है। इसके चरित्र अपने बाहरी और भीतरी दोनों रूपों में बड़े ही स्पष्ट, आकर्षक और व्यक्तित्वसम्पन्न हैं। लेखक ने चरित्रों के निर्माण में तत्कालीन सामाजिक पृष्ठभूमि का ध्यान तो रखा ही है आधुनिक मनोविज्ञान का भी सम्यक् उपयोग किया है। देश-काल के अंकन में बड़ी ही सजीवता है। शैली में प्रवाह-गाम्भीर्य और काव्योचित झनकार है।

शिवप्रसाद मिश्र 'रुद्र'

बहती गंगा (1952) को आंचलिक उपन्यास कहा गया है किन्तु वह मूलतः ऐतिहासिक उपन्यास है। उसकी वस्तु और शिल्प दोनों ही आंचलिक उपन्यास से भिन्न तथा ऐतिहासिक उपन्यास के समीप हैं। वर्णनात्मक शैली में भिन्न-भिन्न पात्रों की कहानियों की शृंखला जोड़कर यह काशी के दो सौ वर्षों का इतिहास प्रस्तुत करता है। यह सही है कि ऐतिहासिक उपन्यासों की तरह इसमें किसी एक ख्यात इतिहासपुरुष की मुख्य कथा के साथ अनेक ऐतिहासिक और काल्पनिक पात्रों की कथा नहीं जोड़ी गई है बल्कि अनेक काल्पनिक पात्रों की कहानियाँ क्रम से उठती और खत्म होती चली जाती हैं और काशी के तत्कालीन राजनीतिक, सामाजिक तथा सांस्कृतिक वातावरण को सजीव कर देती है। यह काशी के वातावरण के इतिहास की कथा है। अपनी वस्तु और शिल्प में यह उपन्यास विशिष्ट है।

अमृतलाल नागर

शतरंज के मोहरे (1959) : प्रस्तुत उपन्यास लखनऊ के शासन को केन्द्र में रखकर उन्नीसवीं शताब्दी के भारतीय जीवन में लक्षित होनेवाली उथल-पुथल को चित्रित करता है।

गाज़ीउद्दीन हैदर लखनऊ के बादशाह थे। उनकी बेगम (बादशाह बेगम) बड़ी धार्मिक थीं, अपने पति से उनकी नहीं पटती थी। वे बहुत जिद्दी, कट्टर और दम्भी स्वभाव की थीं। शहजादा नसीरुद्दीन बादशाह बेगम का लड़का न होकर किसी दासी का पुत्र था। उसे बादशाह बेगम ने बड़े स्नेह से पाल-पोसकर बड़ा किया तथा अपनी ओर मिला लिया था। बादशाह जानता था कि नसीरुद्दीन उसका शाही बेटा नहीं है, इसलिए उससे विरक्ति अनुभव करता था और बादशाह बेगम से वह बहुत क्रुद्ध और दुखी था। राजनीतिक दाँव-पेच की दृष्टि से धीरे-धीरे उसने नसीरुद्दीन को अपनी ओर मिला लिया और एक दिन ऐसा आया जब बादशाह बेगम और नसीरुद्दीन में कट्टर शत्रुता पैदा हो गई। गाजीउद्दीन हैदर की मृत्यु के बाद नसीरुद्दीन बादशाह बना और उसमें तथा बादशाह बेगम में शक्ति-परीक्षण का क्रम चलता रहा। रानियों के स्थान पर दासियों की प्रभुता स्थापित हुई। एक के बाद एक दासियाँ आती गईं और कमजोर नसीरुद्दीन को अपने चंगुल में फाँसकर उस पर शासन करती गईं। उनके षड्यंत्र, बेवफाई और स्वार्थ का पता चलने पर नसीरुद्दीन उन्हें उठाकर फेंकता गया। बादशाह बेगम और नसीरुद्दीन के मंत्रियों, सलाहकारों के बीच बुद्धि-युद्ध चलता रहा और षड्यंत्र-व्यूह बनता-बिगड़ता रहा। शतरंज के मोहरों की तरह आदमी अपना स्थान बदलते रहे। स्वयं बादशाह दूसरों के हाथ में मोहरा बनकर जीवनयापन करता रहा और इस सारे द्वंद्व के बीच अंग्रेजी राज्य का हस्तक्षेप गतिमान रहा।

लेखक की यथार्थवादी दृष्टि ने इस काल के कमजोर और विवश बादशाहों की मानवीय यातना, अन्तर्द्वंद्व और असफल आक्रोश का तथा उनके इर्द-गिर्द के भयानक षड्यंत्र, फरेब-भरे प्रेम और अमानवीय कृत्यों से कसमसाते परिवेश का बड़ा ही जीवन्त चित्र प्रस्तुत किया है। नसीरुद्दीन, अवध का बादशाह नसीरुद्दीन इतना अभागा कि किसी का विश्वास नहीं पा सका। एक ने (कुदसिया बेगम ने) विश्वास दिया था सो उसे इसके अविश्वास ने मार डाला। अन्त में वह सबसे डरता हुआ, घबराता हुआ, भागता है, भयंकर प्यास से पीड़ित है लेकिन कहीं पानी नहीं पी पाता—सभी लोग उसे जहर देते हुए दिखाई पड़ते हैं और होता भी ऐसा ही है। उसकी अन्तिम विश्वसनीय और निकटतम दासी धनिया उसे जहर दे देती है। बादशाह के मरने के बाद अनेक दासी-पुत्रों को शतरंज के मोहरे की तरह बादशाह की गद्दी पर बैठाने की होड़ सी लग जाती है। किन्तु अंग्रेजों की कृपा से सारी कहानी दुःखान्त बनकर रह जाती है।

लेखक ने इस काल के भारत में विघटित राजनीति और समाज-व्यवस्था का जीवन्त चित्र प्रस्तुत किया है। भारतीय सामन्ती व्यवस्था को ब्रिटिश साम्राज्यवाद धीरे-धीरे निगल रहा था, इसलिए इस संक्रान्तिकाल में राजपरिवारों और समाज में एक अद्भुत घबराहट, अव्यवस्था, टूटन और स्वार्थपरता का बोलबाला हो गया था। साथ-ही-साथ सारे सामन्ती मूल्य भी टूटते जा रहे थे। मूल्य टूट तो रहे थे किन्तु नए मूल्यों की पहचान और उनकी परिस्थितियाँ अभी नहीं उभरी थीं। अद्भुत अराजकता और विच्छिन्नता का युग था। इस युग को उसकी पूरी प्रामाणिकता में लेखक ने पकड़ा है।

काल की इस अद्भुत उदासी और भयावह अन्धकार के बीच दिग्विजय ब्रह्मचारी जैसे कुछ पात्र भी हैं जो पीड़ित प्रजा की सामूहिकता और एकता के लिए प्रयास करते हैं। यह सामूहिक एकता एक उभरती हुई नवीन शक्ति थी जो बाद में एक विराट जन-चेतना के रूप में विकसित हुई। किन्तु इस जन-चेतना का संवाहक ब्रह्मचारी इसके लिए अपार यातनाएँ सहता है। अन्धकार की आँधी में विनष्ट होते हुए समस्त प्रकाश के खँडहर पर बैठा हुआ हारा-थका नर कंकाल दिग्विजय ब्रह्मचारी उजाले की बाट जोहता हुआ दिखाई पड़ता है। हाँ, रात के बाद दिन अवश्य आता है।

लेखक ने इस काल के फलक पर अनेक चरित्रों को चित्रित किया है—कुछ ऐतिहासिक हैं कुछ काल्पनिक। सारे पात्र जीवन्त और यथार्थ हैं। इन पात्रों के माध्यम से तत्कालीन सामाजिक जीवन और मानव-चरित्रों के अनेक आयाम उद्घाटित किए गए हैं। यह अवश्य है कि पात्रों की इतनी विपुलता कहीं-कहीं घटनाओं के प्रवाह को उलझाती है किन्तु पात्रों की रचनात्मक सार्थकता के बारे में सन्देह नहीं किया जा सकता।

मानस का हंस (1972) : सार्थक और विशिष्ट कृति चाहे ऐतिहासिक कथा पर आधारित हो चाहे समसामयिक कथा पर, प्रासंगिकता का प्रश्न उससे जुड़ा होता है। प्रासंगिकता (लेखक के) युग की केन्द्रीय चेतना और प्रकृति की पहचान से प्राप्त

होती है। इसलिए बहुत बार ऐसा भी होता है कि समसामयिक विषयवस्तु को लेकर चलनेवाला साहित्य इस चेतना की पहचान में चूक जाने के कारण अप्रासंगिक हो उठता है और प्राचीन विषयवस्तु को लेकर चलनेवाला साहित्य इस पहचान के कारण प्रासंगिक। अतीत की कथा कभी तो स्वयं ऐसी होती है कि वह हमारे युग की प्रकृति के समीप होने के कारण सहज ही प्रासंगिक बन जाती है—कभी उसे प्रासंगिक बनना पड़ता है। प्रासंगिक बनाने की प्रक्रिया बड़ी जटिल और खतरनाक होती है। इसमें कथा या चरित्र की ऐतिहासिकता की रक्षा भी करनी होती है और उसे ऐसे नए आयाम भी देने होते हैं कि वह कथा या चरित्र हमारे बीच का लगने लगे। जहाँ इस समन्वय में दरार पड़ी, रचना अविश्वसनीय और प्रभावहीन होने लगती है। प्रासंगिकता भी कहीं तो युगीन समस्याओं, आकांक्षाओं और सम्बन्धों से सम्बन्धित होती है, कहीं चरित्र की नवीन आन्तरिकता से।

'मानस का हंस' एक सार्थक और विशिष्ट उपन्यास है, इसलिए इसे हम मात्र तुलसी की प्रामाणिक जीवनी के उपन्यास के रूप में पढ़कर सन्तोष नहीं करना चाहते, हम उन बिन्दुओं की भी तलाश करना चाहते हैं जो तुलसी के जीवन पर आधारित इस उपन्यास को ऐतिहासिक दस्तावेज बनने से बचाकर एक ऐसी सर्जनात्मक कृति का रूप दे सके हैं जो आज के पाठक के लिए भी प्रासंगिक है। इसी प्रासंगिकता के लिए लेखक ने तुलसी को वह रूप दिया है जिसे ऐतिहासिक दृष्टि या धार्मिक दृष्टि से स्वीकार्य नहीं भी कहा जा सकता। तुलसी के काम और दाम के द्वंद्व को देखकर बहुत से तुलसी-भक्त और धार्मिक लोग नाक-भौं सिकोड़ते हैं और इतिहास की छानबीन मात्र करनेवाले बहुत से पाठक इसे असत्य भी कह सकते हैं किन्तु तुलसी पर सार्थक उपन्यास लिखनेवाले लेखक को यह खतरा तो उठाना ही था। यह बात और है जैसाकि कुछ दिन पहले बातचीत के क्रम में आचार्य विश्वनाथ प्रसाद मिश्र ने कहा कि भक्तों और साधकों पर उपन्यास आदि नहीं लिखे जाने चाहिए किन्तु जब उन पर लिखा जाएगा तब उन्हें वह मानवीय रूप देना ही होगा जो उन्हें साहित्य के अनेक पाठकों के लिए प्रासंगिक बनाता है।

'मानस का हंस' में तुलसी की प्रासंगिकता आन्तरिक और बाहरी दोनों रूपों में है। संघर्ष और तनाव, व्यक्ति और समाज दोनों स्तरों पर आज का यथार्थ है। व्यक्ति के स्तर पर वह मानसिक संघर्ष है, अन्तर्द्वंद्व है यानी अपने से अपनी ही लड़ाई है। और सामाजिक स्तर पर वह जड़ समाज से प्रबुद्ध व्यक्ति की, एक वर्ग से दूसरे वर्ग की, परम्परा से प्रगति की, असत्य से सत्य की लड़ाई है। यह लड़ाई कहीं तो सक्रिय रूप धारण कर लेती है और कहीं विक्षोभ, अस्वीकृति और घृणा के रूप में ही तैरती रहती है। 'मानस का हंस' में तुलसी के मन में चलनेवाला राम और काम का द्वंद्व तुलसी के व्यक्तित्व को अधिक मानवीय और प्रासंगिक बनाता है, दूसरी ओर उनके जीवन का आर्थिक अभाव, अपमानपूर्ण स्थितियाँ, छोटी जाति की पार्वती द्वारा उनका पालन-पोषण, सतत भटकाव, धर्म और समाज की विकृत और गलीज वास्तविकताओं का साक्षात्कार, सामाजिक और साम्प्रदायिक रूढ़ियों तथा

विडम्बनाओं का दंश और टकराहट आदि ऐसी परिवेशगत सच्चाइयाँ हैं जो आज भी व्याप्त हैं और जिनका हम साक्षात्कार करते रहते हैं।

वास्तव में तुलसी इन वास्तविकताओं की प्रक्रियाओं से गुजरते हुए भी उनसे पराभूत नहीं होते। लेखक आज की संघर्ष और तनावपूर्ण मानसिक और परिवेशगत सचाइयों का निर्वाह करता हुआ भी तुलसी के व्यक्तित्व की मूल ऊर्जा की उपेक्षा नहीं करता, कर भी नहीं सकता। इसलिए तुलसी काम के दंश से पीड़ित तो होते हैं और निरन्तर होते हैं किन्तु राम तक पहुँचने के लिए उनका विवेक बराबर संघर्ष करता रहता है, वह लक्ष्य को पहचानता है। इसलिए काम की प्रक्रिया से इतने पीड़ित होकर भी तुलसी निरन्तर राम की ओर बढ़ते रहते हैं किन्तु यह बढ़ना सीधा बढ़ना नहीं है, गिर-गिरकर बढ़ना है और यह गिर-गिरकर बढ़ना काम के शिकंजे में बार-बार बुरी तरह कसकर, छटपटाकर, उससे थोड़ा सा मुक्त हो जाना एक ओर आज के सही मनुष्य की आन्तरिक वास्तविकता को रूपायित करता है तो दूसरी ओर तुलसी की अदम्य शक्ति (जो ऐतिहासिक सचाई है) को मूर्त करता है। नागर जी इस सन्तुलन (जो उपन्यास की शक्ति है) के कारण ही दोनों प्रकार के अतिवादी खेमों के आक्षेपों के शिकार हो रहे हैं। फैशनपरस्त आधुनिकता का हिमायती कहता है कि 'मानस का हंस' प्रासंगिक इसलिए नहीं बन सका है क्योंकि इसमें निरन्तर तुलसी का उठना दिखाया गया है। आधुनिकता तो टूटे हुए, हारे हुए, छोटे-छोटे लोगों की कथा है। मात्र टूटना ही आज के लिए प्रासंगिक है, दूसरी ओर तुलसी के महत् व्यक्तित्व का पुजारी कहता है कि नागर जी ने बेकार में तुलसी को काम के शिकंजे में इतना कस दिया है। यह ऐतिहासिक सत्य नहीं और इससे तुलसी का व्यक्तित्व छोटा हो जाता है। पहले प्रकार के लोगों के उत्तर में कहना यह है कि टूटना तो आज का सत्य है। लेकिन वह जीवन का लक्ष्य भी है या काम्य भी है यह नहीं कहा जा सकता। टूटना आज के आदमी की मजबूरी है किन्तु उसका हृदय इस टूटने से उत्पन्न रिक्तता को भरना भी चाहता है। टूटना जितना प्रासंगिक है, रिक्तता को भरने की इच्छा भी उतनी ही प्रासंगिक है। तुलसी प्रासंगिकता के दोनों तकाजों को पूरा करते हैं। दूसरे वर्ग के आक्षेप के दो पहलू हो सकते हैं—एक तो यह कि तुलसी को काम के चंगुल में पड़ा हुआ दिखाना ही नहीं चाहिए। यह ऐतिहासिक सचाई के विरुद्ध है। दूसरे यह कि थोड़ा बहुत दिखाना चाहिए था, इतना नहीं। तुलसी के सम्बन्ध में प्रसिद्ध किंवदन्तियों तथा उनकी कुछ कविताओं से इस बात के संकेत मिलते हैं कि तुलसी कभी काम के शिकार हुए थे किन्तु वे किसी वेश्या के चक्कर में पड़े थे, इसका कोई प्रमाण नहीं मिलता। वैसे काम मनुष्य की बहुत ही बुनियादी वृत्ति है, अनेक साधु-संन्यासी इसकी मार खाकर ही संन्यास और ईश्वर की ओर भागे हैं। तुलसी भी बचपन में ही तो साधु हुए नहीं थे, वे निश्चित ही अपनी युवावस्था में काम की गहरी संवेदना से गुजरे होंगे। इसलिए तुलसी को काम-पीड़ित दिखाना न तो मनुष्य की प्रकृति के प्रतिकूल है, न तुलसी के बारे में प्राप्त ऐतिहासिक संकेतों के। तुलसी के भीतर काम और राम के बहुत ही मार्मिक संघर्ष को दिखाकर काम और राम दोनों की संवेदना

को बड़ा जटिल और संक्रान्त रूप दिया गया है किन्तु यह संघर्ष रत्नावली मात्र के सन्दर्भ में दिखाया जा सकता था, वेश्या का सन्दर्भ ले आना इतिहास और रचना दोनों दृष्टियों से अपरिहार्य नहीं कहा जा सकता।

'मानस का हंस' तत्कालीन परिवेश के जीवन्त चित्रण के माध्यम से आज के परिवेश को भी उजागर करता है। अभिजात समाज और धर्म के बन्द कमरों के भीतर जो अमानुषिक घृणित व्यापार चलते हैं, सेक्स और अर्थ के तालमेल से जो गलाजत पैदा होती रहती है, उसका बहुत सुन्दर उद्घाटन हुआ है। इस सारे परिवेशगत यथार्थ को तुलसी की जीवन प्रक्रिया के साथ इतनी कुशलता से बुना गया है कि तुलसी का जनसंघर्ष और परिवेशगत कुरूपता तथा उससे तुलसी की टकराहट एक ही व्यक्तित्व के अन्तर्गत समाविष्ट हो गए हैं। और यह इसलिए हुआ है कि तुलसी के राम केवल साधक के हृदय के भीतर अनुभूत होनेवाले सत्य नहीं हैं, वे लोक में व्याप्त अमंगल, अधर्म, सत्य के प्रसार के बीच मूर्त होनेवाले मंगल, धर्म और सत्य के स्वरूप भी हैं। अर्थात् जो राम भक्त के हृदय के भीतर हैं वे ही लोक में भी व्याप्त हैं। इसी राम को तुलसी हृदय में भी खोजते हैं और बाहर भी। तुलसी राम की कथा सुनाकर लोक-हृदय को रंजित ही नहीं करते, अनुप्राणित भी करते हैं और इस प्रक्रिया में समाज और धर्म की अनेक विभीषिकाओं का साक्षात्कार भी करते हैं। इसीलिए तुलसी बीमारियों, सामाजिक अन्याय और अत्याचार का सामना करने के लिए दल भी संघटित करते हैं।

नागर जी ने तुलसी के जीवन के मार्मिक प्रसंगों को लेकर या मार्मिक प्रसंगों की उद्भावना कर तुलसी की विविध संवेदनाओं का अंकन किया है। इस प्रसंग में दो बातें द्रष्टव्य हैं—(1) लेखक ने मार्मिक प्रसंगों की उद्भावना और संवेदनाओं के चित्रण में तुलसी के काव्य का अधिकाधिक सहारा लिया है। लेखक की तुलसी-काव्य की मर्मज्ञता ने उसका बड़ा साथ दिया है। वह तुलसी की कविताओं के भीतर से प्रसंगों और तुलसी की मानसिकता की रचना करता है और इस तरह पाठक के सामने वे मन:स्थितियाँ और प्रसंग मूर्त होते चलते हैं जिनमें तुलसी ने अपने काव्यों की रचना की होगी। (2) नागर जी ने तुलसी के जीवन और चरित्र के साथ जुड़ी हुई अलौकिक घटनाओं को लौकिक और मानवीय रूप देने का प्रयत्न किया है। मरणासन्न रत्नावली के पास तुलसी का लौटकर आना बड़ा ही मार्मिक प्रसंग है।

'मानस का हंस' तुलसी के जीवन की कथा कहने का एक नया ढंग निकालता है जो तुलसी के चरित्र को देखते हुए उचित ही है। तुलसी जैसे भक्तों को अपने जीवन की कथा कहने में क्या रस हो सकता था लेकिन उनकी जीवनी को अधिक प्रामाणिक बनाने के लिए उन्हीं के मुख से उनकी कथा कहलानी भी थी। इसके लिए लेखक ने बेनीदास (जो कि ऐतिहासिक पात्र हैं) का सहारा लिया है। अपने भक्त बेनीदास के आग्रह से रह-रहकर तुलसी अपने जीवन की कथा सुनाते रहते हैं। इसमें आवश्यकतानुसार उनके बाल-सखा राजा भगत भी योग देते रहते हैं। राजा भगत की अवतारणा भी इसी उद्देश्य से हुई है। किन्तु इस सारे कौशल के बावजूद

कथा सानुक्रम ही आई है। तुलसी के जीवन में घटित सारी घटनाएँ इतिहास पद्धति से क्रम-क्रम से ही ली गई है। यह पद्धति वह नाटकीय वक्रता और तज्जन्य चमत्कृति उत्पन्न करने में समर्थ नहीं हो सकी जो घटनाओं के व्यतिक्रम और व्यतिक्रम के रचनात्मक विन्यास से सम्भव हो पाती है। इस सन्दर्भ में 'बाणभट्ट की आत्मकथा' का कथन कौशल याद आ रहा है जो उपन्यास के विन्यास को वर्तुलता और अप्रतिम प्रभावशालिता प्रदान करता है।

आनन्दप्रकाश जैन

कुणाल की आँखें (1967) : इतिहास जनता का नहीं, राजाओं का रहा है। राजे अपना प्रशस्तिगान स्वयं कराते रहे हैं, अपना कलंक जनता पर या नारी पर अंकित कराते रहे हैं। इतिहास और काव्य उनके प्रशस्ति-अंकन और कलंक प्रक्षालन के माध्यम बनते रहे हैं। अशोक भारतीय इतिहास का बहुत ही यशस्वी, वीर, शान्ति-प्रेमी, मूल्य-समर्पित व्यक्तित्व माना जाता रहा है। प्रस्तुत उपन्यास के लेखक ने इतिहास पर आरोपित अशोक के इस विराट व्यक्तित्व को तोड़ा है। इसके लिए उसने इतिहासों से प्रमाण भी लिये हैं और आधुनिक काल में विकसित मनोवैज्ञानिक और मानवतावादी दृष्टि का उपयोग भी किया है। उसने प्रियदर्शी अशोक की यश लिप्सा, शान्ति और अहिंसा की नीति के नीचे कसमसाती उसकी हिंसक अशान्तवृत्ति, देश में आरोपित शान्ति के साम्राज्य के विरुद्ध उफनती जनता की युयुत्सा और धर्म के विस्तार के अन्तराल में अट्टहास करती अधार्मिक लीला और अमानवीय शोषण को बहुत बेलाग भाव से उभारा है। कुणाल अशोक का बेटा होकर भी प्रतिपक्ष का प्रतिनिधि है। वह विद्रोहियों की आवाज समझता है, उसकी आँखें साम्राज्य के असत्य के भीतर छिपे सत्य को देखती है, वे दूरदर्शी, सत्यदर्शी, जीवनदर्शी आँखें बौद्ध भिक्षु, अमात्य और अशोक के मिले-जुले षड्यंत्र से निकाल ली जाती हैं और कलंक लगता है बूढ़े अशोक की युवा पत्नी तिष्यरक्षिता को। धर्मचक्र के प्रवर्तक अशोक की कितनी बड़ी महानता है कि उन्होंने अपने कलंक को एक बेबस नारी पर मढ़ दिया। वह नारी जो उनकी रानी है और जिससे उसका प्रेम पहले ही छिन चुका है। किन्तु इस नारी को कुणाल की सत्यदर्शी आँखें दूसरे रूप में देखती हैं।

आधुनिक भारत इस अतीत कथा में प्रतिबिम्बित हो उठता है। प्रजातंत्र है, अहिंसा और शान्ति की नीति की जोर-शोर से घोषणा की जाती है किन्तु यह जाहिर है कि प्रजातंत्र में प्रजा की बात नहीं सुनी जा रही है और अहिंसा और शान्ति की नीति के नीचे शासकों की भयानक स्वार्थलिप्सा और अशान्तिकारी अन्याय की भावना छिपी हुई है और इस असत्य के विस्तार में दबे सत्य को देखनेवाले विरोधियों की दूरदर्शी आँखें निकाल लेने का षड्यंत्र बराबर जारी है।

(अन्य उपन्यास—'ताँबे के पैसे')

भिक्खु

भिक्खु का 'मौत की सराय' एक विशिष्ट उपन्यास है। यह एक ऐतिहासिक उपन्यास है, जिसकी पृष्ठभूमि विदेशी है। ऐतिहासिक उपन्यासों का आधार गहरा अध्ययन और उर्वर कल्पना होती है। भिक्खु ने फ्रांस की 18वीं शती की राज्यक्रान्ति को अपने इसी गम्भीर अध्ययन और उर्वर कल्पना के बल पर इतने सजीव रूप से अंकित किया है कि सब कुछ अनुभूत-सा लगता है। लेखक ने फ्रांस को राज्यक्रान्ति के समय घटित होनेवाली अनेक भयावह घटनाओं, विद्रोह और अत्याचार की प्रक्रियाओं और परिणामों को तो बड़े ही रोचक और सजीव ढंग से प्रस्तुत किया ही है, उसने स्वातंत्र्य, समानता, बन्धुत्व के नाम पर होनेवाली इस राज्य क्रान्ति के अन्तर्विरोधों और विसंगतियों को भी कलाकार की निस्संगता के साथ अंकित किया है।

नरेन्द्र कोहली

दीक्षा (1975) : प्रस्तुत उपन्यास ब्याह के समय तक की रामकथा को लेकर उसे आज के अनेक राष्ट्रीय, अन्तर्राष्ट्रीय, मानवीय प्रश्नों से जोड़ता है। नरेन्द्र कोहली राम को शुरू से ही अपने परिवार में पीड़ित और उपेक्षित दिखाते हैं। वे एक बहुस्त्री-कामी पिता द्वारा उपेक्षिता नारी के अभिशप्त पुत्र हैं, इसी उपेक्षा और अभिशाप के भीतर उनकी संवेदना और ऊर्जा विकास पाती है। वही पारिवारिक पीड़ा उन्हें विश्वपीड़ा से जोड़ती है। और उन्हें विश्वपीड़ा के अनुभव और पीड़ा-संहार की क्रिया से जोड़ते हैं गुरु विश्वामित्र, जो अपने जीवन में क्रान्तिकारी रहे हैं, जो ज्ञान और क्रिया को अनुस्यूत करना चाहते रहे, जो अयोध्या में पलनेवाली बँधी हुई शास्त्र विद्या और उच्चवंशीय चिन्तन-संस्कार को छोड़कर जनसामान्य के दुख-दर्द और प्रश्नों से जुड़ा एक नया ज्ञान और संस्कार पाने का प्रयत्न करते रहे। यही विश्वामित्र राम की शक्ति को पहचान सकते थे और उन्हें विवेकमय कर्म से जोड़ सकते थे। लेखक ने बहुत सहज और अनारोपित ढंग से विश्वामित्र के माध्यम से राम को जनसामान्य की पीड़ा और उसके प्रतिकारमूलक कर्म से जुड़ता हुआ दिखाया है। राम महिमामय व्यक्तित्व लेकर पैदा नहीं होते, बल्कि वे जीवन से जुड़कर धीरे-धीरे यह महिमा अर्जित करते हैं। ज्ञान और कर्म सामान्य जीवन से सन्दर्भित होकर ही सही अर्थ पाते हैं। समकालीन मानसिकता और दृष्टि इस बात का बहुत बलपूर्वक समर्थन करती है। नरेन्द्र ने समकालीनता के इस मिजाज को सही तौर पर समझा है।

अभिप्रेत प्रभाव की सृष्टि के लिए लेखक ने रामकथा से सम्बन्धित कुछ बिन्दुओं को बड़े विस्तार से उठाया है। ये बड़े मार्मिक प्रसंग हैं। ताड़का, सुबाहु, मारीच आदि राक्षसों के अत्याचार को मूर्त करने के लिए लेखक ने सिद्धाश्रम की कल्पना की है जहाँ अनेक महत्त्वपूर्ण प्रसंग घटित होते हैं। अहल्या की कथा बहुत विस्तार से कही गई है और इस कथा को भी मूर्त सन्दर्भों द्वारा उभारकर इसके प्रभाव को

बहुत घनीभूत बनाया गया है। सीता को खेत में पाई गई लड़की के रूप में चित्रित कर उसके ब्याह की समस्या को एक सामाजिक विडम्बना से जोड़ा गया है। धनुर्भंग के प्रसंग को किसी एक समय पर केन्द्रित न कर समय के विस्तार में खुला छोड़ दिया गया है, इससे वह नाटकीय प्रभाव तो नहीं सर्जित हो सका, जो मानस में है, किन्तु इससे निरन्तर यातना में फँसी आज की उस लड़की की मानसिकता का अहसास उभरा है, जो देखती है कि रोज उसके पिता वर की तलाश में जाते हैं और खाली लौट आते हैं।

(अन्य उपन्यास—'अवसर', 'युद्ध की ओर', 'युद्ध', 'अभिज्ञान' तथा 'महासमर के छह खंड')

राजीव सक्सेना

धर्म पुत्री सोमा (1972) : इस उपन्यास में ऋग्वैदिक पृष्ठभूमि पर एक काल्पनिक कथा कही गई है। यायावर आर्यों का एक कबीला पाणि जाति पर विजय प्राप्त कर लेता है तथा दृशद्वती नदी के तट पर, एक कृषि आधारित सभ्यता को जन्म देता है। पाणि जाति पराजित होकर भी असन्तोष और विद्रोह की भावना से धुँधुवाती रहती है। विजयी आर्य पाणि जाति को अपने श्रम विभाजन में कुछ विशेष प्रकार का काम सौंपना तो चाहते थे किन्तु बराबरी का दर्जा नहीं दे रहे थे। इसलिए दोनों के बीच एक तनाव पैदा होता है। लेखक ने सामाजिक तनावों के बीच प्रेम सम्बन्धों का भी कुशल चित्रण किया है। प्रेम सम्बन्ध भावात्मक एकता तो उभारते ही हैं विषम सामाजिक यथार्थ की परतें भी खोलते हैं। लेखक ने कथा को तत्कालीन रंग देने के लिए उस समय के शब्दों का भी रचनात्मक प्रयोग किया है।

वीरेन्द्र कुमार जैन

अनुत्तर योगी (चार खंड, 1976, 77, 78) : महावीर के जीवन पर आधारित वृहद् उपन्यास है जिसमें उनके राजकुमार से तीर्थंकर होने तक की कथा है। महावीर को उनके विविध रूपों में मानवीय बनाने का प्रयत्न किया गया है। वे चाहे विद्रोही राजकुमार हों चाहे योगी, सर्वत्र मानवीय सुख-दुख और सामाजिक चेतना से स्पन्दित लगते हैं। अत: वे सम्प्रदाय विशेष के अग्रपुरुष होकर भी उस सम्प्रदाय की उपासना-परिधि में नहीं अटते बल्कि सामान्य मानवीय भूमि पर खड़े दिखाई पड़ते हैं। किसी महापुरुष को (वे चाहे बुद्ध हों, चाहे महावीर, चाहे कबीर हों, चाहे गोरखनाथ), उनके सम्प्रदायवाले धार्मिक पुरुष मन्दिर के दायरे में बाँधकर संकुचित कर देते हैं किन्तु साहित्यकार हमेशा उसे खुले में लाकर उसे अधिक मानवीय और सार्वभौम बनाता है। वीरेन्द्र ने भी यही काम किया है। हाँ, यह अवश्य कहा जा सकता है कि उपन्यास अपेक्षाकृत अधिक बोझिल और स्फीत हो गया है।

शिवप्रसाद सिंह

नीला चाँद (1988) : शिवप्रसाद सिंह ने बनारस के वर्तमान रूप को 'गली आगे मुड़ती है' में चित्रित किया। फिर उनकी इच्छा हुई कि मध्यकालीन और आदिकालीन बनारस को भी चित्रित किया जाए। उनकी इस इच्छा का परिणाम है 'नीला चाँद' जो मध्यकालीन बनारस के इतिहास को औपन्यासिक संरचना प्रदान करता है। लेखक के शब्दों में, "किसी ऐसे समय को ढूँढ़ना था जिसने त्रिकंटक को भी हिला दिया हो—वह समय मिल गया जब कर्ण कलपुरी ने देव वर्मा की हत्या की...उस समय की काशी है यह यानी 1060 की।"

नीला चाँद एक महाकाव्यात्मक उपन्यास है जिसमें लेखक ने उपर्युक्त समय की काशी यानी विदेशी आक्रान्ताओं से पहले की काशी की राजनीतिक उथल-पुथल, सांस्कृतिक एवं सामाजिक जीवन की विविध छवियों, आचार-विचार और मूल्यों की टकराहटों का बहुत संश्लिष्ट एवं व्यापक चित्रण किया है। अनेक प्रकार के चरित्र आते हैं जिनके अपने-अपने व्यक्तित्व हैं, अपनी-अपनी शक्तियाँ-अशक्तियाँ हैं, छवियाँ-अछवियाँ हैं। लेखक ने पात्रों की विविध मानसिकताओं, संवेदनात्मक आवर्तों की प्रभावशाली यात्रा की है। कुल मिलाकर बनारस बहुआयामी व्यक्तित्व के रूप में उभरता है।

भगवती शरण मिश्र

पुरुषोत्तम उपन्यास में श्रीकृष्ण को पुरुषोत्तम के रूप में देखा गया है। कंस-वध के पश्चात् कृष्ण के जीवन की अनेक घटनाओं और क्रियाओं को बहुत सार्थक रूप में चित्रित किया गया है। पूरी कथा को इस अभिप्राय से सँजोया गया है कि श्रीकृष्ण पुरुषोत्तम के रूप में दिखाई दें और भविष्य के लिए एक ऐसा जीवन प्रस्तुत कर सकें जिसमें मानवता का उजास व्याप्त हो।

भगवान सिंह

अपने-अपने राम (1992) नई दृष्टि से रामकथा की नई व्याख्या है। इसमें राम-परिवार में सौमनस्य देखने के स्थान पर राज परिवार का कलह देखा गया है। राम वाल्मीकि, तुलसी आदि के राम न होकर लेखक के राम बन गए हैं।

(अन्य उपन्यास—'उन्माद')

कमलाकांत त्रिपाठी

पाही घर (1991) का कथानक 1857 के प्रथम स्वाधीनता संग्राम पर आधारित है। लेखक ने इस सन्दर्भ के राजनीतिक क्रिया-कलापों का जीवन्त चित्रण तो किया ही

है जनजीवन में व्याप्त तत्कालीन घटनाओं, विविध मनोभावों और गतिविधियों को प्रभावशाली ढंग से उकेरा है।

(अन्य उपन्यास—'बेदखल')

राजेन्द्र मोहन भटनागर

विवेकानन्द उपन्यास में बहुत प्रभावशाली ढंग से स्वामी विवेकानन्द की जीवन-यात्रा को रूपायित किया गया है। उनकी जीवन-यात्रा में जो विविध घटनाएँ घटीं, विविध वैचारिक और भौतिक संघर्ष आए, उन सबका बहुत सजीव और नूतन ढंग से बयान किया गया है। संवेदनाओं और दृश्यों के विधान में काव्यात्मक छवि भी दिखाई पड़ती है। विवेकानन्द तो स्वयं ही हमारे आज के लिए प्रासंगिक हैं, लेखक ने और भी प्रासंगिक बना दिया है।

आंचलिक उपन्यास

आंचलिक उपन्यास, उपन्यास का कोई नया प्रकार है या किसी अंचल के जीवन से सम्बद्ध होने के नाते यों ही आंचलिक नाम से जुड़ गया है? यदि किसी प्रदेश से सम्बद्ध होने के नाते उपन्यासों को नए-नए नाम दिए जाने लगेंगे तब फिर उपन्यास गौण हो जाएगा, स्थान विशेष प्रधान। और तब स्थान विशेष की कहानी अपने स्थानीय वैचित्र्य के साथ कही जाकर उपन्यास का पद प्राप्त करने लगेगी। फिर उपन्यास का क्या होगा?

उपन्यास का अर्थ है कथा (सूक्ष्म या सघन) के माध्यम से व्यक्त होनेवाला जीवनचित्र जो स्थान विशेष या स्थान सामान्य से सम्बद्ध होकर सर्वदेशीय मानव संवेदनाओं और मूल्यों की प्रतिष्ठा करे। साहित्य में उपकरण का आत्यन्तिक मूल्य नहीं होता। शहरी और देहाती उपन्यास जैसे प्रकार गढ़कर उपन्यास की उपलब्धि पर विचार करना सतही दृष्टि का परिचायक है। सही दृष्टि तो यह देखती है कि किसी उपन्यास में द्रष्टव्य जीवन अपनी कितनी सचाई, संश्लिष्टता और समग्रता के साथ व्यक्त हुआ है और यह अपनी संवेदना की गहराई तथा मानवीयता के कारण वृहत्तर मानव-सत्य को कहाँ तक स्पर्श करता है।

आंचलिक उपन्यास की महत्ता यहीं से शुरू होती है। जैसे नई कविता ने तीव्रता से सचाई से भोगे हुए, अनुभव की भट्ठी में तपे हुए पलों को व्यंजित करने में ही कविता की सुन्दरता देखी, वैसे ही उपन्यासों के क्षेत्र में आंचलिक उपन्यासों ने अनुभवहीन सामान्य या विराट के पीछे न दौड़कर अनुभव की सीमा में आनेवाले अंचल विशेष को उपन्यास का क्षेत्र बनाया। आंचलिक उपन्यासकार जनपद-विशेष के जीवन के बीच जिया होता है या कम-से-कम समीपी द्रष्टा होता है। वह विश्वास के साथ वहाँ के पात्रों, वहाँ की समस्याओं, वहाँ के सम्बन्धों, वहाँ के प्राकृतिक और सामाजिक परिवेश के समग्र रूपों, परम्पराओं और प्रगतियों को अंकित कर सकता है क्योंकि उसने उन्हें अनुभूति में उतारा है। आंचलिक उपन्यास लिखना मानो हृदय में किसी प्रदेश की कसमसाती हुई जीवनानुभूति को वाणी देने का अनिवार्य प्रयास है। आंचलिक कथाकार को युग के जटिल जीवन का बोध नहीं है, इसीलिए वह आज भी पिछड़े जनपदों के सरल, निश्छल जीवन की ओर भागने में सुगमता अनुभव करता है, ऐसा कहना असत्य होगा।

आंचलिक उपन्यास का एक विशिष्ट अर्थ है और वह एक प्रकार की अनिवार्यता की उपज है। आंचलिकता का अर्थ बहुत से लोग स्थानीय रंगत से लगाते हैं। यह

भी भ्रम है। स्थानीय रंगत तो प्राय: सभी उपन्यासों में होती है। कथा जिस प्रदेश में बहती है वहाँ की प्रकृति, वेशभूषा, रीति-रिवाज की रंगत लेखक उपन्यास में देता चलता है। आंचलिक उपन्यास तो अंचल के समग्र जीवन का उपन्यास है। उसका सम्बन्ध जनपद से होता है ऐसा नहीं, वह जनपद की ही कथा है। किसी अंचल या जनपद के जीवन से जिन्हें प्रीति नहीं होती, ऐसे लेखक भी स्थानीय रंगत देकर सामान्य पात्रों की कथाओं को घटित करते चलते हैं। उनकी कथाएँ एक स्थान से दूसरे स्थान तक भटकती फिरती हैं। यानी कि कथा का पट फलक केवल एक अंचल नहीं रह जाता, वह आवश्यकतानुसार हिन्दुस्तान से विलायत तक फैल जाता है। प्रेमचन्द के उपन्यासों में ग्राम-जीवन की छवि है किन्तु प्रेमचन्द के गाँव स्थानीय रंगत के बावजूद गाँव विशेष नहीं हैं, सामान्य हैं। आवश्यकतानुसार कहानी एक गाँव से दूसरे, तीसरे गाँव या शहर तक संक्रमण करती चलती है। यानी प्रेमचन्द को स्थान विशेष के जीवन का चित्रण करना प्रिय नहीं है वरन् सामान्य गाँवों की सामान्य समस्याओं और जीवन-मूल्यों की कथा कहना अभिप्रेत है। कथानक पर उपन्यासकार का ध्यान केन्द्रित रहता है न कि अंचल विशेष पर। आंचलिक उपन्यासों में अंचल अपनी सम्पूर्ण विविधता और समग्रता के साथ नायक होता है। अंचल के जीवन की सारी परम्पराओं, ऐतिहासिक प्रगतियों, शक्तियों, अशक्तियों, छवियों, अछवियों को जितनी ही अधिक सचाई से लेखक पकड़ सकेगा, अंचल-जीवन के चित्रण में वह उतना ही सफल होगा। केवल बाहरी रंगों, रूपों, स्वरों को सतही कथा के ऊपर ओढ़ाकर मोहक मायाजाल खड़ा करनेवाले लेखकों के कारण आंचलिक उपन्यास को कुछ सुनना भी पड़ा है। वास्तव में आंचलिक उपन्यास को पिकनिकी दृष्टि से किसी स्थान की बाहरी रंगीनी और लहलहाहट बटोरनेवाली चेष्टा और भौगोलिक दृष्टि से भूमि का सर्वेक्षण करनेवाले प्रयत्नों दोनों से अलग देखना होगा। अंचल को देखना यानी उसके समग्र जीवन को देखना है। जीवन बाहर भी है भीतर भी है। दोनों एक-दूसरे से संयुक्त हैं। मनोवैज्ञानिक कथाकार जीवन को बाहर से काटकर भीतर की ओर देखने लगता है और सतही सामाजिक दृष्टि जीवन को ऊपर-ऊपर देखने लगती है। आंचलिक उपन्यासकार जीवन को बाहर-भीतर के सम्पूर्ण सामंजस्य से देखना चाहता है। देहाती अंचल, वन्य अंचल, पहाड़ी अंचल आदि में मानव-जीवन और प्रकृति का बड़ा गहरा सम्बन्ध दिखाई पड़ता है।

ऐसा आरोप भी हुआ है कि आंचलिक उपन्यासकार जीवन की समस्याओं की अपेक्षा प्रकृति के सौन्दर्य को विशेष महत्त्व देते हैं, कुछ लोगों ने यह भी कहा है कि प्रेमचन्द भी गाँव के लेखक हैं किन्तु उन्होंने जो प्रकृति के चित्र दिए हैं वे अनावश्यक प्रतीत नहीं होते, कथा से अलग हटकर मात्र प्रकृति-चित्रण के लिए वे चित्र अंकित नहीं किए गए। शहरों में प्रकृति जीवन-निर्वाह का साधन बनकर नहीं आती। प्रकृति वहाँ पालतू होती है। पालतू चीज शौक के लिए होती है। अत: शहरों में प्रकृति विरल मात्रा में होती है और जितनी होती है वह जीवन के साथ रागात्मक सम्बन्ध नहीं स्थापित कर पाती। देहात में वह सर्वत्र हमारी सहचरी है। वह विविध

रूपों में हमारे विविध बोधों और भावों से जुड़ी है अर्थात् वह हमारे प्रयोजनों और सांस्कृतिक जीवन दोनों से अपरिहार्य भाव से सम्बद्ध है। आंचलिक उपन्यासकार जिन अंशों को लेता है, वे अंश कथा की धारा से असम्बद्ध भले ही जान पड़ें किन्तु वे हमारे सौन्दर्यबोध, भाव-बोध और अनुभूति के सन्दर्भ बनकर आते हैं जिन्हें उद्‌घाटित करना उपन्यासकार को अभिप्रेत रहता है। यों भी प्रकृति हमें अच्छी लगती है किन्तु वह जीवन के सन्दर्भों से जुड़कर और भी सार्थक हो उठती है। 'मैला आँचल', 'परती परिकथा', 'सागर लहरें और मनुष्य', 'जंगल के फूल', 'पानी के प्राचीर' में जीवन के भीतर बहनेवाली तपन से प्रकृति ऊष्म है या प्रकृति की तपन से जीवन ऊष्म है। यानी यहाँ हम प्रकृति और जीवन को सर्वथा अलग करके देख ही नहीं सकते। यही बात आंचलिक उपन्यासों में प्रयुक्त लोकगीतों के सम्बन्ध में भी कही जा सकती है। अंचल का समग्र जीवन ही नायक होता है। अत: आंचलिक उपन्यासों में राजनीतिक, सामाजिक, सांस्कृतिक, आर्थिक जीवन सम्बन्धों को दिखाने के लिए कथाकार प्रयत्न करता है। इस प्रयत्न में वैविध्य तो होता है किन्तु ऐसा नहीं कि लेखक जीवन के इन तमाम पहलुओं का किसी इतिहासकार की तरह वह अलग-अलग विवरण पेश करता है वरन् वह जीवन के उन मूल स्रोतों या आधारों को पकड़ता है जिनसे जीवन के तमाम स्वरूप बनते हैं और समग्र जीवन ही साहित्य का उपजीव्य सिद्ध होता है।

आंचलिक उपन्यास की गति एक दिशा में नहीं, चारों दिशाओं में होती है। वह एक स्थान पर गतिशील समय में जीता है। अंचल की विविधता को रूप देने के लिए लेखक कभी इस कोण पर खड़ा होता है, कभी उस कोण पर, कभी ऊँचाई पर, कभी निचाई पर। इसमें अनेक पात्रों की आवश्यकता रहती है। हर पात्र की सत्ता महत्त्व की है। इनमें से कोई पात्र एक-दूसरे के निमित्त नहीं होता, वे सब अंचल के निमित्त होते हैं। इस उद्‌देश्य को न समझ पाने के कारण ही लोगों को कथानक का, पात्रों का, सांस्कृतिक पक्षों का बिखराव दीखता है, उनमें एकसूत्रता और एकदिशागामिता नहीं दीखती।

आंचलिक उपन्यास उपन्यास का एक विशिष्ट प्रकार है क्योंकि उसका उद्‌देश्य भिन्न है। वह न तो घटना-प्रधान उपन्यासों की तरह कुछ खास पात्रों के जीवन से सम्बद्ध घटनाओं और समस्याओं को लेकर वेगवती धारा की तरह नई-नई भूमियों को पार करता हुआ आगे बढ़ता है और न तो वह मनोवैज्ञानिक उपन्यासों की तरह कुछ गिने-चुने पात्रों के मन का विश्लेषण प्रस्तुत करता है। इन दोनों अवस्थाओं में बिखराव का कोई प्रश्न ही नहीं उठता किन्तु आंचलिक उपन्यास का उद्‌देश्य है स्थिर स्थान पर गतिमान समय में जीते हुए अंचल के व्यक्तित्व के समग्र पहलुओं को उद्‌घाटित करना। इस प्रयोजन को सिद्ध करने के लिए उपर्युक्त दोनों प्रकार के उपन्यासकारों का शिल्प-कौशल अपर्याप्त है। अंचल के जटिल जीवन चित्र को अंकित करने के लिए लेखक कहीं मोटी रेखाएँ खींचता है, कहीं पतली, कहीं अवकाशों को भरने के लिए दो-चार बिन्दु अपनी तूलिका से झाड़ देता है। अनेक पर्वों, उत्सवों, परम्पराओं, विश्वासों, व्यथा के अवसरों, गीतों, संघर्षों, प्रकृति के रंगों, पुराने-नए जीवन-मूल्यों

आदि से लिपटा हुआ अंचल का जीवन अभिव्यक्ति के एक नए माध्यम की अपेक्षा करता है। अतः आंचलिक उपन्यासकार एक दिशा में बहने की अपेक्षा पूरे अंचल की चतुर्मुख यात्रा करता है और उन उपादानों को यहाँ से, वहाँ से चुनता है जो मिलकर अंचल की समग्रता का निर्माण करते हैं। ये वास्तव में आपस में बिखरे नहीं होते, इनमें एक अन्तःसूत्रता होती है। ये अपना अलग-अलग पूरा अस्तित्व रखते हुए भी अंचल जीवन के उस पक्ष के चितेरे होते हैं जो अन्य से छूट गया होता है। ये उन अन्यों में जुड़कर व्यापक जीवन की एक कड़ी बन जाते हैं। बिखराव नजर आता है इसलिए कि हमारी निगाहें इस प्रकार के शिल्प की अभ्यासी नहीं हैं।

नागार्जुन के सारे उपन्यास आंचलिक कहे जाते हैं, और उनमें कहीं वैसा बिखराव नहीं है जैसाकि 'मैला आँचल', 'बूँद और समुद्र', 'पानी के प्राचीर' आदि में है। कारण स्पष्ट है। नागार्जुन के उपन्यास में अंचलविशेष के पात्रों और घटनाओं को लेते हैं लेकिन अंचल की समग्रता अंकित करना उनका उद्देश्य नहीं होता। उनके उपन्यास विशेषतया पिछड़े वर्ग में से किसी नायक को चुन लेते हैं और उसके जीवन की कथा को सीधे आगे बढ़ाते हैं। 'बाबा बटेसरनाथ' में उपन्यास एक पात्र की कहानी हो गया है। दुखमोचन में वैविध्य है किन्तु लगता है कि दुखमोचन को विविध अवस्थाओं से निकालकर ले जाना उनका उद्देश्य है। 'बलचनमा' भी वैसा ही है। मूलतः नागार्जुन के उपन्यासों की भूमि अंचलविशेष है किन्तु आंचलिक उपन्यासों की सी समग्रता, जटिलता, विविधता उनमें नहीं है। वे प्रेमचन्द की सी ही शिल्प-परम्परा के उपन्यास हैं। 'वरुण के बेटे' में एक वर्गविशेष (मछुए) के जीवन को उसके समग्र रूप में पकड़ने का प्रयास है।

कुछ शहरी कथा कहनेवाले उपन्यासकारों द्वारा एक महत्त्व का प्रश्न उठाया गया है—क्या ग्रामीण अंचल के जीवन को लेना आधुनिक जीवनबोध से भागकर पिछड़े हुए जीवन-मूल्यों को स्वीकारना नहीं है? तब प्रश्न पूछनेवालों से पूछना पड़ेगा कि क्या जीवन केवल शहरवालों का है? हाँ, आधुनिक युग की विशेषताएँ (जटिलता, असंगति, यांत्रिकता) शहरी जीवन पर छाई हुई हैं। वैज्ञानिक युग की उपलब्धियाँ भी बहुत हैं। परन्तु लगता है कुल मिलाकर सभ्य आदमियों ने इन उपलब्धियों का अच्छा उपयोग नहीं किया। शहर के आधुनिकतम बोध को लेकर चलनेवाला कथाकार जीवन की आधुनिक असंगतियों, जटिल जीवन-सम्बन्धों तथा इनके बीच प्रकाश रेखा की तरह रेंगती मानवीय संवेदना को लेकर चलता है। वह ठीक ही करता है, मगर शहरों के अलावा भी तो जीवन है और अनुपात में कई गुना बड़ा है।

वह जीवन भी तो आज के समय की ही वास्तविकता है। उसे कहाँ छोड़ देंगे और क्यों छोड़ देंगे? कलाकार का धर्म जीवन को उसकी यथार्थता में पकड़कर उसकी मानवीय सम्भावनाओं पर प्रकाश डालता है। गाँवों के, वनों के, पहाड़ों के जीवन को उसके मूल स्रोतों तथा यथार्थ परिवेश के साथ पकड़कर चित्रित करना कलाकार की सचाई और कला-कर्म का तकाजा है। अपने-अपने परिवेश में यहाँ के जीवन भी नए होते चलते हैं, इनमें भी नई-नई समस्याएँ और सम्बन्ध उभरते

चलते हैं। गाँवों का स्वरूप भी बहुत कुछ बदल गया है, वहाँ के भी जीवन-मानों में शहरी जीवन-मानों का संक्रमण हो रहा है। परम्परा और प्रगति, अन्धविश्वास और वैज्ञानिक समझ, स्वार्थलिप्सा और सरलता का संघर्ष गाँवों की जीवन-स्थिति को नई भंगिमा प्रदान कर रहा है।

पिछड़े हुए इलाकों को उपन्यास का क्षेत्र बनाकर उपन्यासकार उपेक्षित जीवन के प्रश्नों, आकांक्षाओं तथा गरीबी और अशिक्षाजन्य विषमता एवं असुन्दरता का अंकन करता है और इन सबके बीच भी मानवीय संवेदना की छवि को अंकित कर उधर हमारा ध्यान आकृष्ट करता है। इस प्रकार वह हमारे सौन्दर्यबोध और संवेदना का विस्तार करता है। अनदेखी जीवन-छवियाँ हमारे सामने उजागर हो उठती हैं।

आंचलिक उपन्यासों की भाषा के सम्बन्ध में भी चर्चाएँ होती रही हैं। 'रेणु' ने 'मैला आँचल' में स्थानीय बोली का काफी पुट दिया है। वाक्य के वाक्य स्थानीय भाषा के हैं। यहाँ सैद्धान्तिक प्रश्न उठाया जा सकता है कि क्या इस प्रकार का भाषा-प्रयोग फैशन है या सर्जन की अनिवार्यता? मैं मानता हूँ कि यह सर्जन की अनिवार्य माँग है, दो तरह से—एक तो स्थान विशेष का वातावरण चित्रित करने के लिए, दूसरे वहाँ के जीवन को जीवन्तता और उसकी मूलसहजता के साथ अंकित करने के लिए। भाषा ऊपर से ओढ़ी हुई चीज नहीं होती, वह स्थान-विशेष के लोगों के संस्कारों और अनुभूति के साथ अनिवार्य भाव से संपृक्त होती है। अतः कुछ शब्द और मुहावरे इस प्रकार वहाँ के जीवन-सत्यों के साथ जुड़े होते हैं कि वे सत्य-विशेष के साथ स्वतः लगे हुए चले आते हैं। उनका अनुवाद होता है परन्तु अनुवाद भावों, अनुभूतियों या सत्यों की मूल गन्ध को वहन करने में असमर्थ होता है। विशेष प्रकार की अनुभूति को कहने के लिए जब हमारी तथाकथित साहित्यिक भाषा में ठीक-ठीक शब्द नहीं मिलते तब स्थानीय शब्दों का प्रयोग लेखक की अनिवार्य विवशता हो जाता है। सैद्धान्तिक रूप से भी इसमें बुराई क्या है? भाषा तो बहता नीर है। वह बोलियों के शब्दों को समेटकर ही शक्तिमान बन सकती है। मसलन खड़ी बोली हिन्दी में अपने शब्द कितने हैं जो हमारे समूचे जीवन की विविध वास्तविकताओं को व्यक्त करने में समर्थ हों? विभिन्न बोलियों के शब्दों के प्रयोग से हिन्दी का शब्दकोश और भी समृद्ध होगा। लेकिन जो लोग मात्र 'लोकल कलर' देने के लिए या स्थानीय वैचित्र्य प्रदर्शित करने के लिए अजीब-अजीब स्थानीय शब्दों का प्रयोग करते हैं वे भाषा को फूहड़ बनाते हैं। केवल चमत्कार के लिए स्थानीय भाषा के शब्दों का प्रयोग लेखक की उत्तरदायित्वहीनता का परिचायक ही कहा जाएगा।

अज्ञेय के 'अपने-अपने अजनबी' में भूमि, पात्र सब विदेशी हैं लेकिन वे किसी भूमि और उसके समग्र जीवन की सापेक्षता में उभरनेवाले जीवन की विविधता और अनन्तता को व्यक्त करने को आकुल नहीं हैं। वे बर्फ के नीचे दबे एक सीमित घर में जीवन-मृत्यु की अनुभूति को अभिव्यक्ति दे रहे हैं। वे पात्र और उनकी जीवन-मृत्यु सम्बन्धी धारणाएँ सार्वत्रिक हैं, सार्वकालिक हैं। वे किसी भी भाषा में व्यक्त हो

सकती हैं किन्तु अंचल-विशेष के जीवन की विविध वास्तविकताओं को व्यक्त करने के लिए उनसे सहज सम्बद्ध शब्दों का आना अनिवार्य है। कहीं-कहीं विवशतावश बोलियों के वाक्यों का भी प्रयोग करना पड़ता है। मुझे 'पानी के प्राचीर' में रग्घू बाबा का चरित्र चित्रित करते समय ऐसा लगा कि यह पात्र भोजपुरी के माध्यम से ही व्यक्त हो सकता है। जो लोग हिन्दी की बोलियों से परिचित हैं वे इन पात्रों को इनकी बोलियों के माध्यम से अधिक समझेंगे और रस लेंगे और जो इतर लोग हैं वे (नीचे दिए हुए) अनुवाद पढ़कर अपना काम चला लेंगे, उन्हें घाटा भी क्या है? आंचलिक उपन्यासों में जर्मन, जापानी आदि विदेशी पात्र नहीं आते हैं कि उनकी विविध भाषा की खिचड़ी की आशंका हो उठे।

आंचलिक उपन्यास का अपना शिल्प-गठन है, उसकी अपनी सर्जन प्रक्रियाएँ हैं किन्तु अन्त में तो वह है उपन्यास ही। अंचल-विशेष के जीवन को उद्घाटन करते हुए भी वह सार्वभौम और सार्वकालिक पाठकों के रस का विषय है। मानव जीवन अपने भीतरी रूप में—अपनी संवेदनाओं और तड़प के रूप में—सर्वत्र समान है। अत: किसी भी देश या काल के मानव-जीवन के आन्तरिक यथार्थ का चित्र खींचनेवाला उपन्यास सबके रस का विषय हो सकता है। उसमें स्पन्दित संवेदना समस्त अंचलों से उसे जोड़ती है। यह उपन्यास उन मूल्यों को मुखर करता है जो अंचल की जमीन की विशिष्टता लेकर भी मूलत: अपनी आन्तरिक मानवीयता के कारण समस्त जीवन के मूल्यों से जुड़ जाते हैं। जो उपन्यास अंचल के जीवन की गहराई में पैठकर यथार्थ को जितनी ही सचाई से पकड़ेगा वह उतना ही अधिक संवेद्य होगा। सतह पर व्याप्त विचित्र वेश-भूषा, रंग, प्रकृति, भाषा आदि को जोड़-बटोरकर एक विचित्र-प्रदर्शन कर देने से आंचलिक उपन्यास न तो उस अंचल के जीवन को व्यक्त कर सकता है, और न औपन्यासिक रस की सृष्टि कर सकता है। इसलिए अन्ततोगत्वा आंचलिक उपन्यास की परीक्षा अन्य उपन्यासों की तरह इसी बात पर होनी चाहिए कि इसमें जीवन का रस कितना गहरा है।

नागार्जुन

नागार्जुन के उपन्यास आंचलिक और समाजवादी उपन्यासों के बीच पड़ते हैं, वैसे मूल स्वर तो उनका समाजवादी ही है किन्तु चूँकि उनकी कथा एक अंचल से ली गई होती है इसलिए उन्हें आंचलिक कहा गया है। समाजवादी उपन्यास और आंचलिक उपन्यास में कोई मौलिक विरोध हो, ऐसा तो नहीं। आंचलिक उपन्यासों का स्वर समाजवादी भी हो सकता है और सामाजिक भी। किन्तु उसकी बुनावट, बनावट में कुछ फर्क होता है। उसमें आंचलिकता, केवल परिवेश या भाषा के पुट के रूप में नहीं आती वरन् एक विशिष्ट भू-भाग की समूची संश्लिष्ट जिन्दगी की अभिव्यक्ति के रूप में आती है। आंचलिक उपन्यास के स्वरूप और उद्देश्य की विशेष चर्चा हो चुकी है। हमें यहाँ केवल इतना ही कहना है कि नागार्जुन के उपन्यासों की कथा

अंचल की नहीं होती है, अंचल से ली गई होती है। वे अंचल के संश्लिष्ट जीवन की कथा कहने के स्थान पर अंचल से लिये गए किसी पात्र की कहानी कहते हैं। यह कहानी वर्णनात्मक होती है और एक सीधी रेखा में चलती है। अंचल केवल परिवेश के रूप में होता है—प्रकृति के परिवेश, भाषा के परिवेश—स्थानीय रीति-रिवाजों के परिवेश के रूप में। इस परिवेश से नायक अपनी क्रमबद्ध कहानी कहता हुआ गुजरता है या स्वयं लेखक उसे उसकी जीवन-कथा के भीतर से बहाता लिये चलता है। इसलिए सच्चे अर्थों में नागार्जुन के उपन्यास आंचलिक उपन्यास की संश्लिष्टता नहीं प्राप्त कर पाते। फिर भी परिवेश की आंचलिकता के कारण उन्हें आंचलिक उपन्यासों की कोटि में रखा जा सकता है।

नागार्जुन प्रगतिशील लेखक और कवि हैं। इनके कथानकों का विन्यास परम्परावादी है और उनका चयन भी प्रगतिशील परम्परा के अनुसार जनसामान्य से किया गया है। जनसामान्य में किसान मजूदर भी आते हैं और निम्न-मध्यवर्ग के पढ़े-लिखे प्रगतिशील दृष्टिकोण के लोग भी। ये जनसामान्य की आर्थिक विषमता, पीड़ा, अभाव, अपमान, संघर्ष को यथार्थवादी दृष्टि से उभारते हैं, साथ-ही-साथ नई चेतना के आलोक में बनते नए मूल्यों और सम्बन्धों को भी उभारते हैं। लेखक पुराने सम्बन्धों, मूल्यों और स्थितियों की विभीषिका को चित्रित करता हुआ सर्वत्र उनमें उभरती दरारों को अनावृत करता है तथा नए क्षितिजों की ओर संकेत करता है। यह कहा जा सकता है कि लेखक में इतना संयम और कौशल है कि वर्ग-संघर्ष साम्यवाद या नए प्रगतिशील मूल्य नारे के रूप में या आरोपण के रूप में प्रायः नहीं उभरने पाते, वे कथा और पात्रों में रच-पच कर ही उगते हैं। किन्तु ऐसा तो अवश्य लगता है कि भविष्य की सम्भावनाओं को वे वर्तमान में जीवित कर देते हैं।

रतिनाथ की चाची (1948) : नागार्जुन का पहला उपन्यास है। इनके सारे उपन्यासों की कथाभूमि मिथिला है। प्रस्तुत उपन्यास में रतिनाथ की चाची, गौरी, विधवा ब्राह्मणी है। ग्रामीण जीवन की सामाजिक विषमता, संकीर्ण विश्वासमयता, स्वार्थपरता और जहालत के बीच गौरी की यातना और दुखद अन्त का सजीव चित्रण है।

बलचनमा (1952) : इनका बहुचर्चित उपन्यास है। इसमें बलचनमा नामक निम्नवर्गीय किसान पुत्र अपनी यातनापूर्ण जीवनकथा कहता है। पिता के मरने के कारण बचपन में ही उसे जमींदारों के यहाँ नौकरी करनी पड़ती है और जमींदारों के अमानवीय अत्याचारों को झेलना पड़ता है। फिर वह बड़ा होकर किसान-जीवन की समस्त पीड़ाओं और अभावों की यात्रा करता है तथा सामाजिक विषमता को भोगता हुआ उसका विश्वस्त साक्षी बनता है। पूरे उपन्यास में किसान का दुख-दर्द और संघर्ष व्याप्त है तथा मानवीय अधिकारों को जकड़नेवाली शोषक-जर्जर मान्यताओं, वर्ग व्यवस्थाओं और परम्पराओं पर कलात्मक प्रहार किया गया है। कहा जा चुका है कि नागार्जुन के उपन्यासों में समूचे अंचल से संश्लिष्ट बिम्ब को उभारने के स्थान पर अंचल में प्रवहमान एक व्यक्ति और उसके माध्यम से उसके समूचे वर्ग

की कहानी कही गई होती है। इस कहानी का कहीं-कहीं नीरस वर्णनात्मक विस्तार दिखाई पड़ता है। 'बलचनमा' में इस प्रकार के नीरस वर्णन काफी हैं यहाँ तक कि आबदस्त लेने की क्रिया का भी वर्णन है।

नई पौध (1953) : इसमें एक दूसरी समस्या है। मिथिला में सौरठ मेले में बहुत से वर एकत्र होते हैं। वहाँ लोग जाकर अपनी-अपनी लड़कियों के लिए वर खोजते हैं। पितृहीन बिसेसरी का नाना इस मेले में जाकर एक साठ साल का बूढ़ा बिसेसरी के लिए चुन लाता है। किन्तु उस गाँव की नई पौध के लोग इस निश्चय का विरोध करते हैं और वाचस्पति नाम का एक सोशलिस्ट युवक उससे विवाह कर लेता है। इस प्रकार इस उपन्यास में एक सड़ी-गली प्रथा, स्वार्थवृत्ति और पुरानी पीढ़ी की शोषक वासना का नंगा चित्र उद्घाटित करते हुए लेखक नई चेतना की सम्भावनाओं की ओर संकेत करता है।

बाबा बटेसरनाथ (1954) : शिल्प की दृष्टि से इनके उपन्यासों से अलग पड़ता है। इसमें एक बूढ़ा बरगद जैकिसुन के गाँव की कई पीढ़ियों और उनके क्रमिक विकास की कहानी कहता है। उस बरगद को जैकिसुन के परदादा ने लगाया है अतः वह बरगद कई पीढ़ियों के जीवन यथार्थ का साक्षी है। वह अकाल और बाढ़ की विभीषिका देख चुका है, कम्पनी का शासन, चम्पारन सत्याग्रह देख चुका है। किसानों की यातना को देख चुका है। यह सारी कहानी वह जैकिसुन को सुनाता है। जैकिसुन की संवेदना और चेतना अतीत की घटनाओं से और जागृत होती है, उसका विद्रोह उफनता है, उसमें एकता और आन्दोलन के बल पर नई व्यवस्था कायम करने की प्रबल इच्छा जाग पड़ती है। जैकिसुन, अपने साथियों के साथ नई योजनाएँ बनाता है तथा साम्यवादी दल की सहायता लेकर कांग्रेस शासन को परास्त करता है।

दुःखमोचन (1957) : सामान्य उपन्यास है। मध्यवर्गीय पात्र दुःखमोचन इतना संवेदनशील और परोपकारी है कि अपनी सुख-सुविधा की परवाह किए बिना दिन-रात गाँव के गरीबों की समस्या हल करने में लगा रहता है। वह वास्तव में एक आदर्शवादी पात्र है।

वरुण के बेटे (1957) में मछुओं के जीवन की कथा है। इसमें मछुओं के जीवन-संघर्ष और जागरण की कहानी कही गई है। मछुओं के जीवन-संघर्ष की अभिव्यक्ति के लिए उनके जीवन्त परिवेश की अवतारणा की गई है। उनके रीति-रिवाज, भाषा, गीत सभी उनके जीवन-यथार्थ को सजीवता से उभारते हैं। नागार्जुन की दृष्टि यथार्थवादी है, अतः वे इन पिछड़ी जातियों का चित्र खींचकर आदिम रस-चाह की तृप्ति नहीं करते, वरन् उन्हें आधुनिक चेतना, जागरण और शक्ति से सम्पन्न कर उनके मानवीय अधिकारों से उन्हें जोड़ते हैं। इसीलिए मधुरी अपने शराबी ससुर का घर छोड़ देती है और बाप के घर जाकर राजनीतिक आन्दोलनों में भाग लेती हुई गिरफ्तार होती है।

फणीश्वरनाथ 'रेणु'

मैला आँचल (1954) : हिन्दी में पहली बार किसी अंचल-विशेष के उपेक्षित जीवन की समस्त छवि और कुरूपता, सीमा, विवशता और सम्भावना को इतनी मानवीय ममता और सूक्ष्मता से रूप दिया गया है। लेखक ने 'मैला आँचल' में अंचल-विशेष की कथा ही नहीं कही है बल्कि अपनी सशक्त व्यंग्य-शैली से कथा को इस प्रकार नियोजित किया है कि समस्त अंचल सजीव होने के साथ-साथ समस्त जीवन के सौन्दर्य-असौन्दर्य, सद्-असद् की ओर बड़ी ही सूक्ष्मता से संकेत करता है और इस प्रकार यह कथा अंचल के ऐतिहासिक, सामाजिक, धार्मिक, राजनीतिक परिवेश में तथ्य-आयोजन न रहकर जीवन्त मानव संवेदनाओं, मूल्य-संघर्षों और अन्तर्विरोध-ग्रस्त वर्ग-चेतनाओं की कहानी बन जाती है।

रेणु ने एक गाँव की मर्यादा के भीतर समेटकर तत्कालीन राजनीतिक दलों के आपसी टकराव और अतिवादिताओं को बड़ी मार्मिकता से चित्रित किया है। व्यंग्य की शक्ति ने एक ओर लेखक को किसी दल का पक्षधर और कटु होने से बचा लिया है, दूसरी ओर प्रवाह में बड़ी तीव्रता भर दी है। लेखक की व्यंग्य-शक्ति प्राचीन और नवीन के संघर्षों, प्राचीन-प्राचीन के संघर्षों, नवीन-नवीन के संघर्षों, राजनीति, धर्म और समाज की नई-पुरानी मर्यादाओं के आपसी संघर्षों तथा इन सबके बीच उलझते-सुलझते तीव्र अन्तर्विरोधों को बड़ी कुशलता से चित्रित करती चलती है। लेखक की व्यंग्यात्मक प्रवृत्ति अनेक तथ्यों को संघटित करती हुई भी उनसे परे किसी सूक्ष्म सत्य की ओर संकेत करती रहती है। इस संकेत को न पकड़ पानेवाला 'मैला आँचल' के स्थूल वस्तुसंगठन और चरित्र-भंगिमा का रस लेकर ही तृप्त हो जाएगा, जोकि इस उपन्यास का चरम दान नहीं है।

लेखक की व्यंग्य-वृत्ति पात्रों और वस्तुओं के अन्तर्विरोधों या असंगतियों को बड़ी बारीकी से चीरती चली जाती है किन्तु वह क्रूर नहीं होती, वह सदैव मानवीय तरलता से प्रेरित रहती है। क्रूर अमानवीय वृत्तियों के अन्तर्विरोधों या असुन्दरताओं को चीरते समय लेखक की व्यंग्य-वृत्ति सदय नहीं होती जैसे नागा बाबा के क्रूर कर्म के प्रतिरोध में कालीचरन का दल उसे मारता है और नागा भागता है तो नागा के मार खाने के प्रति न तो लेखक सदय होता है और न पाठक, लेकिन ऐसे पात्र 'मैला आँचल' में नहीं के बराबर हैं जो अपनी अदम्य क्रूरता या कोमलता के कारण लेखक की केवल निर्ममता या केवल ममता पा सके हों। सारे-के-सारे पात्र गतिशील परिस्थितियों में गिरते-पड़ते लेखक की यथार्थवादी दृष्टि के कैमरे में बन्दी होते रहते हैं। और लेखक जब अपने अन्तर्निहित ममता के जल में धोकर इनके चित्र निकालता है तो ये पात्र अपने आप कहीं हमें क्रुद्ध करते हैं, कहीं द्रवित करते हैं। परिस्थितिजन्य उनकी विविध छवि एक ओर यथार्थवाद का निर्वाह करती है, दूसरी ओर गतिशील होने के कारण हमें उनके प्रति पूर्वग्रहपूर्ण या एक विशेष धारणाबद्ध होने से बचा लेती है। 'मैला आँचल' में मानवीय छवि की यह लीला आद्योपान्त

व्याप्त है। यहाँ तक कि मेरीगंज का भूतपूर्व नीलवर मार्टिन जिसने किसी किसान के मुख से मेरीगंज गाँव का पुराना नाम निकल जाने से उसे गिन-गिनकर पचास कोड़े लगाए थे, अपनी ही परिस्थितियों की लपेट में आकर दयनीय बन जाता है। वह पागलों-सा भटकता है और अपनी सम्पत्ति का ध्वंसावशेष छोड़कर मर जाता है। इसी प्रकार रामखेलावन, बालदेव, लछिमी, जोतिखी काका, महन्थ सेवादास, कालीचरन, तहसीलदार, रामकिरपालसिंह आदि पात्र बहुत ही मानवीय रूप में आए हैं, लेखक ने किसी के साथ अन्याय नहीं किया है। अपनी ओर से वह किसी की खिल्ली भी नहीं उड़ाता, बल्कि उसकी व्यंग्य-विधायिनी शक्ति ऐसी परिस्थितियों का संयोजन करती है कि पात्र या प्रसंग या धारणाएँ या मर्यादाएँ अपनी विसंगतियों में उपहासास्पद हो उठती हैं और उपहासास्पद होकर भी अपनी अनिवार्य विवशताओं की सीमा में हमें हँसाने के साथ द्रवित भी करती हैं, अपने से विरक्त नहीं अनुरक्त करती हैं। यही रेणु की यह महत्त्वपूर्ण विशेषता है और 'मैला आँचल' के सौन्दर्य का एक विशिष्ट रहस्य। बालदेव हों, चाहे कालीचरण, चाहे लछिमी, चाहे रामखेलावन, चाहे रामदास, चाहे और पात्र, इसी प्रकार की परिस्थितिगत और स्वभावजन्य संघर्ष और मानवीय विवशतापूर्ण अन्तर्विरोध लेकर जीते हैं और इसीलिए 'मैला आँचल' एक ओर गाँव के जीवन का बड़ा ही यथार्थ स्वरूप उद्घाटित करता है, दूसरी ओर गाँव के प्रति एक अभूतपूर्व ममत्व उभारता है।

वस्तु-संघटन की दृष्टि से यह उपन्यास अब तक के उपन्यासों से थोड़ा भिन्न है। यह भिन्नता 'मैला आँचल' की या अन्य संश्लिष्ट आंचलिक उपन्यासों की अनिवार्यता है। कहा जाता है वस्तु-संघटन की दृष्टि से 'मैला आँचल' (और कुछ अन्य आंचलिक उपन्यासों) में बिखराव है यानी उसमें अनेक बिखरी हुई घटनाएँ, अनेक बिखरे हुए पात्र, इस तरह एक-दूसरे के विकास में अपरिहार्य रूप से योग दिए बिना आते हैं। और अपनी-अपनी जगह पर स्थित हो जाते हैं कि उपन्यास में एक सूत्र में संघटित नहीं हो पाते। वास्तव में ऐसी आपत्ति इसलिए पैदा होती है कि हम आंचलिक उपन्यासों के अलग स्वरूप को परख नहीं पाते।

'मैला आँचल' में अनेक घटनाएँ आती हैं, अनेक प्रसंग आते हैं, अनेक पात्र आते हैं इतने कि याद नहीं रहते। ये सीधे-सीधे नहीं आते, आपस में उलझे हुए आते हैं, एक-दूसरे को काटते आते हैं, इस प्रकार प्रत्येक सर्ग कुछ चुनी हुई घटनाओं या चरित्र-विशेषताओं की सीधी रेखाओं से खिंचता हुआ नहीं आता, बल्कि अनेक अनुस्यूत जटिल और आड़ी-तिरछी रेखाओं से अंकित होता हुआ उभरता है। इस तरह उपन्यासकार एक ही साथ अनेक परस्पर लिपटी तहों, अनेक गुँथे हुए प्रसंगों, अनेक संश्लिष्ट मूल्यों और बोधों तथा अन्तर्विरोधों को सूक्ष्मता, सांकेतिकता एवं व्यंग्यात्मकता से उभारने में समर्थ होता है। लेखक को अपनी ओर से कुछ नहीं कहना पड़ता; प्रसंगों, परिस्थितियों और मनःस्थितियों की नाटकीय पारस्परिकता ही सारी विद्रूपता, सुन्दरता और जटिलता को ध्वनित करती चलती है। 'रेणु' की यह शैली हिन्दी उपन्यासों के क्षेत्र में नई शैली है—और जहाँ अनेक अन्तर्विरोधों, जटिल बोधों, बनते-बिगड़ते मूल्यों,

जीवन की संक्रान्तियों से ग्रस्त अंचल जीवन को मूर्तित करना उद्देश्य हो, वहाँ इस प्रकार की शैली का अन्वेषण उपन्यास के लिए एक अनिवार्यता और उपलब्धि है। यदि रेणु ने अलग-अलग अध्यायों में अलग-अलग पात्रों की कथा कही होती और अलग-अलग घटनाओं को उभारा होता तो 'मैला आँचल' को यह आन्तरिकता और संश्लिष्टता नहीं प्राप्त होती। उदाहरण के लिए पहला ही अध्याय लीजिए। अस्पताल की भूमि की जाँच-पड़ताल करने के लिए डिस्ट्रिक्ट बोर्ड के आदमी आते हैं तो कितनी चीजें एक-दूसरे को काटती हुई आपस में बुन जाती हैं। जनता का भय, गाँव के अनेक नेताओं के चरित्रों का संकेत, उनका पारस्परिक विरोध, बालदेव के प्रति लोगों के बदलते भाव आदि अनेक बातें आपस में लिपटी हुई उभर जाती हैं।

'मैला आँचल' की यह शक्ति प्रकारान्तर से उसकी सीमा भी बन जाती है। वस्तु-संघटन का यह ढंग ऐसा है कि कोई भी प्रसंग, घटना या पात्र पाठक के सामने देर तक ठहरता नहीं—चित्रों पर चित्र आते हैं, चले जाते हैं। तमाम चित्रों की रेखाएँ आपस में उलझकर नए चित्र बनाती हैं लेकिन इस यात्रा में कोई भी चित्र हमारे मन में गहरी लकीर नहीं बना पाता। अलग-अलग अध्यायों में कुछ विशेष पात्रों और घटनाओं को प्रमुखता देकर बड़े इत्मीनान से उन्हें उभारते चलते रहने का परिणाम यह होता था कि वे पाठकों के चित्त पर अपने प्रभाव की गहरी लकीरें खींचते चलते थे किन्तु 'मैला आँचल' में किसी को एक ही समय में बहुत देर तक ठहरने का मौका ही नहीं मिलता—छायाचित्र उड़ते रहते हैं। इस शैली में क्लासिक उपन्यास नहीं लिखा जा सकता। 'मैला आँचल' गोदान की तरह किसी क्लासिक पात्र को नहीं दे सका है, इसके पात्र मन को आत्मीयता में सराबोर कर देते हैं लेकिन कोई होरी, धनिया की भाँति क्लासिक होने की शक्ति नहीं प्राप्त कर सका है। बावनदास में इस शक्ति के संकेत मिलते हैं। किसी पात्र के क्लासिक न बन पाने का कारण यह भी है कि लेखक की दृष्टि में विशिष्ट पात्र महत्त्व के नहीं हैं, महत्त्व का है अंचल का व्यक्तित्व जिसे मूर्तित करने के लिए ही इन सारे पात्रों का नियोजन हुआ है। 'मैला आँचल' में ऐसे भी पात्र हैं जो आदि से अन्त तक चलते हैं और रेखाएँ बनाते हैं। कुछ ऐसे भी हैं जो दो-एक अवसरों पर आते हैं और प्रसंग-विशेष को अपने लघु अस्तित्व से सार्थक बनाकर विलीन हो जाते हैं। ये छोटे-छोटे बिन्दु हैं। चित्र बनाने के लिए सबका अपना-अपना महत्त्व है। कोई किसी के लिए नहीं है, सभी अंचल के लिए हैं। अत: किसी को विशेष महत्त्व देकर नायक बनाना या प्रमुख पात्र बनाना लेखक का उद्देश्य नहीं है। सभी अपनी-अपनी विशेषताओं को लिये हुए अंचल के व्यक्तित्व की इकाइयाँ हैं। किन्तु वे प्रतीक पात्र नहीं हैं, वे वास्तविक और ऊष्मामय जीवन जीनेवाले सजीव और जीवन्त व्यक्तित्व हैं।

डॉक्टर 'मेरीगंज' में नई रोशनी के आने का मार्ग बनाता है। कितनी विडम्बना है कि उस गाँव का नाम एक अंग्रेज नीलवर ने बहुत पहले 'मेरीगंज' रख दिया था—बहुत ही आधुनिक सा नाम, पश्चिमी रंग का नाम। लेकिन पश्चिम की या आधुनिकता की कोई स्वस्थ किरण उस गाँव को अब तक छू नहीं सकी है। गाँव फटी-पुरानी जिन्दगी

जीता हुआ अपने ही नाम का उपहास कर रहा है। लेकिन अस्पताल बनने के प्रारम्भ से ही गाँव में एक नई हलचल पैदा हो जाती है और डॉक्टर आता है यहाँ वैज्ञानिक शोध करने, यहाँ की बीमारियों का निदान ढूँढ़ने। मगर डॉक्टर यहाँ आकर डॉक्टर की-सी, वैज्ञानिक की-सी अनासक्ति नहीं रख पाता, वह धीरे-धीरे वहाँ की जिन्दगी के रस में घुलने लगता है। वहाँ की जिन्दगी उसे बहुत प्रिय लगती है, वहाँ की जिन्दगी की प्रियता का प्रतीक है कमली...और मौसी और गनेस और...। 'डॉक्टर' की जिन्दगी का एक नया अध्याय शुरू हुआ है। उसने प्रेम, प्यार और स्नेह को 'बायोलॉजी के सिद्धान्तों' से ही हमेशा मापने की कोशिश की थी। वह हँसकर कहा करता—'दिल नाम की कोई चीज आदमी के शरीर में हमें नहीं मालूम।' अब वह यह मानने को तैयार है कि 'आदमी को दिल होता है जिसमें दर्द होता है। उस दर्द को मिटा दो, आदमी जानवर हो जाएगा।' वह वहाँ की जनता के दुख-दर्द से अनासक्त नहीं रह पाता, अपने को खपाकर उसकी सेवा करता है। वहाँ के लोगों की जिन्दगी के असुन्दर और क्रूर पक्ष उभरते हैं, उसे सालते हैं, किन्तु वह इसीलिए वहाँ की जमीन से और भी लिपटता है क्योंकि इस सारी असुन्दरता और क्रूरता के मूल में कोई रोग दिखाई पड़ता है। वह उन कीटाणुओं की खोज में है जो सारी जिन्दगी की सुन्दरता को चाल रहे हैं और उसका रिसर्च पूरा होता है। वह बड़ा डॉक्टर हो गया है (यानी बड़ी मानवीय संवेदना से युक्त डॉक्टर)। उसने रोग की जड़ पकड़ ली है। गरीबी और जहालत इस रोग के दो कीटाणु हैं। ऐनोफिल्स से भी ज्यादा खतरनाक, सैंडफ्लाई से भी ज्यादा जहरीले। डॉक्टर की यह खोज स्वयं लेखक की खोज है। उस जीवन को देखने की उसकी अपनी दृष्टि है पूर्ण मानवीय दृष्टि, ममतामयी, यथार्थवादी दृष्टि...। बड़ा ही प्रिय पात्र है डॉक्टर और वैसी प्रिय कमली है किन्तु डॉक्टर जैसी विशद वह नहीं है। वह भावुकतापूर्ण प्रिय लड़की है, डॉक्टर की पगली मरीज और उसकी डॉक्टर भी। बालदेव, कालीचरन, वासुदेव आदि पात्र एक ओर तो गाँव की परिधि में उभरनेवाली राजनीति के विकृत अधकचरे रूपों को उजागर करनेवाले पात्र हैं दूसरी ओर अपने निजी दुख-दर्दों से स्पन्दित सजीव व्यक्तित्व भी हैं। शहरों से परिचालित होनेवाली परमुखापेक्षी गाँव की राजनीति किस प्रकार अविवेकपूर्ण ढंग से चलती है और किस प्रकार शहरों में बैठे हुए विभिन्न दलों के राजनीतिक नेता गाँववालों का दुरुपयोग करके अपना उल्लू सीधा करते हैं और मुसीबत के समय इनको पूछते भी नहीं हैं, ये सारी बातें बहुत ही जीवन्त और संश्लिष्ट ढंग से उभरी हैं। लेकिन एक बात निश्चित है कि भले रूप में हो या बुरे रूप में, आज के गाँव भी राजनीति से अछूते नहीं रह सकते। रेणु ने इस सत्य को बड़ी गहराई से परखा है। इस समस्त राजनीतिक मूल्यों के बिखराव और अराजकता के बीच भी लेखक की दृष्टि उसके सुन्दर पक्ष को अदृष्ट नहीं छोड़ देती। बालदेव की परिणति बड़ी ही निर्जीव और परिपाटीवादी होती है, काली, वासुदेव आदि अपनी-अपनी सीमित परिधि में घिरे हुए, अपनी-अपनी आग लिये हुए, डकैती और खून के केस से सम्बद्ध करार दिए जाकर बुझा दिए जाते हैं। राष्ट्रीय स्वयंसेवक संघ की परिणति भी बहुत ही साम्प्रदायिक होती है। इन

सारी चीजों के बीच बामनदास गाँव की अपूर्व निष्ठा, त्याग और ईमानदारी लेकर अपना बलिदान देता है और राजनीति को एक उच्च मूल्य प्रदान करता है लेकिन विडम्बना या सामाजिक विसंगति के परिप्रेक्ष्य से जोड़कर लेखक इस घटना को भी एक अजीब दर्द से भर देता है। बामनदास की झोली का फीता चिथरिया पीर को चढ़ाया गया चिथड़ा मान लिया जाता है और फिर चिथड़े-ही-चिथड़े...। मौसी का चरित्र भी बहुत ही प्रभावशाली है। सामाजिक विसंगति में अपनी करुणा और त्याग से उभरता हुआ एक प्यारा किन्तु उपेक्षित व्यक्तित्व। लेखक ने सभी पात्रों को उस अंचल की मिट्टी से गढ़ा है परन्तु उनमें उभरनेवाली संवेदनाएँ समस्त मानवता को छूती हैं। लेखक की ममता समस्त अंचल-जीवन के प्रति (उसकी सारी कुरूपता और पिछड़ेपन के बावजूद) हमें अनुरक्त करती है। उसकी यह मानवीय दृष्टि बहुत ही सुन्दर है, किन्तु उसकी एक सीमा भी है और वह यह कि कभी-कभी वह आवश्यक स्थलों या पात्र-प्रसंगों में पाठक को रुष्ट या विरक्त होने से बचाकर प्रकारान्तर से रुद्ध अभिजात संस्कारों का समर्थन करती है। ऐसा लगता है कि लेखक के मन में कहीं-न-कहीं आभिजात्य के प्रति मोह है इसीलिए 'मैला आँचल' में महीन रूप से सारे कुकृत्य करते हुए तहसीलदार साहब के प्रति पाठकों को कोई रोष पैदा नहीं होता और अन्त में तो तहसीलदार साहब अपने त्यागमय व्यवहार से अत्यधिक मोहक बन गए हैं जबकि गाँव के छोटे वर्गों के नेता यातनाओं की आँधी में बहते हुए दृश्य से ही ओझल हो गए हैं। इसी प्रकार 'परती परिकथा' में जमींदार जित्तू के माध्यम से गाँव की जागृति को स्वर दिया गया है, वह अपनी असामान्यता और आभिजात्य में अत्यन्त आकर्षक बन गया है। यह ठीक है कि स्पष्ट तौर पर वर्ग-संघर्ष खड़ा करना और किसी का पक्षधर बनना यथार्थवादी लेखक के लिए प्रीतिकर और श्रेयस्कर नहीं होता, लेकिन तहसीलदार और जित्तू जैसे चुके हुए वर्गों के प्रतिनिधियों को मोहक बनाकर पेश करना भी वास्तविक और वांछित नहीं है। लेखक का समस्त वस्तु-संघटन और पात्र-विन्यास में तटस्थ रहना तो श्रेयस्कर है परन्तु निरीह रहना नहीं। मैं मानता हूँ कि लेखक कुछ स्थलों या पात्रों के प्रति अनुरक्त रहते हुए भी समग्र भाव से निरीह नहीं रह सका है। उसके भीतर मानवीय और दानवीय अधिकारों का संघर्ष रहा है और वह अपनी कलात्मक ईमानदारी का निर्वाह करता हुआ इस संघर्ष में सदा मानवीय पक्ष की ओर खड़ा दीखा है। भूमि के लिए मेरीगंज के लोगों और भूमिहीन सन्थालों का संघर्ष आज का एक प्रमुख संघर्ष है। लेखक ने इस संघर्ष को उसकी समस्त संगति-विसंगति के साथ चित्रित किया है और वह डॉक्टर के रूप में सन्थालों के साथ है—बड़े ही मानवीय रूप में, वर्ग-संघर्ष के नेता के रूप में नहीं। यह सत्य है कि इस संघर्ष में सन्थाल बहुत अत्याचार सहकर जमीन हार जाते हैं किन्तु यह सत्य नहीं है कि भूमि की समस्या तहसीलदार साहब की एक झक से प्रसूत दानवृत्ति से सुलझेगी।

'मैला आँचल' के सौन्दर्य और शक्ति का एक बड़ा रहस्य है उसकी सांकेतिक सूक्ष्म व्यंग्यात्मक शैली। लेखक ने वर्णनात्मक शैली या विवेचनात्मक शैली मात्र

से काम न लेकर कई प्रकार की शैलियों का संयोग कर दिया है। कई-कई प्रसंग बिना वर्णन के आपस में गुँथते चले जाते हैं। पाठक प्रसंग से ही समझ लेता है कौन कह रहा है, किसके बारे में कह रहा है। कभी कोई पात्र अपने से ही बात करता हुआ पक्ष-प्रतिपक्ष को स्पष्ट करता है। कभी-कभी पूरे जनसमूह या उसके एक वर्ग की भावना को व्यक्त करता हुआ यों ही चित्र उड़ता रहता है। इस शैली की तीव्रता और प्रभावोत्पादकता में बहुत अधिक योग है लोकगीतों और प्रकृति का। आंचलिक उपन्यासों में लोकगीतों और प्रकृति-चित्रों के प्रचुर ग्रहण का आरोप लगानेवालों को समझना चाहिए कि वे अंचल-जीवन के अभिन्न अंग हैं और लेखक उनका नियोजन बाहरी चमत्कार के लिए नहीं, वहाँ के जीवन के आन्तरिक रस को उद्घाटित करने के लिए करता है। रेणु ने 'मैला आँचल' में लोकगीतों और प्रकृति-चित्रों को नियोजित कर पात्रों की गूढ़ मनःस्थितियों को उभारा है, एक बहुत बड़े अन्तराल को एक गीत से भरकर सांकेतिक रूप से जीवन के एक बड़े सत्य को आँक दिया है जैसे अज्ञेय ने 'नदी के द्वीप' में कविताओं द्वारा मन और मन के बीच के अवकाशों को भरा है। अनेक स्थलों पर लेखक की व्यंग्यविधायिनी शक्ति ने एक चित्र या प्रसंग के साथ विरोधी चित्र या प्रसंग रखकर उस चित्र या प्रसंग के अन्तरतम में स्थित मौन व्यथा को स्वर दे दिया है या दोनों की पारस्परिक विषमता से एक नया ही प्रभाव पैदा कर दिया है।

'ना...ना। पी लो, बाबू। राजा। सोना...मानिक। नीलू रोओ मत...अब रोने की क्या बात है प्यारे।' ममता हँसती है।

और तभी लेखक एक दूसरा चित्र पेश कर देता है :

'कलीमुद्दीपुर घाट पर 'चैथरिया पीर' में किसी ने मानता करके एक चिथड़ा और लटका दिया।'

'मैला आँचल' तथा अन्य आंचलिक उपन्यासों के भाषा-प्रयोग को लेकर काफी विवाद उठ खड़े हुए। मुझे लगता है कि रेणु सन्तुलन बनाए रखने में समर्थ नहीं हुए हैं। सर्जनात्मक अनिवार्यता से निकलकर वे चमत्कार की कोटि तक पहुँच गए हैं इसलिए वे शब्दों को वहाँ की बोली के अनुकरण पर अपनी ओर से भी तोड़ते नजर आते हैं जिन्हें वे आसानी से बिना किसी सर्जनात्मक क्षति से बचा सकते थे। अनेक प्रकार की ध्वनियों का अजायबखाना भी रेणु को बुरी तरह आकर्षित करता है। अपने नए उपन्यास 'जुलूस' में तो उन्होंने धड़ल्ले से बँगला संवादों का प्रयोग किया है। इससे उपन्यास का प्रवाह काफी क्षत हो उठा है। सर्जनात्मक स्तर पर खड़ी बोली में आंचलिक भाषा के प्रयोग का इस रूप में सूत्रपात करनेवाले रेणु को अभी सोचना शेष है कि वे किस बिन्दु पर ठहरें।

(अन्य उपन्यास—'परती परिकथा', 'जुलूस', 'दीर्घतपा' और 'पल्टू बाबू रोड')

आंचलिक उपन्यासों की परम्परा में कुछ और कृतियाँ विशिष्ट स्थान रखती हैं। इनमें उदयशंकर भट्ट के 'सागर, लहरें और मनुष्य', रांगेय राघव के 'कब तक पुकारूँ', देवेन्द्र सत्यार्थी के 'ब्रह्मपुत्र', शैलेश मटियानी के 'हवलदार', राजेन्द्र

अवस्थी के 'जंगल के फूल', रामदरश मिश्र के 'पानी के प्राचीर' की चर्चा की जा सकती है।

सागर, लहरें और मनुष्य (1955) : प्रस्तुत उपन्यास में बम्बई महानगर के पश्चिमी तट पर बसे मछुआरों के ग्राम बरसोवा का जीवन चित्रित हुआ है। कथानक अन्य आंचलिक उपन्यासों के कथानकों के प्रतिरूप एक अंचल से ही सम्बद्ध नहीं रहता। वह बम्बई महानगर के बीच भी संचरण करता है अर्थात् उसका क्षेत्र दोहरा है। अन्य आंचलिक कथानकों में भी अभिप्रेत अंचल के साथ-साथ शहर या दूसरी जगहें आई हैं किन्तु वे हाशिए पर होती हैं और सब सिमटकर उसी अंचल में केन्द्रित हो जाती हैं। कथानक कुछ देर के लिए बाहर निकलता सा लगता है किन्तु अपने को प्रभावित करनेवाली बाहरी संगतियों, विसंगतियों, शक्तियों, सीमाओं को समेटकर पुन: अपने अंचल में आ जाता है किन्तु 'सागर, लहरें और मनुष्य' में ऐसा नहीं हुआ है। ऐसा लगता है कि दोनों क्षेत्र लगभग समानान्तर चलते हैं। यद्यपि सारी कथा का पर्यवसान अभिप्रेत अंचल में ही होता है और कथानक बीच-बीच में शहर से लौट-लौट आता है और बरसोवा को प्रभावित कर जाता है फिर भी वह दोहरे दायित्व में बँट गया है।

ऐसा क्यों हुआ है? वास्तव में यह आंचलिक उपन्यास की बुनियादी आवश्यकता से जुड़ा हुआ प्रश्न है। आंचलिक उपन्यास अंचल-विशेष के साथ अपने प्रगाढ़ आत्मीय अनुभव के कारण ही अपने को सामाजिक उपन्यासों से अलग या कि विशिष्ट सिद्ध करता है। अनुभव की आत्मीयता आती है वहाँ का जीवन जीने से। कुछ दिनों के लिए प्रवासी की तरह रहने और पूछताछ कर जानकारी प्राप्त करने से हम किसी अंचल के संश्लिष्ट जीवन-यथार्थ को जीवित रूप में नहीं पकड़ सकते। मध्यवर्ग का व्यक्ति संस्कारों से अपने को निम्नवर्ग के साथ मिला भी नहीं पाता, वह अपने अभिजात संस्कारों को लिये दिए जीवन-प्रवाह के किनारे खड़ा द्रष्टा की तरह देखता रहता है। यही कारण है कि चाहे राजेन्द्र अवस्थी का 'जंगल के फूल' हो, चाहे भट्ट जी का प्रस्तुत उपन्यास, वह सम्बद्ध निम्नवर्गीय जीवन की संश्लिष्टता को अनुभव की गहराई में नहीं पा सका है। प्रस्तुत उपन्यास में शहर की ओर संक्रमण इस बात का परिचायक है कि अभिप्रेत अंचल जीवन की घनीभूत अनुभूतियाँ लेखक को पकड़ नहीं सकी हैं और वह उस भूमि को छोड़-छोड़कर बड़ी आसानी से शहर में विचरण कर सका है। शहर भी अपनी अवधारणात्मक यांत्रिकता और सम्बन्धों के साथ उभरा है, अनुभव की विशिष्टता से दीप्त होकर नहीं। लगता है लेखक के मन में जाने-अनजाने कहीं यह धारणा काम कर रही थी कि वह गाँव और शहर के जीवन-मूल्यों और सम्बन्धों को पारस्परिक सापेक्षता में रखकर उजागर करे।

कहीं कह चुका हूँ कि गाँव को लेने का अर्थ यह नहीं होता कि लेखक अनिवार्य भाव से रूमानियत की ओर उन्मुख हो रहा है। और न शहर को लेने का यह अर्थ होता है कि वह अनिवार्य भाव से यथार्थवादी हो रहा है। यथार्थवाद और रूमानियत जगहों में नहीं होती, दृष्टि में होती है। गाँवों का जीवन संक्रान्त हो रहा है। शहरी

जीवन की यांत्रिकता, टूटन, परायापन और भोग-लालसा के तत्त्व गाँवों में बहुत तेजी से उभर रहे हैं। इस संक्रान्त चेतना को पहचाननेवाला कलाकार रूमानी नहीं कहा जा सकता, वह यथार्थवादी है। प्रस्तुत उपन्यास में शहर की चेतना को अंचल में ही लाया जा सकता था, अंचल को उठकर शहर में जाने की आवश्यकता नहीं थी। और तब लेखक का दायित्व तथा ध्यान बँटता नहीं, वह अंचल-जीवन की अनुभूतियों के घनत्व और संश्लिष्टता को उभारने में ही अधिक सक्रिय रहता है।

यह सच है कि रत्ना के मन में शहर का आकर्षण है। यह शहर का आकर्षण उसे माणिक से बाँधता है और वह शहर के अनेक खट्टे-मीठे अनुभवों से गुजरती है। रत्ना एक ऐसी पात्र है जो अपने ग्रामीण संस्कार और नगर-आकांक्षा के जटिल द्वंद्व से गुजरकर एक बहुत ही जीवन्त और क्लासिक पात्र बन सकती थी किन्तु लगता है कि उसके ग्रामीण संस्कार और नगर आकांक्षा दोनों को भट्ट जी ने अलग-अलग चित्रित किया है। इस तरह रत्ना का धीरे-धीरे शहरीकरण होता जाता है। और शहर से मोह कम होता भी है तो एक भावुक आदर्श के रूप में, यथार्थ के स्तर पर नहीं। लगता नहीं कि यह वही रत्ना है जिसे हमने उपन्यास के आरम्भ में मछुआरों के परिवेश के समस्त जीवन्त तत्त्वों से स्पन्दित देखा था। लगता है भट्ट जी यथार्थ और आदर्श (या यों कहें कि यथार्थ के ही दो आयामों) को एक साथ संश्लिष्ट रूप में नहीं देख पाते, वे अलग-अलग देखते हैं। इसीलिए वे एक ओर रत्ना की माँ वंशी जैसे पात्र की रचना करते हैं जो अपने समस्त परिवेश की गन्ध, हवा, पानी और मिट्टी को अपने में समेटे है, दूसरी ओर यशवन्त जैसे पात्र की कल्पना करते हैं जो आदर्शवादी अधिक है आदमी कम। तीसरी ओर धीरूवाला के आत्यन्तिक पतित रूप को देखते हैं। चौथी ओर स्वयं रत्ना को जैसे दो भागों में विभाजित कर देते हैं।

कुल मिलाकर यह एक विशिष्ट उपन्यास है। यह मछुआरों के जीवन-संघर्ष, अभाव, भाव, शक्ति, हीनता, संगति, विसंगति की प्रामाणिक कहानी है। उसमें अनुभवजन्य तीव्रता और संश्लिष्टता भले न हो, सचाई का अभाव नहीं। उपन्यास अपनी गठन और दृष्टि-सम्बन्धी कमजोरियों के बावजूद हमें पकड़ता है। इसका कारण आंचलिक होना ही है। यानी इस अंचल का सशक्त जीवन ही आकर्षण के मूल में है। ये कमजोरियाँ, किसी शहरी कथानक में या सामाजिक उपन्यासों के देहाती कथानक में होती तो यह वैशिष्ट्य नहीं उभार पातीं।

(अन्य उपन्यास—'नए मोड़', 'लोक-परलोक', 'एक नीड़ दो पंछी' और 'शेष अशेष')

कब तक पुकारूँ (1957) में नटों के जीवन का चित्रण है। कथा का क्षेत्र ब्रज का एक भाग है। नटों के जीवन के संश्लिष्ट यथार्थ को उभारने के लिए लेखक ने परिवेश रूप में या तनाव तथा संघर्ष पैदा करनेवाली प्रतिकथा के रूप में उस भू-भाग की अन्य जातियों के लोगों को भी लिया है। इसका नायक सुखराम नट है। इसका कथा-संघठन भी आंचलिक उपन्यासों का-सा जटिल है और दृष्टि यथार्थवादी। भाषा में जो स्थानीय भाषा का उभार दीखता है वह यथार्थ की अभिव्यक्ति के सन्दर्भ में सार्थक है।

(अन्य उपन्यास—'विषाद मठ', 'हुजूर', 'प्रतिदान', 'उबाल', 'पक्षी और आकाश', 'पथ का पाप', 'घरौंदे' आदि)

ब्रह्मपुत्र (1956) : यह ब्रह्मपुत्र नदी के किनारे लक्षित होनेवाले असम के लोकजीवन पर आधारित उपन्यास है। इसकी कथा स्वाधीनता-प्राप्ति से पहले की है। वैसे इसमें पिसांगमुख के निवासियों की सामाजिक, धार्मिक, आर्थिक सभी स्थितियों और सम्बन्धों का जीवित चित्र है किन्तु मुख्य स्वर राजनीतिक है। यह राजनीति सैद्धान्तिक नहीं है वरन् उनकी जीवनाकांक्षा से गाढ़ भाव से लिपटी हुई है। पिसांगमुख के निवासी आजादी प्राप्त करना चाहते हैं, वे संघर्ष करते हैं। अंग्रेजी सत्ता उनका भयानक दमन करती है फिर भी गाँव में जागरण बढ़ता ही जाता है। गाँव के क्रान्तिकारी नेता देवकान्त का बलिदान होता है। आजादी मिलती है। आजादी मिलने के तीन साल बाद भी समस्याएँ जहाँ-की-तहाँ हैं, जनता का दुख-दर्द वैसा ही है। ब्रह्मपुत्र की बाढ़ और भूकम्प से गाँव उजड़ जाता है लेकिन जनजीवन की जिजीविषा पुनर्निर्माण करती है।

(अन्य उपन्यास—'कठपुतली', 'रथ के पहिए', 'दूध-गाछ')

हौलदार (1960) : इस उपन्यास में कुमायूँ के पर्वतीय अंचल की कथा चलती है जिसमें उभरती है डूगरसिंह की जीवन-कथा, जो हवलदार बनने की इच्छा से फौज में जाता है और ट्रेनिंग लेते समय अपनी ही गोली से लँगड़ा होकर गाँव लौट आता है। उसकी इच्छाएँ कुंठाएँ बन जाती हैं। प्रस्तुत उपन्यास इस टूटे हुए, हारे हुए आदमी की कथा कहता है, इसकी विभिन्न मन:स्थितियों को विभिन्न कोणों से उभारता है। उसके चारों ओर घिरा है कुमायूँ का पर्वतीय परिवेश। फिर भी यह उपन्यास समग्र अंचल के सांस्कृतिक व्यक्तित्व की संश्लिष्टता को उभारने में उतना सफल नहीं हुआ है जितना एक व्यक्ति की जीवन कथा को उभारने में।

(अन्य उपन्यास—'चिट्ठी रसैन', 'चौथी मुट्ठी', 'मुख सरोवर के हंस')

जंगल के फूल (1960) : इसमें मध्य प्रदेश की जंगली जातियों का जीवन्त चित्र है। जंगल का जीवन अपने समस्त सांस्कृतिक, सामाजिक और राजनीतिक सम्बन्धों, विसंगतियों और चेतना में मूर्त हो उठा है। जंगल के आदिवासी अपनी स्थिति को प्यार करते हुए भी सामाजिक और राजनीतिक शोषण के विरुद्ध जागरूक हो रहे हैं। स्वाधीनता आन्दोलन में उन्होंने अपने ढंग से भाग लिया था। इसका चित्र प्रस्तुत उपन्यास में मिलता है। यह अवश्य है कि इस उपन्यास में वन्य-जीवन का जो स्वरूप अंकित है वह जितना स्फीत है, उतना जटिल और गहरा नहीं।

(अन्य उपन्यास—'बीमार शहर', 'जाने कितनी आँखें')।

पानी के प्राचीर (1961) : गोरखपुर जिले के दो नदियों से घिरे हुए एक पिछड़े भू-भाग की कहानी कहता है। कहानी स्वाधीनता-प्राप्ति तक की है। स्थानीय जीवन के समस्त सत्यों और पक्षों को चित्रित कर इस भू-भाग के संश्लिष्ट व्यक्तित्व को उभारना ही इसका लक्ष्य है। किन्तु इस भू-भाग के संश्लिष्ट व्यक्तित्व के माध्यम से राष्ट्र और युग की चेतना ध्वनित है। इसीलिए कथानक एक दिशाप्रवाही नहीं है वह

अनेक कोणों से उभरती जीवन-कथाओं की संश्लिष्ट बुनावट है। लोकगीतों और लोकभाषा का प्रयोग बड़ा ही सर्जनात्मक है।

आजादी के आसपास के गाँव के नवीन चरित्र को रेणु ने 'मैला आँचल' में बड़ी मार्मिकता से अंकित किया था। इस उपन्यास में गाँव की जिन्दगी में घटित होते हुए नए सन्दर्भों के बीच उभरती कुरूपताओं और क्रूरताओं के साथ-ही-साथ एक मानवीय तरलता और मोहकता का चित्र अंकित कर गाँव के शूल और फूल दोनों ही का दर्शन किया गया है किन्तु सातवें दशक तक आता-आता गाँव काफी क्रूर हो गया। उसकी तरलता और मोहकता के रंग समाप्त से हो गए। राजनीतिक दबाव में उसकी कुरूपता और विसंगतियाँ बहुत गाढ़ी हो गईं और लेखक के लिए आसानी से इसमें कोई फूल खोज पाना मुश्किल हो गया। इसलिए सातवें दशक के ग्रामीण जीवन पर लिखे गए लगभग सारे ही विशिष्ट उपन्यासों में कटु यथार्थ का बड़ा ही तीखा स्वर सुनाई पड़ता है। इन उपन्यासों में अत्यधिक उल्लेख्य हैं—'रागदरबारी' (श्रीलाल शुक्ल), 'अलग-अलग वैतरणी' (शिवप्रसाद सिंह), 'आधा गाँव' (राही मासूम रज़ा), 'लोक ऋण', 'सोनामाटी' (विवेकी राय), 'कगार की आग' (हिमांशु जोशी), 'जल टूटता हुआ' (रामदरश मिश्र), 'धरती धन न अपना' (जगदीशचन्द्र), 'विकल्प' (रामदेव शुक्ल), 'डूब' (वीरेन्द्र जैन)।

आधा गाँव (1968) : यह उपन्यास गाजीपुर के एक मुस्लिम बहुल गाँव गंगोली की कथा कहता है। तमाम आवश्यक-अनावश्यक पात्रों, घटनाओं, विवरणों और दृश्यों की भीड़ इकट्ठी कर लेखक ने इस गाँव के मुसलमानों के जीवन-यथार्थ के विविध रंग उभारे हैं साथ ही हिन्दुओं के साथ उनके साहचर्य और द्वंद्वमूलक अनुभवों को भी स्वर दिया है। स्वाधीनता के समय होनेवाले बँटवारे और पाकिस्तान की निर्मिति के परिप्रेक्ष्य में उसने मुसलमानों की विविध मानसिकता का बड़ा ही प्रभावशाली चित्रण किया है। लेखक की राष्ट्रीय दृष्टि साम्प्रदायिक अलगाव को देखकर पीड़ित होती है। उसे इस बात से दर्द होता है कि इधर कुछ दिनों से गंगोली में गंगोलीवालों की संख्या कम होती जा रही है और सुन्नियों, शियों और हिन्दुओं की संख्या बढ़ती जा रही है। गंगोली को यदि भारत का प्रतीक माना जाए तो कहा जा सकता है लोग भारतीय होने के स्थान पर हिन्दू या मुसलमान या अन्य सम्प्रदाय बनते जा रहे हैं।

उपन्यास का कथ्य सशक्त है किन्तु उसकी रिपोर्ताज शैली अराजक रूप से तथ्यों और दृश्यों को ताबड़तोड़ बिखेरती चली जाती है, कथा बनने नहीं पाती और उपन्यास की पकड़ ढीली पड़ती जाती है। भाषा के स्तर का यथार्थ निबाहने के लिए राही ने फूहड़-फूहड़ गालियों का प्रयोग किया है। इससे कथ्य सशक्त बना है, यह कहना कठिन है।

(अन्य उपन्यास—'टोपी शुक्ला', 'हिम्मत जौनपुरी', 'ओस की बूँद')

रागदरबारी (1968) : रागदरबारी एक विशिष्ट उपन्यास है। इसकी विशिष्टता दो अर्थों में है—(1) वह आज तक के उपन्यासों की परम्परा से आगे बढ़कर बिलकुल अ-रूमानी दृष्टिकोण से आज के भारतीय जीवन की सारी विसंगतियों

का उद्घाटन करता है। (2) वह आद्योपान्त व्यंग्यात्मक शैली का प्रयोग करता है। इतना ही नहीं इसमें व्यंग्य और सपाटबयानी का अद्‌भुत साहचर्य दिखाई पड़ता है। इसकी सपाटबयानी में भी एक व्यंग्य है और व्यंग्य में भी सपाटबयानी है। लेखक की अनाविल दृष्टि ने गाँव में उभरे हुए जीवन के नए रूप को (जिसमें कोई नैतिकता नहीं, कोई मूल्य नहीं, कोई सामाजिक सम्बन्ध नहीं, कोई आन्तरिक मानवीय पीड़ा नहीं) शिवपालगंज के माध्यम से उभारा है। लेखक ने केन्द्र में रखा है वहाँ के कॉलेज को। कॉलेज की समस्या से अन्य समस्याओं को बड़ी कुशलता से बुन दिया गया है। इन सारी समस्याओं के ऊपर राजनीति की काली छाया मँडराती है। आज की राजनीति ने भारतीय गाँव की जिन्दगी को कितना तोड़ दिया है, उसमें कैसे-कैसे एकदम अजनबी स्वर उभार दिए हैं, लेखक ने बहुत सहज भाव से इस यथार्थ को मूर्त किया है। किन्तु इस सहजता के पीछे कथा-विन्यास सम्बन्धी एक कुशल प्रयास करता हुआ लक्षित होता है। इतनी सारी जानी-पहचानी गतिविधियाँ, प्रसंग, घटनाएँ, रोजमर्रा जिन्दगी के इतने सारे व्यापार बिखरकर एक नीरसता, ऊब और वितृष्णा की ही सृष्टि करते। लेकिन ऐसा नहीं हुआ है। लेखक की कुशल कथाविन्यास-शक्ति ने सारी बातों को केन्द्रवर्ती स्थिति के चारों ओर इस तरह बुन दिया है कि मामूली लगनेवाली बात भी उबाने की जगह रमाने लगती है। यह बहुत बड़ी सफलता है कि उसने मामूलियत को, सपाटता को मामूली या सपाट सी लगनेवाली शैली में कहकर उसमें एक नया रस भर दिया है।

निश्चय ही यह उपन्यास अपने यथार्थवादी स्वभाव के कारण एक विशिष्ट कृति है जिसमें आज के गाँव के सारे मूल्यहीन व्यवहारवाद (जिसमें छोटे से लेकर बड़े तक सभी कहीं-न-कहीं मुबतला हैं) को बहुत निर्ममता या कलागत निस्संगता के साथ साकार किया गया है। परन्तु प्रश्न उठता है कि क्या सचमुच गाँव में कोई मानवीय संवेदना शेष नहीं। यह सच है कि गाँव का हर आदमी चालाक है, काइयाँ है, धूर्त है, स्वार्थी है और मूल्यों में अभी भी जीवित शहरी रंगनाथ को हर आदमी मूर्ख समझकर झिड़क देता है किन्तु देहात के क्या किसी भी व्यक्ति में सारे मूल्यों के टूटने, स्वार्थ में मानवीय संवेदनों के घिसने, मानवीय रिश्तों के चुकने का अहसास और तज्जन्य अन्तर्द्वंद्व नहीं रहा। क्या लेखक इन सारी भयावह स्थितियों और विसंगतियों का द्रष्टा मात्र है? क्या वह कुछ शेष या कहीं-कहीं निहित प्रकाश किरणों का संयोजन कर सारी जड़ता, विसंगति, कुरूपता, विकृतियों के भयानक भटकाव के बीच एक रास्ता नहीं बना सकता? ऐसा करके ही वह समस्त सामयिक और ऊपरी दुनिया के तथ्यों को लेकर एक अन्तर्सृष्टि कर सकता है वरना कृति यथार्थ का प्रस्तुतीकरण-भर रहकर शेष रह जाएगी। 'रागदरबारी' सामयिक यथार्थ तक अपने को प्रतिबद्ध रखने के कारण तथा इस यथार्थ के नीचे तड़पती अन्तर्निहित मानवीय व्यथा, मूल्य-चेतना और टूटने और न बनने के तीखे द्वंद्व से असम्बद्ध होने के कारण आनेवाले कल के लिए हमें आश्वस्त नहीं करता और आज भी हमारी मानवीय चेतना को बहुत गहराई तक नहीं छूता। यह भी विचित्र बात है कि उसने मूल्य चेतना के प्रतिनिधि के रूप में

एक निहायक बेवकूफ आदमी लंगड़ को खड़ा कर दिया है। लंगड़ में कोई द्वंद्व नहीं है क्योंकि वह समसामयिक यथार्थ से बेखबर है। वह अपने समय से कटा हुआ, एक 'इल्यूज़न' में जीता है। दूसरी ओर रंगनाथ है जो स्वयं स्वास्थ्य सुधारने देहात में आया हुआ है। यहाँ की परिस्थितियों से आहत होता है किन्तु वह मानसिक और व्यावहारिक दोनों स्तरों पर बहुत निष्क्रिय प्रतीत होता है।

कुछ लोगों ने कहा है कि रागदरबारी की पोर-पोर में व्यंग्य रचा हुआ है। वास्तव में व्यंग्य की स्थिति दोहरी होती है। एक तो वह विसंगतिमयी स्थिति से पैदा होता है, दूसरे उसमें वचन-वक्रता होती है। स्थिति की विसंगति के बिना वचन-वक्रता से भी व्यंग्य पैदा किया जा सकता है किन्तु ऐसा व्यंग्य हमें यथार्थ के निकट न ले जाकर अपनी वक्रता के सुख में उलझाता है जो बहुत हल्का होता है। रागदरबारी में व्यंग्य की दोनों स्थितियाँ हैं। लेखक ने आज के गाँव की अनेकमुखी विसंगतियों को उद्‌घाटित किया है, उसकी व्यंग्यात्मक शैली विसंगतियों की तीव्रता का अहसास कराने में सहायक होती है किन्तु बहुत जगहों पर स्थितियों के अति सामान्य होने पर वचन-वक्रता स्वयं उपहासास्पद बन जाती है और लगता है जैसे लेखक ने कथ्य की माँग के वशीभूत होकर अनिवार्य भाव से व्यंग्य नहीं किया है बल्कि खामखाह के लिए उसे व्यंग्य करना था। जैसे देहात में कुछ चिबिल्ले चिबिल्लेपन से बात करने की अपनी शैली विकसित कर लेते हैं उसी प्रकार लेखक को हर बात व्यंग्य में कहनी ही है। नहीं तो मैं नहीं समझता कि मरदों और औरतों (खासतौर पर औरतों) के पाखाना होने का इतना व्यंग्यात्मक चित्र क्यों प्रस्तुत किया है? लेखक का सार्थक व्यंग्य अनेक बार उपमाओं और रूपकों पर आधारित दिखाई पड़ता है। ये उपमाएँ व्यंग्य देने के साथ परोक्ष रूप से प्रस्तुत के साथ अप्रस्तुतों को जोड़ती जाती हैं। लेखक एक ही साथ कई-कई विसंगतियों को साथ गूँथता चलता है और इस प्रकार प्रस्तुत प्रसंग को आहत या खंडित किए बिना अवान्तर प्रसंगों को सहज भाव से कथा में जोड़ देता है। इस तरह लेखक अनेक कथाओं और प्रसंगों की अवतारणा किए बिना ही उनके प्रभावों को व्यंजित कर देता है। ये उपमाएँ इसीलिए सामाजिक जीवन के अनेक क्षेत्रों से ली गई हैं। लेखक की यह शैली जहाँ उसके कथाविन्यास और अभिप्रेत प्रभाव-रचना में अद्‌भुत योग देती है, वहीं कभी-कभी उसकी आरोपित व्यंग्यात्मक प्रवृत्ति के कारण हल्की और अनावश्यक प्रतीत होती है।

(अन्य उपन्यास—'मकान', 'बिस्रामपुर का संत')

अलग-अलग वैतरणी (1968) : यह उपन्यास भी स्वाधीनता-प्राप्ति के बाद के टूटते हुए गाँव की कहानी है। इस टूटते गाँव में अभी भी कुछ टूटने को बाकी है। वास्तव में यह टूटना जड़ता और अज्ञानता का टूटना नहीं है, मूल्यों और सम्बन्धों का टूटना है, विवेक और संवेदनाओं का टूटना है, साथ-ही-साथ जमींदारी और जाति-पाँति का भी टूटना है किन्तु यह कितनी बड़ी विडम्बना है कि बुरी चीजें टूटकर भी नहीं टूटीं और अच्छी चीजें टूटने लगीं तो फिर टूटती ही गईं। एक चीज टूटी तो उसके खाली स्थान पर हवा इस प्रकार चक्कर काटती हुई दौड़ी कि एक बवंडर-सा उठ

खड़ा हुआ जिसमें अन्धाधुन्ध अच्छा-बुरा आपस में उलझकर गर्द-गुबार में सन गया। जमींदारी टूटी तो एक रिक्तता आई, उस रिक्तता को भरने के लिए जनतंत्र आया। गाँव में पंचायत जनतंत्र का मुख्य अस्त्र बनी लेकिन पंचायत अपनी शक्ति (राजनीति) के प्रलोभन में पूरे गाँव को उलझाकर चक्कर खिलाने लगी और रिक्त हुई जगह भर गई—अधपढ़, अनपढ़, विवेकहीन, स्वार्थान्ध, सामान्य लोगों की अधकचरी, फूहड़ और गलाकाट स्पर्धा से। इस स्पर्धा में शरीक हुए अत्यन्त उपेक्षित सामान्य लोग और टूटते हुए जमींदार भी। टूटते हुए जमींदार के मुँह सत्ता का खून लग चुका था, सत्ता का हाथ से जाना भला कैसे बरदाश्त कर सकते थे? इसलिए वे वेश बदलकर जनसत्ता में शरीक होने लगे और कहीं स्वयं को, कहीं अपने गुर्गों को सभापति और सरपंच पद पर आसीन कराने का प्रयास करने लगे। आजादी के बाद और भी तरह-तरह के धनी वर्ग उदित हुए और पुश्तैनी धनिकों (जो टूट रहे हैं) तथा नवोदित धनिकों से भी संघर्ष आरम्भ हुए। इस भयंकर स्पर्धा में छोटे-बड़े अपनी-अपनी धुरी से उतरे हुए पहियों की भाँति डगमगाते हुए एक-दूसरे से टकराने लगे। जिसे वास्तव में टूटना था, वह नहीं टूटा। शिक्षा का प्रसार हुआ किन्तु अज्ञान नहीं टूटा, समृद्धि बढ़ी लेकिन आर्थिक विषमता नहीं टूटी। चारों ओर अधजली सिगरेट के टुकड़ों की तरह अपने-अपने स्थान पर सुलगते लोग ही लोग और चारों ओर बिखरे हुए आहत जीवन-मूल्य, सामाजिक सम्बन्ध, विवेक-चेतना—यहाँ-से-वहाँ तक एक अकेलापन और उस अकेलेपन के बीच साँड़ की तरह डकराते हुए झुंड-के-झुंड गुंडे।

आज का यथार्थवादी कथाकार जब गाँव के जीवन को देखता है तो गाँव का यही चित्र उसके सामने होता है। 'रागदरबारी' के कथाकार को अपने ढंग से ही गाँव दिखाई पड़ा और 'अलग-अलग वैतरणी' के कथाकार शिवप्रसाद सिंह के सामने भी यही गाँव था। लेकिन दोनों में फर्क है—'रागदरबारी' के गाँव में अब कोई मानसिक द्वंद्व शेष नहीं है, वह पक्के घड़े की तरह हरामीपन में पक गया है किन्तु 'अलग-अलग वैतरणी' का गाँव अभी अधपका है अर्थात् अभी उसमें जड़ता और चेतना, होने और न होने, विवेक और अविवेक, नंगे यथार्थ और स्वप्न का द्वंद्व बाकी है। समूचे घने अन्धकार में प्रकाश की रेखाएँ कौंध-कौंध जाती हैं और यह अहसास दिलाती हैं कि अभी सब कुछ समाप्त नहीं हुआ है, अभी मानव की ज्योति-यात्रा निःशेष नहीं हुई है और यही अवशिष्ट मुक्तिबोध इस सारे विकृत यथार्थ के फैलाव को एक अन्तर-रचना की ओर प्रेरित करता है। अर्थात् लेखक इस सामयिक यथार्थ लोक के भीतर से गुजरता हुआ उसके कुछ ऐसे मर्म-बिन्दुओं को तलाशता है जो रचना को अपनी दीप्ति से सामयिकता का दस्तावेज मात्र बनने से बचाकर उसे व्यापक मानवीय सन्दर्भ में जोड़ते हैं। ऐसे बिन्दु अनेक हैं जो उतने ही यथार्थ हैं जितना कि अन्धकार। वे बिन्दु हैं जग्गन मिसिर, मास्टर शशिकान्त, खलील, विपिन, देवनाथ, स्वरूप भगत, कनिया और पटनहिया भाभी। ये आलोक बिन्दु निष्क्रिय ज्योति स्वप्न नहीं हैं, वे अपनी घनीभूत वेदना, टूटन और परिवेश-चेतना के भीतर से अपने को उजागर करते हैं और सबकी परिणतियाँ एक टूटन, एक दर्द में होती हैं। स्वप्न-द्रष्टा

शशिकान्त मास्टर गाँव के बच्चे को सँवारने के उपक्रम में लांछन और पीड़ा का शिकार होता है और गाँव को छोड़कर चल देता है। विपिन तथा देवनाथ अपने ही गाँव से ऊबकर नगरोन्मुख हो जाते हैं। खलील मियाँ भी अपनी सारी मानवीय आर्द्रता और भूमि से अटूट लगाव के बावजूद तंग आकर गाँव से छूट जाते हैं, पटनहिया भाभी लांछन और यातना का शिकार होकर चली जाती हैं। बच जाते हैं, कनिया और जग्गन मिसिर। दोनों ही उस जमीन से उसकी नियति बनकर जुड़े हैं, कहाँ जाएँगे? वे अपने परिवेश में टूटते हुए, आहत होते हुए वहीं रहने के लिए अभिशप्त हैं। लेखक ने इस प्रकार गाँव पर कोई स्वप्न लादा नहीं है, वरन् उसे उसके जीवन के भीतर से ही उभारा है और यथार्थ के आग्रह से उसे सहज भाव से टूटने दिया है लेकिन उस टूटने के दर्द, अवांछित के आ जाने की वेदना, घृणा और क्रोध के मिले-जुले स्वर को सुनकर, मानवीय जिजीविषा के संघर्ष को रीत नहीं जाने दिया है। तरह-तरह के पात्र हैं, तरह-तरह की नई समस्याएँ हैं, तरह-तरह की घटनाएँ हैं और उपयुक्त यथार्थवादी दृष्टि है किन्तु कुछ ऐसा है कि इतना मोटा उपन्यास इन शक्तियों के बावजूद अभिप्रेत प्रभाव में वह सघनता और तीव्रता नहीं ला सका है जो इससे वांछित था। शायद इसका कारण अनावश्यक विस्तार है, शायद बहुत सी निरर्थक या कि रचना के सन्दर्भ में अप्रासंगिक घटनाओं और प्रसंगों की ठेलमठेल है।

(अन्य उपन्यास—'गली आगे मुड़ती हैं', 'नीला चाँद', 'शैलूष', 'मंजुशिमा', 'औरत')

जल टूटता हुआ (1969) : यह उपन्यास स्वाधीनता-प्राप्ति के बाद के गाँव का चित्र प्रस्तुत करता है। दरअसल समय की दृष्टि से यह 'पानी के प्राचीर' का ही दूसरा भाग है। पानी के प्राचीर गोरखपुर जिले से एक कछार अंचल के स्वाधीनतापूर्व जीवन-यथार्थ को पहचानता है तो 'जल टूटता हुआ' स्वाधीनता के बाद के जीवन-यथार्थ को। स्वाधीनता के बाद जीवन-यथार्थ अधिक जटिल हुआ है। सम्बन्धों और मूल्यों के सूत्र अधिक उलझे हैं। यथार्थ अधिक अलंकारमय होता गया है किन्तु किसी-न-किसी बिन्दु से उस अन्धकार के विरुद्ध प्रकाश की आवाज उठती रही है। यह उपन्यास इसी अन्धकार और प्रकाश के द्वंद्वात्मक संसार की यात्रा करता है। एक अंचल के विशिष्ट सन्दर्भ में स्वातंत्र्योत्तर भारतीय गाँव को पहचानने की कोशिश करता है।

(अन्य उपन्यास—'बीच का समय', 'सूखता हुआ तालाब', 'अपने लोग', 'रात का सफर', 'आकाश की छत', 'बिना दरवाजे का मकान', 'दूसरा घर', 'थकी हुई सुबह', 'बीस बरस')

लोक ऋण (1977) : 'लोक ऋण' आंचलिक उपन्यासों की श्रृंखला में एक नई कड़ी है—अपने ढंग से एक विशिष्ट कड़ी। समर्थ आंचलिक उपन्यासों ने समसामयिक ग्रामीण जीवन-यथार्थ के अनेक आयामों को संश्लिष्ट रूप में उद्घाटित करने का प्रयत्न किया है और साथ ही प्रचलित औपन्यासिक शिल्प से अलग एक नया शिल्प दिया है।

'लोक ऋण' के लेखक को गाँव की गहरी समझ तो है ही, गाँव के प्रति उसके मन में अटूट लगाव भी है। इसलिए वह एक ओर निर्ममता से समकालीन गाँव की कुछ विसंगत और कुरूपतामयी वास्तविकता का उद्घाटन करता है, दूसरी ओर उसके बीच अनुपस्थित पढ़े-लिखे लोगों को उपस्थित करना चाहता है और गाँव की कुरूपता की व्याख्या करते हुए यह निष्कर्ष निकालता है कि गाँव के प्रति गाँव के पढ़े-लिखे लोगों ने अपना दायित्व नहीं निभाया। शहर में काम करनेवाले गाँव के प्रबुद्ध व्यक्ति का प्रतिनिधि गिरीश है। लेखक अनेक आत्मसंघर्षों से गुजारकर गिरीश को अन्त में गाँव में बसने के लिए बाध्य कर देता है। इस प्रकार वह गाँव की प्रबुद्ध चेतना को गाँव से निष्कासित न कर गाँव में ही बसा देता है और एक अच्छे गाँव के विकास की सम्भावना उभारता है। वह पढ़े-लिखे लोगों को यह अहसास कराना चाहता है कि तुम्हारे ऊपर लोक का ऋण है, उसे उतारना तुम्हारा कर्तव्य है। लेखक अपने इस मन्तव्य की अभिव्यक्ति के लिए अनेक पात्रों, घटनाओं, सन्दर्भों और कथाखंडों की सृष्टि करता है। केन्द्र में है त्रिभुवन परिवार। त्रिभुवन गाँव के सभापति हैं, ठेठ चालू अर्थ में सभापति—सबको लड़ानेवाले और निरन्तर समृद्ध होते चले जानेवाले चालाक सभापति। उनके बड़े भाई धरमू हैं जो गांधीवादी रहे हैं और गांधीवादी आन्दोलनों में भाग लेने का उनका लम्बा इतिहास है। छोटे भाई गिरीश हैं जो इलाहाबाद के एक कॉलेज में हिन्दी विभागाध्यक्ष हैं, लेखक हैं और शीघ्र ही अवकाश-प्राप्त करनेवाले हैं, जिनके सामने समस्या यह है कि अवकाश-प्राप्त करने पर गाँव में बसेंगे या शहर में। त्रिभुवन इतना चालाक और सशक्त है कि बड़े भाई धरमू उसके आगे गाय बने रहते हैं और गिरीश जैसा सात्त्विक विचारोंवाला व्यक्ति भी निरीह हो उठता है और उसके आग्रह पर अपनी इच्छा के विपरीत बार-बार उसके गलत कामों के लिए अपने मित्र अफसरों से सिफारिश करता है और स्वयं को छोटा अनुभव करता है। त्रिभुवन उस लाइब्रेरी को हड़प जाते हैं जिसकी स्थापना के लिए कितना प्रयास किया गया होता है और जो गाँव में नई चेतना की वाहिका बनी होती है। गाँव में पनपती व्यावसायिक वृत्ति और उसकी चपेट में आनेवाली शिक्षा, सम्बन्धों और मूल्यों के ह्रास की कथा इस उपन्यास में चलती रहती है और इस क्रम में पुस्तकालय-प्रसंग के साथ-साथ नाटक का प्रसंग, पुस्तकों की चोरी का प्रसंग, आजाद सीताराम प्रसंग, इससे जुड़े हुए कचहरी-थाने के प्रसंग, चकबन्दी का प्रसंग, चुनाव प्रसंग आदि आते हैं और गाँव के परिवेश में बड़ी तेजी के साथ चक्कर काटते हुए उसकी गन्दगी की परतें उभारते चलते हैं और लगता है कि गाँव में बार-बार भूकम्प आ रहा है। गिरीश बार-बार जाने-अनजाने इस भूकम्प के थमने में कुछ सहायक हो जाता है और इससे उसके भीतर एक आत्मविश्वास जाग जाता है। यही आत्मविश्वास गाँव की निरन्तर बढ़ती हुई पीड़ा के साथ जुड़कर उसे अन्त में गाँव के बीच लाकर हमेशा के लिए पटक देता है।

इस उपन्यास में अध्याय नहीं है। शायद लेखक ने गाँव की अराजक स्थिति को, उसके गड्ड-मड्ड जीवन को उद्घाटित करने के लिए इस शैली का सहारा

लिया है जिसमें पात्र और प्रसंग लगातार जल्दी-जल्दी एक-दूसरे को काटते हुए चले आते हैं। विवेकी राय की मूल प्रवृत्ति रिपोर्ताज की है। उनका रिपोर्ताज लेखक उनके कथाकार के काम में ज्यादा हस्तक्षेप करता है, उसे ठीक ढंग से कथा बनाने देता ही नहीं। स्थितियाँ और मन:स्थितियाँ काफी दूर तक विवरण के सहारे चलती हैं, वे मिलकर उस व्यापक कथा-बिम्ब का निर्माण नहीं करने पातीं, जो उपन्यास के लिए आवश्यक है।

कथा की दृष्टि से त्रिभुवन और गिरीश इस उपन्यास के दो महत्त्वपूर्ण चरित्र हैं। त्रिभुवन गाँव की समकालीन जिन्दगी की पहचान करानेवाला बहुत ही सबल पात्र है। गिरीश पढ़े-लिखे व्यक्ति के नैतिक संकट को उजागर करता है। वह सात्त्विक विचारों का है किन्तु कायर है। वह अपने भाई की सारी कुरूपताओं को समझता हुआ भी उसकी किसी बात का विरोध नहीं कर पाता। यदि विरोध करता भी है तो सामने नहीं झूठ बोलकर। वह सुविधाजीवी रहा है और गाँव लौटता है तो सीधे सभापति बनकर। जैसे वह मान लेता है कि सभापति होने की योग्यता उसी में है। और यह बात शर्मनाक इसलिए भी लगती है कि सभापति का पर्चा किसका दाखिल हो, इसका निर्णय करने का अधिकार उसी को दिया गया था और दो अन्यायी प्रत्याशियों के नाम की जगह पर अपना ही नाम निकालता है। गाँव में इस प्रकार की वापसी कितनी सार्थक और मूल्यवान होगी, नहीं कहा जा सकता, किन्तु हमारे बुद्धिजीवियों की सही स्थिति यही है।

कुल मिलाकर यह उपन्यास अपना सार्थक व्यक्तित्व निर्मित करने में समर्थ हुआ है और गाँव की सही पहचान करानेवाले उपन्यासों की परम्परा में अपने को स्थित करता है।

सोना माटी (1982) : 'सोना माटी' नाम है उस अंचल की जिन्दगी का, जहाँ की मिट्टी सोना है, जहाँ अनेक समृद्ध मूल्यवान सांस्कृतिक परम्पराएँ हैं लेकिन आज का समाज परस्पर विघटित होकर जिसकी स्वर्णिमा को रौंदता हुआ मूल्यहीन बना दे रहा है, अपनी समृद्ध सांस्कृतिक परम्परा को तहस-नहस करके टुच्ची और स्वार्थ-प्रेरित राजनीति का झंडा गाड़ रहा है। 'सोना माटी' नाम है उस टूटन, विघटन और सामाजिक त्रासदी का जो आज के गाँवों में, विशेषतया पूर्वांचल के गाँवों में घटित हो रही है।

लेखक ने उत्तर प्रदेश के दो जिलों गाजीपुर और बलिया के मध्यवर्ती भाग करइल को उपन्यास की घटना-भूमि के रूप में लिया है और यह करइल ही अपनी विशिष्ट भौगोलिक वास्तविकता के भीतर से आज के सामान्य गाँव का दर्द बनता चला गया है। इस उपन्यास के केन्द्रीय पात्र हैं—रामरूप और हनुमान प्रसाद। यानी दामाद और श्वसुर। लेखक ने सम्बन्ध और मूल्य-विघटन तथा अमानवीय विभीषिका की सघन अभिव्यक्ति के लिए टकराहट दामाद और श्वसुर के बीच उपस्थित की है। यानी स्वार्थ प्रेरित राजनीति और तज्जन्य मूल्य विघटन की स्थिति इतनी भयावह हो गई है कि दुष्ट श्वसुर अपने दामाद को भी अपना शिकार बनाने से नहीं बख्शता।

लेखक ने इस तनाव को मात्र व्यक्तिगत सम्बन्धों का तनाव नहीं बनाया है। यह तनाव दो प्रकार के मूल्यों का है, अतः अधिक व्यापक है। व्यक्तिगत सम्बन्धों का तनाव एक तीव्रता और उत्तेजना भरने के लिए आता है, वह अपने आपमें अपना लक्ष्य नहीं। लक्ष्य तो सामाजिक तनाव या टकराहट ही है जो रामरूप और हनुमान प्रसाद में नहीं बल्कि मानवीय मूल्यवत्ता और अमानवीय क्रूरता, सांस्कृतिक उदारता और राजनीतिक क्षुद्रता के बीच है।

हनुमान प्रसाद आज के गाँव की उस अपशक्ति का प्रतीक है जो अपने स्वार्थ की सिद्धि और अहंकार की तृप्ति के लिए कोई भी कुकृत्य कर सकती है जो अकेली नहीं होती वरन् जिसका एक चक्र होता है। उस चक्र में राजनीति, प्रशासन और समाज की अनेक अमानवीय ताकतें शामिल होती हैं। इन चक्रों के समान्तर दूसरे कई अपशक्ति-चक्र होते हैं। ये चक्र कहीं तो परस्पर टकराते हैं, कहीं आम आदमी के विरुद्ध साथ हो लेते हैं। विवेकी राय ने इस उपन्यास में इस सत्य की गहरी पहचान उभारी है। हनुमान प्रसाद एक बड़ी अपशक्ति हैं जिनके साथ दुष्ट नौकर, गाँव के लोग, बी.डी.ओ., पुलिस तथा स्कूल के हेडमास्टर मिलकर एक अपशक्ति-चक्र की रचना करते हैं। बाद में जब पुत्र अरविन्द एम.एल.ए. हो जाता है तब इस अपशक्ति-चक्र में नेता भी शरीक हो जाता है। इस अपशक्ति-चक्र के अतिरिक्त अन्य अनेक छोटे-छोटे चक्र हैं जो मुख्य चक्र से जुड़ते हुए चलते रहते हैं और उपन्यास के यथार्थ को संक्रान्त बनाते रहते हैं।

हनुमान प्रसाद के समान ही उनका दामाद रामरूप भी उपन्यास का केन्द्रवर्ती पात्र है। रामरूप स्कूल में मास्टर है। उसे अपने श्वसुर हनुमान प्रसाद से दहेज में कुछ खेत मिले हैं किन्तु हनुमान प्रसाद रामरूप को उन पर काबिज होने नहीं देता इसलिए कि रामरूप अपने श्वसुर की दृष्टि में नालायक है। नालायक इसलिए कि वह अपने श्वसुर के अमानवीय इरादों और कृत्यों में सहायक नहीं होता। वह सामान्य वित्त का एक आदर्शवादी शिक्षक है जो अपने आर्थिक अभावों, श्वसुर के अत्याचारों और अपने आदर्शों के बीच पिसता रहता है। स्वयं पर होनेवाले श्वसुर के अत्याचार की पीड़ा तो बरदाश्त करता ही है, उनके द्वारा सताए गए अन्य लोगों का दर्द भी अपना लेता है और छटपटाता है। रामरूप की पीड़ा एक ओर अपने परिवार के अभावों और तज्जन्य कठिनाइयों की है दूसरी ओर मानवीय मूल्यों से जुड़े रहने की है। वह पति है, लड़की का बाप है, मामूली स्कूल मास्टर है, मामूली वित्तवाला व्यक्ति है और एक जालिम श्वसुर का दामाद है। इन तमाम स्थितियों से उसका गुजरना पारिवारिक यथार्थ के सुख-दुख की तो अभिव्यक्ति करता ही है, सामाजिक विडम्बनाओं का उद्घाटन भी करता है। वह मानवीय मूल्यों से जुड़े रहने की पीड़ा झेलता है—अपने श्वसुर द्वारा सताई गई नारी कोइली तथा किसानों के सन्दर्भ में। इसके अतिरिक्त शिक्षा सम्बन्धी विडम्बनाएँ, संस्कृति सम्बन्धी असंगतियाँ और राजनीतिजन्य विरूपताएँ उसे कदम-कदम पर लहूलुहान करती रहती हैं। विवेकी राय ने अपने इस मूल्यवादी पात्र को गाँव की मिट्टी में से ही उभारा है। वह तमाम उपन्यासों के मूल्यवादी पात्रों की

तरह शहर से नहीं आया है। अत: वह ठोकर खाकर भी उस मिट्टी से जुड़ा रहता है भाग खड़ा नहीं होता, लहूलुहान होकर भी सहज ढंग से मूल्यवादी बना रहता है। वह किसी प्रलोभन के आगे नहीं झुकता। वह लुक-छिपकर कोइली से मिलता है, उसके दर्द का सहभागी बनता है। गाँव के अभावग्रस्त और अभिशप्त लोगों का साथी बना रहता है और लोक संस्कृति के व्याख्याता कवि खोरा के यहाँ जाकर आश्वस्ति प्राप्त करता है।

लेखक ने कवि खोरा के माध्यम से लोक-संस्कृति की अनेक छवियों का उद्घाटन किया है और सर्जना-सम्बन्धी कुछ मूलभूत प्रश्नों को सामने रखा है। इसकी ओर रामरूप भी झुकता है और हनुमान प्रसाद भी। रामरूप उसमें लोक-संस्कृति और लोक-भूमि का रचनात्मक सौन्दर्य देखता है और उसका विकास चाहता है किन्तु हनुमान प्रसाद उसमें वह चमत्कार देखना चाहते हैं जिससे उनका स्वार्थ सिद्ध हो। रामरूप खोरा की ओर झुकता है और खोरा रामरूप को सहज स्नेह देता है। सही शिक्षा और संस्कृति का जैसे गठबन्धन हो रहा हो। खोरा रामरूप के प्रति अपने सहज स्नेह के कारण ही उसके हित-चिन्तन में वह कार्य भी करता है जो उसके स्वभाव के अन्तर्गत समाविष्ट नहीं होता—अर्थात् हनुमान प्रसाद को अपने कुछ सन्तगत चमत्कार दिखाने का नाटक करता है। लोक-संस्कृति को हमारी राजनीति, हमारी शहर प्रेरित सभ्यता और स्वार्थ भावना नगरोन्मुख कर रही है, इसके भी संकेत मिलते हैं। रामरूप जब अन्त में बाँध पार करता-करता खोरा के गाँव पहुँचता है तब उसे मालूम पड़ता है कि खोरा लखनऊ गए हुए हैं।

रामरूप के शिक्षक साथी वर्मा जी इस उपन्यास के बहुत संश्लिष्ट पात्र हैं। अपनी अच्छाई के भीतर मानव सुलभ कमजोरियाँ लिये हुए यह पात्र लगातार अपने से लड़ता है। अच्छा इतना कि रामरूप का सहयात्री बनकर शिक्षा-जगत की विकृतियों से लड़ता है और कमजोर इतना कि रामरूप की लड़की कमली के प्रति आसक्त हो उठता है। कमली के प्रति उनका द्वंद्व बहुत सजीव बन पड़ा है। इस कमजोरी के बावजूद लगता है कि वर्मा बाहर से आकर भी इस धरती से जुड़ रहा है किन्तु विवेकी राय इस बात की सही पहचान रखते हैं कि किसी अंचल का संघर्ष वहीं के लोगों का हो सकता है वहीं के लोग वहाँ के लिए मूल्यवादी बने रहने की आवश्यकता महसूस करते हैं। इसलिए जहाँ रामरूप उस धरती के प्रति गहरे दर्द से जुड़ा है और जुड़ा ही रहता है और विपक्ष की भूमिका निभाता है, वहाँ वर्मा कुछ दूर चलकर सत्ता के साथ हो लेता है और सुविधापूर्ण जीवन बिताने में व्यस्त हो जाता है।

सोनामाटी में अनेक पात्र हैं, अनेक सन्दर्भ हैं, अनेक घटनाएँ हैं, अनेक समस्याएँ हैं। उन सबको परस्पर अनुस्यूत कर यथार्थ का एक बड़ा और संश्लिष्ट चित्र प्रस्तुत करने का प्रयत्न किया गया है। किन्तु मुझे लगता है कि इस सबके बावजूद हम उपन्यास में इस अंचल के सांस्कृतिक जीवन के विविध सन्दर्भों को विस्तार से उभारना लेखक का केन्द्रवर्ती प्रयास है, इसलिए उसने शादी-ब्याह, पर्व-त्योहारों, लोकजीवन-पद्धतियों और दैनिक जीवन के अनेक सहज प्रसंगों को विस्तार

से चित्रित किया है। एक ओर खोरा कवि का जीवन और काव्य लोक-संस्कृति का विस्तृत प्रस्तुतीकरण बनता है, दूसरी ओर रामरूप की दृष्टि में प्रकृति और समाज की अनेक छवियाँ उभरती हैं तीसरी ओर तिलक, शादी, पर्व-त्योहार तथा अन्य सांस्कृतिक प्रसंगों का व्यापक विवरण प्रस्तुत होता चला है। इस अंचल का सांस्कृतिक दस्तावेज देने का प्रयत्न उपन्यास की रचनात्मक उपलब्धि को हानि पहुँचाता प्रतीत होता है। लम्बे-लम्बे सांस्कृतिक विवरणों से मूल कथा की गति में ठहराव तो आता ही है वह कुछ देर के लिए उनमें खो गई सी लगती है। इन सांस्कृतिक विवरणों का सर्वत्र रचनात्मक उपयोग नहीं हुआ। कई जगहों पर वे इकहरे विवरण बनकर रह गए हैं और एक जानकारी तो देते हैं किन्तु उस अतिरिक्त अर्थ की निर्मिति नहीं कर पाते जो कथा में संश्लिष्टता उत्पन्न करता है। कवि खोरा की तमाम लम्बी-लम्बी लोक-कविताएँ सर्वत्र अपनी अनिवार्यता नहीं सिद्ध कर पातीं।

(अन्य उपन्यास—'बबूल', 'पुरुषपुराण', 'श्वेतपत्र', 'समर शेष है', 'मंगल भवन')

धरती धन न अपना (1972) : इस उपन्यास में पंजाब के होशियारपुर जिले के घोड़ेवादा गाँव को कथा-केन्द्र बनाया गया है। इस कथा का मुख्य आधार इस गाँव के चमादड़ी टोले के लोगों का अभिशप्त जीवन है। इस टोले के लोगों के पास अपनी कही जा सकनेवाली कोई चीज नहीं है—अपनी कोई चीज है तो वह है अभाव, भुखमरी, विवशता, घर विहीनता, ताड़ना, अपमान। इस गाँव के चौधरी हरनाम सिंह तथा अन्य ऊँचे लोगों ने हरिजनों का जीना मुहाल कर रखा है। लेखक ने हरिजनों की बेबस जिन्दगी को चौधरियों के अत्याचार से तानकर विषम यथार्थ की सृष्टि की है। हरिजनों की बेबसी तो उभरती ही है, उनकी अपनी विसंगतियाँ भी उभरती हैं। शहर से लौटा हुआ काली हरिजनों में नई चेतना जगाना चाहता है किन्तु कुछ अपनी असंगतियों, कुछ अपने लोगों के असहयोग के कारण दूर तक सफल नहीं हो पाता और अन्त में उसे शहर भागना पड़ता है। किताबी क्रान्ति करनेवाले कामरेडों की भी असलियत खोली गई है। वे काली या हरिजनों की वास्तविक सहायता करने के स्थान पर अपने स्वार्थों और वर्गीय संस्कारों को ही पोषित करते रहते हैं और चमादड़ी टोली का नारकीय जीवन उसी तरह बजबजाता रहता है।

कगार की आग (1978) : यह पर्वतीय अंचल के जीवन पर आधारित लघु उपन्यास है। इसमें अंचलीय परिवेश तो है लेकिन सही अर्थों में यह अंचल-जीवन पर लिखा गया उपन्यास न होकर पारिवारिक यथार्थ का उपन्यास लगता है और परिवार के भी केन्द्र में गोमती नाम की एक स्त्री है जो परिवार और भ्रष्ट सामाजिक तत्त्वों से पीड़ित होती है।

उपन्यास गोमती की यातना और द्वंद्व को रूपायित करता है, अन्तिम चरण में गोमती की ऊर्जा उभरती है जो उपन्यास के यथार्थ को एक नई दिशा और शक्ति देती है। वास्तव में गोमती बहुत दूर तक पहाड़ी अंचल की नारी की पारिवारिक और सामाजिक यातना का प्रतिनिधित्व करती है किन्तु यह भी कहा जा सकता है कि काफी दूर तक उसे अपनी नियति में अकेला बना दिया गया है। लगता है कि अधिक

करुणा उपजाने के लिए उसे अनेक प्रकार की यातनाओं से सायास जोड़ दिया गया है, उसकी प्रतिकूल परिस्थितियों और पात्रों को कहीं भी मानवीय होने का अवसर नहीं दिया गया है इसलिए यह उपन्यास यातना या अनुभव को गहराई से उभारता है किन्तु कोई नई सामाजिक भूमिका नहीं निर्मित कर पाता। गोमती में अन्त में उभरा हुआ आक्रोश भी व्यक्तिगत धरातल का आक्रोश बनकर रह जाता है।

(अन्य उपन्यास—'बुरांश फूलते तो हैं', 'महासागर', 'समय साक्षी है', 'सुराज')

विकल्प (1986) : इस उपन्यास में उत्तर प्रदेश के पूर्वांचल के दो गाँवों (राजापुर और डोम पुरवा) के जीवन-यथार्थ से कथा निर्मित की गई है। इसमें अनेक वर्गों, अनेक जातियों, अनेक प्रवृत्तियों के पात्रों के सद्-असद् संघर्ष की कथा कही गई है। सुरती चौबे ने अकालू प्रधान, रूदल चौबे, भीषमसिंह आदि का स्वार्थ सिद्धि के लिए एक गिरोह सा बना लिया और लालच देकर दलित जातियों के भोले-भाले युवकों को भी उसमें शामिल कर लिया। इन्होंने सत्ता के तमाम स्तम्भों (विधायक), डी.एम., इंजीनियर, ओवरसियर आदि) को पैसे से प्रसन्न कर उन सारी सुविधाओं को खूब लूटा जो आम आदमी के उपयोग के लिए थीं। लेखक ने आज के गाँवों में उभरती हुई सामाजिक, राजनीतिक और आर्थिक विसंगतियों को कुशलता से उजागर किया है किन्तु उसकी मूल्यवादी दृष्टि यथास्थिति से पराभूत नहीं हुई, उसने किसुनदेव जैसे मूल्यवादी और विवेकशील चरित्र की सृष्टि की है जो अपनी असफलताओं और तकलीफों से लड़ता हुआ गाँव में नई उज्ज्वल चेतना का प्रसार करने में सक्रिय रहा है। वह आम आदमी में सद्-असद् की पहचान पैदा कर उसे अपने अधिकारों के प्रति जागृत करना चाहता है।

(अन्य उपन्यास—'ग्राम देवता', 'मन-दर्पन', 'संकल्पा', 'अगला कदम')

डूब (1991) : इस उपन्यास के केन्द्र में लदैई गाँव है। इस केन्द्रीय गाँव के इर्द-गिर्द के गाँव, कस्बे, इलाके आते-जाते रहते हैं। यद्यपि अपने नाम के अनुरूप यह उपन्यास मुख्य रूप से डूब की समस्या से जूझता रहता है किन्तु इस प्रक्रिया में गाँव के अनेक सामाजिक, आर्थिक, राजनीतिक और धार्मिक सवालों के रूबरू होता है। अनेक समस्याओं तथा मूल्यों से टकराता है अनेक मनोवैज्ञानिक सत्यों का साक्षात्कार करता है। अनेक प्रकार के चरित्र उभरते हैं जो हमारी सामाजिक बनावट और मानव-मन की जटिलता की पहचान कराते हैं। हाँ, यह अवश्य है कि अन्य आंचलिक उपन्यासों के विपरीत इस उपन्यास में पर्व-त्योहारों, पेड़-पौधों, खेतों, नदी, नालों, मौसमों, ऋतुओं के साथ आदमी के भावात्मक लगाव की कथा अनुपस्थित है।

(अन्य उपन्यास—'सबसे बड़ा सिपइया', 'पार')

मायानन्द मिश्र

माटी के लोग सोने की नैया (1967) में कोशी तटबंध क्षेत्र की मछुआ टोली की कथा है। यहाँ के गरीब लोग अशिक्षा, जड़ता, रूढ़िप्रियता में जकड़े हुए हैं और

जीवनयापन की प्रक्रिया में अनेक समस्याओं से टकरा रहे हैं। लेखक ने इस यथार्थ का चित्रण तो किया ही है उसके सरकारी प्रयत्नों से उस गाँव का सुखद काया-कल्प भी करा दिया है।

रमाशंकर श्रीवास्तव

एक टुकड़ा जमीन (1984) : बिहार की ग्रामीण भूमि पर आधारित उपन्यास है। एक टुकड़ा जमीन केन्द्रीय समस्या बनकर उपन्यास में व्याप्त है। उसी से अन्य समस्याएँ भी पैदा होती हैं। ठाकुर सिंह और विश्वनाथ लाल पड़ोसी भी हैं और मित्र भी। दोनों के घरों के बीच तीन कट्ठा जमीन का टुकड़ा है जिसके थोड़े भाग पर ठाकुर सिंह का, थोड़े भाग पर विश्वनाथ लाल का कब्जा है। ठाकुर सिंह बेटे रामसिंह के तिलकोत्सव के अवसर पर अपना भुसौला विश्वनाथ लाल की जमीन में रखवा देते हैं और विश्वनाथ लाल के कहने पर भी वर्षों तक खाली नहीं करते। बस दोस्ती दुश्मनी में बदल जाती है और एक-दूसरे के खिलाफ अवांछित कार्रवाइयाँ शुरू हो जाती हैं। इस प्रक्रिया में सामाजिक जीवन-यथार्थ के अन्य कई आयाम उभरते चले जाते हैं। विश्वनाथ लाल राग से विराग की ओर चले जाते हैं फिर राग की ओर लौट आते हैं और दोनों बिछड़े हुए दोस्त फिर गले मिलते हैं।

(अन्य उपन्यास—'किसिम किसिम के लोग', 'चित्रगुप्त उवाच', 'एक थी कनु')

सूर्यदीन यादव

दूसरा आँचल (1991) : घर और अहमदाबाद के बीच जीते उत्तर प्रदेश के मजदूरों की समस्याओं की कहानी कहता है। प्रेसों और कारखानों में काम करनेवाले मजदूर अपने ग्राम-परिवेश के आँचल से आकर इस महानगर के दूसरे आँचल में जो जीवन जी रहे हैं। इससे यह उपन्यास रूबरू होता है। इस आँचल की सांस्कृतिक गतिविधियों और छवियों को भी रूपायित किया गया है।

(अन्य उपन्यास—'माँ का आँचल', 'ममता', 'अँधेरा जहाँ उजाला', 'चौराहे के लोग')

और अन्त में

हिन्दी उपन्यास की विकास-यात्रा को देखते हुए कुछ निष्कर्ष निकाले जा सकते हैं। पहली बात तो यह है कि हिन्दी उपन्यास का मुख्य स्वर सामाजिक रहा है। हिन्दी का पहला उपन्यास 'परीक्षा गुरु' अपने समय के भारतीय समाज के यथार्थ का उद्घाटन करता है और पुनर्जागरण की चेतना और मूल्य को ध्वनित करता है। इस परम्परा में बहुत से उपन्यास लिखे गए। उस काल में मनोरंजन-प्रधान तिलस्मी, ऐयारी और जासूसी उपन्यास भी लिखे गए किन्तु उन्हें गम्भीरता से नहीं लिया गया। हिन्दी में उन्हें कोई उल्लेखनीय स्थान नहीं दिया गया और उनकी परम्परा नहीं चली। उस परम्परा में जो कुछ लिखा गया उसे कोई साहित्यिक महत्त्व नहीं मिला। प्रेमचन्द ने तो सामाजिक यथार्थ की पहचान को उत्कर्ष पर पहुँचा दिया। उन्होंने एक ओर अपने समय के समाज की पूरी अन्तररचना को उभारा, दूसरी ओर उसके सन्दर्भ में मानव-मन की पहचान की। व्यक्ति और समाज एक-दूसरे के परिप्रेक्ष्य में जटिल और बड़े यथार्थ का उद्घाटन करने में समर्थ हुए।

प्रेमचन्द की इस परम्परा का विकास समाजवादी और सामाजिक चेतना के उपन्यासकारों ने किया। समाजवादी उपन्यासकारों ने सामाजिक यथार्थ को मार्क्सवादी दृष्टि से देखा किन्तु इसी समय के सामाजिक चेतना के अन्य अनेक उपन्यासकारों ने मानववादी दृष्टि अपनाई। उन्होंने मार्क्सवाद का सहारा जरूर लिया लेकिन उससे बँधे नहीं। एक ओर यशपाल जैसे मार्क्सवादी उपन्यासकार हैं तो दूसरी ओर अमृतलाल नागर जैसे मानववादी दृष्टि के सामाजिक कथाकार हैं। इन कथाकारों या इनकी तरह के अनेक कथाकारों ने अपने समय की सामाजिक चेतना और यथार्थ के विविध आयामों को उद्घाटित किया।

सामाजिक चेतना के उपन्यासकारों में नया अध्याय जोड़ा आंचलिक उपन्यासों ने। इसका महत्त्व कई दृष्टि से है। अब तक उपन्यासकारों की दृष्टि मुख्यत: शहरों को ही देख रही थी, इन्होंने आजादी के बाद ग्रामजीवन में तेजी से आते हुए बदलावों की पहचान की और उनका व्यापक और गहरा चित्र अंकित किया। पहले प्रेमचन्द, वृन्दावनलाल वर्मा जैसे कुछ कथाकारों ने ग्रामजीवन को लिया था किन्तु आजादी के बाद के इन ग्रामधर्मी उपन्यासों ने सामान्य गाँवों को न लेकर उन विशिष्ट गाँवों को लिया जिन्हें उनके उपन्यासकारों में जिया था और जिनका गहरा अनुभव उन्हें था। इसलिए इन उपन्यासों में अनुभव की गहराइयाँ उभरीं और चरित्रों, सन्दर्भों,

इन्द्रियबोधों आदि के बहुत विशिष्ट और ताजा बिम्ब उभरे। इसके साथ ही इन्होंने नया औपन्यासिक शिल्प प्रदान किया। इस क्षेत्र में फणीश्वरनाथ रेणु के 'मैला आँचल' का ऐतिहासिक महत्त्व तो है ही, उपलब्धिगत महत्त्व भी है। इस धारा में अनेक विशिष्ट उपन्यास लिखे गए जिनमें गाँवों में बसे नए भारत की पहचान उभरती है। ये अत्यधिक प्रामाणिक उपन्यास हैं क्योंकि इनकी जमीन अपनी जमीन है, पश्चिम की नकल पर कल्पित जमीन नहीं है।

सामाजिक चेतना की अभिव्यक्ति कुछ ऐतिहासिक उपन्यासों में भी हुई। कुछ ऐतिहासिक उपन्यास ऐसे लिखे गए हैं जिनमें सीधे या परोक्ष रूप में लेखक ने अपने समय की समस्याओं और दृष्टियों को ध्वनित किया जैसे 'दिव्या', 'मुरदों का टीला', 'सिंह सेनापति' आदि में। कुछ ऐसे उपन्यास लिखे गए जिनमें कुछ ऐसी मानवीय समस्याओं को उभारा गया जो लेखक के काल में भी हैं जैसे वृन्दावनलाल वर्मा, भगवतीचरण वर्मा, हजारीप्रसाद द्विवेदी और अमृतलाल नागर के उपन्यासों में। 'चित्रलेखा', 'मृगनयनी', 'बाणभट्ट की आत्मकथा', 'दिव्या', 'मानस का हंस' आदि कृतियाँ ऐतिहासिक उपन्यास के क्षेत्र की ही नहीं, समूचे उपन्यास क्षेत्र की उपलब्धियाँ हैं।

प्रेमचन्द के बाद मनोवैज्ञानिक उपन्यासों की एक धारा प्रवाहित हुई जिसका बल सामाजिक यथार्थ की अपेक्षा मन के यथार्थ पर था किन्तु ध्यान देने की बात है कि मन समाज से निरपेक्ष वस्तु नहीं है इसलिए जिन उपन्यासों ने सामाजिक या पारिवारिक सन्दर्भ में व्यक्तियों की पहचान की उनमें अत्यधिक जीवन्तता और शक्ति है, जहाँ ऐसा नहीं है, वहाँ उपन्यास अपनी सारी कोशिशों के बावजूद ठंडा पड़ गया है। जैनेन्द्र का इस क्षेत्र में बहुत महत्त्व है। उनके प्रारम्भिक उपन्यासों 'सुनीता' और 'त्यागपत्र' में एक ताजगी और जीवन्तता है क्योंकि वहाँ अनुभव की प्रधानता है और यह अनुभव पारिवारिक सन्दर्भों में प्राप्त हुआ है और आकार ग्रहण किया है। यानी यह भी कहा जा सकता है कि पात्र पारिवारिक या सामाजिक सन्दर्भों से जहाँ सहज भाव से जुड़े होते हैं वहाँ अधिक आकर्षक और सशक्त हो उठते हैं। जहाँ वे लेखक के मनोवैज्ञानिक या दार्शनिक चिन्तन के अनुकूल आचरण करने लगते हैं वहाँ निर्जीव हो उठते हैं। जहाँ वे परिवेश से जुड़े होते हैं वहाँ वे परोक्ष रूप में परिवेशगत सचाइयों का भी अहसास उभारते हैं। अज्ञेय का 'शेखर : एक जीवनी' एक विशिष्ट उपन्यास है तो इसीलिए कि शेखर सामाजिक सन्दर्भों में रूप ग्रहण करता है, वह बहुत जीवन्त और उद्दाम पात्र है, उसकी मानसिकता परिवेश में ही रूप ग्रहण करती है, वह समाज के अनेक सन्दर्भों से टकराता हुआ अपनी शक्ति और वेदना प्राप्त करता है जबकि 'अपने-अपने अजनबी' परिवेश की जीवन्तता खोकर एक प्रभावहीन उपन्यास बन गया है।

इस धारा में आजादी के बाद छोटे-छोटे बहुत से उपन्यास लिखे गए। उनका जोर कामग्रन्थियों पर रहा और उनमें परिवेश की पकड़ ढीली पड़ती गई। उन्होंने अपनी देशी वास्तविकता को पहचानने की अपेक्षा सार्वभौम और आधुनिक कहलाने

के चक्कर में विदेशी माल ग्रहण करने पर अधिक बल दिया। ऐसे उपन्यास एक नया स्वाद लेने के लिए पढ़े जा सकते हैं किन्तु वे रुग्ण और प्रभावहीन हैं। ये हिन्दी साहित्य की परम्परा में हाशिए पर ही रहेंगे। केन्द्र में वे ही उपन्यास हैं जो अपने देश की ग्रामीण या शहरी जमीन से फूटे हैं और जो प्रत्यक्ष या परोक्ष रूप से मनुष्य को संघर्ष की शक्ति और जिजीविषा प्रदान करते हैं।

✪✪✪